SAMBA!

A Editora agradece à Aliança Francesa de Belo Horizonte e
a Pierre Alfarroba por sua contribuição na concepção deste
projeto. Nosso agradecimento a Pierre se estende, ainda, pela
sua coordenação pedagógica do primeiro volume do método.

EDITORAS RESPONSÁVEIS
Rejane Dias
Rafaela Lamas

ASSISTENTE EDITORIAL
Marina Guedes

PESQUISA ICONOGRÁFICA
Ludymilla Duarte

REVISÃO
Lívia Martins
Marina Guedes

CAPA
Alberto Bittencourt
(capa e quarta capa sobre imagens
de Adobe Stock/Shutterstock)

DIAGRAMAÇÃO
Christiane Costa

Dados Internacionais de Catalogação na Publicação (CIP)
(Câmara Brasileira do Livro, SP, Brasil)

Ferraz, Andrea
Samba! : curso de língua portuguesa para estrangeiros : B1 : B2 : intermediário : livro do aluno / Andrea Ferraz, Isabel M. Pinheiro. -- 1. ed. -- Belo Horizonte, MG : Autêntica Editora, 2025. -- (Samba! ; 2)

ISBN 978-65-5928-523-5

1. Português - Estudo e ensino - Brasil 2. Português - Estudo e ensino - Estudantes estrangeiros I. Pinheiro, Isabel M. II. Título. III. Série.

25-249965 CDD-469.824

Índices para catálogo sistemático:
1. Português para estrangeiros 469.824

Eliane de Freitas Leite - Bibliotecária - CRB 8/8415

GRUPO **AUTÊNTICA**

Belo Horizonte
Rua Carlos Turner, 420
Silveira . 31140-520
Belo Horizonte . MG
Tel.: (55 31) 3465 4500

São Paulo
Av. Paulista, 2.073 . Conjunto Nacional
Horsa I . Salas 404-406 . Bela Vista
01311-940 . São Paulo . SP
Tel.: (55 11) 3034 4468

www.grupoautentica.com.br
SAC: atendimentoleitor@grupoautentica.com.br

Andrea Ferraz | Isabel M. Pinheiro

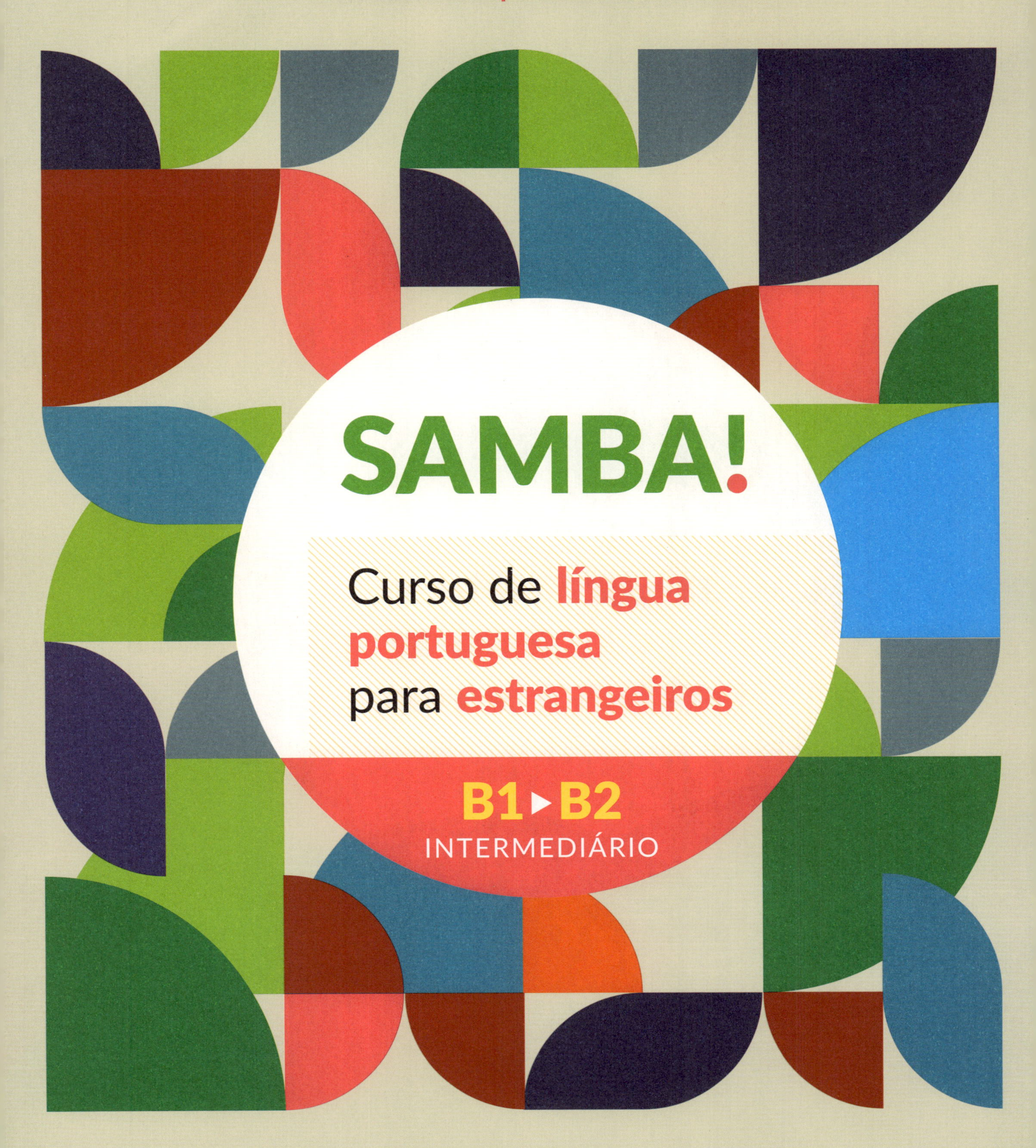

autêntica

UNIDADE 2 · PÁGINA 39
SAUDADE BOA

SOCIOCULTURAL

- Amyr Klink e relatos de viagem
- História do cartão-postal – uma rede social vintage
- A volta do vinil e da câmera analógica
- História do sistema educacional no Brasil
- Desafios da educação frente às novas tecnologias
- ChatGPT e o futuro dos livros
- Cesária Évora – Rainha da morna

COMUNICATIVO

- Relatar fatos no passado
- Discutir sobre avanços tecnológicos
- Opinar sobre um ponto de vista
- Desenvolver e defender sua argumentação
- Expressar afirmações e incertezas sobre o futuro

GRAMÁTICA

- Pronomes pessoais complemento verbal objeto direto
- Pretérito imperfeito
- Pretérito perfeito composto
- Voz passiva analítica I
- Alternância pretérito perfeito e imperfeito
- Alguns operadores argumentativos
- Futuro do presente

LÉXICO

- Sistema educacional brasileiro
- Expressões associadas à tecnologia
- Expressões da saudade
- Operadores argumentativos
- Expressões com o verbo TOMAR
- Expressões de posicionamento frente a alguma questão

GÊNEROS TEXTUAIS

- Trecho de diário de viagem
- Website
- Comentário de internauta
- Cronologia
- Cartum
- Reportagem
- Organograma
- Artigo de opinião

FONÉTICA

- Os fonemas [am] e [ão]

OBJETIVOS

- Relatar fatos no passado
- Discutir sobre os avanços tecnológicos
- Opinar sobre um ponto de vista
- Expressar afirmações e incertezas sobre o futuro
- Desenvolver e defender sua argumentação

UNIDADE 3 · PÁGINA 61
SIGA EM FRENTE

SOCIOCULTURAL

- As profissões do futuro
- Projetos pessoais
- Emprego e carreira
- Ansiedade corporativa
- Trabalhadores migrantes
- Processo seletivo para vagas de emprego
- Relação entre linguagem e comportamento
- Como superar o medo de falar em uma língua estrangeira
- Contratação de trabalhadores lusófonos

COMUNICATIVO

- Falar sobre carreira e trabalho
- Explicar projetos pessoais
- Expressar-se em uma entrevista de emprego
- Discutir e apresentar possibilidades
- Fazer seu marketing pessoal
- Aconselhar e expor uma opinião

GRAMÁTICA

- Presente do subjuntivo e seus usos
- Pretérito mais-que-perfeito composto
- Pronomes pessoais complemento verbal objeto indireto

LÉXICO

- Profissões do futuro
- Carreira e emprego
- Tecnologia e informação
- Apresentação em entrevista de emprego
- Expressões de conselho e ordem
- Expressões e locuções argumentativas

GÊNEROS TEXTUAIS

- Artigo informativo
- Comentário de internauta
- Entrevista
- *Curriculum vitae*
- Trecho de reportagem
- Organograma
- Caça-palavras

FONÉTICA

- Identificar se um parecer é positivo, negativo ou neutro

OBJETIVOS

- Falar sobre carreira e desenvolvimento
- Falar sobre projetos pessoais
- Escrever um currículo
- Discutir e apresentar possibilidades
- Aconselhar e apresentar uma opinião

UNIDADE 4 · PÁGINA 83
CAMINHOS

SOCIOCULTURAL

- Mudança de vida – novos projetos
- Mudança de país – perdas e ganhos
- Desafios e dicas para viver no Brasil
- Êxodo urbano e êxodo rural
- São Paulo – polo de arte e cultura
- Alguns museus de São Paulo
- Arte brasileira
- Grupo Corpo
- Influências da imigração na cultura portuguesa

COMUNICATIVO

- Refletir sobre mudança de vida
- Falar sobre possibilidades
- Expressar o desejo diante de uma possibilidade
- Falar sobre prós e contras de morar em um país estrangeiro
- Falar sobre prós e contras de morar no campo ou na cidade
- Opinar sobre um texto lido na mídia
- Descrever e opinar sobre uma obra de arte e sobre um espetáculo

GRAMÁTICA

- O pretérito imperfeito do subjuntivo
- O pretérito imperfeito do subjuntivo em orações comparativas e exclamativas
- Expressões para indicar evolução
- O presente do subjuntivo em orações relativas
- Futuro do pretérito X Futuro do pretérito composto

LÉXICO

- Expressões com o verbo DEIXAR
- Expressões de consideração
- Expressões de atitudes
- Vocabulário das artes e da dança
- Expressões de apreciação

GÊNEROS TEXTUAIS

- Texto de blog e revista
- Texto de divulgação de empresa e serviços
- Depoimento
- Artigo
- Comentário de internauta
- Descrição de obra de arte
- Texto de apresentação (bio)

FONÉTICA

- Distinção entre palavras parônimas

OBJETIVOS

- Falar sobre possibilidades
- Expressar um desejo diante de uma possibilidade
- Refletir sobre mudança de vida
- Falar sobre vantagens e desvantagens de morar no campo ou na cidade
- Opinar sobre um texto lido na mídia
- Descrever e opinar sobre uma obra de arte ou sobre um espetáculo
- Conhecer obras de arte icônicas do Brasil

UNIDADE 5 · PÁGINA 105
PARTICIPAÇÃO

SOCIOCULTURAL

- Movimentos sociais e direitos humanos
- Racismo
- Movimento LGBTQIA+
- Mídias e audiência
- Fake news e desinformação
- Processo eleitoral no Brasil
- Linguagem não binária
- A diversidade linguística dos países da CPLP

COMUNICATIVO

- Falar de movimentos sociais e direitos humanos
- Analisar revistas e jornais
- Falar sobre mídias e audiência
- Identificar e combater as fake news
- Falar sobre eleições e processo eleitoral no Brasil
- Escrever um artigo de opinião
- Falar sobre movimento LGBTQIA+
- Compreender a linguagem não binária na língua portuguesa do Brasil

GRAMÁTICA

- Pretérito mais-que-perfeito do subjuntivo
- Nominalização
- Alguns prefixos
- A estruturação de um artigo de opinião

LÉXICO

- Categorias de revistas
- Partes de um jornal
- Expressões de cor ou raça
- Expressões antirracistas
- LGBTQIA+
- Organização política e sistema eleitoral

GÊNEROS TEXTUAIS

- Capa de revista
- Primeira página de jornal
- Manchetes de jornal
- Texto de apresentação (bio)
- Gráfico de bolas e gráfico em barras
- Infográfico
- Artigo de opinião

FONÉTICA

- Entonações e significados do advérbio JÁ

OBJETIVOS

- Analisar uma revista ou jornal
- Falar de movimentos sociais e direitos humanos
- Escrever um artigo e opinar
- Identificar e combater as fake news
- Captar a atenção do público
- Compreender o processo eleitoral no Brasil

UNIDADE 6 · PÁGINA 127
É PRECISO MAIS

SOCIOCULTURAL	• Meio ambiente e mudanças climáticas • Segurança alimentar • Agronegócio e Agricultura familiar • Agroflorestas e Agroecologia • Ponto de não retorno • Pecuária • Mineração • Ailton Krenak • Consumo e consciência • Desenvolvimento sustentável • Agricultura familiar em países da CPLP
COMUNICATIVO	• Falar de meio ambiente e de mudanças climáticas • Discutir segurança alimentar • Falar sobre os impactos da agropecuária e da mineração • Falar sobre as alternativas à agropecuária industrial intensiva • Compreender e falar sobre os limites da terra • Discutir consumo consciente e práticas para o desenvolvimento sustentável
GRAMÁTICA	• Infinitivo pessoal • Novas formas de pedir, ordenar e aconselhar • Futuro do subjuntivo I e II • Uso do QUE enfático • Correlação entre tempos verbais
LÉXICO	• Fenômenos climáticos e problemas ambientais • Meio ambiente e proteção ambiental • Agricultura, pecuária e mineração • Expressões de consciência • Ações para o consumo responsável e desenvolvimento sustentável
GÊNEROS TEXTUAIS	• Artigo de opinião • Teste • Entrevista • Gráfico • Infográfico • Tirinha
FONÉTICA	• Pronúncia e silabação

OBJETIVOS

- Falar de meio ambiente e de mudanças climáticas
- Discutir segurança alimentar
- Aprender sobre agricultura e agroecologia
- Compreender os impactos da pecuária e da mineração
- Aprender práticas de consumo sustentável

UNIDADE 7 · PÁGINA 149
ME SEGUE!

SOCIOCULTURAL	• Reality shows • Redes sociais • Cultura de exposição da vida pessoal • Riscos e oportunidades • Aplicativos de relacionamento • Paquera e namoro no Brasil • Influências do português do Brasil em Portugal
COMUNICATIVO	• Explicar a relação das pessoas com reality shows • Falar sobre os riscos da exposição da vida pessoal • Descrever seu perfil de usuário de redes sociais e de celular • Discutir a relação das pessoas com as redes sociais • Explicar um fenômeno da sociedade • Dizer sua opinião sobre apps de relacionamento • Expressar seus sentimentos em um relacionamento amoroso
GRAMÁTICA	• Formas de explicar um fenômeno da sociedade • Formas de expressar um sentimento • Discurso indireto I (modo indicativo) • Diminutivo e seus usos
LÉXICO	• Expressões de coragem e de medo • Expressões de sentimentos • Expressões de explicação • Reality shows e Youtubers • Expressões de paquera • Ditados populares
GÊNEROS TEXTUAIS	• Questionário de seleção de elenco • Gráfico em barras • Artigo de opinião • Reportagem • Post/comentário • Teste • Mensagens eletrônicas
FONÉTICA	• Distinção de palavras parônimas

OBJETIVOS

- Explicar a relação das pessoas com reality shows
- Falar sobre os riscos da exposição da vida pessoal
- Descrever seu perfil de usuário de redes sociais e de celular
- Discutir o comportamento das pessoas com as redes sociais
- Expressar seus limites para assumir riscos
- Dizer sua opinião sobre apps de relacionamento
- Saber expressar-se em um relacionamento amoroso

UNIDADE 8 · PÁGINA 171
VAI NA FÉ!

SOCIOCULTURAL
- Principais religiões do Brasil
- Práticas religiosas e a fé dos brasileiros
- Festas religiosas na cultura brasileira
- Simpatias de Ano-Novo
- Etapas de vida e suas celebrações
- A busca da felicidade
- Mudança pessoal e caminhos para a verdade
- Festas religiosas nas ilhas de Cabo Verde

COMUNICATIVO
- Falar sobre felicidade e propósito de vida
- Falar sobre suas crenças e sua fé
- Falar sobre as etapas da vida e suas celebrações
- Aprender a usar expressões brasileiras com a palavra DEUS
- Vocabulário de práticas espiritualistas
- Descrever uma festa religiosa ou popular

GRAMÁTICA
- Pronomes no discurso indireto
- Futuro composto do subjuntivo
- Voz passiva analítica II (verbos compostos)

LÉXICO
- Religiões do Brasil
- Práticas espiritualistas e seus praticantes
- Expressões das festas religiosas
- Expressões com a palavra DEUS
- Expressões associadas à felicidade
- Etapas da vida
- Festas de família

GÊNEROS TEXTUAIS
- Artigo
- Entrevista
- Texto de apresentação de festa popular

FONÉTICA
- Pronúncia de palavras homógrafas

OBJETIVOS
- Falar sobre felicidade e propósito de vida
- Identificar as etapas da vida
- Conhecer tradições e festas de família no Brasil
- Compreender as religiões do Brasil e a fé dos brasileiros
- Falar sobre suas crenças e sua fé
- Descrever uma festa religiosa ou popular

UNIDADE 9 · PÁGINA 193
BRASIL ABERTO

SOCIOCULTURAL
- Novas modalidades de turismo
- Turismo rural no Brasil
- Algumas festas e tradições do Brasil
- Festa do Peão de Boiadeiro
- Lendas, crenças e brincadeiras do folclore brasileiro
- Câmara Cascudo
- Turismo do sono em Portugal

COMUNICATIVO
- Falar sobre novas modalidades de turismo
- Descrever festas e tradições de um lugar
- Descrever lendas, crenças e brincadeiras do folclore brasileiro
- Relatar uma experiência de viagem
- Desenvolver a compreensão em português rural

GRAMÁTICA
- Advérbios no discurso indireto
- Discurso indireto com verbos no subjuntivo
- Conhecer a variante do português caipira ou português rural
- Descrever com detalhes uma festa ou tradição
- Plural de palavras compostas

LÉXICO
- Tipos de turismo e suas características
- Hospedagens
- Turismo rural
- Festas populares
- Expressões para descrever uma festa ou tradição
- Folclore brasileiro
- Expressões com o verbo PASSAR

GÊNEROS TEXTUAIS
- Artigo
- Texto de apresentação
- Texto de instrução
- Depoimento

FONÉTICA
- Pronúncia de trava-língua

OBJETIVOS
- Falar sobre as novas modalidades de turismo
- Descobrir o turismo de experiência, de voluntariado e o turismo rural
- Conhecer o português rural
- Descrever festas e tradições de um lugar
- Conhecer lendas, crenças e brincadeiras do folclore brasileiro

UNIDADE 10 · PÁGINA 215
VERSOS LIVRES

SOCIOCULTURAL	• Hábitos de leitura dos brasileiros • Gêneros literários • Autores da literatura brasileira • Cristina Siqueira, poesia e processos de escrita • A crônica e o conto • O cordel e a cultura nordestina • Estratégias de leitura em língua estrangeira • Dialetos do português brasileiro • Fernando Pessoa
COMUNICATIVO	• Desenvolver a leitura de textos literários • Discutir processos de escrita literária • Redigir alguns gêneros da literatura • Discutir seus gostos literários • Compor versos em rimas
GRAMÁTICA	• Pretérito mais-que-perfeito simples • Estrutura da crônica • Estrutura do conto • Algumas figuras de linguagem
LÉXICO	• Gêneros literários • Estrutura de um livro • Os personagens • Tipos de crônica • Tipos de conto • Vocabulário da poesia
GÊNEROS TEXTUAIS	• Artigo • Entrevista • Poesia • Crônica • Conto • Cordel • Capas de livros
FONÉTICA	• Pronúncia de palavras com consoantes mudas

OBJETIVOS

- Entender a cultura de ler no Brasil
- Descobrir possibilidades de leitura em português
- Desenvolver a leitura de textos literários
- Expressar seus hábitos de leitura e suas preferências literárias
- Ver e discutir processos de escrita literária
- Aprender a redigir alguns gêneros da literatura
- Descobrir autores da literatura brasileira

ANEXOS · PÁGINA 237

ANEXO 1	**A FONÉTICA DO PORTUGUÊS BRASILEIRO** • Alfabeto • Tabela fonética do português • Acentos gráficos
ANEXO 2	**ANEXOS GRAMATICAIS** • Estrutura básica da frase • Artigos definidos e indefinidos • Substantivos • Adjetivos • Pronomes • Numerais • Conjunções • Preposições • Advérbios • Regência nominal • Abreviações usadas nos textos digitais
ANEXO 3	**VERBOS E TABELA DE CONJUGAÇÃO** • Modo indicativo e imperativo afirmativo • Modo subjuntivo • Infinitivo pessoal – verbos regulares
ANEXO 4	**RESPOSTAS DOS EXERCÍCIOS**
ANEXO 5	**MAPA POLÍTICO**
ANEXO 6	**A LÍNGUA PORTUGUESA NO MUNDO**

UNIDADE 1

SAMBA DA BÊNÇÃO

BRASIL
DE CANTO A CANTO

NESTA UNIDADE VOCÊ VAI APRENDER:

- diversas formas de números
- o pretérito perfeito (revisão)
- algumas regências verbais
- o sufixo -ice
- expressões com gerúndio
- os sentidos do presente do indicativo

PARA:

- conhecer e opinar sobre os hits e gêneros musicais brasileiros
- falar sobre o passado
- explicar suas preferências
- descobrir e emocionar-se com a diversidade dos patrimônios culturais do Brasil

Extraído de: Audiency. Fonte: https://bit.ly/3AU6ADf (Acesso em: 06 set. 2024. Adaptado.)

NO RITMO DOS BRASILEIROS

1. Qual ritmo musical você acha que representa o Brasil?

2. Observe a imagem e comente de que ela trata.

3. Você conhece outros gêneros musicais tocados no Brasil ou de origem brasileira que não aparecem descritos? Qual(is)?

4. Leia o texto para descobrir qual gênero musical está ganhando notoriedade nas rádios brasileiras no período descrito.

Um hit não tem dia nem hora para explodir e cair no gosto do povo, mas a tradição de conhecer a lista das músicas mais tocadas nas rádios do Brasil no último mês tem, sim, uma data: todo dia 01 de cada mês.

O dia mais esperado chegou e, com ele, o TOP10 das músicas que fizeram sucesso nas emissoras de rádio de todo o Brasil de 01 a 30 de junho, nas 24 horas do dia, de todas as rádios (AM, FM, web e comunitárias).

Analisando todos os gêneros, o sertanejo continua dominando, respondendo por 45% do número total de músicas no TOP100. Mesmo sendo um volume bem acima da média de outros gêneros, o ritmo perdeu 11% de espaço na programação das emissoras se comparado ao mês de fevereiro, quando contabilizou 56 das 100 músicas mais executadas nas rádios do Brasil.

Quem ganhou espaço neste primeiro semestre foi o forró pisadinha, que, além de garantir a 7ª posição ao DJ Guuga e DJ Ivis com sua "Volta bebê, volta neném", conquistou outras 24 composições, respondendo por 1/4 da lista das mais tocadas em todos os gêneros na programação musical das emissoras. Na mesma comparação feita com o gênero sertanejo, o forró pisadinha teve 10% a mais de hits no TOP100 em relação ao ranking musical de fevereiro.

Se o TOP100 fosse a programação de uma emissora, seria:

- 45% sertanejo;
- 25% forró pisadinha;
- 12% internacional;
- 4% brega/arrocha;
- 4% samba e pagode;
- 3% pop;
- 3% eletrônico;
- 2% católico;
- e, com 1% cada, funk e romântico.

Apesar de junho ser um mês romântico, com o Dia dos Namorados, a preferência em 2021 foi pelo ritmo que embala as festas de São João.

A VOZ DO BRASIL

Foi o programa de rádio criado em 1935, durante o governo de Getúlio Vargas, com o nome *Programa Nacional*. É o programa de rádio mais antigo do país e do Hemisfério Sul. Em 1938, passou a ter transmissão obrigatória com horário fixo, das 19 às 20 horas, e seu nome mudou para *A Hora do Brasil*. Em 1962, adotou o nome atual: *A Voz do Brasil*.

5. Responda às questões sobre o texto.

a. Quando é divulgado o ranking das músicas mais tocadas?

b. Qual gênero musical é mais popular nas rádios brasileiras no período analisado?

c. Qual gênero musical está ganhando notoriedade?

d. Ao final do texto lemos "[...] a preferência em 2021 foi pelo ritmo que embala as festas de São João". Que ritmo é esse?

e. Dos gêneros citados, qual você acha mais interessante?

f. Em grupo, escolham uma canção para representar um gênero musical da lista de programação sugerida no texto. Compartilhem o nome da canção com os colegas e em seguida abram uma votação individual para a turma assistir ao videoclipe da música escolhida pela maioria.

6. Associe as expressões presentes no texto com seu significado.

a. Um hit não tem dia nem hora para explodir.
b. Um hit não tem dia nem hora para cair no gosto do povo.
c. Quem ganhou espaço neste primeiro semestre foi o forró pisadinha.

( ) Destacar-se.
( ) Tornar-se o mais popular.
( ) Tornar-se apreciado, bem avaliado.

7. Escute o áudio "Educação Musical – Tipos de forró" e marque verdadeiro (V) ou falso (F) para as afirmativas.

( ) O forró designa apenas um gênero musical.
( ) Os instrumentos musicais básicos do forró são o triângulo, a zabumba e a sanfona.
( ) O forró surgiu na região Nordeste.
( ) O forró tem influência de diversos ritmos musicais nordestinos.
( ) O forró pé de serra é o menos tradicional.
( ) O forró é escutado apenas no mês de junho, durante as festas juninas.
( ) Luiz Gonzaga e Dominguinhos são representantes do forró pé de serra.
( ) O forró universitário surgiu em São Paulo nos anos 1970.
( ) O forró eletrônico agregou instrumentos como o baixo, a guitarra, o teclado e a bateria.

Fonte: https://bit.ly/485P0ss (Acesso em: 15 out. 2024.)

NÚMEROS

Leia as frases abaixo e associe as colunas identificando o tipo de número mencionado. Você sabe como eles são lidos?

a. No dia 1º de cada mês publicamos a lista das músicas mais tocadas.
b. O forró pisadinha ocupou 1/4 da lista das mais tocadas.
c. 45% das músicas mais tocadas correspondem ao gênero sertanejo.
d. Em 1935 foi criado o programa *A Voz do Brasil*.
e. O auge do forró universitário foi no final do século XX.

( ) Fração
( ) Cardinal
( ) Romano
( ) Ordinal
( ) Porcentagem

TIPO DE NÚMERO	REGRA	EXEMPLOS
Cardinal	**a.** Separamos os números não terminados em 0, acima de 20 com a conjunção "e". **b.** As unidades de milhar seguem o mesmo padrão, **mas**, quando separadas das centenas não terminadas em 00 (520, 901), **excluem a conjunção "e" entre unidades de milhar e centenas.**	**a.** vinte **e** um, cinquenta **e** um, cento **e** um, trezentos **e** quinze, novecentos **e** noventa **e** dois **b.** 1500: mil **e** quinhentos, 1900: mil **e** novecentos, 1530: mil quinhentos **e** trinta, 1970: mil novecentos **e** setenta
Ordinal	Usamos ordinal para expressar uma ordem em uma sequência e para falar o dia 01 do mês.	10º andar/1º capítulo/1º de janeiro/25º aniversário
Porcentagem	Usamos a locução "por cento" após o número sempre que o símbolo % aparece, mas a pronúncia do numeral é idêntica à dos números cardinais.	1%, 10%, 45%, 85%, 100%, 300%, 545%
Fração	Expressamos frações com a menção de cardinal/ordinal até o número 10. Depois disso expressamos cardinal/cardinal + **avos**	• 1/4 (um quarto), 2/4 (dois quartos) • 1/10 (um décimo), 2/10 (dois décimos) • 1/11 (um onze **avos**), 2/11 (dois onze **avos**) • 1/20 (um vinte **avos**), 2/20 (dois vinte **avos**)
Romano	**a.** Quando o numeral vem depois de nomes que designam pessoas e seus títulos, partes de uma obra e séculos, pronunciamos como número ordinal até o décimo e, daí em diante, pronunciamos o número cardinal. **b.** O número romano anterior ao nome sempre é pronunciado como ordinal.	**a.** Papa João Paulo II (segundo), século V (quinto), século XI (onze), Luís XIV (quatorze), capítulo XX (vinte) **b.** XX capítulo (vigésimo)

CHIQUINHA GONZAGA

ABRE-ALAS NO BRASIL!

A compositora e regente carioca **Chiquinha Gonzaga** (1847-1935) destaca-se na história da cultura brasileira e da luta pelas liberdades no país. A coragem com que enfrentou a opressora sociedade patriarcal e criou uma profissão inédita para a mulher causou escândalo em seu tempo. Atuando no rico ambiente musical do Rio de Janeiro do Segundo Reinado, no qual imperavam polcas, tangos e valsas, Chiquinha Gonzaga não hesitou em incorporar ao seu piano toda a diversidade que encontrou, sem preconceitos. Assim, terminou por produzir uma obra fundamental para a formação da música brasileira.

8. Leia o texto para descobrir a cronologia da vida de Chiquinha Gonzaga e responda às questões.

- **1840** Tem início o Segundo Reinado no Brasil.
- **1847** Nasce Francisca Edwiges Neves Gonzaga, em 17 de outubro.
- **1850** É abolido o tráfico de escravizados.
- **1858** Compõe para a festa de Natal sua primeira música.
- **1863** Casa-se com Jacinto Ribeiro do Amaral, marido escolhido por seu pai, com quem tem três filhos.
- **1869** Decide abandonar o casamento ao se apaixonar pelo engenheiro João Batista de Carvalho, com quem passa a viver.
- **1871** É aprovada a Lei do Ventre Livre.
- **1875** Sofre processo de divórcio perpétuo movido pelo marido no Tribunal Eclesiástico.
- **1877** Em fevereiro, publica sua primeira composição de grande sucesso, a polca "Atraente".
- **1880** Anuncia-se publicamente como professora de várias matérias para se sustentar.
- **1885** Estreia como regente, em 17 de janeiro. É aprovada a Lei dos Sexagenários.
- **1888** É assinada a Lei Áurea, que extingue a escravidão no Brasil.
- **1889** É proclamada a República, em 15 de novembro.
- **1899** Compõe "Ó abre alas" para o Carnaval e conhece João Batista Fernandes Lage, português de 16 anos, com quem vive até o resto de sua vida.
- **1906** Viaja pela terceira vez à Europa e instala-se em Lisboa.
- **1909** Retorna ao Brasil.
- **1911** Inicia intensa atividade musicando peças teatrais.
- **1912** Estreia *Forrobodó*, seu maior sucesso teatral.
- **1917** Participa da fundação da Sociedade Brasileira de Autores Teatrais (SBAT).
- **1919** A peça de costumes regionais *Juriti*, musicada por ela, é encenada, tornando-se o maior êxito no gênero.
- **1925** Recebe homenagem consagradora da SBAT e manifestações de reconhecimento do país inteiro.
- **1933** Aos 85 anos, escreve a última partitura: "Maria".
- **1935** Morre no dia 28 de fevereiro, uma quinta-feira. No sábado de Carnaval, 02 de março, realiza-se o primeiro concurso oficial, com apoio público, das escolas de samba.

Extraído de: *Chiquinha Gonzaga: uma história de vida*, de Edinha Diniz. Rio de Janeiro: Zahar, 2009.

Fonte: https://bit.ly/3YPmVTA (Acesso em: 02 nov. 2021. Adaptado.)

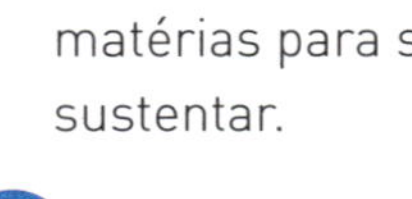

ABRE-ALAS

Enfeite, ornamento, letreiro ou carro alegórico que fica posicionado sempre à frente de uma escola de samba ou bloco carnavalesco, durante o desfile (...). Conjunto das pessoas que levam o abre-alas ou desfilam em cima dele.

a. Como você associa a história de vida da artista à expressão "abre-alas"?

b. Na sua opinião, por que Chiquinha Gonzaga é tão importante para o Brasil?

c. Identifique na cronologia quais eventos históricos aconteceram no Brasil durante a vida de Chiquinha Gonzaga.

9. Assista ao vídeo, descubra quais outras informações não aparecem na cronologia do texto. Em seguida, escreva uma biografia de Chiquinha Gonzaga.

Extraído de: MultiRio. Fonte: https://bit.ly/3z8fuwB (Acesso em: 07 set. 2024.)

?

Chiquinha Gonzaga, aos 52 anos, apaixonou-se por João Batista Fernandes Lage, um estudante de música de 16 anos. Para evitar escândalos, Chiquinha escondeu o relacionamento adotando João Batista como filho.

O Dia da Música Popular Brasileira é comemorado anualmente em **17 de outubro**. Conhecido como o **Dia Nacional da MPB**, essa data celebra e homenageia o nascimento da primeira compositora oficial da música popular brasileira: Chiquinha Gonzaga, que nasceu em 17 de outubro de 1847, no Rio de Janeiro.

OS SENTIDOS DO PRESENTE DO INDICATIVO

▶ Qual tempo verbal você utilizou para escrever a biografia de Chiquinha Gonzaga?

( ) presente ( ) pretérito perfeito

▶ Em qual tempo verbal está escrita a cronologia de Chiquinha Gonzaga no texto da lição?

( ) presente ( ) pretérito perfeito

▶ Quais usos do tempo presente do indicativo você conhece? Discuta com seus colegas.

▶ O presente simples do modo indicativo também pode ser usado para narrar eventos no passado ou até mesmo eventos no futuro, quando acompanhados de expressão temporal. O uso do presente para narrar um evento passado pode tornar a narrativa mais viva.

▶ Observe as frases abaixo e associe para cada frase o que ela exprime.

a. Todos os dias almoço ao meio-dia. ( ) pedido, ordem ou conselho (imperativo)
b. Trabalho no centro da cidade. ( ) característica permanente
c. Juliana tem olhos azuis. ( ) evento passado
d. A Terra gira em torno do Sol. ( ) evento futuro
e. Em 1847 nasce Chiquinha Gonzaga. ( ) estado permanente
f. A novela começa amanhã. ( ) hábito
g. Fecha a porta, por favor. ( ) verdade universal

10. A partir da linha do tempo abaixo, conte um pouco da história do samba. Utilize o pretérito perfeito. Em seguida, faça pesquisas, escolha um sambista e apresente-o para a turma. Consulte na internet o *Dicionário Cravo Albin da Música Popular Brasileira* para conseguir informações sobre o sambista que você escolheu.

1916 Donga registra, em novembro, "Pelo telefone".

1932 Acontece o primeiro desfile de escolas de samba, vencido pela Mangueira.

1940 O Bando da Lua grava "Samba da minha terra" de Dorival Caymmi.

1958 Elizeth Cardoso grava "Canção do amor demais", inaugurando a bossa nova.

1970 Paulinho da Viola lança "Foi um rio que passou em minha vida".

1978 Beth Carvalho grava o disco *Pé no chão*, com a turma do Cacique de Ramos.

2002 "Deixa a vida me levar", de Zeca Pagodinho, é o hino da seleção na Copa do Mundo.

2010 Dona Ivone Lara é a homenageada do Prêmio da Música Brasileira.

?

dicionariompb.com.br

Com cerca de 12 mil verbetes e em constante atualização, a versão on-line do *Dicionário Cravo Albin* é uma obra de referência para os estudiosos da música popular brasileira. Apresenta verbetes sobre gêneros musicais, artistas, críticos e obras.

MPB, EU CURTO!

11. Aprenda um pouco sobre a MPB e responda às questões.

Artigo Discussão Ler Editar Ver histórico Ferramentas

Nota: Para outros significados, Veja MPB (desambiguação).

Esta página cita fontes, mas que **não cobrem todo o conteúdo**. Ajude a inserir referências (*Encontre fontes:* ABW . CAPES . Google (N . L . A)). *(Março de 2013)*

A **MPB**, sigla derivada da expressão música popular brasileira, é um gênero musical surgido no Brasil em meados da década de 1960. A MPB surgiu a partir de 1966 na cidade do Rio de Janeiro com a segunda geração da bossa nova, mas com uma forte influência do folclore brasileiro, que já vinha desde 1932. Na prática, a sigla MPB anunciou uma fusão de dois movimentos musicais até então divergentes, a bossa nova e o engajamento folclórico dos Centros Populares de Cultura da União Nacional dos Estudantes. Os primeiros defendendo a sofisticação musical; e os segundos, a fidelidade à música de raiz brasileira. Seus propósitos se misturaram e, com o golpe de 1964, os dois movimentos se tornaram uma frente ampla cultural contra o regime militar, adotando a sigla MPB na sua bandeira de luta.

MPB	
Origens estilísticas	Bossa nova · modinha · choro · samba
Contexto cultural	Meados da década de 1960, Rio de Janeiro, Brasil
Instrumentos típicos	Violão · atabaque pandeiro

A Jovem Guarda e a Tropicália são movimentos musicais que fazem parte da MPB, mas a Tropicália se identificou mais com a MPB do que a Jovem Guarda devido às misturas de ritmos nacionais e internacionais.

A MPB começou com um perfil marcadamente nacionalista, mas foi mudando e incorporando elementos de procedências várias, até pela pouca resistência, por parte dos músicos, em misturar gêneros musicais. Essa diversidade é até saudada como uma das marcas desse gênero musical. Pela própria hibridez, é difícil defini-la.

O nome MPB pode, em determinados momentos, criar confusão por aparentemente se referir a qualquer música popular do Brasil, porém é importante diferenciar MPB – o estilo musical – de outros, como o samba, o choro, a bossa nova, etc. Apesar de todos terem ligações, não são a mesma coisa. Assim como a bossa nova, a MPB foi uma iniciativa de produzir uma música brasileira "nacional" a partir de estilos tradicionais. A MPB teve um impacto considerável na década de 1960, em grande parte graças a vários festivais de música na televisão.

Fonte: https://bit.ly/3SQbTtM (Acesso em: 05 jan. 2024.)

a. Segundo o texto, o que caracteriza o gênero musical MPB?
b. Para você, por que a MPB é importante?
c. Se você conhece a bossa nova e o tropicalismo, cite alguns artistas.
d. A partir das informações do texto sobre MPB, qual seria a diferença entre música popular brasileira e música brasileira popular?
e. Qual gênero no seu país é equivalente à MPB?

O **gênero** musical que mais gosto é **MPB**.

X

O meu **estilo** favorito de MPB é o **acústico**.

Uma eleição da *Rolling Stone Brasil*, em 2008, contou com a opinião de 70 jornalistas para escolher os 100 maiores artistas da música nacional em toda a história. E, como muitos haviam antecipado, o nome de Tom Jobim liderou o ranking.

Entre os 10 primeiros aparecem, ainda, os nomes de João Gilberto, Chico Buarque, Caetano Veloso, Jorge Ben Jor, Roberto Carlos, Noel Rosa, Cartola, Tim Maia e Gilberto Gil. A primeira mulher da lista foi Elis Regina, em 14º lugar.

Extraído de: Márcio Miranda Pontes, Blog Sabra.
Fonte: https://bit.ly/3M8X2qg (Acesso em: 14 ago. 2024.)

EU SOU O SAMBA. E VOCÊ?

> A música vive em mim... e eu vivo nela com meus pensamentos.
>
> *Joana Cabral*

12. Vamos falar de música e conhecer a turma por meio das preferências musicais. Apresente-se aos colegas falando de você e de sua relação com a música.

a. Eu **venho de** ....

b. **Moro em** ....

c. **Estudo português para** ....

d. A primeira música brasileira que eu escutei foi ....

e. Eu **gosto de** ....

f. Atualmente **me interesso por** ....

g. **Penso em** ....

h. **Apaixonei-me por** ....

i. **Acredito em** ....

j. **Simpatizo com** ....

k. **Sonho em/com** ....

l. Acho difícil ....

m. **Aproveito para** ....

n. **Preciso de** ....

13. Em grupo, crie uma playlist de MPB para compartilhar com a turma. Além disso, busque as informações abaixo para enriquecer seus conhecimentos sobre músicas brasileiras.

a. Qual a música brasileira mais tocada no mundo?

b. Quais são as cinco músicas brasileiras mais famosas internacionalmente?

c. Quais são os músicos brasileiros mais famosos no mundo hoje? Quais gêneros eles representam?

d. Quais são as cinco músicas mais tocadas no Brasil hoje? Quais gêneros elas representam?

e. Ao final da sua busca, qual informação você achou mais interessante? De qual música você gostou mais?

Que tal pesquisar em livros, revistas e internet a vida e a obra musical de cantores e grupos mais famosos de música popular brasileira? Depois, monte uma playlist com algumas canções e compartilhe com seus amigos, professores e familiares.

Extraído de: AprendiZAP. Fonte: https://bit.ly/4dcLXR7 (Acesso em: 14 ago. 2024.)

REGÊNCIA VERBAL

▶ Observe as frases e associe.

a. Luísa **dormiu**.

b. Olívia **estuda** português para viajar.

c. Eu **gosto** de música popular brasileira.

d. Os alunos **estudaram** a lição.

( ) O verbo exige preposição.

( ) O verbo não exige preposição.

( ) O verbo não exige um complemento.

( ) O verbo possui dois complementos, o primeiro sem preposição e o outro com preposição.

Alguns verbos podem ser acompanhados de preposição ou não. A depender da presença ou ausência da preposição o sentido do verbo pode mudar, como o verbo "custar".

Exemplo: O carro custou 50 mil reais. (Determinar preço ou valor.)

O aluno custou a fazer os exercícios de conjugação. (Teve dificuldade para fazer os exercícios.)

RIO DE JANEIRO, SAMBA E CARIOQUICE

▶ PATRIMÔNIOS CULTURAIS DO MUNDO, DO BRASIL E DO RIO

Se o samba nasceu na Bahia, hoje ele é carioca. A cidade do Rio de Janeiro, capital do samba, fundada em 1565, é reconhecida pela UNESCO como Patrimônio Cultural da Humanidade por sua **paisagem cultural**. Foi a cidade do Rio a primeira área urbana do mundo a receber esse título. Em 2015, em celebração ao aniversário de 450 anos da Cidade Maravilhosa, foi decretada a "carioquice" como bem cultural imaterial do Rio de Janeiro. Com certeza você sabe o que é "carioca", mas e "carioquice"... você sabe o que é?

14. Assista ao vídeo do Almanaque Carioquice, do Instituto Cultural Cravo Albin, para explicar o significado de "carioquice". Apresente aos colegas sua definição e, depois, responda. Fonte: https://bit.ly/3WMVAPg (Acesso em: 13 ago. 2024.)

a. No Brasil, não temos apenas a "carioquice", cada lugar tem seu jeito próprio de ser, sua paisagem cultural. E no seu país ou cidade? Quais hábitos caracterizam o jeito local?

b. Na sua opinião, o que seria uma "brasileirice"?

15. Conheça o decreto da "Carioquice" e responda.

Legislação Municipal do **Rio de Janeiro/RJ**

" Prefeitura Municipal visa facilitar o acesso e o conhecimento das leis do Município, demons... (Leia mais)

DECRETO Nº 39797 DE 1º DE MARÇO DE 2015.

DECLARA A "CONDIÇÃO CARIOCA", A "CARIOQUICE", COMO BEM CULTURAL IMATERIAL DA CIDADE DO RIO DE JANEIRO.

O PREFEITO DA CIDADE DO RIO DE JANEIRO, no uso das atribuições que lhe são conferidas pela legislação em vigor, e

CONSIDERANDO a efeméride da celebração dos 450 anos de fundação da cidade do Rio de Janeiro;

CONSIDERANDO que o Rio de Janeiro foi uma ideia de lugar antes de ser uma cidade, tendo sido esta denominação escrita pela primeira vez em um mapa, feito por Gaspar de Lemos, navegante português, ao descobrir a Baía de Guanabara, em 1º de Janeiro de 1502;

CONSIDERANDO que o nome "carioca" quer dizer, em língua nativa tupi, "casa do homem branco", e que indicava as construções feitas pelo colonizador português ao longo de um rio, também vindo a ser denominado Rio Carioca, mas que a construção da identidade local é fruto da miscigenação de diferentes povos e culturas;

CONSIDERANDO que neste lugar, a cidade do Rio de Janeiro, surgiu uma civilização buscando inventar novos hábitos, costumes, saberes, técnicas, crenças e valores, inspirada pela relação rara e harmônica entre natureza e ocupação humana, e que sobre este lugar repousou por muito tempo a benção e o fardo de simbolizar a nação brasileira;

CONSIDERANDO a luta histórica por afirmação desta sociedade neste território, buscando valores de justiça, igualdade, fraternidade, liberdade, mas, especialmente, temperada pela felicidade e pela alegria;

CONSIDERANDO que a condição carioca é um estado mental, espiritual, corpóreo, gestual e linguístico, antes de ser apenas o gentílico dos que nascem no município do Rio de Janeiro, permitindo que qualquer pessoa converta-se em carioca, se assim o desejar;

CONSIDERANDO o reconhecimento da Paisagem Cultural do Rio de Janeiro como Patrimônio Cultural da Humanidade pela UNESCO, e que nesta paisagem natural inseriu-se uma cultura singular, representativa de valores locais e universais, DECRETA:

Art. 1º Fica declarada a «condição carioca», a «carioquice», como Bem Cultural passível de registro como Patrimônio Cultural Imaterial da cidade do Rio de Janeiro.

Art. 2º Este Decreto entra em vigor na data de sua publicação.

Rio de Janeiro, 1º de março de 2015 - 451º da Fundação da Cidade.

EDUARDO PAES - Prefeito D. O RIO 02.03.2015

Fonte: https://bit.ly/4co4lFt (Acesso em: 14 ago. 2024. Adaptado.)

a. Com quais "carioquices" você se identifica? Compartilhe sua resposta com os colegas.

b. Associe para cada carioquice uma imagem.

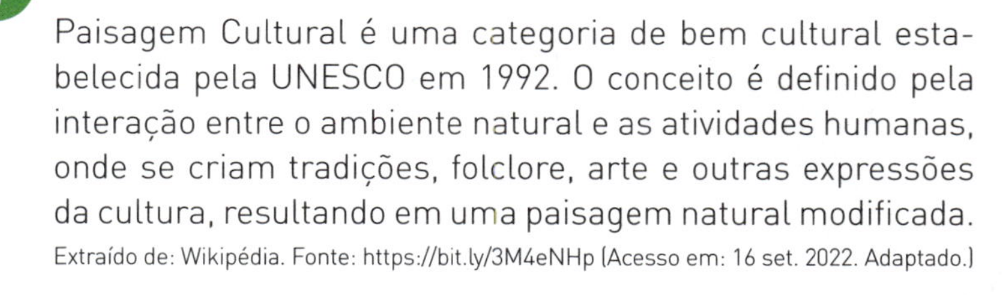

Paisagem Cultural é uma categoria de bem cultural estabelecida pela UNESCO em 1992. O conceito é definido pela interação entre o ambiente natural e as atividades humanas, onde se criam tradições, folclore, arte e outras expressões da cultura, resultando em uma paisagem natural modificada.

Extraído de: Wikipédia. Fonte: https://bit.ly/3M4eNHp (Acesso em: 16 set. 2022. Adaptado.)

▶ **CARIOQUICE É:**

I. Tomar uma gelada com os amigos;
II. Sambar na ponta dos pés;
III. Degustar iguarias no boteco;
IV. A saideira que não termina;
V. Se esbaldar até o sol raiar;
VI. Um estado de espírito.

c. Qual(is) das considerações do decreto do prefeito Eduardo Paes você relaciona às definições de "carioquice" apresentadas acima?

d. Entre as considerações sobre a "carioquice" no decreto, quais valores citados no texto são considerados universais e quais valores você considera locais?

SUFIXO -ICE

O sufixo -ice se junta a um adjetivo ou a um substantivo para dar origem a um novo substantivo. "Sugere a qualidade, atitude ou o estado de algo, geralmente com sentido depreciativo."

SUBSTANTIVO/ADJETIVO	SUBSTANTIVO
menino	meninice
criança	
carioca	
solteiro	
velho	
burro	
doido/maluco	
tolo	
esquisito	
meigo	
chato	
careta	
mesmo	

Extraído de: "Ice", in *Dicionário Priberam da Língua Portuguesa*.
Fonte: https://dicionario.priberam.org/ice (Acesso em: 02 dez. 2021.)

EXPRESSÕES COM GERÚNDIO (FORMA NOMINAL DO VERBO TERMINADA EM -NDO)

Na unidade 3 do volume 1 do livro *Samba!*, aprendemos a usar o gerúndio para falar da ação contínua, do hábito e do costume. Além dessas funções, o gerúndio pode expressar outras noções no texto. Observe os exemplos:

1. Sai<u>ndo</u> do cinema, fomos jantar em um bom restaurante. ➡ **Quando saímos** do cinema, fomos jantar em um bom restaurante.

2. Perceb<u>endo</u> a grosseria do vendedor, não comprei a roupa. ➡ Não comprei a roupa **porque percebi** a grosseria do vendedor.

3. Le<u>ndo</u> este livro, você pode tirar suas dúvidas. ➡ **Se ler** este livro, você pode tirar suas dúvidas.

▶ Associe a noção expressa pelas frases acima:
( ) condição ( ) tempo/momento ( ) causa

▶ No decreto da carioquice, muitas frases começam pela expressão "CONSIDERANDO". Experimente substituir a palavra "considerando" (verbo "considerar" flexionado no gerúndio) pelas expressões abaixo:
Se considerar.../A partir da consideração...

▶ Nesse caso, o que o gerúndio expressa?
( ) condição ( ) tempo/momento
( ) causa/consequência

FORMAS DE SUBSTITUIR O GERÚNDIO NA FRASE

EXPRESSÕES	EXEMPLOS
Tempo/ momento	Quando/Assim que/Logo que/No momento que/Depois de/Antes de + verbo infinitivo
Causa	Porque/Já que/Visto que/Como + frase
Condição	Se + verbo no infinitivo

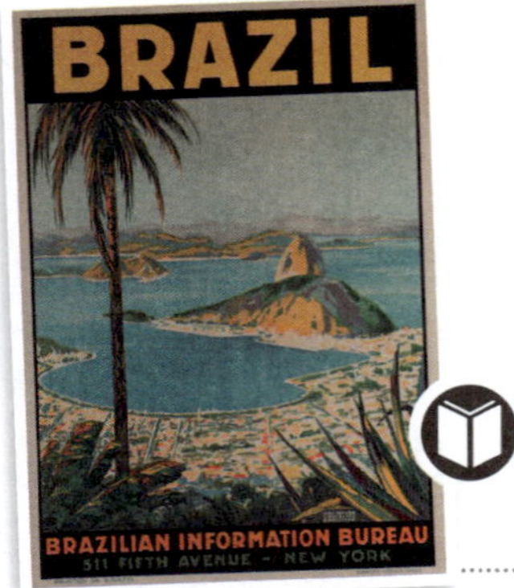

UM POUCO DE CARIOQUÊS

16. Compartilhe com os colegas quais gírias brasileiras você conhece.

17. Veja as expressões mais conhecidas pelos cariocas.

RIO DE JANEIRO SECRETO

Nossas cidades · Português · Assinar

O QUE FAZER · NOTÍCIAS · COMER E BEBER · CULTURA · VIAGENS · NATUREZA E BEM-ESTAR · GUIAS SECRETOS

Expressões que todo carioca conhece!

Os cariocas são conhecidos pelo amor à praia e pelo amor ao futebol, mas também pelo seu sotaque e gírias únicas.

O Rio de Janeiro é uma cidade grande e cheia de vida, com muitos lugares incríveis para visitar. Além disso, as expressões cariocas são muito características, assim como o sotaque é inconfundível!

De fato, há coisas que só fazem sentido para quem é do Rio de Janeiro, não é mesmo? Por isso, reunimos aqui algumas das muitas expressões cariocas – e pra você "se ligar" quando for visitar a cidade!

1 "PARADA"

Essa expressão é usada para se referir a qualquer objeto ou situação. Além disso, também pode ser usada como "isso mesmo", ou "é isso aí", para concordar com algo.

▶ *Eu preparei aquela parada que você pediu!*

2 "SE LIGA"

Você está prestando atenção nesse artigo? Não? Então, se liga! O significado dessa expressão é pedir para alguém ficar atento.

▶ *Se liga cara, o seu pai vai esperar por você em frente à escola.*

3 "BOLADO"

Se quer ir passar uns dias no Rio, então entenda uma coisa: carioca não fica preocupado e irritado, mas sim "bolado".

▶ *Estou ficando bolado com a demora do ônibus!*

4 "CARACA"

Quer expressar espanto quando for visitar o Rio? Então, use "caraca". Mas, tome cuidado, pois dependendo da entonação pode significar surpresa ou desapontamento.

▶ *Caraca, que vista incrível!*

5 "SANGUE BOM"

Quando uma pessoa é confiável, ou parece ser gente boa, é alguém "sangue bom".

▶ *Esse seu primo é muito sangue bom.*

6 "0800"

No Rio, quando algo é de graça, você pode usar a expressão "0800".

▶ *Ouvi dizer que o jantar ia ser 0800.*

7 "FALA SÉRIO"

Geralmente, essa expressão serve para indicar descontentamento.

▶ *Você vai chegar atrasado? Fala sério!*

8 "MERMÃO"

É um sinônimo de "cara", mas também uma versão mais curta de "meu irmão".

▶ *Mermão, você viu aquela notícia ontem?*

9 "DAR MORAL"

Essa expressão serve para dar importância a algo ou alguém. Contudo, também pode ser usada como sinônimo de ajuda. Assim, se você precisar de algo de um carioca, ele lhe dará uma "moralzinha"!

▶ *Juliana, me dá uma moral com esse texto aqui?*

10 "COÉ"

É o resultado da soma de "qual" e "é". Assim, essa expressão é usada como uma forma de cumprimento entre os cariocas.

▶ *Coé, mermão, tudo bem com você?*

11 "JÁ É"

Você recebeu um convite e aceitou? "Já é!" Essa expressão serve para aceitar fazer algo, mas também para dizer que alguém pode contar com você.

▶ *– Vamos ao cinema?*
– Já é!

12 "MANEIRO"

Algo "maneiro" é o mesmo que legal e interessante.

▶ *Vi um vestido maneiro hoje!*

Fonte: https://bit.ly/4clhUFL (Acesso em: 04 ago. 2023. Adaptado.)

18. No Brasil, a variação de sotaques, gírias e expressões é imensa. No entanto, para um estrangeiro, mais importante do que usar muitas dessas expressões é compreender o que é dito e se fazer compreendido. Como você poderia dizer as 12 frases do texto anterior de uma outra forma?

1 ....

2 ....

3 ....

4 ....

5 ....

6 ....

7 ....

8 ....

9 ....

10 ....

11 ....

12 ....

PRETÉRITO PERFEITO DOS VERBOS IRREGULARES E VERBOS EM -AIR

PRONOMES	SER	ESTAR	IR	VIR	TER	FAZER	DAR
Eu	fui	estive	fui	vim	tive	fiz	dei
Ele/Ela/Você	foi	esteve	foi	veio	teve	fez	deu
Nós	fomos	estivemos	fomos	viemos	tivemos	fizemos	demos
Eles/Elas/Vocês	foram	estiveram	foram	vieram	tiveram	fizeram	deram

PRONOMES	PODER	QUERER	VER	PÔR	DIZER	CAIR	SAIR
Eu	pude	quis	vi	pus	disse	caí	saí
Ele/Ela/Você	pôde	quis	viu	pôs	disse	caiu	saiu
Nós	pudemos	quisemos	vimos	pusemos	dissemos	caímos	saímos
Eles/Elas/Vocês	puderam	quiseram	viram	puseram	disseram	caíram	saíram

SAMBA PATRIMÔNIO CULTURAL IMATERIAL DO BRASIL

19. Você sabe explicar o que é patrimônio cultural imaterial? Escreva uma definição.

a. Agora assista ao vídeo "Curso Patrimônio Cultural – Patrimônio Imaterial" e avalie com os colegas qual definição se aproximou mais do conceito apresentado no vídeo.

b. Assista novamente ao vídeo e escreva no quadro abaixo as características de cada tipo de patrimônio e seus exemplos.

	CARACTERÍSTICAS	EXEMPLOS
Patrimônio cultural material		
Patrimônio cultural imaterial		

Fonte: https://bit.ly/3M54sLl (Acesso em: 14 ago. 2024.)

20. Samba não é uma coisa só, leia o texto para conhecer suas matrizes e responda às questões.

Matrizes do samba no Rio de Janeiro: partido-alto, samba de terreiro e samba-enredo

As "Matrizes do samba no Rio de Janeiro: partido-alto, samba de terreiro e samba-enredo" foram inscritas no *Livro de Registro de Formas de Expressão* em 2007. No começo do século XX, a partir de influências rítmicas, poéticas e musicais do jongo, do samba de roda baiano, do maxixe e da marcha carnavalesca, consolidaram-se três novas formas de samba: o partido-alto, vinculado ao cotidiano e a uma criação coletiva baseada em improvisos; o samba-enredo, ritmo inventado nas rodas do bairro do Estácio de Sá e apropriado pelas nascentes escolas de samba para animar os seus desfiles de Carnaval; e o samba de terreiro, vinculado à quadra da escola, ao quintal do subúrbio, à roda de samba do botequim. [...]

O samba de partido-alto, o samba de terreiro e o samba-enredo são expressões cultivadas há mais de 90 anos por essas comunidades. Não são simplesmente gêneros musicais, mas formas de expressão, modos de socialização e referenciais de pertencimento. São também referências culturais relevantes no panorama da música produzida no Brasil. Constituído a partir dessas matrizes, em suas muitas variantes, o samba carioca é uma expressão da riqueza cultural do país e em especial de seu legado africano, constituindo-se em um símbolo de brasilidade em todo o mundo.

Extraído de: Gov.br. Fonte: https://bit.ly/47msCe5 (Acesso em: 07 set. 2024. Adaptado.)

a. Como você associa o samba carioca ao patrimônio cultural imaterial do Brasil?

b. Por que o reconhecimento do samba como patrimônio imaterial é importante?

21. Apresente para os colegas um patrimônio do seu país na forma de um mapa mental. Crie eixos do mapa mental que respondam às questões:

a. Qual patrimônio? *Material/imaterial.*

b. Por que esse patrimônio é importante? *Valor econômico/valor sentimental/valor histórico.*

c. Como protegê-lo? Por meio de quais ações?

CRISTO REDENTOR
DE BRAÇOS ABERTOS PARA O MUNDO

Não é somente o samba carioca que completa mais de 90 anos no Brasil, o Cristo Redentor também completou 90 anos em 2021!

22. Escute o áudio "Cristo Redentor faz 90 anos nesta terça (12)", da TV Cultura, e escreva as informações corretas conforme as datas e os números citados.

Fonte: https://bit.ly/3yrm0hK (Acesso em: 30 set. 2022.)

- .... andares
- .... platôs internos
- .... contos de réis usados na construção do Cristo
- .... de .... de .... (inauguração da estátua)
- .... ª maravilha do mundo moderno
- .... ª maior representação de Cristo no mundo
- .... metros de altura
- .... bilhão de reais para a cidade do Rio
- .... % de visitantes estrangeiros
- .... % de visitantes brasileiros
- .... % de visitantes moradores do Rio

a. Segundo o áudio, o que representa a imagem do Cristo Redentor com os braços abertos?

b. O que é celebrado na data em que foi inaugurado o Cristo Redentor?

23. A partir das informações da atividade anterior, dos textos sobre o samba carioca e a carioquice, imagine que você é gerente de uma agência de turismo e escreva um texto de apresentação da cidade do Rio de Janeiro para o site de sua agência. Explique o conceito de carioquice e incentive a compra de pacotes de viagem para que os clientes descubram seu lado carioca.

▶ Alma Carioca, Cristo Redentor – Música Oficial dos 90 anos do Cristo Redentor (Versão UBC)

Fonte: https://bit.ly/46IUkS5 (Acesso em: 30 set. 2022.)

24. Como tudo no Brasil pode dar um bom samba, vários músicos brasileiros se reuniram para cantar a música que homenageia os 90 anos do maior cartão-postal do Brasil. Assista ao clipe da música "Alma Carioca, Cristo Redentor" de composição de Moacyr Luz e, em grupo, extraia da música o maior número de versos. É vencedor o grupo que conseguir copiar mais versos corretamente. Em seguida, tentem cantar.

25. Entre os músicos apresentados no clipe, quais você conhece?

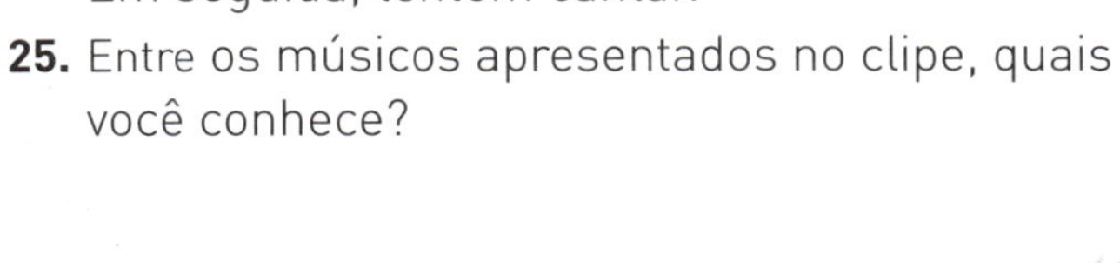

FADO

O fado é a primeira expressão artística portuguesa a ser declarada, pela UNESCO, Patrimônio Imaterial da Humanidade.

A origem do fado, um gênero musical tipicamente português, é de difícil localização temporal e geográfica. Mesmo assim, pensa-se que o fado de Lisboa terá nascido a partir dos cânticos do povo muçulmano, marcadamente melancólicos. Outras teorias apontam para a origem do fado no lundu, música dos escravizados brasileiros que teria chegado a Portugal através dos marinheiros, por volta de 1820. Outra hipótese remete para os trovadores medievais, cujas canções contêm características que o fado conserva.

Nos centros urbanos de Lisboa e do Porto, o fado é um fenômeno situado nas zonas mais antigas das cidades, e é cantado em casas típicas, onde a decoração alusiva ao fado – o xale negro e a guitarra portuguesa – está sempre presente. Os temas mais recorrentes passam por amor, tragédia, dificuldades da vida e separação, daí o seu tom triste e lamentoso. A palavra *fado* deriva do latim *fatum*, que significa destino. Tal sentido, como uma força implacável que está para além da vontade humana, é essencial para a compreensão desse gênero musical.

Considerada a rainha do fado no século XX, Amália Rodrigues (1920-1999) difundiu em todo o mundo esse gênero, tendo gravado em torno de 150 álbuns.

Extraído de: "Fado" in Infopédia. Fonte: https://bit.ly/3YlLa64 (Acesso em: 21 out. 2022. Adaptado.)

▶ Escute o áudio e complete as frases com o verbo.

a. Ele .... sair aos sábados.
b. Ele .... sair aos sábados.

c. Não .... tempo de ir ao banco.
d. Não .... tempo de ir ao banco.

e. Sempre .... muito à noite.
f. Sempre .... muito à noite.

g. Sempre .... todos os exercícios sem reclamar.
h. Sempre .... todos os exercícios sem reclamar.

i. .... as instruções com precisão.
j. .... as instruções com precisão.

k. .... os livros sobre a mesa.
l. .... os livros sobre a mesa.

▶ Em cada par de frases, quais diferenças você observa?

....

....

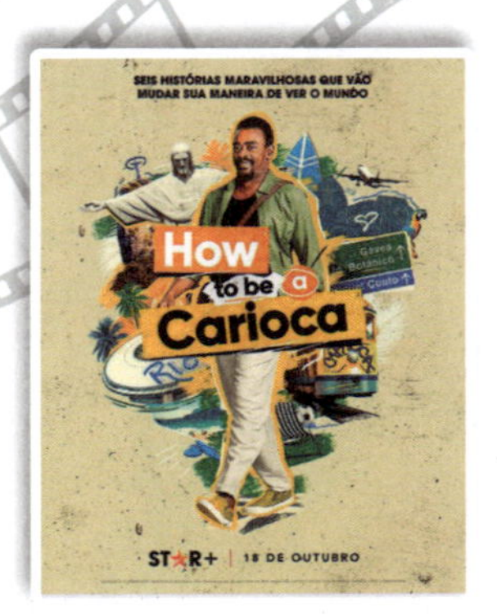

Extraído de: Cinema 10.
Fonte: https://bit.ly/3Y7D1WY
(Acesso em: 25 mar. 2024.)

▶ HOW TO BE A CARIOCA?

2023 . COMÉDIA . 6 EPISÓDIOS . 40 MIN

A trama da série ocorre no Rio de Janeiro, onde turistas de várias partes do mundo, Argentina, Alemanha, Israel, Angola e Síria, vivem uma experiência incrível no melhor estilo "gringo", aprendendo a se adaptar à cultura carioca. Para isso, eles contam com a ajuda do melhor guia da região, Francisco.

DATA DE LANÇAMENTO: 24 de junho de 2021 (Brasil)
DIREÇÃO: Carlos Saldanha, Joana Mariani, Luciana Bezerra, René Sampaio, Tatiana Fragoso
ADAPTADO DA OBRA DE: Priscilla Ann Goslin
CRIAÇÃO: Carlos Saldanha, Diogo Dahl, Joana Mariani
ROTEIRO: Felipe Scholl, Rodrigo Nogueira, Sabrina Rosa

BRASIL DE CANTO A CANTO

TIPOS DE FORRÓ

- Pé de serra
- Universitário
- Eletrônico
- Pisadinha

TIPOS DE NÚMEROS

Cardinal ➡ 1, 2, 3 (um, dois, três)
Ordinal ➡ 1º, 2º, 3º (primeiro, segundo, terceiro)
Fração ➡ ⅓, ⅖, ¼ (um terço, dois quintos, um quarto)
Porcentagem ➡ 30%, 25% (trinta por cento, vinte e cinco por cento)
Romano ➡ VII (sétimo ou *sete* a depender se antes ou *depois* substantivo ➡ sétimo capítulo/capítulo sete)

EXPRESSÕES DE TEMPO/MOMENTO

- Quando
- Assim que
- Logo que
- No momento que
- Depois de + inf./que + subst.
- Antes de + inf./que + subst.

EXPRESSÕES DE CAUSA

- Porque + frase
- Já que + frase
- Visto que + frase

GÊNERO DOS HITS DO BRASIL

- Sertanejo
- Forró pisadinha
- Internacional
- Brega/arrocha
- Samba e pagode
- Pop
- Eletrônico
- Católico/gospel
- Funk
- Romântico

EXPRESSÃO DE CONDIÇÃO

Se + Verbo no infinitivo

ESTILO X GÊNERO

O estilo musical: acústico, instrumental, remix
X
O gênero: samba, pagode, MPB

SUFIXO -ICE

O sufixo -ice é um sufixo nominal que se junta a um adjetivo ou a um substantivo para dar origem a um novo substantivo. Sugere a qualidade, atitude ou o estado de algo, geralmente com sentido depreciativo.

GÍRIAS CARIOCAS

- Parada = situação/objeto
- Se liga = atenção
- Bolado = chateado
- 0800 = grátis
- Caraca = wow/nossa
- Sangue bom = boa pessoa
- Fala sério = Está brincando?
- Já é = ok
- Maneiro = legal
- Dar uma moral = ajudar ou prestigiar
- Mermão = meu irmão

REGÊNCIA VERBAL

- Gostar DE (algo/alguém)
- Morar EM (localização)
- Ser DE (origem)
- Sonhar COM (sobre algo)
- Apaixonar-se POR
- Vir DE (transporte ou origem)
- Estudar PARA (objetivo)
- Pensar EM (ou SOBRE algo/alguém)
- Acreditar EM

▶ Nesta seção vamos trabalhar uma atividade de produção oral do exame Celpe-Bras. Antes de praticar, seu professor vai apresentar brevemente como ocorre a avaliação da parte de produção oral do exame. Fique atento às regras! Vamos praticar em dupla a interação sobre o elemento provocador 14 da prova de 2020/1. A turma deve ser dividida em duplas para que um estudante seja o entrevistador e o outro seja o candidato, de forma que vão alternar os papéis ao longo da atividade. As perguntas serão distribuídas entre os estudantes: **estudante A** responderá às perguntas 1, 3, 5 e 7; **estudante B** responderá às perguntas 2, 4, 6 e 8.

Ao final da atividade, discuta com a turma aspectos importantes da produção oral sobre o tema e algumas estratégias de produção oral.

Edição **2020/1**

Manutenção preventiva

Elemento Provocador **14**

▶ ELEMENTO PROVOCADOR

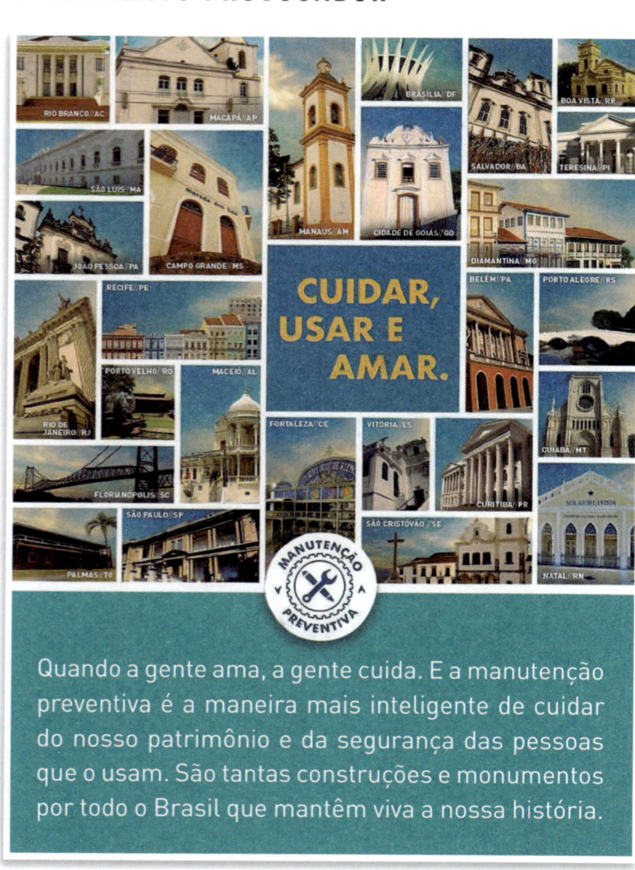

CUIDAR, USAR E AMAR.
MANUTENÇÃO PREVENTIVA
Quando a gente ama, a gente cuida. E a manutenção preventiva é a maneira mais inteligente de cuidar do nosso patrimônio e da segurança das pessoas que o usam. São tantas construções e monumentos por todo o Brasil que mantêm viva a nossa história.

▶ OUTRAS INFORMAÇÕES

Patrimônio histórico é um título conferido a um bem móvel, imóvel ou natural, que seja considerado valioso para um povo, uma sociedade, uma região, um povoado ou uma comunidade. O patrimônio dito histórico não costuma ter um valor puramente histórico, mas em geral está intimamente interligado a um ou mais de uma série de outros atributos, de natureza estética, cultural, artística, ambiental, social, simbólica, documental, científica, antropológica, religiosa, espiritual e outras.

▶ ETAPA 1

Diga ao examinando:

Por favor, observe a imagem e leia o texto silenciosamente. (O examinando faz isso silenciosamente.)

▶ ETAPA 2

Após aproximadamente um minuto, diga ao examinando: **De que trata o material?**

▶ ETAPA 3

Siga o Roteiro abaixo e faça as adequações necessárias em função das respostas do examinando.

1. Que relação você estabelece entre "patrimônio histórico" e as imagens do material?

2. Em sua opinião, por que algumas cidades, monumentos ou locais recebem o título de "patrimônio histórico"?

3. Você concorda com a orientação "cuidar, usar e amar" fornecida no material? Por quê?

4. Você ou alguém que conhece já visitou alguma cidade, monumento ou lugar considerado patrimônio histórico? Conte como foi a experiência.

5. Em seu país, existem muitos prédios/monumentos históricos? Quais são os mais importantes e por quê?

6. Em seu país, como é feita a manutenção do patrimônio histórico?

7. Qual lugar histórico no Brasil você gostaria de visitar? Por quê?

8. Na sua opinião, como as pessoas podem colaborar na preservação de patrimônios históricos?

Compreensão	Competência interacional	Fluência	Adequação lexical e gramatical	Pronúncia

▶ Anotações e dicas: ....

▶ Tendo conhecimento sobre o que caracteriza o morador do Rio de Janeiro e todos que desejam ser chamados de "cariocas", selecione alguns aspectos culturais marcantes de seu país, cidade ou região para apresentar e explicar o que torna especial o pertencimento à sua cultura. Seja criativo em seu podcast de duração mínima de um minuto e meio e máxima de três minutos, incluindo vinheta e/ou apresentação. Seu episódio deve ser gravado e enviado para seu professor no formato de mídia acordado entre a turma. Sugerimos o seguinte roteiro para se inspirar:

1. Apresente-se (nome, nacionalidade).
2. Resuma seu conteúdo (diga o que você vai falar em poucas palavras).
3. Diga o que torna as pessoas culturalmente pertencentes ao local a que você está se referindo.
4. Agradeça à audiência e se despeça.

EXERCÍCIOS UNIDADE 1

1 Escreva por extenso como se leem os números a seguir.

a. 1/3 ➡ .... 1/4 ➡ ....

b. 35% ➡ ....

c. 79% ➡ ....

d. 1° ➡ .... 2° ➡ .... 3° ➡ ....

e. X Capítulo ➡ .... Capítulo VIII ➡ ....

f. 2004 ➡ ....

g. 1992 ➡ ....

h. 1500 ➡ ....

i. 1879 ➡ ....

2 Conjugue os seguintes verbos no pretérito perfeito simples.

a. Ser/eu ....

b. Ter/eu ....

c. Estar/ele ....

d. Ir/ele ....

e. Fazer/eu ....

f. Estar/eu ....

g. Ir/eu ....

h. Fazer/ele ....

i. Estar/nós ....

j. Fazer/vocês ....

k. Ter/eles ....

l. Ser/nós ....

m. Estar/vocês ....

n. Ter/nós ....

o. Fazer/nós ....

p. Ser/ele ....

q. Ter/ele ....

r. Ir/nós ....

s. Ser/vocês ....

t. Ir/eles ....

3 Complete a tabela reescrevendo os fatos que se passaram com Chiquinha Gonzaga usando o pretérito perfeito do indicativo.

ANO	AÇÃO	ESCREVA O QUE ACONTECEU
1847	Nascimento 17/10.	***Chiquinha Gonzaga...***
1863	Casamento com Jacinto Ribeiro do Amaral.	***Em 1863...***
1869	Abandona o marido.	
1906	Viaja pela terceira vez à Europa e instala-se em Lisboa.	
1912	Estreia *Forrobodó*, seu maior sucesso teatral.	
1925	Recebe homenagem consagradora da SBAT e manifestações de reconhecimento do país inteiro.	
1935	Morre no dia 28 de fevereiro, uma quinta-feira. No sábado de Carnaval, 02 de março, realiza-se o primeiro concurso oficial das escolas de samba.	

4 Reescreva a biografia de Luiz Gonzaga no pretérito perfeito do indicativo.

Na sexta-feira, dia 13 de dezembro de 1912, nasce, no município de Exu, extremo-noroeste do estado de Pernambuco, Luiz Gonzaga do Nascimento.

Ele canta, acompanhado de sua sanfona, a música do sertanejo. Leva para todo o país a cultura musical do Nordeste, toca o baião, o xaxado, o xote e o forró pé de serra. Suas composições também descrevem a pobreza, as tristezas e as injustiças de sua árida terra, o Sertão Nordestino. É torcedor declarado do Santa Cruz Futebol Clube.

Luiz Gonzaga ganha notoriedade com as antológicas canções "Asa branca" (1947), "Juazeiro" (1948) e "Baião de dois" (1950).

Ele é pai adotivo do músico Gonzaguinha e influencia outros artistas da MPB, como Raul Seixas, Gilberto Gil e Caetano Veloso.

▶ ....

....

....

....

....

....

....

....

....

5 Conjugue os seguintes verbos no pretérito perfeito simples.

a. Dar/eu ....
b. Vir/eu ....
c. Ver/ele ....
d. Saber/ele ....
e. Poder/eu ....
f. Saber/eu ....
g. Querer/eu ....
h. Dar/ele ....
i. Poder/nós ....
j. Dizer/vocês ....
k. Dar/eles ....
l. Dizer/nós ....
m. Ver/vocês ....
n. Dizer/eu ....
o. Sair/nós ....
p. Trazer/eu ....
q. Sair/eles ....
r. Vir/nós ....
s. Querer/vocês ....
t. Trazer/eles ....
u. Sair/eu ....
v. Trazer/nós ....
w. Cair/você ....
x. Saber/eles ....

6 Associe cada verbo à frase que melhor complementa seu significado.

a. Eu penso	( ) com meu pai. As pessoas dizem que sou a cara dele.
b. Interesso-me	( ) de andar a cavalo.
c. Falei	( ) pela literatura contemporânea.
d. Pareço-me	( ) de/do Júlio ontem e ele disse que fiz fofoca.
e. Eu gosto	( ) em morar no Brasil no futuro.

a. Moramos	( ) da Austrália para o Brasil há 6 anos.
b. Sonho	( ) para o primeiro dia de trabalho, fiquei envergonhado diante do chefe.
c. Atrasei-me	( ) em Belo Horizonte desde que nascemos.
d. Eu acredito	( ) em conhecer o Japão um dia. Espero que realize esse sonho.
e. Viemos	( ) em Deus e acho que ele é brasileiro.

a. Ele trabalhou	( ) de mais vitaminas para ter boa saúde.
b. Conversamos	( ) do período de férias para visitar minha família na Inglaterra.
c. Simpatizo	( ) com as crianças para ter um diálogo familiar saudável.
d. Eu aproveitei	( ) na polícia militar por 30 anos.
e. Preciso	( ) com todas as culturas.

7 Associe os verbos às preposições adequadas e em seguida escreva uma frase para cada verbo.

a. Aproveitar **b.** Precisar **c.** Conversar **d.** Trabalhar **e.** Simpatizar **f.** Acreditar **g.** Sonhar **h.** Vir **i.** Falar **j.** Interessar-se **k.** Pensar **l.** Morar **m.** Ser **n.** Parecer-se **o.** Escrever **p.** Ligar

DE	EM	COM	POR	PARA

a. ...

b. ...

c. ...

d. ...

e. ...

f. ...

g. ...

h. ...

i. ...

j. ...

k. ...

l. ...

m. ...

n. ...

o. ...

p. ...

8 Vamos treinar os sufixos. A partir das palavras base, você vai indicar e escrever o(s) sufixo(s) mais adequado(s).

PALAVRA-BASE	-ICE	-ISMO	-ISTA	PALAVRA(S) FORMADA(S)
Ex.: Jornal		*x*	*x*	*Jornalismo/jornalista*
Dente				
Menino				
Capital				
Velho				
Real				
Meigo				
Raça				
Tolo				
Positivo				
Maluco				

9 Complete as frases substituindo as expressões destacadas pelo gerúndio.

a. **Se considerar** que pratico carioquices, sou carioca. ➡ ....

b. **Porque se emocionou**, ele escondeu as lágrimas. ➡ ....

c. **Quando durmo** pouco, sinto dor de cabeça ➡ ....

d. Compreendeu todo o contrato **quando leu** o texto. ➡ ....

e. **Se beber**, você não deve dirigir. ➡ ....

f. **Quando ouço** música, fico mais relaxado. ➡ ....

g. **Porque beberam** todas as bebidas, tiveram que comprar dos ambulantes.
➡ ....

h. **Porque chutou** forte, ele fez um gol. ➡ ....

10 Associe as expressões destacadas ao significado adequado.

a. Manuel, você pode me dar uma moral aqui?	( ) Não acredito!
b. Se liga ou você pode se dar mal.	( ) É grátis.
c. Esse rapaz é sangue bom!	( ) Conte comigo.
d. O teatro hoje é 0800.	( ) Me ajudar.
e. Já é!	( ) Atenção.
f. Fala sério!?	( ) Gente boa!

11 Reescreva as frases substituindo o gerúndio por outra forma que expresse tempo, causa ou condição.

a. Dormindo por 8 horas, sinto-me descansado. ➡ ....

b. Estudando, você pode aprender português rapidamente. ➡ ....

c. Misturando bem os ingredientes, o bolo fica mais macio. ➡ ....

d. Reclamando, não precisei pagar pelo mau serviço. ➡ ....

e. Vendo o mar, sinto-me muito bem. ➡ ....

f. Não festejando, os brasileiros se sentem tristes. ➡ ....

g. Adiantando a compra das passagens, paguei mais barato. ➡ ....

h. Vendo a polícia, os ladrões abandonaram a cena do crime. ➡ ....

12 Escolha um dos Patrimônios Mundiais da Humanidade das imagens abaixo para descrevê-lo.
Fale sobre: **a.** O que é. **b.** Localização. **c.** Principal função/atração. **d.** O que se pode ver lá.

1

2

3

1. Cataratas do Iguaçu

2. Machu Picchu

3. Taj Mahal

....

....

....

....

....

....

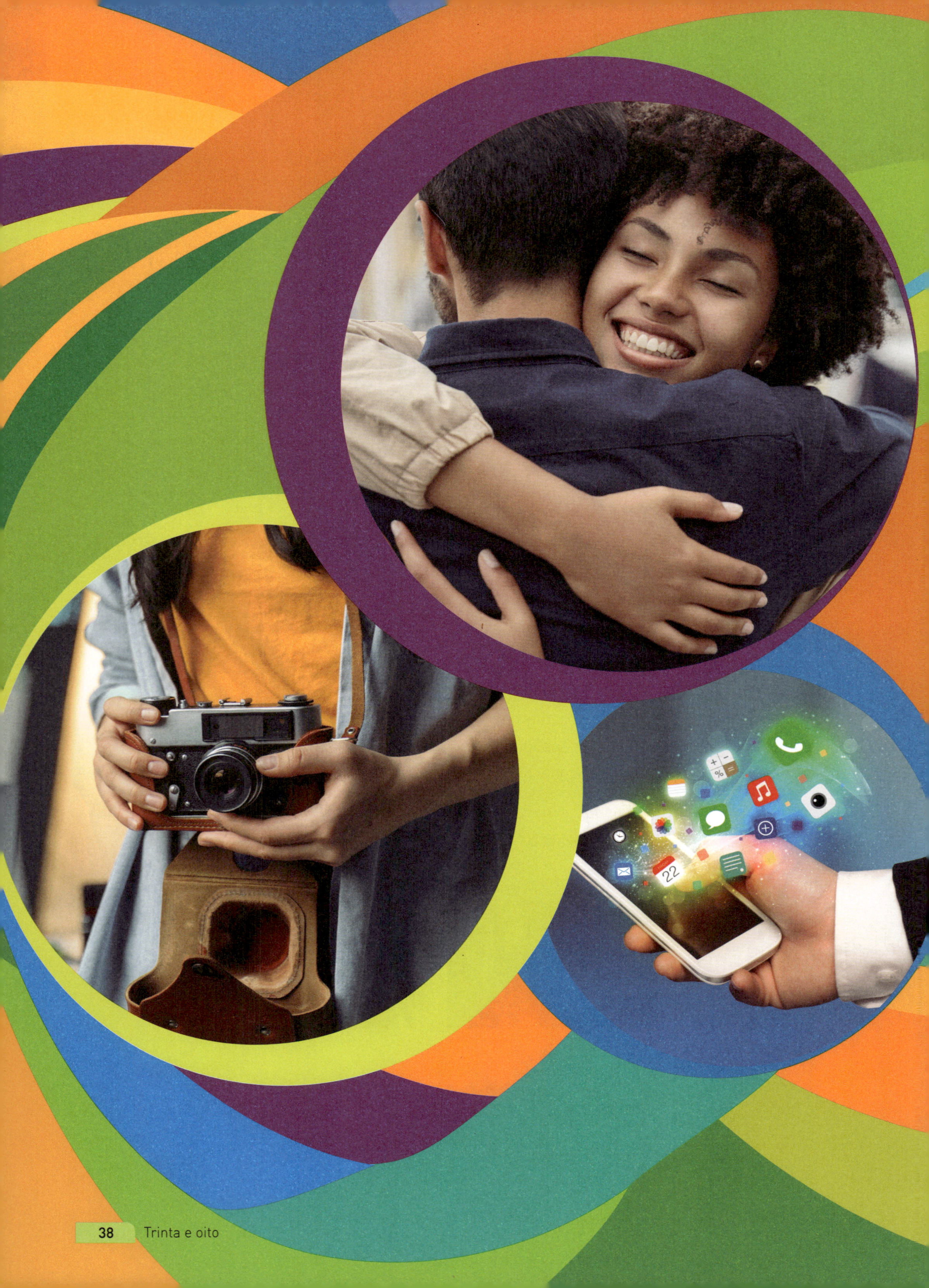

UNIDADE 2

ONDE ANDA VOCÊ

SAUDADE BOA

NESTA UNIDADE VOCÊ VAI APRENDER:

- os pronomes pessoais complemento verbal objeto direto
- o pretérito imperfeito
- o pretérito perfeito composto
- a voz passiva analítica I
- alguns operadores argumentativos
- o futuro do presente

PARA:

- relatar fatos no passado
- discutir sobre os avanços tecnológicos
- opinar sobre um ponto de vista
- expressar afirmações e incertezas sobre o futuro
- desenvolver e defender sua argumentação

E POR FALAR EM SAUDADE...

1. Observe as imagens abaixo para responder às questões.

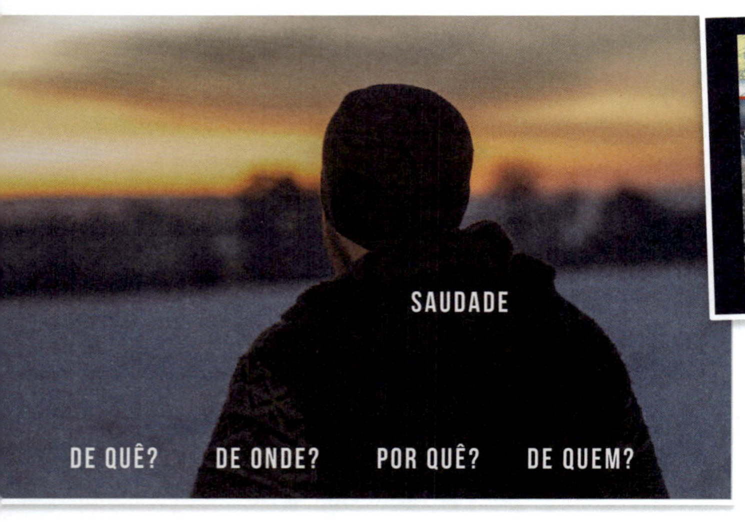

SAUDADE: sentimento de nostalgia causado pela ausência de algo, de alguém, de um lugar ou pela vontade de reviver experiências, situações ou momentos já passados.

a. Onde você imagina que o homem está?
b. Sobre o que você imagina que ele está pensando?
c. Como você associa a palavra "saudade" às questões apresentadas na imagem?

2. Leia o trecho do relato de viagem de Amyr Klink para responder às questões e verificar as hipóteses discutidas.

Tanto mar, em vez de nos separar, nos uniu. Em 141 dias de ausência, do início ao fim, o *Paratii* fez a sua volta e retornou a Jurumirim. A Terra é mesmo redonda. Ao longo do caminho, pensando bem, nem vento, nem ondas, nem gelo tão ruins, porque no fim, nada impediu meu veleiro de voltar inteiro à sua baía.
E nada foi melhor do que voltar para descobrir – abraçando as três – que o mar da nossa casa não tem mesmo fim.

Pior do que passar frio, subindo e descendo ondas ao sul do oceano Índico, seria não ter chegado até aqui. Ou nunca ter deixado as águas quentes e confortáveis de Paraty. Mesmo que fosse apenas para descobrir o quanto elas eram quentes e confortáveis. Eu sentia um estranho bem-estar ao contornar gelos tão longe de casa.

Hoje entendo bem o meu pai. Um homem precisa viajar. Por sua conta, não por meio de histórias, imagens, livros ou TV. Precisa viajar por si, com seus olhos e pés, para entender o que é seu. Para um dia plantar as suas próprias árvores e dar-lhes valor. Conhecer o frio para desfrutar do calor. E o oposto. Sentir a distância e o desabrigo para estar bem sob o próprio teto. Um homem precisa viajar para lugares que não conhece para quebrar essa arrogância que nos faz ver o mundo como o imaginamos, e não simplesmente como é, ou pode ser. Que nos faz professores e doutores do que não vimos, quando deveríamos ser alunos, e simplesmente ir ver.

Fonte: https://bit.ly/3z9Fjwg (Acesso em: 07 set. 2024.)

a. Como você associa o texto à imagem?
b. De que o autor expressou sentir saudade? O texto foi escrito antes ou depois da viagem?
c. O sentimento de saudade para ele é positivo ou negativo? Por quê?
d. Em seu idioma, como as pessoas podem expressar o sentimento de "saudade"?
e. Como você entende a frase "Tanto mar, em vez de nos separar, nos uniu"?

Amyr Klink atravessou o Atlântico num minúsculo barco a remo em 100 dias desde o porto de Lüderitz, no sul da África, até a praia da Espera, no litoral baiano. Foram mais de 3.500 milhas (cerca de 5.600 quilômetros).

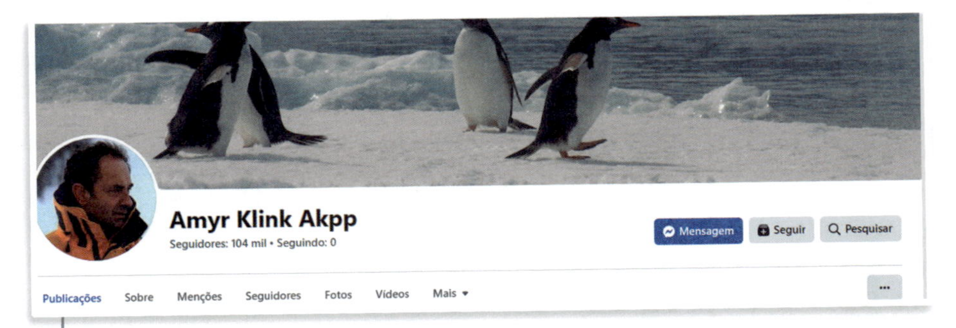

3. Veja a página de divulgação de vídeos do navegador Amyr Klink e leia os comentários dos internautas sobre o documentário *Mar sem fim*.

- "Vejo esse vídeo frequentemente. Palavras sábias, que me fizeram tirar meus planos da gaveta e colocá-los em prática. Um dia, vou fazer minha viagem à Antártica. Quero conhecer melhor o mundo em que vivo. Graças ao Amyr, estou colocando meus projetos em ordem." *Marcelo – há 1 dia* Responder
- "Muito bom e o Amyr Klink nos dá força espiritual e nos dá exemplos de que tudo, ou quase tudo, é possível se temos a vontade e a razão juntas." *Joana – há 1 dia* Responder
- "A vida é muito curta pra gente ficar repetindo caminhos... Não os repito." *Bruna – há 3 dias* Responder
- "Demais... Inspiração pra vida... Inspiração para muitos sobre como vivê-la. Só temos uma vida e ela passa rápido. Temos que desfrutá-la." *Alice – há 8 dias* Responder
- "Que documentário maravilhoso, você sim sabe desfrutar da vida, mas nada melhor do que matar a saudade voltando para os braços da sua família!!!" *Pedro – há 1 semana* Responder
- "Esse é o 'mar sem fim'... mto bom. Conta a viagem dele em volta do polo sul no único trecho em que pode se dar a volta ao mundo sem encontrar um continente. Todos os livros do Amyr são espetaculares... Inspiram-nos! Admiro-o muito, Amyr!" *Carlos – há 2 semanas* Responder

4. Após a leitura dos posts acima, responda.

a. Qual post seria curtido por você? Por quê?

b. Como você compreende a expressão "matar a saudade"? Escreva 2 exemplos de como você pode usá-la.

c. Participe da interação do site: escolha um dos posts que você curtiu e responda-o comentando a afirmação de Amyr Klink que diz: "[um homem] precisa viajar por si, com seus olhos e pés, para entender o que é seu". Compartilhe seu comentário com os colegas.

OS PRONOMES PESSOAIS COMPLEMENTO VERBAL OBJETO DIRETO

Nas frases dos comentários dos internautas, indique a quais palavras os pronomes destacados se referem.

a. Palavras sábias, que **me** fizeram tirar meus planos da gaveta e colocá-**los** em prática. (.................... / ....)

b. Amyr Klink **nos** dá força espiritual e **nos** dá exemplos. (..............................)

c. A vida é muito curta pra gente ficar repetindo caminhos... Não **os** repito. (....)

d. Inspiração para muitos sobre como vivê-**la**. (................................)

e. Só temos uma vida e ela passa rápido. Temos que desfrutá-**la**. (................................)

f. Todos os livros do Amyr são espetaculares... Inspiram-**nos**! (................................)

g. Admiro-**o** muito, Amyr! (................................)

PRONOMES SINGULAR	COMPLEMENTO DIRETO	PRONOMES PLURAL	COMPLEMENTO DIRETO
Eu	me	Nós	nos
Você	o/a	Vocês	os/as
Ele	o	Eles	os
Ela	a	Elas	as

Atenção!

Os pronomes complemento (o, a, os, as) são usados para pessoas e objetos/coisas.

Verbos terminados em -r, -s ou -z: acrescenta-se ***L*** antes de o, a, os, as ➡ **lo, la, los, las**

Verbos terminados em -m, -ão, -ões ou -õem: acrescenta-se ***N*** antes de o, a, os, as ➡ **no, na, nos, nas**

150 ANOS DO CARTÃO-POSTAL: UMA REDE SOCIAL VINTAGE

5. Responda às questões.

a. Quais redes sociais você tem o hábito de usar?

b. Como era a comunicação antes das redes sociais? *A comunicação era...*

c. Você concorda que o cartão-postal é uma rede social? Por quê?

d. Para você, ver um post em uma rede social provoca a mesma emoção de receber um cartão-postal? Por quê?

Ele pode ser considerado o avô do Instagram. Por meio do cartão-postal, que comemorou 150 anos em 01 de outubro de 2019, as primeiras imagens de monumentos, fatos históricos, personalidades, cidades e infinitas temáticas começaram a ser compartilhados e rodar o planeta. Veja a evolução desta rede social:

Extraído de: Blog dos Correios. Fonte: https://bit.ly/4dVmz2K (Acesso em: 07 set. 2024. Adaptado.)

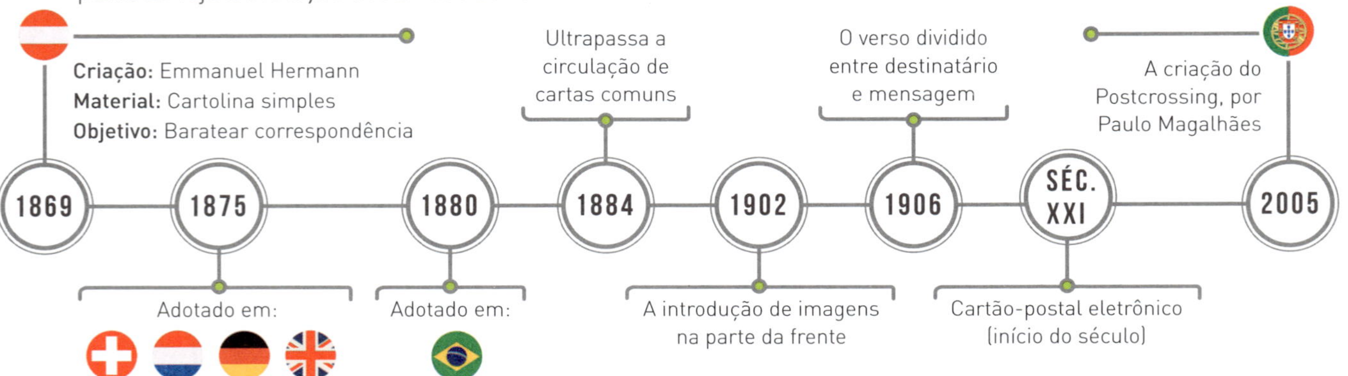

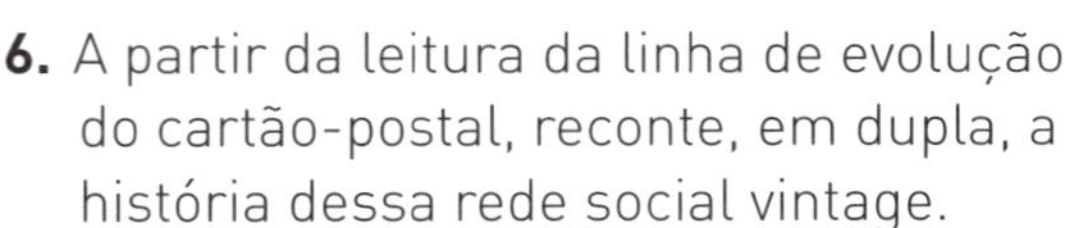

6. A partir da leitura da linha de evolução do cartão-postal, reconte, em dupla, a história dessa rede social vintage.

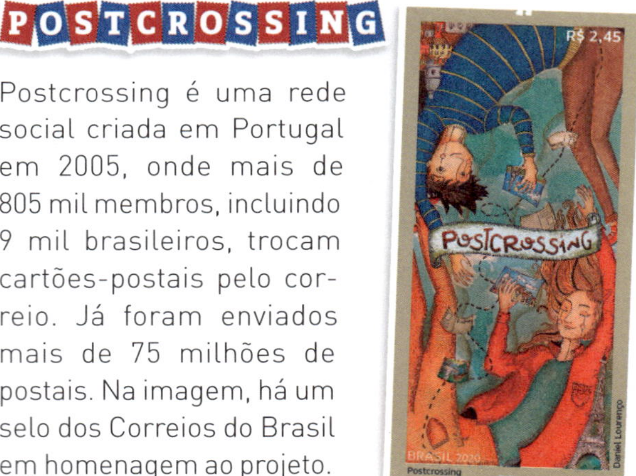

POSTCROSSING

Postcrossing é uma rede social criada em Portugal em 2005, onde mais de 805 mil membros, incluindo 9 mil brasileiros, trocam cartões-postais pelo correio. Já foram enviados mais de 75 milhões de postais. Na imagem, há um selo dos Correios do Brasil em homenagem ao projeto.

Fonte: https://www.postcrossing.com/ (Acesso em: 27 maio 2024. Adaptado.)

VIAJANDO PELO MUNDO COM OS CARTÕES-POSTAIS

7. Assista ao vídeo da DW Brasil para responder às questões oralmente.

a. Por que os cartões-postais ultrapassaram a circulação de cartas comuns?

b. Por que o cartão-postal ainda é atrativo para muitas pessoas?

c. Quantos cartões-postais são impressos por ano pela editora?

d. Quais temas de cartões-postais são citados no vídeo?

e. Por que comparamos o cartão-postal ao WhatsApp? O que eles têm em comum?

f. Votem qual imagem do Brasil vocês escolheriam para um cartão-postal.

Fonte: https://bit.ly/3Mb1ZPq (Acesso em: 16 ago. 2024.)

MATANDO A SAUDADE
ONTEM E HOJE

DESCREVER A FUNCIONALIDADE

- Serve/Servia para... + inf.
- É/Era útil para... + inf.
- Eu o utilizo/utilizava quando/para... + inf.
- Tem/Tinha a função de...
- Permite/Permitia + inf.

     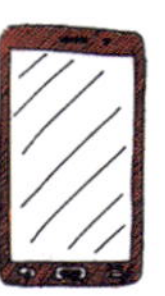

8. Observe os telefones acima e responda.

a. Descreva a evolução dos telefones representados nas imagens.

b. Quais funcionalidades os telefones atuais apresentam que os antigos não tinham?

c. Como essas funcionalidades contribuem para matar a saudade hoje?

d. Qual tecnologia de sua infância não existe mais? O que ela fazia?

O PRIMEIRO CELULAR A GENTE NUNCA ESQUECE...

9. Teste sua memória.

a. Qual foi seu primeiro celular? O que ele fazia?

b. Quantos anos você tinha quando o comprou?

c. Quantos celulares você já teve?

d. Por qual motivo você mudou de celular nos últimos anos?

O PRETÉRITO IMPERFEITO

A formação dos verbos regulares no pretérito imperfeito do indicativo acontece a partir do verbo no infinitivo:

VERBOS REGULARES				VERBOS IRREGULARES			
Pronome	**Usar**	**Atender**	**Imprimir**	**Ser**	**Ter**	**Vir**	**Pôr**
Eu	Usava	Atendia	Imprimia	Era	Tinha	Vinha	Punha
Você/ele(a)	Usava	Atendia	Imprimia	Era	Tinha	Vinha	Punha
Nós	Usávamos	Atendíamos	Imprimíamos	Éramos	Tínhamos	Vínhamos	Púnhamos
Vocês/Eles(as)	Usavam	Atendiam	Imprimiam	Eram	Tinham	Vinham	Punham

O pretérito imperfeito do indicativo é usado:
1. Para falar de hábito ou acontecimento do passado sem referência ao início ou ao fim.*
2. Para indicar a continuidade ou a simultaneidade de um acontecimento no passado.
3. Para descrever o passado.

* *Usa-se também para o tempo e a idade no passado: Eram três horas quando ela chegou./Ela tinha 19 anos.*

▶ A partir dos usos do pretérito imperfeito, associe uma frase que representa cada tipo de uso.

( ) Eu estava tranquilo naquele dia, porque era verão e não precisava trabalhar. Era feriado e todos estavam viajando. A casa estava vazia e eu podia jogar on-line com meus amigos o dia todo.

( ) Antigamente eu enviava cartas pelo correio.

( ) Ana assistia à televisão enquanto Pedro checava os e-mails.

- Quais são os apps mais usados no mundo?
- Quais são os apps mais usados pelos brasileiros?
- Em qual app os brasileiros passam mais tempo por dia?
- Qual app de compras os brasileiros usam mais?
- Quais apps são mais usados no seu país?

CHEGA DE SAUDADE: OS VINIS ESTÃO DE VOLTA

Dia do Disco de Vinil: mais de 41 milhões de unidades foram comercializadas em 2022. Mesmo com a grande oferta de serviços de streaming on-line, os discos de vinil têm aumentado suas vendas nos últimos anos.

10. Responda às questões.

a. Você já escutou ou tem discos de vinil?

b. Enumere a ordem de evolução das formas de armazenamento de música:

( ) Pen drive ( ) CD ( ) Fita K7
( ) Vinil ( ) Streaming on-line

c. Para você, quem escuta discos de vinil hoje?

d. Por que as vendas de vinil aumentaram?

( ) Hobby ( ) Qualidade sonora
( ) Moda ( ) Outro: ....

....

11. Escute a reportagem do telejornal da TV Cultura e responda oralmente às questões.

a. Quando essa mídia surgiu?

b. Quando Pedro começou a escutar discos de vinil?

c. Por que ele os coleciona?

d. Segundo a reportagem, o que o disco de vinil oferece de diferente das outras mídias?

e. Qual foi a mídia física que substituiu o vinil nos anos 1980?

f. Segundo o áudio, quem mais compra vinil atualmente?

g. Qual outro nome é usado no vídeo para designar "disco de vinil"?

Fonte: https://bit.ly/4dr4mKb (Acesso em: 21 jan. 2024.)

Extraído de: Bilesky Discos. Fonte: https://bit.ly/46Q9tRy (Acesso em: 21 jan. 2024. Adaptado.)

Lançado em 1959, *Chega de saudade* é o álbum de estreia do cantor e compositor brasileiro João Gilberto. O trabalho foi eleito, em 2007, pela revista *Rolling Stone* como o quarto melhor disco brasileiro de todos os tempos.

A faixa "Chega de saudade", composta por Antônio Carlos Jobim e Vinicius de Moraes, se tornou um grande sucesso no Brasil, tornou João Gilberto conhecido nacionalmente e impulsionou o movimento da bossa nova, que se iniciava.

No disco o cantor mostrava a batida inovadora de seu violão e seu suave canto. O álbum é um revolucionário da MPB, seu sucesso perdura até os dias de hoje, tornou-se a síntese da bossa nova e mostrou nossa música ao mundo.

Extraído de: Wikipédia. Fonte: https://bit.ly/3M6NpbE (Acesso em: 22 jan. 2024. Adaptado.)

Ensaio é um programa de televisão musical brasileiro criado em 1969. O programa tornou-se um importante marco para a música e para a televisão brasileira. Sua característica principal é o registro intimista dos artistas entrevistados entre as performances musicais. Ao implantar esse formato de entrevistas mescladas com performances ao vivo e ter entre seus convidados os maiores artistas da música brasileira, criou-se um acervo que retrata todo um tempo da criação musical no Brasil. No programa *Ensaio* com a cantora Nara Leão – musa da bossa nova –, pode-se conhecer a história desse importante movimento musical. Alguns programas podem ser acessados pelo YouTube.

abj|notícias **É VINTAGE! É RETRÔ! É ATUAL!**

Home | Geral | Economia | Política | Saúde | Educação | Tecnologia | Esportes | Mundo | Entrevista | Copa do mundo

Home » Cultura » Câmeras analógicas voltam à popularidade

UMA TECNOLOGIA QUE TEM VOLTADO A CAIR NO GOSTO DO PÚBLICO.

As câmeras fotográficas analógicas têm retornado com grande força no mercado, ressurgindo em progressão por modelos retrôs e pelos olhos de pessoas de diversas faixas etárias.

Segundo pesquisa do site Steal The Look, no eBay a procura por "câmeras digitais" aumentou 10% de 2021 para 2022. Já a busca por modelos específicos, como "Nikon COOLPIX", teve um aumento de 90%, de acordo com Davina Ramnarine, porta-voz da empresa de comércio eletrônico.

Mesmo com os fabricantes de câmeras correndo para ter o máximo de megapixels e os melhores sistemas de foco automático possíveis, a fotografia analógica tem voltado porque a atividade evoca uma sensação de nostalgia e conexão.

Fonte: https://bit.ly/4dnvklK (Acesso em: 21 jan. 2024. Adaptado.)

PRETÉRITO PERFEITO COMPOSTO E VOZ PASSIVA ANALÍTICA I

O particípio passado – forma nominal do verbo terminada em **-ado** ou **-ido** – é uma forma invariável usada nos tempos verbais compostos e na voz passiva.

O pretérito perfeito também pode ser conjugado na forma composta, que tem o sentido diferente do da forma simples. O pretérito perfeito composto é formado por: presente do indicativo do verbo TER + particípio do verbo principal.

▶ Compare as frases:

A venda de discos de vinil **aumentou**. (pretérito perfeito simples)

A venda de discos de vinil **tem aumentado**. (pretérito perfeito composto)

▶ Qual expressa ação acabada?

( ) pretérito perfeito simples

( ) pretérito perfeito composto

▶ Qual expressa ação que continua no presente?

( ) pretérito perfeito simples

( ) pretérito perfeito composto

A **voz passiva analítica** também é uma forma composta formada com o verbo SER + o particípio do verbo principal.

O tempo verbal do verbo SER pode variar a depender do tempo que a frase expressa (presente, passado ou futuro).

▶ Observe a frase:

Em 2022 **foram vendidos** mais de 40 milhões de discos de vinil pela indústria fonográfica.

O que foi vendido? .... Quem vendeu? .... De que outra maneira você poderia reescrever a frase? ....

▶ Agora observe as formas verbais nas frases abaixo e compare a voz ativa e a voz passiva. Quais diferenças você observa?

Ele ***vende/vendeu/vendia/venderá/tinha vendido*** os discos. ➡ ***voz ativa***

Os discos ***são vendidos/foram vendidos/eram vendidos/serão vendidos/têm sido vendidos*** por ele. ➡ ***voz passiva***

▶ Complete o quadro com as formas verbais adequadas.

PRET. PERFEITO SIMPLES	PRET. PERFEITO COMPOSTO	PRET. IMPERFEITO	VOZ PASSIVA
comprou			
	tem estudado		
		via	
			foi feito
pôs			

Alguns particípios irregulares: feito, visto, dito, escrito, aberto, posto.

VAMOS FALAR DE ESCOLA?

12. Responda às questões.

a. Para você, para que serve a escola?

b. Observe o diagrama do sistema educacional brasileiro e identifique como você pode descrever seu percurso escolar em português.

c. Quais as diferenças entre o sistema educacional brasileiro e o de seu país?

SISTEMA EDUCACIONAL BRASILEIRO

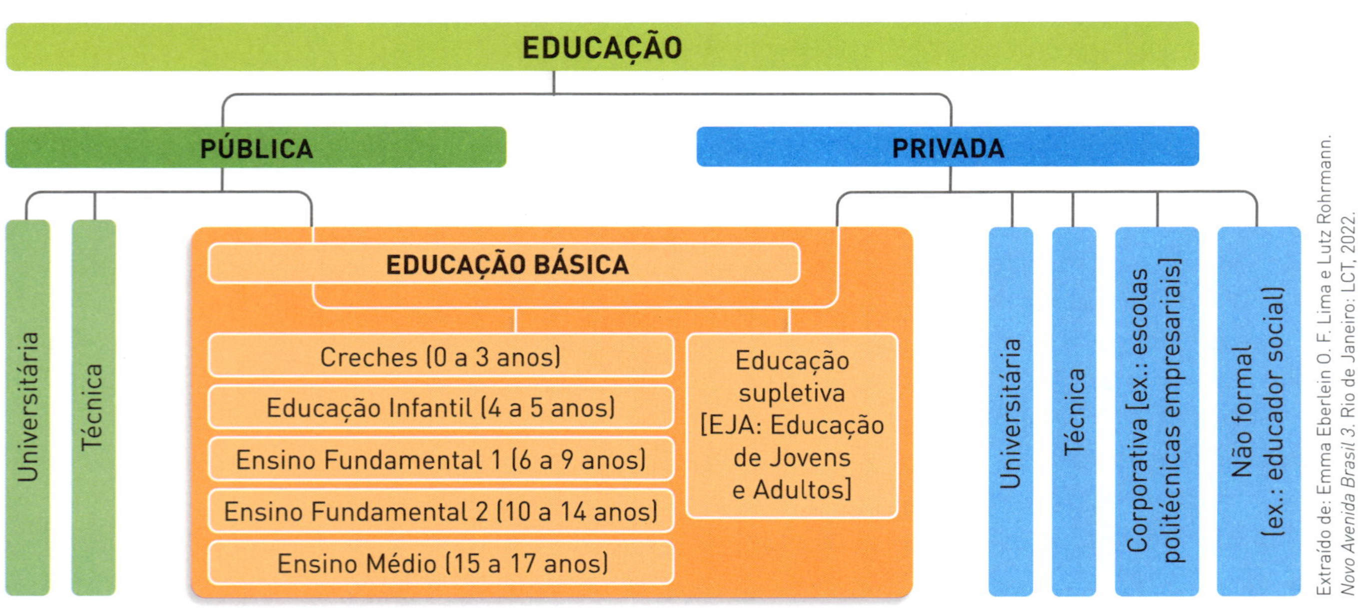

Extraído de: Emma Eberlein O. F. Lima e Lutz Rohrmann. *Novo Avenida Brasil 3*. Rio de Janeiro: LCT, 2022.

A UNIVERSALIZAÇÃO DA EDUCAÇÃO BÁSICA NO BRASIL: UM LONGO CAMINHO

O Brasil foi o país que recebeu o maior número de escravizados e o último país a abolir a escravidão na América Latina. O período colonial durou de 1500 a 1822. Na ocasião da Independência do Brasil, 99% da população era analfabeta. A Constituição de 1824 estabeleceu que a instrução primária deveria ser gratuita a todos os cidadãos; no entanto, mulheres e escravizados não eram assim reconhecidos. Em 1929, um século depois, ano anterior à criação do Ministério da Educação, cerca de 65% dos brasileiros de 15 anos ou mais eram analfabetos.

A instrução primária, com duração de 2 a 5 anos, foi estruturada a partir de 1920 mediante as reformas estaduais. A escolaridade mínima obrigatória de 8 anos foi estabelecida somente em 1971 (Lei n. 5.692); a de 9 anos em 2006 (Lei n. 11.274); e a de 14 anos (dos 4 aos 17 anos de idade, envolvendo a educação básica, inclusive para os jovens e adultos que não tiveram acesso na idade própria) em 2009. A partir de 2016, a educação básica de 4 a 17 anos passou a ser obrigatória e gratuita. Apesar de o Estado brasileiro ter reconhecido a educação como um direito social na década de 1930, foi somente em 1988 que o ensino obrigatório foi assumido pela Constituição como um direito público subjetivo.

Extraído de: Joviles Vitório Trevisol e Lizeu Mazzioni, *Revista Roteiro*. Fonte: https://bit.ly/46Qz1ht (Acesso em: 29 jan. 2024. Adaptado.)

13. A partir da leitura do texto "A universalização da educação básica no Brasil: um longo caminho", responda às questões.

a. Como você percebe a influência da lei brasileira no desenvolvimento da educação no Brasil?

b. Faça um comentário expressando sua opinião sobre a situação educacional da população brasileira atual e compartilhe com a turma para discutir as visões do grupo.

MEMÓRIAS DE INFÂNCIA

14. Escreva um relato de suas memórias de infância na escola. Abaixo propomos algumas perguntas que podem ajudá-lo nesta tarefa.

▶ Como se chamava a escola? Quais professores são mais lembrados? Quem eram seus melhores amigos? Quais eram suas matérias favoritas? Do que você gostava? Do que você sente saudade do tempo da escola? Cite algum fato marcante de sua vida escolar.

15. Conhecer a história da educação de um país nos permite compreender questões políticas e sociais atuais. A partir da leitura do artigo abaixo, responda às questões e discuta com a turma suas impressões sobre a influência da educação no Brasil.

GAZETA DO POVO

Domingo, 10 de Novembro de 2024.

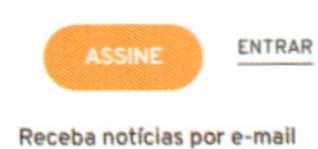

› **Educação**

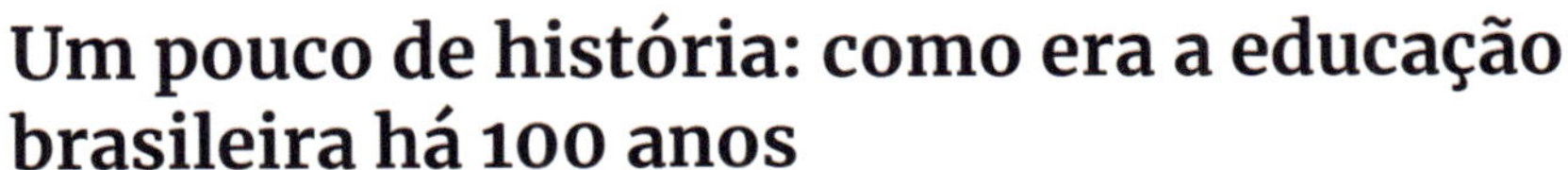

Um pouco de história: como era a educação brasileira há 100 anos

A educação no Brasil, historicamente, sempre foi desigual. Enquanto as escolas nas zonas urbanas e estados mais ricos tinham professores bem instruídos e uma boa estrutura; na zona rural, cenário que ocupava 70% do país, a sala de aula era improvisada, os estudantes não eram separados em turmas de idades diferentes e o professor não tinha qualificação adequada. No geral, uma minoria das crianças ia à escola. Os dois retratos são verdadeiros e refletem faces diferentes da escola pública de 100 anos atrás.

Em 1930, fundou-se o Ministério da Educação. Na década de 1920 a escola ainda seguia o modelo jesuíta colonial. A Igreja Católica ainda influenciava direta ou indiretamente o sistema de ensino. Somente em 1932 houve a proposta de um projeto educacional unificado, por meio do Manifesto dos Pioneiros da Educação Nova, que defendia uma educação universal, laica e gratuita dos 7 aos 15 anos de idade.

A escola de 100 anos atrás priorizava o ensino de virtudes, como a noção de hierarquia, a capacidade de concentração, disciplina e autocontrole. Na escola de hoje, pais e professores concordam que, se bem-sucedida, a formação escolar vai preparar o aluno para o mercado de trabalho ou vestibular.

Segundo Hermes Nery, professor, católico e estudioso do assunto, há 100 anos havia uma concepção mais humanística e menos utilitarista da educação. "Aquela escola buscava formar o aluno como pessoa em todos os aspectos, e não apenas no técnico. A educação visava formar uma pessoa capaz de ler, refletir, pensar, escrever e desenvolver suas habilidades e potenciais por inteiro", disse.

Fonte: https://bit.ly/4dMhDN3 (Acesso em: 24 jan. 2024. Adaptado.)

16. A partir da leitura, responda às questões.

a. Como a desigualdade na educação é descrita no texto?

b. Que fatos propiciaram o começo da transformação da educação pública no Brasil?

c. Em quais aspectos a história da educação do seu país difere da história da educação no Brasil?

ALTERNÂNCIA PRETÉRITO PERFEITO E IMPERFEITO

- O **pretérito imperfeito** é um tempo descritivo de ações, estados e hábitos que tinham uma continuidade no passado. Também descreve cenários e ações simultâneas.

  *Exemplos: A escola de 100 anos atrás **priorizava** o ensino de virtudes.*

  *A educação **visava** formar uma pessoa capaz de ler, refletir, pensar, escrever.*

- O **pretérito perfeito** é um tempo narrativo usado para apresentar fatos pontuais acabados.

  *Exemplos: A partir de 2016, a educação básica de 4 a 17 anos **passou** a ser obrigatória e gratuita.*

  *O Brasil **foi** o país que **recebeu** o maior número de escravizados e o último país a abolir a escravidão na América Latina.*

- Os **dois pretéritos (perfeito e imperfeito)** se alternam, portanto, no texto narrativo no passado, podendo estar presentes ou não na mesma frase.

  *Exemplos: A Constituição de 1824 **estabeleceu** que a instrução primária deveria ser gratuita a todos os cidadãos; no entanto, mulheres e escravizados não **eram** assim reconhecidos.*

  *Somente em 1932 **houve** a proposta de um projeto educacional unificado, por meio do Manifesto dos Pioneiros da Educação Nova, que **defendia** uma educação universal, laica e gratuita dos 7 aos 15 anos de idade.*

DESAFIOS DA EDUCAÇÃO

17. Você sabe o que é ChatGPT? Para que ele serve?

18. Leia o texto abaixo e diga em uma frase do que ele trata. Em seguida, responda às questões oralmente.

O USO DO CHATGPT NA EDUCAÇÃO: UMA ANÁLISE CRÍTICA

Com o avanço da tecnologia, a inteligência artificial (IA) tem se tornado cada vez mais presente em diversos setores, incluindo a educação. Entre as ferramentas mais discutidas está o ChatGPT, um modelo de linguagem desenvolvido pela OpenAI que pode responder perguntas, auxiliar em pesquisas e até mesmo ajudar na prática de idiomas. Mas, como toda inovação, seu uso na educação suscita uma série de debates.

Um dos maiores benefícios do ChatGPT é sua acessibilidade e disponibilidade integral. Isso é particularmente vantajoso para aqueles que estudam em horários não convencionais ou têm acesso limitado a recursos educacionais. Nesse sentido, a democratização do conhecimento é uma promessa que o ChatGPT pode ajudar a cumprir.

Além disso, a capacidade da IA de personalizar o ensino é impressionante. Ao adaptar as respostas e o ritmo de aprendizado às necessidades individuais dos estudantes, o ChatGPT pode ajudar a preencher lacunas que o ensino tradicional muitas vezes não consegue, pois cada aluno tem seu próprio ritmo e estilo de aprendizagem, e a IA pode fornecer um suporte personalizado que nem sempre é viável em turmas grandes.

Outro aspecto positivo é o auxílio no ensino de línguas, o ChatGPT pode ser um parceiro de conversação ideal. A IA promete oferecer, de maneira eficaz, a prática de diálogos com feedback instantâneo, componente crucial para o aprendizado de um novo idioma.

No entanto, o uso do ChatGPT na educação não está isento de desafios e riscos. Um dos maiores problemas é a dependência excessiva que os estudantes podem desenvolver. Em vez de estimular habilidades de pesquisa, pensamento crítico e resolução de problemas, os alunos podem começar a confiar demais na IA para obter respostas prontas, o que compromete um aprendizado mais profundo e significativo.

Além disso, a qualidade da informação fornecida pelo ChatGPT também é uma preocupação. Embora seja uma ferramenta poderosa, ela não é infalível. As respostas podem variar em precisão e atualidade, e há o risco de disseminação de informações incorretas ou incompletas, prejudicando a formação dos estudantes.

Outro ponto crítico é a falta de interação humana. Professores não são apenas transmissores de conhecimento; eles também motivam, inspiram e oferecem apoio emocional. A utilização excessiva de IA pode diminuir essas interações valiosas, afetando a formação integral do aluno.

Por fim, questões éticas e de privacidade não podem ser ignoradas. O uso de IA na educação levanta preocupações sobre como os dados dos estudantes são armazenados, quem tem acesso a eles e como são utilizados. A proteção das informações pessoais dos alunos deve ser uma prioridade para qualquer tecnologia educacional.

Diante dos fatos discutidos, vemos que o ChatGPT oferece inúmeras vantagens que podem transformar a educação, tornando-a mais acessível e personalizada. No entanto, é essencial equilibrar o uso da IA com métodos tradicionais de ensino para garantir que os estudantes desenvolvam habilidades críticas, aprendam a responder e escrever um texto por si mesmos e recebam uma educação holística. Abordar as questões éticas e de privacidade associadas ao uso da IA é crucial para proteger os interesses dos alunos.

Em última análise, a chave está em usar essa tecnologia de forma complementar, integrando-a sabiamente ao ambiente educacional. O ChatGPT não deve substituir os professores, mas sim atuar como um recurso adicional para enriquecer o processo de aprendizagem. Ao fazer isso, podemos aproveitar ao máximo os benefícios dessa tecnologia inovadora ao mesmo tempo que minimizamos seus riscos.

Fonte: https://chatgpt.com (Acesso em: 07 set. 2024. Adaptado a partir da resposta fornecida pela própria IA.)

a. A partir da leitura do texto, você acha que a argumentação apresentada é contra ou a favor do uso do ChatGPT na educação? Justifique.

b. Como essa tecnologia pode beneficiar a educação? Cite exemplos.

c. Que tipo de controle você acha que deve ser aplicado para o uso das ferramentas de IA nas escolas?

▶ Para algumas pessoas o processo transformador pelo qual a educação vem passando é positivo, e para outras pessoas é negativo. A tirinha ao lado apresenta uma crítica. Para você, essa crítica é positiva ou negativa? Por quê?

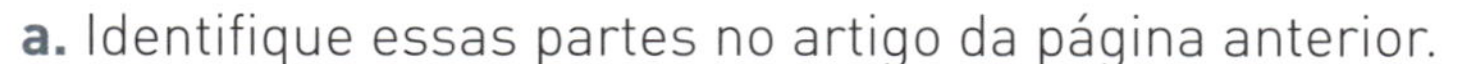

O TEXTO ARGUMENTATIVO

▶ O **texto argumentativo** permite defender uma ideia, hipótese, teoria ou opinião e tem o objetivo de convencer o leitor para que acredite nela. É muito utilizado em artigos de opinião, editoriais jornalísticos, resenhas e cartas ao leitor. É composto pela **tese**, ou seja, o ponto de vista que se defende; pelo **desenvolvimento** de argumentos que justificam o ponto de vista; e pela **conclusão**, que deve resumir os argumentos e retomar a tese.

a. Identifique essas partes no artigo da página anterior.

- Sou a favor de...
- Sou contra o/a/os/as...
- Sou neutro.

POIS É. Expressa que você concorda com uma informação ou que lamenta uma situação, a depender da entonação.

▶ **Operadores argumentativos** são os principais elementos responsáveis pela construção da argumentação, pois organizam o pensamento, trazem coesão e coerência ao texto. O aprendizado dos operadores argumentativos é longo, a tabela abaixo é um modelo que **deve ser sempre consultado** para se familiarizar, pouco a pouco, com o sentido desses operadores ao se ler um artigo.

OPERADORES ARGUMENTATIVOS	
Explicação	pois, porque, como, por isso que, já que, visto que, uma vez que
Oposição	mas, porém, contudo, todavia, entretanto, no entanto, embora, apesar de
Adição	e, nem, e também, como também, mas também, tanto... como, além de, além disso, ainda
Conclusão	logo, portanto, então, assim, enfim, consequentemente, por isso, por conseguinte, por fim, finalmente, em conclusão, em suma, afinal, em resumo
Exemplificação	por exemplo, como, a exemplo de, a título de exemplificação
Redefinição	ou seja, em outras palavras, quer dizer, isto é, isto significa, melhor dizendo

19. Leia as afirmações abaixo e analise o uso das formas verbais e dos operadores argumentativos. Em seguida, identifique se as afirmações são a favor ou contra o ChatGPT. Escreva, você também, um comentário opinando sobre essa tecnologia na educação.

Prós e contras do ChatGPT

Antes da internet as pessoas faziam suas pesquisas em enciclopédias, que demoravam a ser atualizadas. Hoje temos, **a título de exemplificação**, a Wikipédia, que está em constante atualização, além de outros sites. **Logo**, as coisas evoluíram. ✅ ❌

O ChatGPT foi criado em novembro de 2022 pela OpenAI. A empresa, que não esperava tanto sucesso, **também** anunciou o lançamento do GPT-4 em março de 2023. ✅ ❌

Além de espalhar notícias falsas, o ChatGPT **também** apresenta outros perigos. A ferramenta pode ser utilizada por pessoas mal-intencionadas para criar códigos de vírus e mensagens com *phishing*. **Além disso**, como sua base de dados foi criada a partir de textos de diferentes usuários na internet, a tecnologia **ainda** pode reproduzir discursos preconceituosos **e/ou** plagiados. ✅ ❌

Além da Itália, a China, **por exemplo**, alega que o *chatbot* pode influenciar a opinião pública sobre assuntos geopolíticos a partir da desinformação que propaga e, **portanto**, baniu o software. **Apesar de** todo o envolvimento com humanos, vale ressaltar que todas as respostas geradas pelo ChatGPT são provenientes de algoritmos, com informações coletadas em artigos, notícias, livros, sites, entre outros conteúdos – **ou seja**, as conversas são automatizadas. **Por conseguinte**, o resultado de toda essa junção pode conter erros **e** conclusões humanas. ✅ ❌

Extraído de: Mariana Tralback, TechTudo. Fonte: https://bit.ly/3SW9xJJ (Acesso em: 24 jan. 2024. Adaptado.)

QUAL SERÁ O FUTURO DO LIVRO?

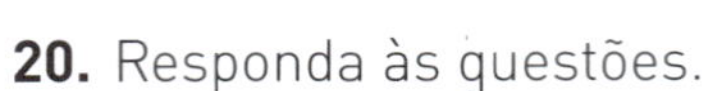

20. Responda às questões.

a. Qual tipo de livro você prefere? E-book ou livro impresso?

b. Você já imaginou ler um livro inteiramente escrito por inteligência artificial? O que você acharia?

21. Leia o artigo para descobrir sobre esse novo mercado editorial.

publishnews ÁREA INDIE ÚLTIMAS NOTÍCIAS COLUNAS MAIS VENDIDOS PUBLISHNEWSTV PODCAST EMPREGOS

Serão os livros escritos por inteligência artificial o futuro do mercado editorial?

A inteligência artificial pode e deve ser usada para aprimorar o mercado editorial em várias tarefas, como pesquisa, esboço e até edição

A literatura mudou muito ao longo dos anos em todos os aspectos. Com uma variada gama de autores e estilos literários, dos grandes livros aos e-books, a literatura evolui à medida que a tecnologia continua a se desenvolver. Nos últimos anos, houve um aumento significativo no uso da inteligência artificial (IA) para gerar conteúdo escrito, incluindo livros. Os algoritmos sofisticados e as técnicas de processamento de linguagem natural das IAs são capazes de analisar grandes quantidades de dados, gerar novas ideias e produzir conteúdo escrito com grande qualidade.

Apesar de toda essa facilidade e possibilidades que a IA tem de revolucionar o mercado editorial, ao mesmo tempo, também cria uma preocupação do tamanho do seu impacto e na iminente substituição dos autores humanos. Será possível que as máquinas substituirão a criatividade e a autenticidade que nós, seres vivos, temos?

Recentemente um livro escrito 100% por inteligência artificial gerou um burburinho nas redes e no mercado. O norte-americano Ammaar Reshi escreveu seu próprio livro infantil em apenas 72 horas, usando ferramentas como o ChatGPT para texto e o Midjourney para as imagens. Como esperado, ele foi bombardeado de críticas após a publicação do livro, que gerou debates ligados aos direitos autorais e liberdade de expressão, já que a IA utiliza informações e exemplos já existentes na rede para gerar um novo conteúdo. Ou seja, a criação não é algo totalmente original.

Um ponto importante a ser levantado é que não tem volta: a tecnologia veio para ficar e, com isso, o mercado editorial passou por uma grande disrupção.

À medida que a escrita de IA continua a melhorar, é provável que se tornará uma parte cada vez mais importante da indústria editorial, com o potencial de criar novas oportunidades para autores e editores. Esse debate é longo e complexo, mas não podemos negar que esse modelo já deixou sua marca no mundo. Os livros escritos por IA serão o futuro? Só o tempo irá dizer, mas aguardo ansioso para ver as transformações que essa nova ferramenta trará para o mercado.

Fonte: https://bit.ly/3M6NZpQ (Acesso em: 14 fev. 2024. Adaptado.)

a. A partir da leitura responda à questão título do artigo.

b. Segundo o texto, qual é hoje o impacto da IA na produção de livros?

c. Você acha que os livros escritos por IA se tornarão uma parte cada vez mais importante do mercado editorial? Por quê?

d. Para você, de quem é o direito autoral de um livro escrito por IA? Justifique sua resposta.

- Aprimorar = melhorar
- Burburinho = ruído de muitas vozes
- Esboço = plano inicial de um trabalho

22. Assista ao trecho do vídeo "Revolução Industrial 5.0", realizado há alguns anos, e escreva um comentário opinando sobre o conteúdo. **@sambaminhaopinião**

Fonte: https://bit.ly/4dnxSjV (Acesso em: 16 ago. 2024.)

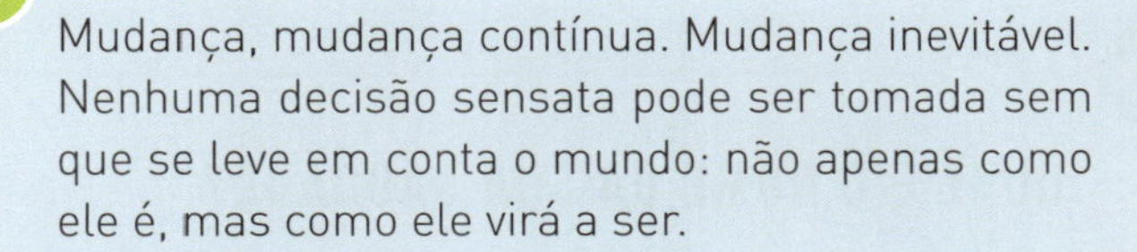

Mudança, mudança contínua. Mudança inevitável. Nenhuma decisão sensata pode ser tomada sem que se leve em conta o mundo: não apenas como ele é, mas como ele virá a ser.

23. A frase ao lado foi escrita por Isaac Asimov, escritor de ficção científica e bioquímico americano nascido na Rússia. Responda.

a. Como você relaciona a frase ao vídeo "Revolução Industrial 5.0", da atividade anterior?

b. Será que no futuro as pessoas aprenderão português com o ChatGPT?

- Levar em conta = considerar
- Tomar cuidado = ter cuidado
- Tomar uma decisão = decidir
- Tomar uma atitude = agir
- Tomar tempo = demorar

24. O documento abaixo, publicado em 2015 no jornal *Zero Hora*, trata do mercado de livros nesta era digital. A partir das suas reflexões sobre o tema e de sua experiência como consumidor, escreva um post sobre as considerações que você faz sobre o futuro das livrarias.

[...] fiquei sabendo que a Amazon Books – a livraria on-line mais famosa do mundo – havia inaugurado sua primeira loja física nos Estados Unidos. Depois de duas décadas de vendas pela internet, ameaçando a existência das livrarias tradicionais, a gigante do comércio eletrônico se instalou numa loja de shopping com os 6 mil títulos mais vendidos e mais bem avaliados no seu site. Ou seja: em vez do texto virtual, para os leitores digitais, ou da encomenda on-line, as pessoas poderão pegar o livro na mão, apertar como se fosse um tomate, folhear e cheirar à vontade, exatamente como fazem os frequentadores da nossa feira porto-alegrense. E o mais importante: poderão levar o produto com elas, abrir e consumir em qualquer lugar, sem necessidade de bateria, wi-fi ou 3G.

Extraído de: Marco Aurelio, *Zero Hora*. Fonte: https://bit.ly/3SUiCTj [Acesso em: 15 fev. 2024.]

FUTURO DO PRESENTE

Em português podemos expressar o futuro, ou seja, o que ainda não aconteceu, de três formas diferentes.

▶ Podemos expressar o futuro com o verbo IR no presente do indicativo + verbo principal no infinitivo.

Escreva um exemplo: ....

▶ Também podemos usar o futuro do presente.

Retire uma frase do texto: ....

Os brasileiros também usam o presente do indicativo com valor de futuro em frases acompanhadas de algum marcador temporal.

Exemplo: O filme começa às 20h30./Eu parto amanhã cedo para Manaus./Ele chega de viagem hoje à noite.

A forma mais usada pelos brasileiros no dia a dia é o futuro com o verbo IR, mas, em contextos formais, orais ou escritos, usamos mais o futuro do presente. Tão importante quanto saber conjugar o futuro do presente é saber pronunciá-lo corretamente, principalmente na terceira pessoa do plural.

Formação: verbo no infinitivo + -ei, -á, -emos, -ão.

	FALAR	COMER	PARTIR	FAZER	DIZER	TRAZER
Eu	falarei	comerei	partirei	farei	direi	trarei
Ele/Ela/Você/A gente	falará	comerá	partirá	fará	dirá	trará
Nós	falaremos	comeremos	partiremos	faremos	diremos	traremos
Eles/Elas/Vocês	falarão	comerão	partirão	farão	dirão	trarão

No futuro do presente, os verbos irregulares se comportam como verbos regulares na conjugação, exceto os verbos "fazer", "dizer" e "trazer".

▶ ***Dica importante:*** Na forma interrogativa, o futuro do presente pode expressar incerteza, especialmente o verbo SER.

*Exemplo: **Será** que você vai aprender bem o português? Eu acho que sim. **Será**?*

QUAL É O NOME DA SUA SAUDADE?

▶ Cada participante deve responder à pergunta com uma palavra.
No entanto, o participante seguinte deve responder à mesma pergunta com uma palavra que comece com a última letra da palavra que o colega acabou de falar. Vale comida, lugares, verbos e tudo que pode ser dito em português. Nome de pessoa não vale! Quem demorar muito ou falar uma palavra em outro idioma sai do jogo.

▶ Nascida em Mindelo, Ilha de São Vicente, em Cabo Verde, Cesária Évora é a cantora de maior reconhecimento internacional do país, também conhecida pelo apelido de Cize, e lembrada como "A diva dos pés descalços".

Pertencente a uma família e a um ambiente musical, desde cedo ela começou a cantar em bares e hotéis e, com a ajuda de músicos locais, ganhou maior notoriedade em Cabo Verde com a interpretação de mornas – gênero musical de Cabo Verde relacionado com o fado português, a modinha brasileira, o tango argentino e o lamento angolano –, sendo proclamada a "Rainha da morna" cabo-verdiana.

A música "Sodade", talvez o maior sucesso da cantora, cantada em crioulo cabo-verdiano (uma mistura de português com línguas africanas), canta a saudade de um povo pobre pela sua terra natal. Segundo Cesária Évora, "para mim música é música. É algo universal, sem barreiras de língua", o que atesta sua carreira internacional e a venda de mais de cinco milhões de discos.

Entre os anos 1965 e 2011, ela gravou 25 álbuns distribuídos em diversos países. No início do século XXI, recebeu diversos prêmios, como o Grammy de Melhor Álbum de World Music e a medalha da Ordem Nacional da Legião de Honra pelo Ministério da Cultura da França.

Extraído de: Biografias de mulheres africanas (UFRGS) e Casa África. Fontes: https://bit.ly/3M5CUWl e https://bit.ly/3X4NcMB (Acesso em: 20 fev. 2024. Adaptado.)

▶ A terminação -am é utilizada quando a sílaba tônica estiver na penúltima sílaba (paroxítona); enquanto a terminação -ão é utilizada quando a sílaba tônica for a última (oxítonas).
Escute as frases e marque os sons -am, como "falaram", e -ão, como "falarão".

	1	2	3	4	5	6	7	8	9	10
-AM										
-ÃO										

Extraído de: Cine Gracher.
Fonte: https://bit.ly/3zTBV8X
(Acesso em: 20 fev. 2024.)

▶ EVIDÊNCIAS DO AMOR

2024 . COMÉDIA ROMÂNTICA . 1H45

Em uma noite qualquer, Marco e Laura se conhecem em um karaokê e cantam juntos a música "Evidências". Desde então, eles se apaixonaram e formaram um casal que parecia perfeito, até o momento do "sim". Sem entender o que aconteceu, agora, toda vez que essa música tocar, Marco vai viajar nas suas lembranças com Laura.

DATA DE LANÇAMENTO: 11 de abril de 2024 (Brasil)
DIREÇÃO: Pedro Antonio Paes
ELENCO: Fábio Porchat, Sandy, Evelyn Castro

SAUDADE BOA

POIS É

Expressa que você concorda com uma informação ou que lamenta uma situação, a depender da entonação.

PRONOMES COMPLEMENTO OBJETO DIRETO

ME/TE/O/A/OS/AS

- Verbos terminados em -r, -s ou -z: acrescenta-se ***L*** antes de o, a, os, as ➡ **lo, la, los, las**
- Verbos terminados em -m, -ão, -ões ou -õem: acrescenta-se ***N*** antes de o, a, os, as ➡ **no, na, nos, nas**

SISTEMA EDUCACIONAL

- Creche
- Educação infantil
- Ensino fundamental 1 e 2
- Ensino médio
- EJA
- Graduação/mestrado/doutorado

MATAR A SAUDADE ≠ SENTIR SAUDADE

Matar a saudade = desaparecer o sentimento de saudade

PRETÉRITO IMPERFEITO DO INDICATIVO

Formação:

- Verbos em **-AR**: -ava, -ava, -ávamos, -avam
- Verbos em **-ER** e **-IR**: -ia, -ia, -íamos, -iam
- **SER**: era, era, éramos, eram
- **TER**: tinha, tinha, tínhamos, tinham
- **VIR**: vinha, vinha, vínhamos, vinham
- **PÔR**: punha, punha, púnhamos, punham

TECNOLOGIAS

- App = aplicativo
- Disco de vinil/CD/streaming on-line/fita K7/fita VHS
- Câmera digital e analógica
- Telefone celular/telefone fixo ou residencial
- E-book e livro impresso
- Inteligência artificial (IA)

FUTURO DO PRESENTE

Formação:

- **-AR, -ER, -IR**: -ei, -á, -emos, -ão

Verbos irregulares:

- **FAZER**: farei, fará, faremos, farão
- **DIZER**: direi, dirá, diremos, dirão
- **TRAZER**: trarei, trará, traremos, trarão

OPERADORES ARGUMENTATIVOS

- **Adição:** e, nem, e também, como também, mas também, tanto... como, além de, além disso, ainda
- **Conclusão:** logo, portanto, então, assim, enfim, consequentemente, por isso, por conseguinte, por fim, finalmente, em conclusão, em suma, afinal, em resumo

OPERADORES ARGUMENTATIVOS

- **Exemplificação:** por exemplo, como, a exemplo de, a título de exemplificação
- **Redefinição:** ou seja, em outras palavras, quer dizer, isto é, isto significa, melhor dizendo

OPERADORES ARGUMENTATIVOS

- **Explicação:** pois, porque, como, por isso que, já que, visto que, uma vez que
- **Oposição:** mas, porém, contudo, todavia, entretanto, no entanto, embora, apesar de

Edição
2016/1

Celpe-Bras | Ciência sem Fronteiras

inep

▶ Você vai assistir duas vezes a um vídeo sobre o Programa Ciência sem Fronteiras, disponível na prova de 2016/1 do exame Celpe-Bras, podendo fazer anotações enquanto assiste.

Como participante do Ciência sem Fronteiras no ano passado, você foi convidado pelo Ministério da Educação a dar um depoimento para o site do programa. Para incentivar a participação de outros colegas, relate sua experiência e apresente informações sobre o projeto.

Fonte: https://bit.ly/3QpkFgN
(Acesso em: 07 set. 2024. Adaptado.)

Enunciador e interlocutor	Propósito	Informações	Coesão e coerência	Léxico e gramática

▶ **COMENTÁRIO DO PROFESSOR/CORRETOR:**

▶ **NOTA FINAL:**

VINTAGE É BOM OU É MARKETING?

▶ Após ter lido sobre a retomada do disco de vinil e ter ciência de que diversas empresas estão criando modelos "retrô" desde eletrodomésticos até roupas, você vai opinar se acha que esta é uma questão de modismo ou se reconhece um valor cultural na prática de consumir o vintage e/ou criar os modelos retrô. Seja criativo em seu podcast de duração mínima de um minuto e meio e máxima de três minutos, incluindo vinheta e/ou apresentação. Seu episódio deve ser gravado e enviado para seu professor no formato de mídia acordado entre a turma. Sugerimos o seguinte roteiro para se inspirar:

1. Apresente-se (nome, nacionalidade).
2. Resuma seu conteúdo (diga o que você vai falar em poucas palavras).
3. Diga se você gosta ou não de consumir o que é vintage e/ou retrô e aponte vantagens e desvantagens sobre isso. Tente usar operadores argumentativos estudados.
4. Agradeça à audiência e se despeça.

BOM TRABALHO!

EXERCÍCIOS UNIDADE 2

1 Complete com a forma adequada dos pronomes.

a. Eu ajudo o Marcelo e o Marcelo .... ajuda.
b. Você ajuda o Marcelo e o Marcelo .... ajuda.
c. Ela ajuda o Marcelo e o Marcelo .... ajuda.
d. Ele ajuda o Marcelo e o Marcelo .... ajuda.
e. Nós ajudamos o Marcelo e o Marcelo .... ajuda.
f. Vocês ajudam o Marcelo e o Marcelo .... ajuda.
g. Elas ajudam o Marcelo e o Marcelo .... ajuda.
h. Eles ajudam o Marcelo e o Marcelo .... ajuda.

2 Substitua o objeto direto destacado pelo pronome adequado.

Exemplo: Gostamos de ver os documentários de viagem nas férias. ➡ ***Gostamos de vê-los nas férias.***

a. Vejo os vídeos do Amyr porque são inspiradores. ➡ ....
b. Nós fazemos os exercícios para aprender a matéria. ➡ ....
c. Encontrei meu irmão após anos e finalmente matamos a saudade. ➡
....
d. Ele atravessou o oceano Atlântico em um barco a remo. ➡ ....
e. Ajude-me a escrever os cartões-postais. ➡ ....
f. As pessoas voltaram a enviar cartões-postais. ➡ ....
g. Puseram as correspondências sobre a mesa. ➡ ....
h. Guardaram as fotografias em uma caixa de sapato. ➡ ....
i. Deixei minha bolsa na escola. ➡ ....
j. Você pode levar Maria e Ana para casa? ➡ ....

3 Complete as frases abaixo com o pronome adequado.

a. Não encontrei minha bolsa. Não sei onde .... coloquei.
b. Os leitores admiravam o escritor, admiravam .... porque era um grande navegador.
c. Ana .... conhece há 20 anos. Nós somos grandes amigos.
d. Já visitei o Brasil. Visitei .... quando estava de férias.
e. Lemos o artigo. Não .... compreendemos bem.
f. Patrick enviou uma carta para você. Você .... recebeu?
g. Elas hospedaram vocês em Madrid? Sim, elas .... hospedaram.
h. Ele tinha uma namorada, mas .... apresentou apenas depois de 6 meses do relacionamento.
i. Entrevistaram .... quando ela ganhou o prêmio de melhor cantora da MPB.
j. O vinil não é vendido em qualquer loja. Vendem .... apenas lojas especializadas.

4 Escreva os verbos abaixo no pretérito imperfeito do indicativo.

a. Ter/eu ....
b. Fazer/ela ....
c. Estar/nós ....
d. Ir/eu ....
e. Vir/eu ....
f. Ser/ele ....
g. Ouvir/nós ....
h. Pedir/eles ....
i. Pensar/eu ....
j. Levantar-se/eu ....
k. Ter/eles ....
l. Ser/elas ....

5 Complete usando os verbos no pretérito imperfeito do indicativo.

a. Quando eu .... (ser) criança, ... (praticar) muitos esportes.
b. Eles .... (gostar) de escutar música pop.
c. Meu primeiro celular .... (ter) uma câmera com baixa resolução.
d. Ele .... (ter) família no Brasil, por isso seus pais sempre .... (vir) ao Rio de Janeiro.
e. Todo mundo .... (curtir) o vinil na década de 1980.
f. Antigamente .... (ser) possível escutar os álbuns nas lojas antes de comprá-los.
g. Eu e meus irmãos sempre .... (escutar) os CDs internacionais nas Lojas Americanas.

6 Escreva 5 frases comparando o passado com o presente. Veja o modelo da frase no exemplo e utilize uma estrutura semelhante.

Exemplo: ***Antigamente o supermercado não abria aos domingos. Hoje em dia existe supermercado 24 horas.***

a. Antigamente ....
b. Antigamente ....
c. Antigamente ....
d. Antigamente ....
e. Antigamente ....

7 Faça frases usando o pretérito perfeito e o imperfeito conforme o exemplo.

Exemplo: (Ana/viajar // os pais/estar de férias) ➡ ***Ana viajou enquanto os pais estavam de férias.*** *ou* ***Ana viajou quando os pais estavam de férias.***

a. (Ele/comprar o apartamento // os juros/estar baixo) ➡ ....
b. (Amyr Klink/atravessar o Atlântico // ele/ter 24 anos) ➡ ....
c. (As câmeras digitais/ser um sucesso // só existe tecnologia analógica) ➡
....
d. (Os CDs/revolucionar o armazenamento digital // não haver a nuvem de dados) ➡
....
e. (Chover // nós/sair de casa) ➡ ....

8 Reescreva o texto abaixo no passado. Tenha atenção para usar adequadamente os pretéritos perfeito e imperfeito.

Eu e minha família estamos de férias. É inverno e o tempo está muito frio. O sol está brilhando, não tem nuvem no céu, mas a temperatura está abaixo de zero. O dia está calmo, mas ao meio-dia o noticiário reporta uma grande nevasca: as nuvens surgem, o céu fica escuro, sentimos a umidade que condensa em neve. Meus pais se preparam para nos levar para a estação de esqui. Finalmente vamos ter a chance de usar os novos sapatos de esquiar. É um dia cinza-escuro, mas muito feliz para turistas de um país tropical. Eu corro para a fila do teleférico, enquanto desço a montanha sinto o vento gelado no rosto. Que maravilha são essas férias!

....
....
....
....
....
....

9 Complete com pretérito perfeito simples e pretérito perfeito composto.

a. Eu não .... (ver) Maria desde que ela .... (começar) a estudar.

b. Desde que eu .... (começar) a estudar português, ... (ter) muita evolução do vocabulário.

c. Desde que meu celular .... (cair), não .... (receber) notificações da agenda digital.

d. Nós .... (comprar) uma casa nova e .... (fazer) muitos jantares para amigos.

e. Eu não .... (enviar) cartões-postais físicos porque .... (baixar) um aplicativo de cartões digitais.

f. Muitas pessoas não .... (ir) ao cinema porque o streaming .... (popularizar-se) e exibe os filmes rapidamente.

g. Desde que o vinil .... (voltar) à moda, muitas pessoas .... (comprar) discos.

10 Observe como está a rotina atual das pessoas e escreva uma frase para caracterizá-la. Utilize o pretérito perfeito composto. Veja o exemplo.

Exemplo: ***Olívia tem estudado muito.***

a b c d

a. ....

b. ....

c. ....

d. ....

11 Escreva as frases com o verbo no pretérito perfeito composto.

a. Os estudantes/trabalhar muito nos cursos de verão ➡ ....

b. Neste inverno/fazer muito frio ➡ ....

c. Ultimamente nós/assistir a muita televisão ➡ ....

d. Este mês/ser muito corrido ➡ ....

e. As crianças/faltar a muitas aulas ➡ ....

f. Desde que moramos em um país de cultura diferente nós/aprender muito ➡ ....

12 Reescreva as frases na voz passiva analítica.

Exemplo: Os clientes compraram todo o estoque de vinis. ➡ ***Todo o estoque de vinis foi comprado pelos clientes.***

a. As lojas venderam 40 milhões de discos. ➡ ....

b. Os estudantes fazem os exercícios. ➡ ....

c. Emmanuel Hermann criou o cartão-postal em 1869. ➡ ....

d. Europeus escreveram o primeiro cartão-postal no Império Austro-Húngaro. ➡ ....

13 Responda com uma pergunta na voz passiva analítica conforme o exemplo.

Exemplo: Minha filha foi ao médico, mas ainda está passando mal. (medicar) ➡ ***Será que ela foi medicada corretamente?***

a. Meus amigos perderam a carteira. (roubar) ➡ ....

b. Os criminosos tiveram uma punição leve. (prender) ➡ ....

c. Ela avançou o semáforo no vermelho. (multar) ➡ ....

d. A notícia era surpreendente, mas muito mal contada. (inventar) ➡ ....

14 Escreva o operador argumentativo que melhor explicita a ideia pretendida na frase.

a. O ChatGPT é uma ferramenta interessante para educação, ... precisa ser usada com moderação. (**I.** por isso **II.** no entanto **III.** ou seja)

b. A visão romantizada da escola tradicional, com alunos asseados e professores bem instruídos, não é totalmente falsa. .... ela existia e retratava a escola dos centros urbanos, ... não os da zona rural. (**I.** Portanto/isto é **II.** Por exemplo/quer dizer **III.** Ou seja/mas)

c. O Brasil foi o país que recebeu o maior número de escravizados .... o último país a abolir a escravidão na América Latina. (**I.** mas também **II.** mas **III.** pois)

15 Leia o texto abaixo, identifique os operadores argumentativos e indique a função estabelecida por eles.

A tecnologia desempenha um papel crucial na transformação e aprimoramento do setor educacional, pois desencadeia impactos significativos no processo de aprendizagem. Isso pode ser percebido ao incorporarmos ferramentas tecnológicas nas salas de aula, já que, com essa medida, os educadores podem criar ambientes mais dinâmicos e interativos, por exemplo, adaptando o ensino às diferentes necessidades dos alunos. Nesse sentido, a utilização de dispositivos digitais, softwares educativos e plataformas on-line não apenas torna o aprendizado mais envolvente, mas também proporciona acesso a uma variedade de recursos educacionais, ou seja, expande as oportunidades de aprendizado além das limitações físicas das escolas. Assim, a integração da tecnologia na educação otimiza o processo de ensino-aprendizagem, além de se tornar uma ferramenta fundamental para a formação de estudantes mais capacitados e adaptáveis.

	OPERADOR ARGUMENTATIVO	FUNÇÃO
1		
2		
3		
4		
5		
6		
7		
8		

16 Escreva as frases usando as 3 diferentes maneiras de expressar o futuro.

Exemplo: Marina/viajar/Austrália/23h30 ➡ ***Marina viajará para Austrália às 23h30./ Marina viaja para Austrália às 23h30. / Marina vai viajar para Austrália às 23h30.***

a. O ônibus/sair/às 19 horas ➡ ....

....

b. Ana/passar na sua casa/mais tarde ➡ ....

....

c. Rafael/trazer/presentes ao voltar de viagem ➡ ....

....

ALMA
MENTE
CORPO
CORAÇÃO
DESENVOLVIMENTO PESSOAL

UNIDADE 3

FELIZ, ALEGRE E FORTE

SIGA EM FRENTE

NESTA UNIDADE
VOCÊ VAI APRENDER:

- o presente do subjuntivo e seus usos
- o pretérito mais-que-perfeito composto
- os pronomes pessoais complemento verbal objeto indireto
- vocabulário de carreira e trabalho

PARA:

- falar sobre carreira e desenvolvimento
- falar sobre projetos pessoais
- escrever um currículo
- discutir e apresentar possibilidades
- aconselhar e apresentar uma opinião

O QUE SERÁ DO AMANHÃ?

1. Você acha que a inteligência artificial vai aumentar ou diminuir as vagas de emprego no futuro? Por quê?

2. Leia o artigo abaixo e verifique sua hipótese.

exame.

Assinar Entrar

Carreira GUIA DE CARREIRA FUTURO DO TRABALHO VAGAS DE EMPREGO CARREIRA INTERNACIONAL CONCURSOS MUNDO RH

Estas são as 10 profissões do futuro, segundo estudo do Fórum Econômico Mundial

Isabel Rocha
Jornalista

Publicado em 10 de maio de 2023 às 11h31.
Última atualização em 31 de outubro de 2023 às 11h57.

A edição mais recente do relatório anual "The Future of Jobs" [O Futuro do Trabalho], divulgada em 1º de maio pelo Fórum Econômico Mundial, é categórica: nos próximos cinco anos, o aumento da digitalização deve causar uma rotatividade significativa no mercado de trabalho. Mas, segundo a organização, não há motivos para preocupação.

É que, diferentemente do que previram os filmes de ficção, a expectativa dos empregadores é de que as novas tecnologias contribuam positivamente para a criação de empregos – ainda que a automação represente, sim, um risco para determinadas funções ao longo dos anos.

"Espera-se que a inteligência artificial seja adotada por quase 75% das empresas pesquisadas e que leve a uma alta rotatividade, sendo que 50% das organizações esperam que ela gere crescimento de empregos e 25% esperam que ela gere perda de empregos", diz o documento.

Dentre os 673 milhões de postos de trabalho analisados pela pesquisa, a estimativa é de que 83 milhões sejam eliminados, enquanto outros 69 milhões devem ser criados. Mas vale destacar que, para que consigam conquistar uma dessas novas vagas, os trabalhadores precisarão eliminar a distância entre suas habilidades atuais e as necessidades futuras dos negócios.

"Seis em cada dez trabalhadores precisarão de treinamento antes de 2027, mas apenas metade dos funcionários têm acesso a oportunidades de treinamento adequadas atualmente. [...] Por exemplo, embora haja um crescimento contínuo de empregos verdes, a requalificação e o aprimoramento de habilidades verdes não estão acompanhando esse ritmo", alerta o documento.

Afinal, quais são as profissões do futuro?

Considerando seu potencial para criação de vagas, o Fórum Econômico Mundial listou 50 profissões emergentes para os próximos anos. "Espera-se que o emprego de analistas e cientistas de dados, especialistas em *big data*, especialistas em aprendizado de máquina de IA e profissionais de segurança cibernética cresça, em média, 30% nos próximos anos", diz o relatório.

Fonte: https://bit.ly/3yM92Lq (Acesso em: 23 fev. 2024.)

3. Justifique, segundo o texto, o que de fato deve acontecer com os empregos no futuro e responda se você concorda com essas previsões.

- Empregos verdes
- Posto de trabalho/emprego = cargo/função
- Requalificação
- Aprimoramento = melhoria
- Vagas de emprego
- Emergente = em ascensão/em crescimento
- Rotatividade = alternação

- **Data:** dia/mês/ano
- **Dados:** números brutos, porcentagens, estatísticas ainda não analisadas
- **Informação:** os dados tratados e analisados, transformados em conhecimento

4. Mas, afinal, quais são as 10 profissões do futuro? Escute o áudio "Os 10 trabalhos com maior potencial de crescimento, segundo o Fórum Econômico Mundial", da BBC News Brasil, e enumere as profissões que serão mais demandadas no futuro segundo a ordem em que são citadas.

( ) Operador de equipamento agrícola
( ) Analista e cientista de dados
( ) Analista de inteligência de negócios
(*1*) Especialista em IA e aprendizado de máquinas
( ) Especialista em transformação digital
( ) Especialista em sustentabilidade
( ) Engenheiro de robótica
( ) Especialista em *big data*
( ) Analista de segurança da informação
( ) Engenheiro de *fintech* (tecnologia financeira)

Fonte: https://bit.ly/3SXpVtx (Acesso em: 26 fev. 2024.)

5. Escute novamente o áudio e responda às questões.

a. O relatório "O Futuro do Trabalho", produzido pelo Fórum Econômico Mundial, analisou dados de quantos países? E de quantas empresas?

b. Segundo o áudio, quais empregos têm maior potencial de serem eliminados nos próximos anos?

c. Segundo a reportagem, os salários estão aumentando ou diminuindo? Por quê?

d. O que a reportagem afirma sobre o desemprego?

e. Segundo o áudio, quais pessoas vão ser mais afetadas devido à automação e à inteligência artificial?

6. Leia os comentários dos internautas sobre "Os 10 trabalhos com maior potencial de crescimento, segundo o Fórum Econômico Mundial" e participe postando o seu comentário.

@j.silviano20 há 6 meses
Pra quem está começando. Não escolha a profissão por essas previsões. Nem escolha a profissão pelo ranking de concorrência do vestibular. Todas as áreas precisam de bons profissionais. E os bons profissionais são bem remunerados. Contudo, para ser bom em uma coisa é preciso se identificar com ela. Logo, queira ser o melhor daquela profissão que escolher e será bem remunerado.

@luccafb29 há 6 meses
Caí numa pegadinha parecida por volta de 2010. "O Brasil precisa de engenheiros." Hoje tem engenheiro em cada esquina. kkk

PRESENTE DO SUBJUNTIVO I

Leia as frases abaixo e observe o que elas exprimem.

***A expectativa dos empregadores** é de **que** as novas tecnologias **contribuam** positivamente para a criação de empregos.*

***Talvez** os empregos **diminuam** com o uso crescente da inteligência artificial.*

***Espera-se que** a inteligência artificial **seja** adotada por quase 75% das empresas pesquisadas.*

***É importante que** as pessoas **escolham** uma área de trabalho útil no futuro.*

***Embora haja** um crescimento contínuo de empregos verdes, a requalificação não acompanha o mesmo ritmo.*

***Caso** as ofertas de emprego **diminuam**, a recapacitação profissional será ainda mais necessária.*

SUPERÁVIT é um termo econômico, com aplicações em diversas ciências e áreas, que significa "excedente", "sobra".

O modo subjuntivo, diferentemente do modo indicativo, exprime incerteza, dúvida, indica a possibilidade de algo acontecer ou não. Costuma ser usado depois de expressões que passam um sentido de ordem, proibição, desejo, expectativa, vontade, pedido e condição. Os verbos no modo subjuntivo também podem ser precedidos de conjunções (embora/caso) ou frases + que.

Formação regular: substitui-se a terminação -o da primeira pessoa do singular do presente do indicativo pelas seguintes terminações:

1ª conjugação **(-ar)**: -e, -e, -emos, -em.

2ª e 3ª conjugação **(-er/-ir)**: -a, -a, -amos, -am.

Complete a conjugação dos verbos e tente formar frases.

*Exemplo: ESTUD**AR** ➡ **estudo** ➡ **eu estude***

ESCOLH**ER** ➡ ....

DESCOBR**IR** ➡ ....

SEJA DO TAMANHO DOS SEUS SONHOS

7. Para você o que é um projeto pessoal? Quais áreas ele envolve?
8. Como você associa as imagens e o texto escrito ao título da lição?

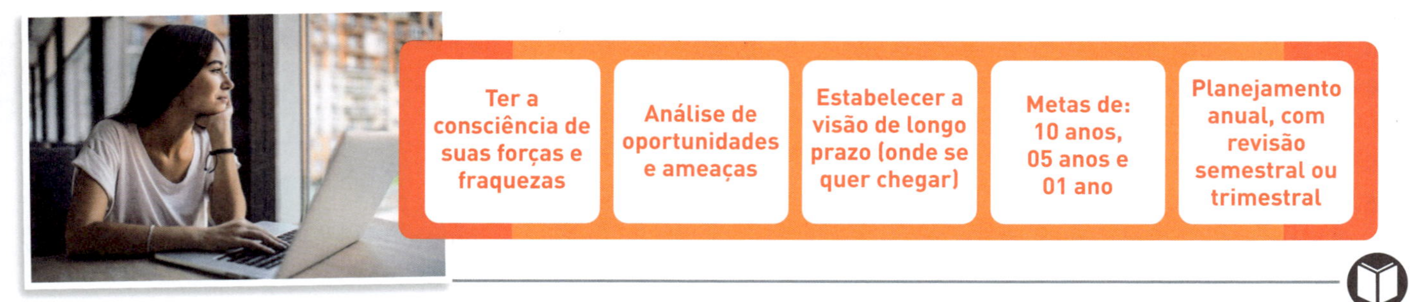

Ter a consciência de suas forças e fraquezas
Análise de oportunidades e ameaças
Estabelecer a visão de longo prazo (onde se quer chegar)
Metas de: 10 anos, 05 anos e 01 ano
Planejamento anual, com revisão semestral ou trimestral

9. Leia o trecho da entrevista do *Jornal da USP* com o professor Michael B. Arthur e responda, segundo o professor, por que as carreiras devem ser baseadas em projetos pessoais. Como você associa esse tema às previsões do Fórum Econômico Mundial sobre o futuro das profissões?

JORNAL DA USP

PORTAL DA USP | FALE CONOSCO | WHATSAPP | ENVIE UMA PAUTA | PODCASTS | RÁDIO USP | TV USP | USP NEWS | NEWSLETTER

ATUALIDADES | CIÊNCIAS | CULTURA | DIVERSIDADE | EDUCAÇÃO | INSTITUCIONAL | RÁDIO USP | TECNOLOGIA | UNIVERSIDADE | BUSCA

Início > Atualidades > "Carreiras devem ser baseadas em projetos pessoais"

"Carreiras devem ser baseadas em projetos pessoais"

É o que afirma o professor anglo-americano Michael B. Arthur, criador da tese das "carreiras sem fronteiras" e que esteve recentemente na USP

Jornal da USP – Professor, o senhor criou o interessante conceito das *boundaryless careers*, ou "carreiras sem fronteiras". Mas a questão é: esse conceito se aplica apenas a carreiras novas, do século XXI, ou também a carreiras mais antigas, as ditas "tradicionais"?

Michael Arthur – É uma pergunta muito interessante e importante, não me lembro de já me terem feito. Estamos ainda em busca de uma resposta para ela. A antiga concepção de carreira remonta a séculos atrás. As pessoas faziam sempre a mesma coisa, como continuaram fazendo ao longo dos anos. Eu nasci em uma cidade pesqueira da costa da Inglaterra, e os pescadores de lá pescam hoje da mesma forma que o faziam anos atrás. Isso precisa mudar, se atualizar. O mundo mudou muito de meados do século XX para cá, depois da Segunda Guerra: ganhamos equipamentos eletrônicos, eletricidade plena, passamos a ver televisão, o grande entretenimento do século. Com isso, as perspectivas mudaram, o mundo mudou. E as carreiras, novas ou antigas, precisavam, e precisam, mudar também. Por exemplo, a indústria cinematográfica teve que mudar suas perspectivas diante do entretenimento barato que a TV oferecia — e oferece.

Jornal da USP – Como se aplica o conceito de "carreiras sem fronteiras"?

Michael Arthur – A partir do momento em que você assume a mobilidade, e não a imobilidade. O conceito se baseia em ideias de carreiras baseadas em projetos. Você deve ver com clareza as várias perspectivas, os inúmeros projetos que podem orientar sua carreira. A orientação para guiar a carreira de uma pessoa está dentro dela. Só ela sabe o que fez até agora e o que pretende fazer daqui por diante. É essa pessoa que deve decidir que caminhos tomar, quais as novas oportunidades de emprego, sem amarras. Sem fronteiras, por assim dizer.

Jornal da USP – Esses novos projetos não devem ser necessariamente para uma fábrica ou para uma indústria, mas sim para si mesmo, não é?

Michael Arthur – Sim, deve haver a disponibilidade para a pessoa desenvolver seus projetos individualmente. As novas companhias, principalmente as de tecnologia, estão derrubando as antigas estruturas compartimentadas, estão desenvolvendo novas perspectivas de trabalho para seus funcionários. Usamos uma abordagem que chamamos de "carreira inteligente", que é, de forma geral, como aplicar sua própria inteligência à situação. É saber por que, como e com quem se trabalha.

Fonte: https://bit.ly/3yOKsJY (Acesso em: 25 fev. 2024. Adaptado.)

DICAS PARA O SEU PROJETO DE VIDA

10. Imagine que você vai dar conselhos a uma pessoa sobre desenvolvimento de projetos pessoais. Quais conselhos você daria? A partir das informações do texto e de sua experiência de vida, complete as frases abaixo com verbos no presente do subjuntivo.

Começar – Definir – Ter – Medir – Ser – Fugir – Manter – Simplificar – Conseguir – Identificar

a. É importante que **você *defina* seus objetivos de vida antes de tudo.**
b. É aconselhável que ....
c. É necessário que ....
d. É indispensável que ....
e. É preciso que ....
f. Convém que ....
g. Seria desejável que ....
h. É melhor que ....
i. Basta que ....
j. Logo, eu acredito que ....

11. Você sabe o que é ansiedade corporativa? O que você pode falar sobre esse tema?
Escute a entrevista de rádio da prova de compreensão oral do exame Celpe-Bras 2016/2, disponível na plataforma digital, e escreva os cinco conselhos, dados pelo especialista, para lidar com a ansiedade corporativa. Escreva-os usando os verbos no presente do subjuntivo ou no modo imperativo.

1. ....
2. ....
3. ....
4. ....
5. ....

Fonte: https://bit.ly/4duXR99
(Acesso em: 09 abr. 2024.)

PRESENTE DO SUBJUNTIVO II

O **modo subjuntivo**, além de expressar incerteza, também é usado em frases que expressam conselhos e ordem, funcionando de maneira semelhante ao modo imperativo, que é formado a partir do presente do subjuntivo. Nesse caso, com sentido de conselho e ordem, o subjuntivo é utilizado em frases impessoais + que.

Exemplo: ***É importante que*** *você* ***saiba*** *seus objetivos de vida antes de tudo.*

Pesquisa revela que 97,4% dos brasileiros optam por adiar atividades do cotidiano, os **PROCRASTINADORES**.
62,3% se perdem em blogs e redes sociais, **60,4%** declaram ter falta de energia e **44,1%** dizem ter preguiça.

Fonte: https://bit.ly/3Mfx04W
(Acesso em: 01 mar. 2024. Adaptado.)

VERBOS IRREGULARES

	SER	ESTAR	IR	HAVER	SABER	QUERER	DAR
Eu	seja	esteja	vá	haja	saiba	queira	dê
Você/Ele/Ela	seja	esteja	vá	haja	saiba	queira	dê
Nós	sejamos	estejamos	vamos	hajamos	saibamos	queiramos	demos
Vocês/Eles/Elas	sejam	estejam	vão	hajam	saibam	queiram	deem

POR QUE TE ESCOLHER?

Na hora de se candidatar a uma vaga de emprego no Brasil, o primeiro passo é a elaboração de um bom *curriculum vitae* (CV), ele fará seu marketing pessoal para os recrutadores dos departamentos de Recursos Humanos (RH) das empresas.

Existem diferenças na forma de elaborar um CV em diferentes países. No Brasil, os recrutadores valorizam mais as **experiências profissionais**, os europeus focam mais a **formação acadêmica**, enquanto os norte-americanos dão maior importância a **trabalhos voluntários e atividades extracurriculares**.

12. E para você? O que é mais importante? Por quê?

13. Teste seus conhecimentos sobre como fazer um CV. A estrategista de carreira Carolina Okubo, em seu vídeo "Modelo de CURRÍCULO Atualizado 2024! Novidades no Mercado de Trabalho", apresenta 4 dicas sobre como fazer um currículo. Para cada dica abaixo, associe uma orientação e, em seguida, assista ao vídeo e verifique se você acertou.

a. Tenha um currículo legível para robôs recrutadores.
b. Faça cursos de tecnologia.
c. Evidencie sua capacidade de trabalhar em equipe.
d. Coloque no currículo os resultados alcançados.

( ) Comprove suas habilidades comportamentais, na prática, por meio de exemplos de situações que resultaram na resolução de um problema na empresa. Apresente dados numéricos que comprovem suas competências.
( ) Demonstre suas habilidades comportamentais (*soft skills*), como ter uma boa comunicação, ter um bom relacionamento interpessoal, ter criatividade e saber lidar com pessoas diferentes. Use verbos no plural que reforcem essas habilidades.
( ) Tenha conhecimento de ChatGPT e outras tecnologias, pois aumenta suas chances de ser selecionado. Globalmente, 30% das empresas consideram o conhecimento de ChatGPT como desejável.
( ) Escreva um CV claro e direto em formato Word. Não escreva a página em colunas. Não insira nada que não esteja no teclado do computador. Use palavras-chave que são termos que o recrutador utiliza para selecionar os candidatos mais adequados à vaga.

Fonte: https://bit.ly/3YSeOWt (Acesso em: 01 jun. 2024.)

Embora se diga que o currículo tradicional está desaparecendo devido ao uso de plataformas como o LinkedIn, muitas empresas ainda o utilizam para selecionar candidatos. Para otimizar seu currículo e aumentar as chances de ser encontrado por recrutadores, é importante identificar palavras-chave. Mas como isso pode ser feito?

1. Pesquisando a vaga desejada.
2. Analisando as descrições de emprego.
3. Anotando as palavras mais comuns e relevantes no seu currículo.

Extraído de: Catho. Fonte: https://bit.ly/4dHklhs (Acesso em: 01 mar. 2024. Adaptado.)

14. A partir do modelo de CV brasileiro explicado na próxima página, escreva um currículo. Caso seu currículo não tenha experiência profissional e seja elaborado para fins de mobilidade estudantil, destaque sua formação, seu desempenho acadêmico, publicações de artigos e participações em congressos e pesquisas. Fonte: https://bit.ly/3YSeOWt (Acesso em: 01 jun. 2024.)

PARA FAZER UM
CV À MODA BRASILEIRA

15. Vamos aprender, passo a passo, a estrutura de um currículo brasileiro atualizado para qualquer profissão, segundo a profissional de Recursos Humanos Adriana Cubas.

1 DADOS PESSOAIS:
- Nome completo escrito em letra maiúscula
- Bairro – Cidade – Estado/E-mail/Telefone celular/WhatsApp
- Link do perfil do LinkedIn (colocar a foto é opcional)

2 PRETENSÃO SALARIAL: Escreva um valor apenas quando solicitado pela empresa.
- Exemplo: R$ 5.000,00 (aberta a negociação)

3 OBJETIVO: Escreva qual é o cargo de interesse para o qual você está se candidatando. Utilize palavras-chave para serem identificadas por um robô recrutador.
- Exemplo: Atuar como Analista Financeiro (as palavras-chave escritas no masculino têm mais chances de serem lidas).

4 RESUMO PROFISSIONAL: Destaque o que você tem de melhor em competência e experiência.
- Exemplo: Profissional com 10 anos de experiência no mercado, com atuação nas áreas Financeiro, Administrativo e Atendimento ao Cliente.
  Ampla experiência em rotinas financeiras, controle de fluxo de caixa, planejamento financeiro e orçamentos.
  Suporte à diretoria para desenvolvimento do orçamento anual, elaboração e apresentação de relatórios financeiros.
  Conhecimentos em Excel avançado, Pacote Office e Power BI intermediário.
  Principais competências: Qualidades (*soft skills*). Não colocar "Sou responsável e pontual", isso é obrigação.
- Exemplo: Alta capacidade de negociação, boa comunicação, resolução de problemas, adaptabilidade, capacidade analítica.

5 FORMAÇÃO ACADÊMICA: Se você tem nível superior de escolaridade (graduação/mestrado/doutorado), escreva a sua formação antes da sua experiência profissional. Sempre escreva da formação mais recente para a menos recente.
- Exemplo: Pós-Graduação em Matemática Financeira – UFMG – dez./2022

6 EXPERIÊNCIA PROFISSIONAL: Descreva suas principais responsabilidades nos cargos que você ocupou, inserindo o nome da empresa onde você trabalha (atual) ou trabalhou recentemente (com data).
- Exemplo: Empresa X (atual) – Responsável pelo planejamento e execução de rotinas financeiras.
  Descreva as funções que você realizava na empresa de forma resumida, use palavras-chave e verbos de ação. Apresente resultados qualitativos e quantitativos (se possível).
- Exemplo: Implementação de melhorias de processos financeiros, eliminando retrabalhos e erros, gerando maior confiança junto aos clientes. Em equipe, alcançamos uma economia de 38% das despesas anuais.

7 IDIOMAS: Escreva os idiomas que você fala e seu nível real de proficiência. Nunca minta.
- Exemplo: Inglês – nível avançado / Português – nível intermediário

8 CURSOS COMPLEMENTARES: Cursos, formações e treinamentos nos quais você obteve certificação.
- Exemplo: Nome do curso – Nome da instituição de ensino – Carga horária e data de conclusão. Nesta área podem ser incluídas suas publicações de artigos e livros, segundo as regras da ABNT.

*** Atenção! Escreva em formato Word ou PDF (se for pedido), fonte Calibri ou Arial, tamanho 11 ou 12, não ultrapasse duas páginas nem escreva em colunas.**

ME FALE SOBRE VOCÊ

16. Assista ao vídeo "Dia Mundial do Refugiado: desfaça estereótipos" e diga quais vantagens a contratação de refugiados e migrantes pode oferecer a empresas. Fonte: https://bit.ly/3Mcqg7J (Acesso em: 05 mar. 2024.)

17. Para você, quais dificuldades um estrangeiro pode encontrar ao buscar trabalho em um novo país?

18. Como você faria para conseguir um trabalho no Brasil? Indique cinco ações.

19. Leia abaixo as histórias de três migrantes e responda às questões.

HISTÓRIAS DE SUCESSO DE TRABALHADORES MIGRANTES

Wendell tinha trabalhado como psicólogo em um hospital na Venezuela. Ele queria continuar estudando e crescendo profissionalmente. Em 2019, seu país natal, que tinha passado por diversos problemas políticos e econômicos, o forçou a migrar. Decidiu vir para o Brasil e tentar uma vida nova. Hoje ele trabalha como analista de dados no Hospital Israelita Albert Einstein, mas já tinha vendido doces em ônibus, seu primeiro trabalho informal no Brasil. Foi através dessa experiência árdua que aprendeu português, fez amizades e conheceu o Rio de Janeiro. Wendell viu potencial na área de tecnologia e, com ajuda da startup Toti, realizou uma transição de carreira.

Bianda nasceu em Porto Príncipe, capital do Haiti. Tinha morado na República Dominicana em 2010, na ocasião do terremoto na capital. Quando o Brasil liberou vistos humanitários, ela e sua família abraçaram a oportunidade e se mudaram para cá. Seus objetivos sempre foram garantir estabilidade econômica e crescer profissionalmente. Bianda, que tinha cursado Administração e realizado diversos cursos técnicos, sempre se sentiu desvalorizada no Brasil por ser estrangeira. Ao encontrar a Toti por meio do LinkedIn, ela descobriu, assim como Wendell, uma nova chance de entrar no mercado de trabalho. Hoje, Bianda é analista de tecnologia na Neon, uma empresa que contrata migrantes e refugiados.

A angolana **Marta da Conceição Tonet** e o marido, Severino Armando, estão entre os imigrantes que saíram da informalidade, aumentaram a segurança e viram a renda aumentar após a capacitação na Toti. Eles chegaram ao Brasil em 2019, beneficiados por um programa de bolsas universitárias. Como o valor era insuficiente para custear as despesas da família, foram em busca de emprego. As entrevistas, contudo, não resultaram em contratações. "Em Angola, eu tinha estudado gestão de empresas e era professora. Chegando aqui, você tem que começar do zero. A experiência que você tem no seu país não conta", disse. Então, o marido passou a fazer bicos como pedreiro, e ela fazia tranças africanas. A partir do curso na área de tecnologia, as coisas mudaram. Em 2022, Marta foi contratada como desenvolvedora na *fintech* Neon, e Severino como desenvolvedor nas Organizações Globo. Isso, segundo ela, transformou a vida da família. "Conseguimos ter comida suficiente em casa, comprar as coisas necessárias para a nossa filha, nos mudamos para um lugar mais organizado, não temos dificuldades para pagar a faculdade. Nós dois temos carteira assinada, o que representa muita coisa." Para ela, isso demonstra a importância de o mercado abrir portas para imigrantes e oportunizar uma vida, de fato, melhor.

Extraído de: Toti e Tribunal Superior do Trabalho. Fontes: https://bit.ly/4dziq47 e https://bit.ly/3WYRTX6 (Acesso em: 04 mar. 2024. Adaptado.)

20. O que você observa em comum na trajetória de Wendell, Bianda e Marta para chegarem à contratação em um emprego formal?

21. No depoimento de Marta, como você compreende a expressão "fazer bicos" e "ter carteira assinada"? Como você compreende a expressão "viram a renda aumentar"?

A Toti é a primeira plataforma brasileira de ensino e inclusão de pessoas refugiadas e migrantes no mercado de trabalho de tecnologia, que oferece formação gratuita em desenvolvimento web nos modelos presencial e on-line. Seus cursos são voltados para as demandas de mercado técnicas, metodologias ágeis e *soft skills*.
O foco principal é a empregabilidade. Por isso, após a finalização das aulas, a plataforma conecta as pessoas formadas com empresas parceiras da Toti. Fonte: https://benfeitoria.com/projeto/toti (Acesso em: 04 mar. 2024. Adaptado.)

22. Leia o post no blog da Toti e responda às questões que aparecem no texto. Em seguida, entreviste um colega, seja entrevistado por ele e apresente a entrevista para o professor e para a turma.

MERCADO DE TRABALHO, REFUGIADOS E MIGRANTES

Como encontrar trabalho para imigrantes no Brasil

Após ter seus documentos legalizados, ter elaborado o seu currículo e, em alguns casos, revalidado o seu diploma, você deve providenciar uma carteira de trabalho ou registrar um Cadastro Nacional de Pessoa Jurídica (CNPJ). A carteira de trabalho é um documento que registra as informações contratuais relacionadas ao emprego e também garante os direitos trabalhistas oferecidos pelo governo. Já o CNPJ é um número do prestador de serviço autônomo. Em seguida, faça buscas de vagas em empresas que trabalham com programas de inclusão, faça networking e prepare-se para as entrevistas.

Treinar para a entrevista vai aumentar sua autoconfiança e proporcionar mais conforto ao conversar com a pessoa recrutadora. **A entrevista de emprego é o momento de fazer seu marketing pessoal e trazer informações que complementem o seu CV, é a ocasião de mostrar a compatibilidade do seu perfil com o perfil da empresa.** Um bom começo é procurar informações sobre o cargo e a empresa. Ao entender a organização, você consegue ter uma percepção melhor do que eles esperam dos colaboradores. Depois, mapeie quais são as perguntas mais frequentes em entrevistas e prepare respostas sólidas para essas questões. Alguns dos questionamentos mais comuns são:

Fale-me sobre você. Esta pergunta abre a maior parte das entrevistas, fale informações relevantes que mostrem que você é interessante para a vaga pretendida, vá além do seu currículo e evidencie suas competências.

Por que você quer trabalhar nesta empresa? Mostre que você conhece a empresa e fale de seu momento atual e seus objetivos, explicite que você tem foco e que pode contribuir com os objetivos da empresa.

Quais são suas qualidades e seus defeitos? Apresente suas competências pessoais – *soft skills* – tais como adaptabilidade, criatividade, boa comunicação e capacidade de trabalho em equipe, comente seus pontos fracos associados a iniciativas que você realiza para melhorá-los.

Por que você escolheu esta área profissional? Fale por que você gosta da profissão e se identifica com ela, fale sobre sua perspectiva de crescimento, oportunidades no mercado, estabilidade e remuneração.

Por que devemos te contratar? Apresente sua formação, resultados do que você já conquistou na sua vida e o que aprendeu com suas experiências, sua adaptabilidade a novas situações, resultados que alcançou, sua capacidade de relacionamento interpessoal e trabalho em equipe, dê exemplos de situações.

Fonte: https://bit.ly/4dziq47 (Acesso em: 06 mar. 2024. Adaptado.)

- Eu me chamo..., mas pode me chamar de...
- Eu cheguei ao Brasil em + data e moro no Brasil porque...
- Eu me formei em.../Eu me graduei em...
- Eu trabalhei com...
- Eu tenho experiência em...
- Eu pretendo.../Eu tenho por objetivo...

PRETÉRITO MAIS-QUE-PERFEITO COMPOSTO

Leia as frases abaixo e identifique qual evento aconteceu antes (1) e depois (2), ou se os eventos são simultâneos (0), isto é, aconteceram ao mesmo tempo.

▶ *Quando cheguei ao Brasil, eu* ***fiz*** *uma capacitação em informática.*
( ) ( )

▶ *Quando cheguei ao Brasil, eu* ***fazia*** *uma capacitação em informática.*
( ) ( )

▶ *Quando cheguei ao Brasil, eu já* ***tinha feito*** *uma capacitação em informática.*
( ) ( )

Observe que todos os verbos estão no passado; no entanto, a combinação deles pode mudar a ordem dos acontecimentos. O pretérito mais-que-perfeito é formado pelos verbos TER ou HAVER no pretérito imperfeito + particípio passado do verbo principal. Ele indica que um evento passado aconteceu antes de outro evento no passado. O uso do verbo HAVER como verbo auxiliar é muito formal, no dia a dia os brasileiros usam o verbo TER.

▶ *Bianda tinha cursado Administração e tinha realizado diversos cursos técnicos quando chegou ao Brasil. (menos formal)*

▶ *Bianda havia cursado Administração e havia realizado diversos cursos técnicos quando chegou ao Brasil. (mais formal)*

▶ O que você tinha feito antes de começar a estudar português?
Antes de começar a estudar português eu tinha... ....

TRANSFORME SEUS DESAFIOS EM POTENCIAIS

Conseguir um bom trabalho em um país estrangeiro não é fácil. Existem barreiras linguísticas, culturais e formalidades, tais como legalizar seus documentos, escrever um e-mail a uma empresa, elaborar um currículo à moda brasileira e passar em uma entrevista de emprego. Compreender quais vantagens a contratação de um estrangeiro pode trazer a uma empresa ajuda a melhorar sua confiança, seu desempenho na entrevista e sua atuação após a contratação.

23. Para convencer uma empresa a contratar você, fale sobre dois benefícios que você pode trazer à empresa por ser estrangeiro.

24. Leia o artigo abaixo e associe as palavras destacadas aos seus sinônimos a partir dos sentidos do texto.

Benefícios de ter profissionais estrangeiros em sua empresa

Vanessa Gasino
International Relations

Embora o processo de contratação de trabalhadores estrangeiros não seja <u>isento</u> de desafios, a maioria dos empregadores, de startups a multinacionais, considera que <u>vale a pena</u> dedicar tempo e esforço para fazê-lo. Abaixo apresento três grandes benefícios que a contratação de uma <u>força de trabalho</u> internacional pode ter para sua empresa.

1- Contratar para posições nas quais há escassez de trabalhadores altamente qualificados nos Brasil.

Não é segredo que o nosso país tem uma grande <u>escassez</u> de trabalhadores altamente qualificados em muitos campos. As indústrias STEM (Ciência, Tecnologia, Engenharia e Matemática), por exemplo, podem ter dificuldades em achar os talentos locais necessários para que essas empresas tenham sucesso. Se você está tendo problemas para encontrar candidatos qualificados no Brasil para as funções que você precisa preencher na sua empresa, existem caminhos bem estabelecidos para a contratação de uma força de trabalho internacional.

2- Linguagem e conhecimentos específicos.

Se você deseja conduzir negócios globais, precisa de funcionários que falem o idioma e conheçam os mercados. Sua melhor opção pode ser contratar alguém do mercado que você deseja <u>atingir</u> em sua empresa, para comunicar de forma eficaz e entender os <u>meandros e as nuances</u> culturais que podem definir o sucesso ou fracasso de uma empreitada internacional. Quando você tem uma força de trabalho <u>homogênea</u> de funcionários que vêm todos do mesmo background, às vezes a criatividade dentro de sua empresa pode se tornar sufocada. Contratar funcionários estrangeiros traz pessoas para sua empresa que têm perspectivas diferentes, faz com que a combinação de ideias e perspectivas de várias culturas seja a melhor receita possível para criatividade e inovação, que podem levar sua empresa a novos <u>patamares</u>.

3- Ambiente multicultural: <u>retenha</u> seus talentos brasileiros!

Não só uma força de trabalho internacional leva a mais criatividade e produtividade no local de trabalho, mas também ajuda a construir uma cultura de local de trabalho mais rica e satisfatória para todos os funcionários. O compartilhamento de diferentes perspectivas e ideias globais beneficia tanto funcionários estrangeiros quanto brasileiros e pode levar a uma melhor moral dos funcionários, além de uma <u>reputação</u> positiva para a cultura de sua empresa, o que pode levar a melhores talentos locais trabalhando para você.

Fonte: https://bit.ly/4fWReOA (Acesso em: 10 mar. 2024. Adaptado.)

a. Isento	( ) mão de obra
b. Vale a pena	( ) igual/semelhante/parecido
c. Força de trabalho	( ) níveis
d. Escassez	( ) é vantajoso
e. Atingir	( ) desobrigado/dispensado
f. Meandros e nuances	( ) guardar/preservar/segurar
g. Homogênea	( ) falta/carência/insuficiência
h. Patamares	( ) alcançar/chegar a um ponto específico
i. Reter	( ) complicações e particularidades/diferenças
j. Reputação	( ) fama/prestígio

25. Em dupla, leia o organograma abaixo sobre como cultivar uma mentalidade de crescimento para o sucesso e, para cada conselho, explique o que significa e escreva exemplos de ações que podem ajudar na caminhada pela busca de um emprego.

CULTIVANDO UMA MENTALIDADE DE CRESCIMENTO PARA O SUCESSO

1. Abrace desafios
2. Aprenda com falhas
3. Acredite na sua capacidade de crescer e melhorar
4. Concentre-se no processo, não apenas no resultado
5. Cerque-se de influências positivas
6. Use talk próprio positivo
7. Tome medidas

a. ....

b. ....

c. ....

d. ....

e. ....

f. ....

g. ....

26. Para cada desafio apresentado no quadro abaixo, associe um potencial que pode ser aproveitado pelas empresas. Forme frases de acordo com a estrutura apresentada no quadro.

DESAFIO	POTENCIAL
Sou estrangeiro.	Apesar de... + (não) + verbo no infinitivo...
Não falo bem português.	Conquanto + (não) + presente do subjuntivo...
Existem diferenças entre a cultura brasileira e a cultura do meu país.	Ainda que... + presente do subjuntivo...
Estou começando uma vida no Brasil.	Embora... + presente do subjuntivo...
Tenho limitações financeiras.	Se bem que... + verbo no subjuntivo...
Conheço poucas pessoas no Brasil.	Independentemente de + (não) + verbo no infinitivo...

EXPRESSÕES E LOCUÇÕES UTILIZADAS NA ARGUMENTAÇÃO

Quando vamos argumentar, muitas vezes necessitamos apresentar uma ideia contrária à expectativa do interlocutor, isto é, apresentar um novo ponto de vista, algo que seu interlocutor não tenha considerado. Existem expressões e locuções que expressam uma ideia contrária em relação à outra parte do enunciado. Estas expressões podem ser seguidas de verbos no infinitivo ou no modo subjuntivo. São elas:

EXPRESSÃO + VERBO NO INFINITIVO	EXPRESSÃO + VERBO NO SUBJUNTIVO
Apesar de + verbo no infinitivo	**Ainda que** + verbo no subjuntivo
Apesar disso + verbo no infinitivo	**Se bem que** + verbo no subjuntivo
A despeito de + verbo no infinitivo	**Embora** + verbo no subjuntivo
Independentemente de + verbo no infinitivo	**Conquanto** + verbo no subjuntivo
	Malgrado + verbo no subjuntivo
	Posto que + subjuntivo

UM MUNDO DE LÍNGUAS

27. Todo mundo sabe que falar duas ou mais línguas ajuda muito a ter mais chances de conseguir um emprego, mas você sabe que existem muitas outras vantagens?

a. Quais vantagens você saberia enumerar?

b. A língua que você fala afeta sua visão do mundo e seu comportamento. Os esquimós, por exemplo, têm 6 palavras para expressar "neve". Em português, apenas dizemos se neva ou não. Dê um exemplo similar de sua língua materna.

28. Assista ao vídeo "Como seu cérebro muda ao falar outros idiomas", da BBC News Brasil, e explique, a partir das informações do vídeo, por que é vantajoso falar mais línguas. Explique também: qual é a desvantagem de ser bilíngue citada no vídeo? Fonte: https://bit.ly/3X39oFv (Acesso em: 10 mar. 2024.)

29. Leia o artigo abaixo e explique como seu bilinguismo e o conhecimento de outras culturas pode beneficiar ou dificultar seu trabalho em equipe em uma empresa brasileira. Essa é uma possível explicação que você tenha que dar em uma entrevista de emprego.

COMUNICAÇÃO

COMO A LINGUAGEM AFETA NOSSA VISÃO DO MUNDO

Apenas me diga, que te direi quem és

No último mês, tive a oportunidade de fazer um curso no exterior com pessoas de várias partes do mundo. Da Polônia ao Panamá, histórias vindas de diferentes países estavam reunidas naquela sala de aula, localizada em Barcelona. Como não podia ser diferente, surgiram muitas conversas sobre as características e diferenças entre cada nação e seus habitantes. Uma dessas discussões me chamou bastante a atenção: a linguagem parecia ter grande influência no comportamento das pessoas.

A fagulha para esse debate veio de um conceito muito utilizado em boa parte do globo, em português o conhecemos como "ganhar dinheiro", comparado ao seu equivalente em inglês "*to make money*" (*make* = fazer, criar, construir).

Será que essa sutil diferença do português (ganhar), que sugere dependência de uma outra parte e até uma certa sorte, para o inglês (*make*), que denota esforço e escolha individuais, pode refletir o nosso entendimento de como a dinâmica do dinheiro funciona?

A conclusão do grupo, baseada no conhecimento histórico, cultural e econômico de cada país representado naquela mesa, foi de que, sim, parece existir uma correlação. Dessa forma, a linguagem utilizada influenciaria nossa visão do mundo, afetando, consequentemente, nosso comportamento.

Compreenda as diferenças

Lembre-se sempre de que nosso pensamento pode ser influenciado pelo idioma que utilizamos e, portanto, aquele seu colega estrangeiro pode ter uma visão muito diferente da sua para certas coisas, simplesmente porque usa palavras diferentes.

Liberte-se

Algumas palavras repetidas inúmeras vezes podem influenciar qualquer pessoa, mesmo que de forma não intencional. Ao explorar outros universos cognitivos você pode desenvolver sua mente para perceber nuances que nunca havia experimentado. Por isso, busque alternativas, estude outros temas, encontre perspectivas inéditas, aprenda novos idiomas, conheça outras culturas... nunca mais se prenda à limitação de um dicionário.

Assuma o controle

Se as palavras que utilizamos podem influenciar nosso pensamento, tente assumir um pouco do controle. Esse é o principal ganho ao conhecermos o relativismo linguístico. Muitas vezes, algum conceito está tão enraizado que não questionamos se ele está certo. Nesse blog, sempre insistimos para que tudo seja questionado, faça isso também com as ideias concebidas pelas palavras que você aprendeu.

Expanda sua compreensão

Fica claro que nossa compreensão do mundo é limitada pela linguagem que conhecemos. A dualidade é um sintoma disso: se alguém não é forte, só pode ser fraco; se não é esforçado, só pode ser preguiçoso. Nosso idioma pode limitar uma percepção mais precisa por pura falta de alternativas. Se conhecêssemos palavras para graus de força e esforço, por exemplo, talvez não julgaríamos os outros com tanta frieza.

Portanto, expanda ao máximo a sua compreensão de todas as coisas, elas podem ser muito mais interessantes do que as palavras que você conhece são capazes de descrever.

Extraído de: Eu, CEO. Fonte: https://bit.ly/3XcBhMS (Acesso em: 10 mar. 2024. Adaptado.)

30. Explique como o título do texto "Apenas me diga, que te direi quem és" se relaciona com as ideias que ele apresenta.

VOCÊ SENTE ESTRESSE AO SE COMUNICAR EM PORTUGUÊS?

31. Aprender um novo idioma é muito bom, mas pode gerar inseguranças. Identifique suas inseguranças ao usar o português. Marque a resposta que representa seu nível de estresse nas situações abaixo.

a. Quando o(a) convidam a falar com um falante nativo, você tem medo:
( ) de parecer ridículo. ( ) de não compreender o nativo.
( ) de cometer erros grosseiros e decepcioná-lo.

b. Quando lhe pedem para expressar sua opinião em um assunto polêmico, você tem medo:
( ) de não poder expressar bem suas ideias. ( ) de demorar muito para elaborar a fala.
( ) de cometer erros.

c. Quando lhe enviam um convite para sair com brasileiros, você tem medo:
( ) de que eles falem rápido. ( ) de ser capaz de conversar apenas com uma pessoa.
( ) de se sentir isolado.

d. Quando um nativo lhe pergunta algo com um vocabulário que você não conhece, você:
( ) pergunta o que não entende. ( ) finge que compreendeu. ( ) tenta mudar de assunto.

32. Em dupla, busque 6 conselhos na internet para superar o medo de falar em uma língua estrangeira, além de lembrar de estratégias pessoais que você utilizou ao aprender outra língua ou ao estudar português. Compartilhe esses conselhos com os colegas e elaborem uma lista com todas as dicas.

33. Tente reescrever as frases do exercício 31, que descrevem as situações de uso do português, substituindo os pronomes que vêm antes do verbo por um complemento verbal. Depois compare as frases e os tipos de complemento, se necessitaram ou não de preposição.

*Exemplo: Quando **o(a)** convidam a falar com um falante nativo, você sente medo.*
*Quando convidam **você** a falar com um falante nativo, você sente medo.*

PRONOMES PESSOAIS COMPLEMENTO VERBAL OBJETO INDIRETO

Você já conhece os **pronomes complemento objeto direto**, que podem substituir um complemento de um verbo que **não necessite de preposição**, são eles: **ME, TE, O, A, NOS, VOS, OS, AS.** Estes pronomes podem substituir complementos que representem pessoas ou coisas.

*Exemplo: Ele **ME, TE, O, A, NOS, VOS, OS, AS** chamou para a festa.*

Quando um verbo é transitivo indireto, isto é, tem um **complemento objeto indireto, introduzido por uma preposição**, também podemos substituir o complemento verbal por um pronome. São eles: **ME, TE, LHE, NOS, VOS, LHES**. Os pronomes **LHE** e **LHES** referem-se às terceiras pessoas, são usados em contextos formais e não se referem a objetos.

*Exemplo: Eles **ME, TE, LHE, NOS, VOS, LHES** pediram para dar uma opinião sobre o aprendizado de línguas.*

PRONOME PESSOAL	OBJETO DIRETO	OBJETO INDIRETO
Eu	me	me
Tu	te	te*
Ele/Ela/Você	o/a	lhe
Nós	nos	nos
Vós	vos	vos
Eles/Elas/Vocês	os/as	lhes

Os verbos que geralmente utilizam um objeto indireto são verbos de comunicação, tais como: dizer, falar, escrever, enviar, pedir, perguntar, responder, telefonar, entre outros.

*Exemplo: Vou escrever um e-mail **ao meu chefe.***
*Vou **lhe** escrever um e-mail.*

* Os pronomes LHE e LHES são muito pouco usados na oralidade pelos brasileiros, o mais comum é o uso do pronome TE, mesmo quando o falante não usa o pronome TU correspondente.

*Exemplo: Vou **te** enviar um e-mail (enviar a você/a ti).*

PORTUGAL APOSTA NA CONTRATAÇÃO DE TRABALHADORES LUSÓFONOS

▶ De 2015 até 2023, Portugal notificou um aumento de seis vezes no número de trabalhadores migrantes. E, para a nação de língua portuguesa, essa taxa deve crescer no futuro próximo.

Segundo a ministra do Trabalho, Solidariedade e Segurança Social, Ana Mendes Godinho, o país é aberto e aposta nos cidadãos da CPLP (Comunidade de Países de Língua Portuguesa) como fator de crescimento.

Para Portugal, é interessante investir na busca de mão de obra lusófona pela ligação natural da língua, que facilita a integração. Acordos de mobilidade entre estados-membros da CPLP também têm facilitado a liberação de vistos de diferentes categorias – como trabalho, estudo e residência – e a contratação de trabalhadores estrangeiros. Para a ministra, "é a afirmação da língua portuguesa como ativo de talento no mundo".

Extraído de: ONU News e Câmara Portuguesa de Comércio no Brasil. Fontes: https://bit.ly/3T0cDfE e https://bit.ly/46TPcKV (Acesso em: 12 mar. 2024. Adaptado.)

▶ As palavras deste caça-palavras estão escondidas na horizontal, vertical e diagonal, sem palavras ao contrário. Encontre 10 nomes de profissões. Quem encontrar primeiro ganha o jogo.

- Analista
- Auxiliar
- Eletricista
- Engenheiro
- Operador
- Professor
- Recepcionista
- Representante
- Técnico em informática
- Vendedor

▶ Escute as frases de retorno da entrevista de trabalho e diga se foi um feedback positivo (+), negativo (-) ou neutro (=).

	1	2	3	4	5	6	7	8	9	10
Positivo										
Negativo										
Neutro										

Extraído de: Portal USP São Carlos.
Fonte: https://bit.ly/3zVTOUS
(Acesso em: 12 mar. 2024.)

▶ QUE HORAS ELA VOLTA?

2015 . DRAMA/MELODRAMA . 1H54

A pernambucana Val se mudou para São Paulo com o intuito de proporcionar melhores condições de vida para a filha, Jéssica. Anos depois, a garota lhe telefona, dizendo que quer ir para a cidade prestar vestibular. Os chefes de Val recebem a menina de braços abertos, porém o seu comportamento complica as relações na casa.

DATA DE LANÇAMENTO: 27 de agosto de 2015 (Brasil)
DIREÇÃO: Anna Muylaert
ELENCO: Regina Casé, Camila Márdila, Michel Joelsas

SIGA EM FRENTE

PROFISSÕES

- Atendente
- Analista de dados
- Técnico em informática
- Operador de máquinas
- Engenheiro
- Analista financeiro
- Especialista em IA
- Professor de línguas
- Auxiliar de escritório
- Recepcionista
- Designer gráfico

EMPREGO E CARREIRA

- Empregos verdes
- Posto de trabalho/emprego = cargo/função
- Requalificação
- Aprimoramento = melhoria
- Vagas de emprego
- Emergente = em ascensão/em crescimento
- Rotatividade = alternação
- Curso de capacitação
- CV = *curriculum vitae*
- RH = recursos humanos
- Entrevista de emprego
- Desemprego/estar desempregado
- Ser demitido(a) = iniciativa do empregador
- Demitir-se = iniciativa do empregado

TECNOLOGIA E INFORMAÇÃO

- **Data:** dia/mês/ano
- **Dados:** números brutos, porcentagens, estatísticas ainda não analisadas.
- **Informação:** os dados tratados e analisados, transformados em conhecimento.
- **Programa:** é uma lista de instruções que descrevem uma tarefa a ser realizada por um computador.

CURRICULUM VITAE

- Dados pessoais
- Pretensão salarial
- Objetivos
- Resumo profissional
- Resultados obtidos
- Formação acadêmica
- Experiência profissional
- Idiomas
- Cursos complementares

EXPRESSÕES QUE INTRODUZEM UMA IDEIA CONTRÁRIA + INDICATIVO

- Apesar de...
- Apesar disso...
- Independentemente de...
- A despeito de...

APRESENTAÇÃO EM ENTREVISTA DE EMPREGO

- Eu me chamo..., mas pode me chamar de...
- Eu cheguei ao Brasil em + data e moro no Brasil porque...
- Eu me formei em... /Eu me graduei em...
- Eu trabalhei com...
- Eu tenho experiência em...
- Eu pretendo.../Eu tenho por objetivo...

FRASES QUE EXPRESSAM CONSELHOS E ORDEM + SUBJUNTIVO

- É importante que...
- É aconselhável que...
- É necessário que...
- É indispensável que...
- É preciso que...
- Convém que...
- Seria desejável que...
- É melhor que...
- Basta que...
- Eu acredito que...

EXPRESSÕES QUE INTRODUZEM UMA IDEIA CONTRÁRIA + SUBJUNTIVO

- Ainda que...
- Se bem que...
- Posto que...
- Embora...
- Malgrado...
- Conquanto...

▶ Nesta seção vamos trabalhar uma atividade de produção oral do exame Celpe-Bras. Antes de praticar, seu professor vai apresentar brevemente como ocorre a avaliação da parte de produção oral do exame. Fique atento às regras! Vamos praticar em dupla a interação sobre o elemento provocador 20 da prova de 2021/1. A turma deve ser dividida em duplas para que um estudante seja o entrevistador e o outro seja o candidato, de forma que vão alternar os papéis ao longo da atividade. As perguntas serão distribuídas entre os estudantes: **estudante A** responderá às perguntas 1, 3, 5 e 6; **estudante B** responderá às perguntas 2, 4, 7 e 8.

Ao final da atividade, discuta com a turma aspectos importantes da produção oral sobre o tema e algumas estratégias de produção oral.

Edição **2021** Celpe-Bras | **Vagas do futuro** | Elemento Provocador **20**

▶ ELEMENTO PROVOCADOR

▶ ETAPA 1

Diga ao examinando:

Por favor, observe a imagem e leia o texto silenciosamente.

(O examinando faz isso silenciosamente.)

▶ ETAPA 2

Após aproximadamente um minuto, diga ao examinando:

De que trata o material?

▶ ETAPA 3

Siga o Roteiro, fazendo as adequações necessárias em função das respostas do examinando.

1. Você acha que as profissões citadas no material existirão de fato? Justifique.

2. Que outras profissões você acrescentaria à lista?

3. Muita gente vê ameaças aos empregos pelo uso dos robôs. O que você acha disso?

4. Você acha que os robôs vieram para nos ajudar ou para nos substituir? Explique.

5. Que tipos de tarefas os robôs fazem bem?

6. E quais tarefas os robôs não fazem bem? Por quê?

7. Nos filmes de ficção científica, há robôs se rebelando contra os humanos. Você acha que isso pode acontecer na vida real? Explique.

8. Em seu país, é comum o uso de robôs? Explique.

Compreensão	Competência interacional	Fluência	Adequação lexical e gramatical	Pronúncia

▶ Anotações e dicas: ....

....

....

....

....

....

....

....

....

....

....

....

....

....

▶ A partir das lições aprendidas sobre a preparação pessoal para atuar no mercado de trabalho, crie um episódio apresentando dicas de como se preparar para trabalhar em outro país. Resgate as informações dos textos lidos na unidade e dê conselhos de como aplicar as práticas sugeridas na vida pessoal. Seja criativo em seu podcast de duração mínima de um minuto e meio e máxima de três minutos, incluindo vinheta e/ou apresentação. Seu episódio deve ser gravado e enviado para seu professor no formato de mídia acordado entre a turma. Sugerimos o seguinte roteiro para se inspirar:

1. Apresente-se (nome, nacionalidade).
2. Resuma seu conteúdo (diga o que você vai falar em poucas palavras).
3. Apresente o tema, fale as dicas e ensine como aplicá-las.
4. Agradeça à audiência e se despeça.

BOM TRABALHO!

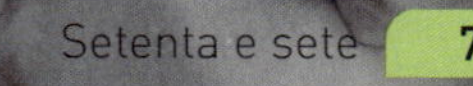

EXERCÍCIOS UNIDADE 3

1 Complete com os verbos conjugados no presente do subjuntivo.

a. Falar/que eu ....
b. Poder/que eu ....
c. Pedir/que eu ....
d. Entender/que eu ....
e. Consultar/que eu ....
f. Discutir/que ela ....
g. Comprar/que ela ....
h. Praticar/que ele ....
i. Estudar/que ela ....
j. Falar/que ele ....
k. Fazer/que nós ....
l. Comprar/que nós ....
m. Buscar/que nós ....
n. Investir/que nós ....
o. Vir/que nós ....

2 Complete as frases abaixo com o verbo entre parênteses no presente do subjuntivo.

a. É importante que você .... (estudar) para o exame.
b. Espero que vocês .... (chegar) a tempo para a reunião.
c. É fundamental que eles .... (entender) as instruções antes de começar.
d. Desejo que ela .... (ser) feliz em sua nova jornada.
e. É essencial que nós .... (fazer) exercícios regularmente.
f. Recomendo que você .... (ler) mais livros para expandir seu conhecimento.
g. É importante que vocês .... (apoiar) uns aos outros durante esse desafio.
h. Sugiro que eles .... (praticar) mais para melhorar seu desempenho.
i. A expectativa é que .... (ser/nós) contratados.
j. Espera-se que .... (abrir/eles) novas vagas de trabalho.
k. É melhor que eu .... (enviar) o currículo em doc.word.
l. Basta que .... (apresentar/eu) minha experiência com clareza para conseguir o estágio.
m. É importante que você .... (ter) objetividade ao falar na entrevista.
n. É necessário que você .... (saber) falar inglês e português.
o. É provável que .... (mudar/nós) de país depois do ano-novo.
p. É bom que .... (falar/você) de maneira confiante nas apresentações do trabalho.
q. Convém que .... (estudar/eu) mais um idioma para melhorar meu CV.

3 Reescreva as frases usando expressões impessoais e passando os verbos para o presente do subjuntivo. Faça as adequações necessárias.

Exemplo: Você precisa adaptar o currículo para cada vaga que se inscrever.
➡ ***É preciso que você adapte o currículo para cada vaga que se inscrever.***

a. Provavelmente mudaremos para o Brasil. ➡ ....
b. Possivelmente trabalharei no fim de semana. ➡ ....
c. Melhor seria estudar português antes de morar no Brasil. ➡ ....
....
d. Você precisa estabelecer uma visão a longo prazo de onde quer chegar. ➡ ....
....
e. Bastaria você pedir e ele agendaria uma reunião. ➡ ....
f. Possivelmente os jovens escolherão as profissões mais ligadas à tecnologia. ➡ ....
....

4 Marque V (verdadeiro) ou F (falso) para as afirmações a respeito da formatação de um currículo.

( ) Você sempre deve escrever sua pretensão salarial.
( ) É importante destacar a experiência profissional da mais recente para a mais antiga.
( ) Você deve colocar todos os seus dados pessoais, inclusive endereço completo e CPF.
( ) Os cursos complementares são a última informação a ser inserida.
( ) Os objetivos devem ser escritos com direcionamento para a vaga que se pretende candidatar.

5 A partir das dicas e informações na unidade sobre como se apresentar para uma empresa e se candidatar a uma vaga de trabalho, escreva um texto de e-mail para enviar seu currículo anexado para um emprego em que você tem interesse. Seja sucinto, seu e-mail não pode ter mais do que 5 linhas.

....

....

....

....

....

6 Complete as frases abaixo utilizando os termos da lista fornecida. Use cada termo apenas uma vez.

RH – aprimoramento – curso de capacitação – empregos verdes – cargo – requalificação – rotatividade – posto de trabalho – vagas de emprego – emergente – currículo – entrevista de emprego

a. A empresa está comprometida com a sustentabilidade e está criando vários .... para reduzir o impacto ambiental.

b. Para se candidatar a um .... na empresa, é necessário enviar seu .... atualizado.

c. Após uma análise do setor, identificamos que o mercado de energias renováveis é uma área .... com muitas oportunidades de crescimento.

d. A .... de funcionários na nossa empresa é baixa, o que demonstra uma satisfação geral com o ambiente de trabalho.

e. Marta foi promovida a um novo .... na empresa e está muito animada com as responsabilidades adicionais.

f. A .... profissional é essencial para aqueles que desejam mudar de área e se adaptar às novas exigências do mercado.

g. A capacitação de novos funcionários é responsabilidade do departamento de ....

h. Estamos oferecendo um .... para ajudar os empregados a desenvolverem novas habilidades e se tornarem mais eficientes em suas funções.

i. O .... contínuo dos processos internos é fundamental para manter a competitividade da empresa.

j. Existem muitas .... disponíveis para profissionais qualificados na área de tecnologia.

k. A primeira etapa do processo seletivo é a ...., na qual os candidatos são avaliados individualmente.

7 Complete com os verbos no pretérito mais-que-perfeito composto.

Exemplo: Não quis comer com os amigos. (almoçar) ➡ ***Já tinha almoçado.***

a. Compreendeu todo o exercício. (estudar) ➡ ***Já*** ....

b. Sabia o final do livro. (ler) ➡ ***Já*** ....

c. Não precisou fazer o novo treinamento. (fazer) ➡ ***Já*** ....

d. Quando pediram para ela mandar o e-mail, (mandar) ➡ ***já*** ....

e. Eles não falavam português. (estudar) ➡ ***Nunca*** ....

f. A vaga não estava mais disponível. (ser preenchida) ➡ ***Já*** ....

g. Deixou o celular na mesa do escritório. (esquecer) ➡ ....

8 Complete as frases com o pretérito perfeito ou com o pretérito mais-que-perfeito composto.

Exemplo: (participar/conhecer) Eu já tinha participado de muitas entrevistas quando conheci meu posto de trabalho atual.

a. (Chegar/trabalhar) Quando .... ao Brasil, eu já .... em duas empresas internacionais.

b. (Fazer/alcançar) Nós já .... um treinamento, por isso .... os melhores resultados.

c. (Mudar/estudar/fazer) Quando ela .... para o Brasil, já .... português e .... o exame Celpe-Bras.

d. (Ter/conseguir) Ele já .... experiência naquela função, por isso .... o trabalho.

e. (Fazer) Ele já .... a revalidação do diploma antes de atuar como médico no Brasil.

f. (Contratar/trabalhar/comprovar) Nós .... os estrangeiros que já .... na função e .... a experiência profissional.

9 Escreva uma frase explicando a situação com a justificativa de um fato anterior ao que se passou. Use o pretérito mais-que-perfeito para marcar a antecedência da ação.

Exemplo: Eu doei as roupas do meu filho porque ***elas já tinham ficado pequenas nele.***

a. Essa semana eu não fiz supermercado porque ....

b. Estudei informática para meu novo emprego porque ....

....

c. Meus filhos não tiveram dificuldade de adaptar a uma nova escola porque ....

....

d. Ela não precisou tomar vacina de febre amarela para viajar pela Amazônia porque ....

....

e. No último ano do colégio eu não precisei estudar uma língua estrangeira porque ....

....

f. Refiz meu currículo antes de enviar para a vaga de trabalho porque ....

....

g. Não tive interesse em assistir ao filme biográfico de Pelé porque ....

....

h. Troquei todas as roupas que comprei por um tamanho maior porque ....

....

10 Complete com o presente do indicativo ou com o presente do subjuntivo.

a. Eu e minha família $_1$ .... (planejar) visitar nossos parentes que $_2$ .... (morar) no Canadá. É possível que $_3$ .... (viajar) no início de julho, quando $_4$ .... (ser) verão lá e $_5$ .... (poder) aproveitar mais o clima quente. O mais provável é que $_6$ .... (ficar) hospedados com minha sogra, mas talvez $_7$ .... (visitar) alguma cidade turística e $_8$ .... (dormir) em um hotel por alguns dias.

b. Maria $_1$ .... (ir) estudar na Universidade de São Paulo. Ainda que $_2$ .... (ter) morado sozinha por muitos anos, ela $_3$ .... (estar) economizando para os novos desafios da cidade grande. É provável que ela $_4$ .... (dividir) o apartamento com outras estudantes e que $_5$ .... (viver) próximo do campus para economizar o transporte. Tomara que ela $_6$ .... (ser) muito feliz nesse novo ciclo.

11 Para cada desafio apresentado no quadro abaixo, escreva um potencial que pode ser aproveitado pelas empresas. Forme frases de acordo com a estrutura apresentada no quadro.

DESAFIO	ESTRUTURA
a. Moro longe do trabalho.	Apesar de... + (não) + verbo no infinitivo...
b. Tenho pouca experiência comprovada.	Conquanto + (não) + presente do subjuntivo...
c. Ainda estou cursando a universidade.	Ainda que... + presente do subjuntivo...
d. Meu nível de português é intermediário.	Embora... + presente do subjuntivo...
e. Minha cultura é diferente da cultura brasileira.	Se bem que + verbo no subjuntivo...
f. Meu conhecimento de informática é básico.	Independentemente de + (não) verbo no infinitivo...

a. ....

b. ....

c. ....

d. ....

e. ....

f. ....

12 Substitua os complementos verbais destacados pelo pronome adequado (me/lhe/nos/lhes).
Exemplo: Ofereceram a bolsa de estudos para Marina. ➡ ***Ofereceram-lhe a bolsa de estudos.***

a. Joaquim deu os materiais para o chefe. ➡ ....

b. Maurício enviou as encomendas para os clientes. ➡ ....

c. Deram os ingressos do filme para mim. ➡ ....

d. Contaram as boas notícias para eles assim que chegaram. ➡ ....

e. Entregaram a encomenda para Patrícia antes do meio-dia. ➡ ....

f. Os inquilinos pagaram o aluguel em atraso para nós. ➡ ....

13 Leia as frases abaixo e sublinhe o objeto indireto dos verbos. Em seguida, reescreva cada frase substituindo os objetos indiretos por pronomes complementos de objeto indireto.

a. O professor explicou a gramática para os alunos. ➡ ....

b. Michele contou uma história ao seu filho. ➡ ....

c. Enviei uma carta para minha tia. ➡ ....

d. Erika entregou o presente ao amigo. ➡ ....

e. Roberto ofereceu condolências aos familiares. ➡ ....

f. Ela agradeceu ao colega pelo trabalho de equipe. ➡ ....

14 Leia os textos abaixo e complete os espaços com o pronome complemento (me, a, o, as, os, la, lo, las, los, nos, lhe, lhes).

a. Ontem, Joana encontrou um cachorro perdido na rua. Ela $_1$ .... trouxe para casa e $_2$ .... deu um banho. Depois, $_3$ .... mostrou para os vizinhos a fim de ver se alguém $_4$ .... reconhecia. Quando eu vi o cachorro, fiquei muito animado e quis imediatamente adotar $_5$ .... No entanto, nossos vizinhos encontraram os donos e tivemos de $_6$ .... entregar o animal.

b. Lunise é minha melhor amiga. Ontem, ela $_1$ .... convidou para uma festa em sua casa. Eu fiquei muito feliz e $_2$ .... agradeci pelo convite. Ela também $_3$ .... pediu para ajudar com os preparativos. Eu $_4$ .... disse que poderia e combinei de ir à casa dela mais cedo. Quando cheguei, Lunise $_5$ .... mostrou a lista de coisas que precisavam ser feitas. Ela $_6$ .... entregou alguns balões e pediu que eu $_7$ .... enchesse. Depois de algum tempo, perguntei $_8$ .... se precisava de mais alguma coisa. Ela $_9$ .... respondeu que não e ficamos conversando até os convidados chegarem.

UNIDADE 4

EM CADA CANTO

CAMINHOS

NESTA UNIDADE
VOCÊ VAI APRENDER:

- o pretérito imperfeito do subjuntivo
- o pretérito imperfeito do subjuntivo em orações comparativas e exclamativas
- expressões para indicar evolução
- a categorizar os tipos de arte
- o presente do subjuntivo em orações relativas
- o vocabulário para falar sobre artes
- futuro do pretérito composto

PARA:

- falar sobre possibilidades
- expressar um desejo diante de uma possibilidade
- refletir sobre mudanças na vida
- opinar sobre um texto lido na mídia
- descrever e opinar sobre uma obra de arte ou sobre um espetáculo
- conhecer obras de arte icônicas do Brasil

MUDAR É PRECISO

Vamos falar de mudança. Mudança de país, de cidade, de trabalho, de língua, de cultura, de pontos de vista, de vida, de tudo.

1. Quando você pensa em mudança, quais palavras vêm à sua mente?

2. Assista ao vídeo "Na vida é necessário mudança", uma palestra de Leandro Karnal – historiador, professor e escritor brasileiro. A partir da compreensão do vídeo, como você explica a frase "Mudar é preciso, não mudar é fatal" de Leandro Karnal? Como você associa a frase às imagens acima?

Fonte: https://bit.ly/4cXiZDQ (Acesso em: 16 mar. 2024. Reproduzir até 2'56".)

3. Se você estuda línguas, talvez já tenha pensado em morar no Brasil ou em outro país, seja por motivo de trabalho, relacionamento ou outra razão. Se você ainda não pensou nessa possibilidade, vamos começar a pensar agora. Porém, lembre-se, morar é diferente de fazer turismo. Vamos testar suas motivações.

Segundo conselheiros em imigração, o primeiro passo é saber a razão pela qual você quer ou pensaria em morar em outro país. Marque uma ou mais alternativas abaixo.

( ) Qualidade de vida ( ) Segurança ( ) Educação ( ) Trabalho ( ) Outro

a. Quais ganhos você teria? Quais perdas?

b. Qual seria sua maior dificuldade?

c. O que você estaria disposto(a) a fazer para transformar esse projeto em realidade?

4. Leia o texto abaixo, do blog de Carolina Klein, e responda às questões.

- Deixar para trás.
- Deixar de lado.
- Deixar pra lá.
- Deixar correr.
- Deixar de fazer algo.

5 primeiros passos para mudar de país

Melhor qualidade de vida. Mais segurança. Melhor equilíbrio entre trabalho e lazer. Melhores oportunidades para os filhos. Curiosidade em conhecer outra cultura. Sonho de morar em outro país.

Não importa o motivo, a questão é que muitos brasileiros não só almejam, como também realizam o desejo de mudar de país. Por ano, mais de 20 mil brasileiros deixam a vida no Brasil para trás para encarar novos desafios e as novas oportunidades de se morar em outro lugar.

Na prática, morar fora não é nenhum conto de fadas. Fatores como a segurança, boa empregabilidade e remuneração justa costumam chamar bastante a atenção, mas, junto disso tudo, a vida no exterior traz os desafios de ficar longe da família, dos amigos, aprender um novo idioma e adaptar-se a uma nova cultura, só para começar. Sem falar que não dá para negar que a mudança de país é um altíssimo investimento e, muitas vezes, um risco, já que você não tem como saber de antemão se vai se adaptar ou não.

Pensando nisso, resolvi deixar aqui os cinco primeiros passos que eu acredito serem essenciais antes que você invista muito dinheiro, mude toda a sua vida, largue seu emprego e vá embora! São conselhos para que você diminua os riscos, evitando que a mudança de país seja um "tiro no escuro".

1) Encontre sua motivação. | **2)** Pesquise sobre os países. | **3)** Pesquise sobre as possibilidades de visto.
4) Faça um planejamento financeiro (e comece a economizar!). | **5)** Estude o idioma.

Fonte: https://bit.ly/3ZgfVQd (Acesso em: 16 mar. 2024. Adaptado.)

a. Qual dos passos acima você considera o mais importante. Por quê?

b. Como você compreende a expressão "tiro no escuro"? E "conto de fadas"?

c. Se você fosse mudar de país, para onde você mudaria? ***Se eu fosse mudar de país, eu mudaria para...***

d. Se você fosse mudar de país, por que você mudaria? ***Se eu fosse mudar de país, eu mudaria porque...***

e. Caso você fosse morar no Brasil, onde você moraria? ***Se eu fosse morar no Brasil, eu moraria...***

5. Leia o texto abaixo da revista *Época Negócios* e responda às questões.

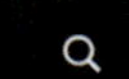

Site mostra como seria a sua vida se você morasse em outro país

Se você tem se perguntado como seria a sua vida caso morasse em outro país, suas dúvidas acabaram de ganhar uma possível resposta. Um site reuniu dados que permitem essa comparação.

Criado por Jason Horsley, My Life Elsewhere [Minha Vida em Qualquer Lugar, em tradução literal] é um site interativo que usa dados da CIA sobre países do mundo todo e faz uma comparação de estatísticas relevantes entre eles.

Por exemplo, se um brasileiro morasse nos Estados Unidos, em vez de morar no Brasil:

- Provavelmente, ganharia 4,36 vezes mais, levando em conta a renda per capita dos dois países.
- Viveria 6,3 anos a mais, considerando a expectativa de vida no Brasil e nos EUA.
- Consumiria 5,42 vezes mais energia, comparando o consumo por pessoa medido nos locais.

E não para por aí... A vida nos Estados Unidos poderia garantir uma renda melhor; porém, existiria uma chance um pouco maior (28% a mais) de a pessoa estar desempregada, além de maior probabilidade de desenvolver problemas de obesidade, sem contar que o Brasil tem assistência de saúde universal gratuita para brasileiros e estrangeiros, e os Estados Unidos não têm.

Fonte: https://bit.ly/4dlz4yq (Acesso em: 17 mar. 2024. Adaptado.)

a. Você acredita nas informações que esse site oferece? Por quê?

b. O que você levaria em conta se fosse mudar de país?

c. Para você, o que seria positivo, se viesse morar no Brasil?

- Levar em conta.
- Sem contar que...
- E não para por aí.
- E não é só isso.
- Largar = abandonar
- Saber de antemão.

6. Escute a reportagem da TV Record Brasília e responda às questões.

a. De que trata a reportagem?

b. Segundo a reportagem, quantos migrantes internacionais vivem no Brasil hoje?

c. Quantos desses migrantes internacionais são refugiados?

d. Quais são os direitos de um migrante internacional no Brasil?

e. Para eles, por que é bom viver no Brasil?

Fonte: https://bit.ly/3Xrl5ax (Acesso em: 18 mar. 2024. Reproduzir até 3'39''.)

PRETÉRITO IMPERFEITO DO SUBJUNTIVO EM ORAÇÕES CONDICIONAIS

▶ Observe a frase:

***Se** você **fosse** mudar de país, para qual país você **mudaria**? **Caso viesse** morar no Brasil, onde você **moraria**?*

Imagine que mudar de país seja uma hipótese na sua vida, algo concretizável algum dia ou não, ou ainda pura imaginação. Não importa. Usamos a conjunção **SE ou CASO + sujeito + pretérito imperfeito do subjuntivo + futuro do pretérito** para expressar uma condição hipotética, irreal ou imaginária.

▶ **Formação:** Forma-se a partir da terceira pessoa do plural do pretérito perfeito do indicativo, retirando-se a terminação -RAM e acrescentando-se a terminação -SSE/-SSE/-SSEMOS/-SSEM. Essa regra de formação funciona para todos os verbos regulares e irregulares.

	IR/SER PRET. PERF. INDIC.	IR/SER IMPERF. SUBJ.	-AR	-ER	-IR
Eu	Fui	Fosse	Viajasse	Vivesse	Partisse
Você/Ele/Ela	Foi	Fosse	Viajasse	Vivesse	Partisse
Nós	Fomos	Fôssemos	Viajássemos	Vivêssemos	Partíssemos
Vocês/Eles/Elas	Foram	Fossem	Viajassem	Vivessem	Partissem

** Atenção à acentuação gráfica na primeira pessoa do plural do imperfeito do subjuntivo.*

O BÊ-Á-BÁ PARA QUEM VAI VIVER NO BRASIL

7. Você já pensou em uma lista de prioridades ao se preparar para viver em outro país? Enumere pelo menos 5 ações importantes que você precisa realizar.

Nem todo mundo tem a oportunidade de viver no Brasil com um familiar ou já ter hospedagem garantida com amigos, por isso algumas empresas, como a Eurosender e a Uliving, têm oferecido alternativas para facilitar o processo de adaptação daqueles que vão passar uma temporada no país ou desejam migrar.

A Eurosender é o tipo de empresa que ajuda a organizar a sua mudança internacional podendo reservar o envio dos seus pertences através de uma plataforma que você preenche e ajusta da forma mais adequada para seu processo de mudança. Com uma extensa rede de parceiros de logística, essas empresas oferecem serviços de transportadora de diversos países e até serviços de advogados para auxiliar nos processos de visto.

Já a Uliving tem outro tipo de oferta, esta é uma empresa de moradia para o público principalmente estudantil, que comercializa estúdios, em algumas cidades brasileiras, com a facilidade de pagar o aluguel e todas as contas típicas de uma propriedade (água, luz, internet, condomínio, IPTU) por meio de um boleto único, mensal e digital. Além disso, esse tipo de empresa promove diversas facilidades para o entrosamento e convívio do estrangeiro nas unidades de moradias, como festas, área de convivência e lazer.

8. E quem decide desbravar o Brasil sem auxílio de uma empresa? Quais são os desafios e medidas que precisam ser tomadas? Em grupo, discutam e listem as ações que um migrante deve realizar antes e após mudar para o Brasil. Em seguida, escutem o depoimento da próxima atividade e comparem com o que o grupo listou destacando as diferenças.

9. Escute o áudio de uma entrevista com um estrangeiro que migrou para o Brasil e fez um percurso diferente. Faça anotações enquanto escuta para discutir com a turma sobre a trajetória narrada.

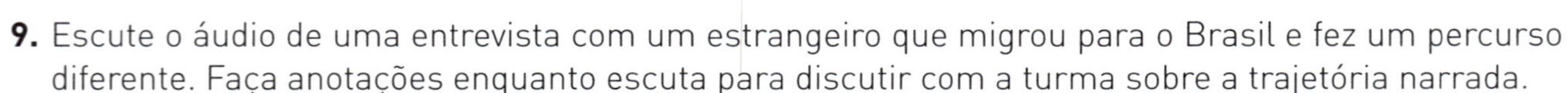

a. Por que e como veio? ....

b. Como fez para morar e viver aqui? ....

c. Como se sustentou no país? ....

d. Por que decidiu migrar? ....

e. O que fez para migrar? ....

f. Como desenvolveu sua carreira e/ou conseguiu trabalho? ....

g. O que você conseguiu conquistar e com o que ainda sonha? ....

....

O Certificado de Proficiência em Língua Portuguesa para Estrangeiros (Celpe-Bras) é o exame de proficiência do português brasileiro aplicado no Brasil e em postos internacionais de diversos países, geralmente duas vezes por ano. O exame certifica os níveis intermediário, intermediário superior, avançado e avançado superior. Esse certificado não tem data de expiração, mas algumas empresas e universidades solicitam que ele tenha sido feito no máximo 2 anos antes da contratação/entrada. Análogo a esse exame, o Instituto Camões em Portugal também faz uma prova de certificação internacional em língua portuguesa.

10. Qual dos depoimentos apresentados você já experienciou e/ou acha ser mais desafiante para quem vive fora do país de origem?

DESAFIOS DO ESTRANGEIRO QUE MORA AQUI

QUAIS AS MAIORES BUROCRACIAS QUE VOCÊ JÁ VIVENCIOU NO BRASIL?

"Estou morando no Brasil há 2 meses, minha maior dificuldade foi entender as formas de pagamento: Pix, crédito, débito, parcelado, em espécie, 'trocado' e por aí vai... E sempre te perguntam: 'CPF na nota?'. Ainda não entendo tantas opções, mas aprendi que aqui podemos parcelar quase tudo, até a compra do supermercado!"

Bianca Allegro, 27, ITA

"Para mim o mais complexo foi abrir uma conta bancária. Aqui exigem uma série de cadastros, principalmente informações do visto, endereço fixo e CPF. Para os brasileiros essa burocracia é como se fosse normal. Só encontrei um banco com a opção de conta internacional. Os bancos virtuais facilitam bastante o processo. Quem me dera soubesse disso antes! Teria evitado toda burocracia dos bancos físicos."

Marcos Valle, 33, LIB

O horário comercial de atendimento é muito limitado, como ir ao banco sem perder um dia de trabalho?

"Minha maior dificuldade é acertar o horário de funcionamento; 'horário comercial' como dizem aqui. Nas grandes cidades o supermercado pode funcionar até 24/7, já os órgãos públicos se limitam entre 8h e 17h, mas o mais desafiante é o horário dos bancos, geralmente das 10h às 16h de segunda a sexta. Como ir ao banco sem prejudicar o horário do trabalho? Quem me dera que soubesse disso antes! Teria evitado muita perda de tempo."

Ricardo Vallero, 38, ING

"Aqui tem fila para tudo. No início achei burocrático, mas aprendi que é a forma de se organizarem. Para os brasileiros é como se essa cultura fosse internacional, ficam irritados se desrespeitamos pelo desconhecimento dessa prática. Tem fila até para o ponto de ônibus!"

Graziela Sanchez, 28, ARG

11. Escreva você também um depoimento sobre alguma situação desafiante vivenciada em outro país.

PRETÉRITO IMPERFEITO DO SUBJUNTIVO EM ORAÇÕES COMPARATIVAS E EXCLAMATIVAS

Usamos o imperfeito do subjuntivo para evidenciar a irrealidade ou hipótese distante de uma situação comparativa. É também usado para mostrar um desejo a respeito de um fato quando em frases exclamativas. Veja os exemplos extraídos do texto lido acima.

UMA SIMILARIDADE (COMPARATIVA)	UMA SITUAÇÃO IRREAL OU HIPOTÉTICA
Para os brasileiros essa burocracia parece ser normal.	Para os brasileiros essa burocracia **é como se fosse** normal.
Para os brasileiros essa cultura até parece ser internacional.	Para os brasileiros **é como se** essa cultura **fosse** internacional.
UM FATO	**UM DESEJO SOBRE O FATO**
Os bancos virtuais facilitam bastante o processo.	*Quem me dera* **soubesse** disso antes!
Os apartamentos e casas quase nunca são mobiliados.	*Quisera eu* que **fossem**!

EU QUERO UMA CASA NO CAMPO

12. Responda às questões.

a. Você já teve o desejo de morar em uma propriedade rural? Como você imagina que seria?

b. Quais as vantagens e desvantagens dessa mudança de estilo de vida?

13. Leia o texto abaixo e em seguida responda e discuta com a turma as questões propostas.

Os millennials, a geração que nasceu entre 1981 e 1996, cada vez mais têm influenciado um novo comportamento no mercado imobiliário e no estilo de vida das sociedades: o êxodo urbano. Se antigamente no Brasil e no mundo as pessoas buscavam morar nas grandes cidades para ter mais oportunidade de trabalho e qualidade de vida, de pouco a pouco, o movimento contrário ao êxodo rural tem marcado um novo ciclo e uma nova tendência na escolha de morar e viver.

Esse novo comportamento foi impulsionado pela pandemia do coronavírus em 2020 e as novas ofertas de trabalho remoto, as quais, de mais a mais, abriram precedentes para que mais pessoas questionassem a qualidade de vida nos grandes centros urbanos. Nesse contexto, muitas pessoas deixaram as cidades para morar em propriedades maiores, mais confortáveis, com flexibilidade de acesso aos serviços e principalmente com um ritmo de vida cada vez menos estressante.

- êxodo urbano x êxodo rural
- roça/campo/sítio/fazenda
- o interior x a capital
- home office/trabalho remoto

a. Qual(is) a(s) característica(s) da população que tem buscado esse novo estilo de vida?

b. Quais as características dos locais escolhidos para a mudança de endereço e/ou estilo de vida?

c. Você acredita que esta tendência vai se manter? Explique seu ponto de vista.

d. Observe no texto as expressões que indicam evolução. Marque a opção adequada:

I. Para indicar um progresso lento e gradual.

II. Diminuição gradual e contínua.

III. Aumento gradual e contínuo.

IV. Acréscimo adicional a algo que já está acontecendo.

( ) "Os millennials, [...], **cada vez mais** têm influenciado um novo comportamento [...]"

( ) "[...] **de pouco a pouco**, o movimento contrário ao êxodo rural tem marcado um novo ciclo [...]"

( ) "novas ofertas de trabalho remoto, [...] **de mais a mais**, abriram precedentes para que mais pessoas questionassem a qualidade de vida [...]"

( ) "[...] principalmente com um ritmo de vida **cada vez menos** estressante."

14. Escute o áudio de Vinicius Konchinski para o Brasil de Fato sobre a situação do êxodo rural no Brasil, preencha as informações abaixo de acordo com o áudio e responda às questões a e b.

A população rural no Brasil .... num ritmo acima da média mundial nos últimos 22 anos. De acordo com dados do Banco Mundial, o percentual de habitantes do país que vivem no campo .... cerca de .... % de 2000 a 2022.

No mundo, a .... foi de 19%.

Os dados foram tabulados por Gerson Teixeira, engenheiro-agrônomo e diretor da Associação Brasileira de Reforma Agrária. Para ele, o êxodo cria .... para a sustentabilidade do campo e das cidades.

a. Por que esse movimento é tão forte no Brasil, segundo Gerson Teixeira?

b. Quais consequências podemos observar que o êxodo sem assistência provoca nas cidades?

Fonte: https://bit.ly/4g9ZXgm (Acesso em: 4 abr. 2024.)

15. Muitas pessoas que realizaram o sonho de viver no campo podem contar as vantagens e desvantagens dessa mudança de vida. Escute agora o podcast do canal Recanto Curicaca com a opinião do morador da zona rural e, em seguida, responda (V) verdadeiro ou (F) falso para as afirmações.

( ) O custo da comida pode variar dependendo do local de compra.
( ) Programar os gastos é menos importante porque a roça fornece quase tudo que você precisa.
( ) O custo com transporte não deve ser uma preocupação na roça.
( ) Os problemas de saúde ou acidentes podem ser mais complicados na roça.
( ) Manter uma farmácia em casa, tanto para humanos quanto para animais, é uma necessidade.
( ) Com a tecnologia atual, a disponibilidade de internet e telefone não é um problema no campo.

Fonte: https://bit.ly/3yXNAn0 (Acesso em: 02 abr. 2024)

16. Leia abaixo alguns depoimentos dos ouvintes do canal Recanto Curicaca sobre a vida na roça e escreva também um comentário. Apresente sua opinião sobre o tema, justifique seu ponto de vista e compartilhe com os colegas.

- Se virar sozinha
- Saber se virar
- Encarar
- O aventureiro
- Virar fardo
- Hora do aperto

@joaomarcelo1987 há 2 anos
A pessoa que se propõe a morar na área rural tem de estar ciente de que ela terá de se virar sozinha para resolver as coisas. A mina d'água secou, entupiu uma mangueira, faltou energia elétrica, arrebentou uma cerca e os animais estão invadindo a plantação do vizinho, quebrou um equipamento, faltou gasolina num motor, enfim... situações que exigem que a pessoa saiba se virar sozinha e, ainda, que ela tenha as ferramentas necessárias (e saiba usá-las) para ao menos solucionar provisoriamente o problema na hora do aperto. O ideal é que a pessoa faça um experimento antes de se mudar definitivamente. Enquanto isso não é possível vamos nos contentando com os vídeos e conteúdo fantástico publicado pelo "Na Roça".

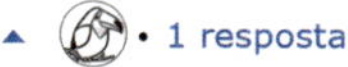 28  Responder

 • 1 resposta

 @recantocuricaca há 2 anos

Muito bem colocado, João! A ideia de "experimentar antes de encarar" também é muito boa. E muitíssimo obrigado pelo elogio, ele nos ajuda a continuar e a fazer melhor.

3 Responder

@ranchodobrian há 2 anos
Como diz o velho ditado "sítio são duas alegrias, a da compra e a da venda". Este ditado se aplica àqueles aventureiros que acham que no sítio as coisas acontecem por acaso. Vivo no sítio há 14 anos e sei bem como as coisas são. Sou apaixonado pelo que faço e produzo, daí não vira fardo, e sim prazer. Seu conteúdo foi muito bom, parabéns.

 30  Responder

FUTURO DO PRETÉRITO X FUTURO DO PRETÉRITO COMPOSTO

Já aprendemos que o **futuro do pretérito simples** é usado para: (1) falar de um acontecimento futuro em relação a outro, já ocorrido; (2) falar sobre um fato que poderá ou não ocorrer, dependendo de determinada condição; (3) falar sobre fato incerto, fazendo hipóteses ou suposições; e (4) dar sugestões e fazer pedidos de maneira mais educada:

(1) Ontem, ele disse que mudaria para uma casa fora da cidade.
(2) Ainda que o custo de vida fosse menor, João falou que jamais moraria numa casa no campo.
(3) Como acha que seria morar longe da cidade? / Eu nunca imaginaria uma mudança tão radical.
(4) Eu gostaria de alugar uma casa com um quintal bem grande.

O **futuro do pretérito composto** é usado para falar de acontecimentos que poderiam ter acontecido no passado, mas que não se concretizaram. Forma-se com o verbo auxiliar "ter" no futuro do pretérito + particípio passado do verbo principal. Veja os exemplos:

- Se na infância nós tivéssemos uma casa no campo, eu teria vivido uma rotina com mais contato com a natureza.
- Quem me dera naquela época eu tivesse um sítio para ir aos fins de semana! Certamente eu teria ficado menos estressado.

A NOSSA PRAIA É A CULTURA

Não vivemos só de trabalho e estudo. O equilíbrio entre trabalho e lazer, fundamental à qualidade de vida, também faz parte do dia a dia dos brasileiros, assim como a arte. Como diz o escritor e poeta brasileiro Ferreira Gullar, "a arte existe porque a vida não basta". São Paulo, além de ser o maior centro econômico do Brasil, também é a capital da cultura na América Latina.

17. Você saberia citar o nome de algum artista plástico brasileiro? Qual?

18. A imagem pop art ao lado, do artista Lobo, representa lugares de São Paulo. Você reconhece algum desses lugares?

19. Como você compreende a frase "A arte existe porque a vida não basta"?

20. Leia o artigo abaixo sobre a arte e a cultura em São Paulo e responda às questões.

São Paulo, polo de arte, cultura, entretenimento e muito mais

Com uma população formada por mais de 11 milhões de habitantes, de 70 diferentes nacionalidades, e ainda com 15 milhões de turistas recebidos ao ano, São Paulo é uma cidade global que une distintos costumes e culturas. Não à toa, ela é hoje o principal portão de entrada do Brasil, recebendo 65% dos voos internacionais que chegam ao país, e ainda dispõe dos principais voos diretos que a conectam com todo o Brasil e o mundo.

Absolutamente diversa, São Paulo é antenada, geradora de tendências e estilos com opções de lazer, negócios e entretenimento para as mais diversas tribos: de intelectuais a esportistas, passando por baladeiros, religiosos, moderninhos e *workaholics*.

Como não podia deixar de ser, essa diversidade também se reflete em todos os tipos de arte, assim como na moda. Aqui, você pode encontrar desde adolescentes vestidos de cosplay passeando pelo shopping, até engravatados andando apressados pela Avenida Paulista.

O mundo das artes e do espetáculo também ferve em São Paulo. Centro cultural da América Latina, São Paulo conta com 101 museus, 282 salas de cinema, 146 bibliotecas, cerca de 40 centros culturais, além das inúmeras festas populares e feiras que acontecem em suas ruas. Além disso, a cidade tem 182 teatros. São espaços para a montagem de espetáculos de todas as linhas artísticas, que vão das superproduções dos musicais da Broadway ao teatro de vanguarda.

O histórico Theatro Municipal, um dos mais tradicionais da cidade, tem diversas atrações em sua programação. Entre elas, apresentações periódicas da Orquestra Sinfônica Municipal, artistas da MPB e o Balé da Cidade.

O National Geographic também elegeu a vida noturna de São Paulo como uma das dez melhores do mundo. A capital paulista ficou em quarto lugar em um ranking que reúne destinos de todo o planeta, como Dublin (Irlanda), Goa (Índia) e Houston (EUA).

Fonte: https://bit.ly/4g9dvJ5 (Acesso em: 23 mar. 2024. Adaptado.)

?

Em 2016, São Paulo tinha moradores nativos de 196 países, segundo dados do Sistema Nacional de Cadastro e Registro de Estrangeiros (SINCRE) da Polícia Federal.

Fonte: https://bit.ly/4cPUNmN (Acesso em: 23 mar. 2024. Adaptado.)

a. Como você associa as informações sobre São Paulo ao título da lição "A nossa praia é a cultura"?

b. Com qual perfil você se identifica?

( ) intelectual ( ) baladeiro ( ) *workaholic* ( ) esportista
( ) religioso ( ) moderninho ( ) nerd ( ) outro

c. Em São Paulo, você gostaria de ir a passeios culturais que sejam:

( ) de artes plásticas ( ) de dança ( ) de teatro ( ) de literatura ( ) de música
( ) de street art ( ) de cinema ( ) de esportes ( ) de tecnologia ( ) outro

CULTURA: QUE SEJA PARA TUDO E PARA TODOS

21. A partir da leitura do texto abaixo, encontre seus espaços ideais na cidade de São Paulo. Em seguida, compartilhe com os colegas e descubra quais espaços culturais interessam mais à sua turma.

A vida cultural na capital paulista faz parte do dia a dia dos paulistanos e é rotineiramente visitada. Você certamente encontrará um museu que seja a sua cara e que tenha o tamanho do seu bolso.
Sampa terá um espaço ideal para aqueles que gostem de...
- **esporte:** o Museu do Futebol, no Estádio do Pacaembu, reúne história, diversão e emoção.
- **línguas e literatura:** o Museu da Língua Portuguesa e a Casa das Rosas, que são pura poesia e literatura.
- **história do Brasil:** o Museu do Ipiranga, o Museu de Arte Sacra e o Itaú Cultural, que têm grandes obras do período do Brasil colonial.
- **cultura afro-brasileira:** o Museu Afro Brasil abriga mais de 5 mil obras produzidas desde o século XV, que representam a cultura africana e afro-brasileira.
- **cinema, vídeo, foto e música:** o Museu da Imagem e do Som registra e preserva os sons e as imagens mais representativos da arte e cultura brasileiras.
- **teatro e dança:** o Theatro Municipal e o Teatro Gazeta.
- **pintura e escultura:** o MASP, um dos mais importantes museus da América do Sul, de arte nacional e internacional; a Pinacoteca do Estado de São Paulo, o mais antigo museu da cidade, com obras que contam a história da arte brasileira nos séculos XIX e XX e o Museu de Arte da FAAP de arte brasileira do barroco ao contemporâneo.
- **arquitetura e design:** o Museu da Casa Brasileira é dedicado à diversidade de moradias do Brasil.
- **street art:** o Beco do Batman reúne arte urbana de todos os tipos, é um verdadeiro museu a céu aberto.
- **concertos de música clássica e artistas da música:** a Sala São Paulo, antiga estação de trem de 1930 reformada com instalações acústicas de última geração, o Theatro Municipal, o Theatro São Pedro e o Sesc Pompeia.

Extraído de: Governo do Estado de São Paulo e Guia Melhores Destinos. Fontes: https://bit.ly/3X5qfal e https://bit.ly/3Tfcl40 (Acesso em: 24 mar. 2024. Adaptado.)

22. Escute duas vezes o áudio "Aproveite a noite para visitar um museu da cidade", do Governo do Estado de São Paulo, e responda.

a. De que trata o áudio? | **b.** Quais lugares são citados? | **c.** O que esses lugares oferecem?

Fonte: https://bit.ly/3ZaKkz2 (Acesso em: 24 mar. 2024.)

23. A partir de seus conhecimentos sobre os museus de São Paulo e das informações do áudio, escreva um texto informativo sobre a vida cultural em São Paulo para ser publicado em um blog sobre viagens ao Brasil. Explique por que São Paulo é a capital cultural da América Latina, quais atrações culturais a cidade oferece e por que essas atrações atendem a diferentes públicos.

PRESENTE DO SUBJUNTIVO EM ORAÇÕES RELATIVAS

AS ORAÇÕES RELATIVAS EVITAM REPETIÇÕES	
Na **oração principal** apresenta-se o verbo no presente do indicativo ou no imperativo + um elemento indeterminado ou indefinido.	(1) ***Prefiro*** *um museu...* (2) ***Vá*** *a um espaço cultural...*
Na **oração relativa** utilizamos o verbo no presente do subjuntivo antecedido pelo pronome relativo QUE.	(1) ***que tenha*** *entrada franca.* (2) ***que seja*** *de arte moderna.*

Observe como as frases abaixo são reunidas em uma única frase, siga o modelo, una as frases e evite repetições.

*Desejo visitar um museu. O museu deve **apresentar** obras de pintores brasileiros do período modernista.*

➡ *Desejo visitar um museu **que apresente** obras de pintores brasileiros do período modernista.*

Prefiro ir a espaços culturais. Os espaços culturais devem **ficar** perto de casa. ➡

Vá a espetáculos teatrais. Os espetáculos teatrais devem **ter** entrada franca. ➡

Não conheço muitas pessoas. As pessoas, geralmente, não **apreciam** música clássica. ➡

A ARTE DE VER

24. Observe as imagens de renomados pintores estrangeiros que representaram o Brasil. O que você pode dizer sobre elas? Para você, como o Brasil foi representado?

25. A partir da observação das pinturas sobre o Brasil feitas por artistas estrangeiros, responda.

a. Quais personagens do Brasil as imagens representam?

b. Em qual período histórico do Brasil essas imagens foram feitas?

c. Qual tipo de relação entre essas personagens está representada?

d. Para você, qual imagem foi mais romantizada? Por quê?

e. Qual(is) imagem(s) você acha mais realista? Descreva-a.

8 de Maio
Dia do
Artista Plástico

26. Associe para cada descrição sua obra.

a. ***Um funcionário a um passeio com sua família***,
Jean-Baptiste Debret, séc. XIX, neoclassicismo, aquarela sobre litografia.

Representada a família em fila indiana, mostra um traço bastante comum da sociedade da época, pautada pelo patriarcalismo e pela hierarquia. Um homem guia sua família em um passeio pela rua, parecendo retratar a ordem de status de cada personagem, vindo os filhos atrás do pai, a mãe e os escravizados, em ordem hierárquica. O homem de roupa preta, o pai, se destaca dos outros personagens, assim como a paisagem em tons pastel.

Extraído de: Vinícius Moura Campani, Campani Cultural. Fonte: https://bit.ly/3BOAedy (Acesso em: 24 set. 2024. Adaptado.)

b. ***Caipira picando fumo***,
José Ferraz de Almeida Júnior, 1893, academicismo brasileiro/realismo, óleo sobre tela.

O caipira, tipo do meio rural, é a figura humana ao centro da tela pintada em tons amarelados, destacando a luz do sol. O homem está sentado em madeiras picando fumo, vemos um ambiente humilde. O homem tem os traços marcados pela vida dura, as mãos grosseiras do trabalho braçal e os pés descalços.

Extraído de: Margaret Imbroisi, História das Artes. Fonte: https://bit.ly/3XZJfYW (Acesso em: 24 set. 2024. Adaptado.)

c. ***Desembarque do General Miranda em La Guaira***,
Johann Moritz Rugendas, 1835, estilo clássico/registro histórico, litografia.

Em primeiro plano, dois barcos param perto de uma instalação, à semelhança de uma casa. À porta da casa, em segundo plano, está um guarda. Perto deste, em uma mesa, aparecem dois homens sentados: um deles é representado como que a escrever. Atrás dele, de pé, fica um militar. À frente, fica um homem que parece apresentar-se aos demais. De um dos barcos, sobem negros. Tal cena, em tons pastel, pode representar a chegada de negros aos portos brasileiros. À direita, ao fundo, estão mais embarcações no mar e construções, em plano baixo, perto da costa ou no alto de elevações.

Extraído de: Museu Histórico Nacional. Fonte: https://bit.ly/483lGmw (Acesso em: 24 set. 2024. Adaptado.)

d. ***Preto brasileiro com pássaro tropical***,
Nicolas-Antoine Taunay, 1821.
Em primeiro plano, vemos um homem negro sentado, completamente nu, com um pássaro tropical na mão. Atrás dele vemos uma construção rústica com telhado de folhas. Ao fundo, em tons claros e apagados, vemos montanhas, uma palmeira e outras construções. As cores vivas do homem, do pássaro e do tecido sobre o qual ele se assenta o colocam como o destaque da obra. Percebe-se a expressão feliz no rosto do escravizado, suavizando de forma romantizada a realidade da escravidão no Brasil.
Fonte: Texto redigido pelas autoras

e. ***Mulher Camacan Mongoyo***,
Jean-Baptiste Debret, séc. XIX, desenho neoclássico, aquarela sobre litografia.
Neste retrato, vemos o busto de uma mulher indígena nua em fundo branco, ela porta colares com dentes de animais e braçadeiras com sementes e penas de aves. Apresenta pinturas corporais e adereços de flores na cabeça. Os tons são claros. Vemos uma imagem romantizada da indígena, na qual a nudez transmite a inocência e a delicadeza do rosto e adereços apaga do olhar a violência contra os indígenas.
Fonte: Texto redigido pelas autoras

27. Utilize suas ferramentas digitais para pesquisar na internet as imagens das seguintes obras de pintores brasileiros ou naturalizados brasileiros. Com a turma dividida em três grupos, cada grupo deve apresentar a descrição da obra incluindo data, movimento artístico e técnica. Em seguida, responda às questões.

I. *Mestiço*, de Candido Portinari **II.** *A Negra*, de Tarsila do Amaral **III.** *Bananal*, de Lasar Segall

a. O que você observa em comum nas diferentes obras descritas como imagens icônicas do Brasil?
b. Para você, qual obra é mais original? Por quê?

PARA FALAR DE UMA OBRA DE ARTE

28. O quadro *Saudade* (1899), do pintor paulista José Ferraz de Almeida Júnior, é uma importante obra da arte brasileira realista do século XIX exposta na Pinacoteca do Estado de São Paulo. Observe-o ao lado e realize as atividades abaixo.

a. A partir das expressões e do vocabulário utilizado para descrever uma obra de arte, descreva esta pintura da forma mais completa e detalhada possível.
b. Em seguida, explique o que você acha que esta obra expressa.
c. Diga quais sentimentos esta pintura desperta em você.

- O quadro representa um retrato, um autorretrato, uma paisagem, uma natureza-morta.
- É uma obra de arte abstrata, realista, impressionista, expressionista, modernista, figurativa.

- No primeiro plano pode-se ver...
- Ao fundo...
- À direita/esquerda...
- Na parte inferior/superior...
- Embaixo/No alto...
- Percebe-se...

Observa-se um personagem de frente, de perfil, de costas, de lado, de corpo inteiro. Vemos o busto de um personagem.

As cores são vivas/apagadas, quentes/frias, claras/escuras, brilhantes/foscas, contrastantes, amareladas, azuladas, esverdeadas, rosadas, alaranjadas, avermelhadas, esbranquiçadas.

É um óleo sobre tela, um desenho a carvão e pastel, uma aquarela, uma litografia.

CORPO EM MOVIMENTO

29. Responda às questões.

a. Você tem o hábito de frequentar espetáculos de dança? Por quê?

b. Você gosta de algum tipo de dança em particular?

( ) Balé clássico ( ) Balé contemporâneo ( ) Dança afro

( ) Dança do ventre ( ) Danças regionais ( ) Jazz ( ) Outro

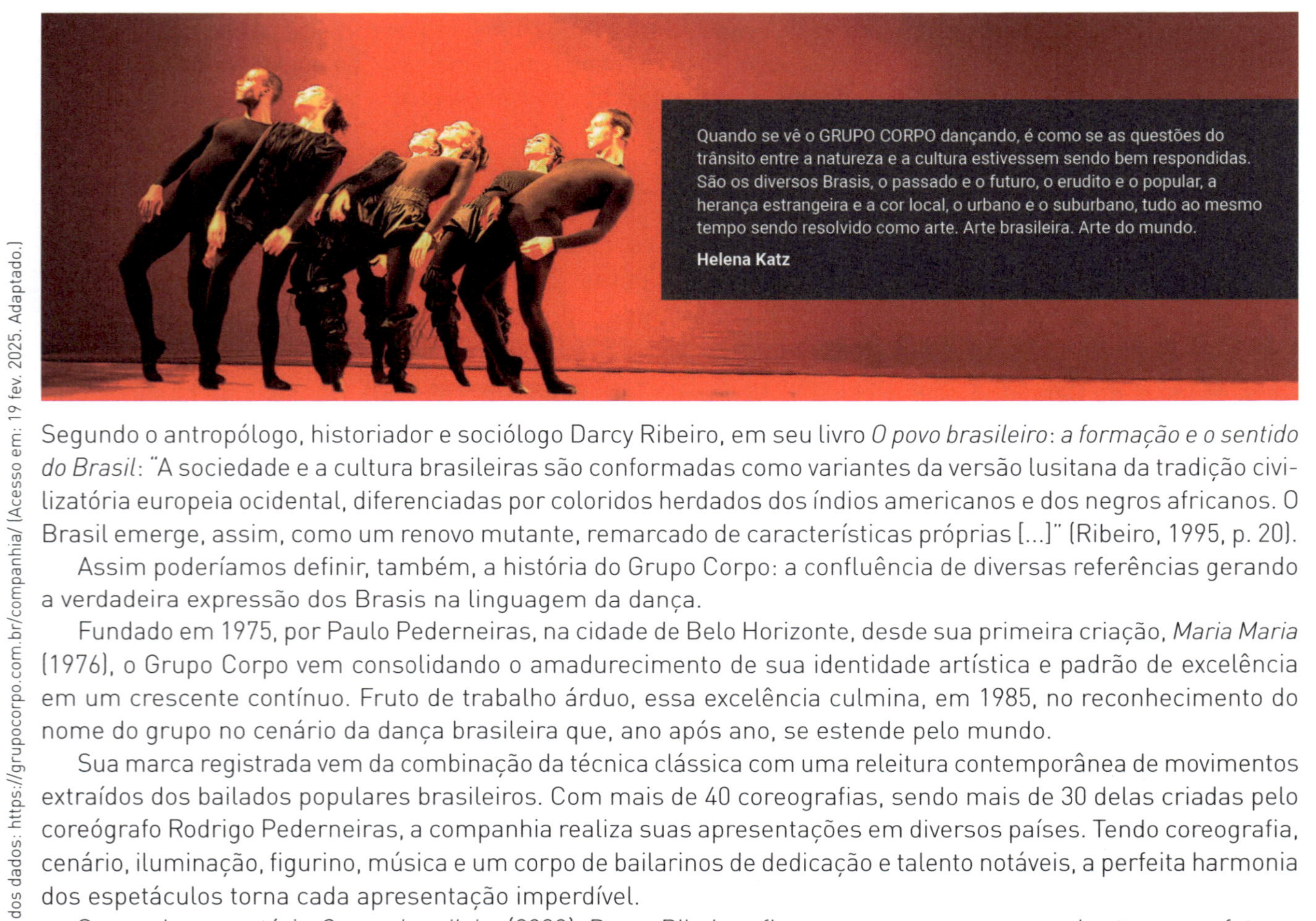

GRUPO CORPO
MINISTÉRIO DA CULTURA
Quando se vê o GRUPO CORPO dançando, é como se as questões do trânsito entre a natureza e a cultura estivessem sendo bem respondidas. São os diversos Brasis, o passado e o futuro, o erudito e o popular, a herança estrangeira e a cor local, o urbano e o suburbano, tudo ao mesmo tempo sendo resolvido como arte. Arte brasileira. Arte do mundo.
Helena Katz

Segundo o antropólogo, historiador e sociólogo Darcy Ribeiro, em seu livro *O povo brasileiro*: *a formação e o sentido do Brasil*: "A sociedade e a cultura brasileiras são conformadas como variantes da versão lusitana da tradição civilizatória europeia ocidental, diferenciadas por coloridos herdados dos índios americanos e dos negros africanos. O Brasil emerge, assim, como um renovo mutante, remarcado de características próprias [...]" (Ribeiro, 1995, p. 20).

Assim poderíamos definir, também, a história do Grupo Corpo: a confluência de diversas referências gerando a verdadeira expressão dos Brasis na linguagem da dança.

Fundado em 1975, por Paulo Pederneiras, na cidade de Belo Horizonte, desde sua primeira criação, *Maria Maria* (1976), o Grupo Corpo vem consolidando o amadurecimento de sua identidade artística e padrão de excelência em um crescente contínuo. Fruto de trabalho árduo, essa excelência culmina, em 1985, no reconhecimento do nome do grupo no cenário da dança brasileira que, ano após ano, se estende pelo mundo.

Sua marca registrada vem da combinação da técnica clássica com uma releitura contemporânea de movimentos extraídos dos bailados populares brasileiros. Com mais de 40 coreografias, sendo mais de 30 delas criadas pelo coreógrafo Rodrigo Pederneiras, a companhia realiza suas apresentações em diversos países. Tendo coreografia, cenário, iluminação, figurino, música e um corpo de bailarinos de dedicação e talento notáveis, a perfeita harmonia dos espetáculos torna cada apresentação imperdível.

Se, no documentário *O povo brasileiro* (2000), Darcy Ribeiro afirma que somos um povo aberto para o futuro, com o Grupo Corpo não poderia ser diferente.

Fonte dos dados: https://grupocorpo.com.br/companhia/ (Acesso em: 19 fev. 2025. Adaptado.)

30. Assista a um trecho do espetáculo *21* do Grupo Corpo e responda.

a. Como você descreveria o figurino dos bailarinos?

b. Como você descreveria o cenário?

c. Como você descreveria a música?

d. Como você descreveria a coreografia?

e. Por que você acha que o Grupo Corpo se define por algo de "brasileiro"?

f. Quais emoções você sentiu ao assistir ao trecho do espetáculo?

Fonte: https://bit.ly/3MEavXn (Acesso em: 29 mar. 2024.)

31. Quais vocabulários relacionados a espetáculos de dança você identificou no texto? Quais palavras novas você aprendeu?

MAIS QUE MIL PALAVRAS

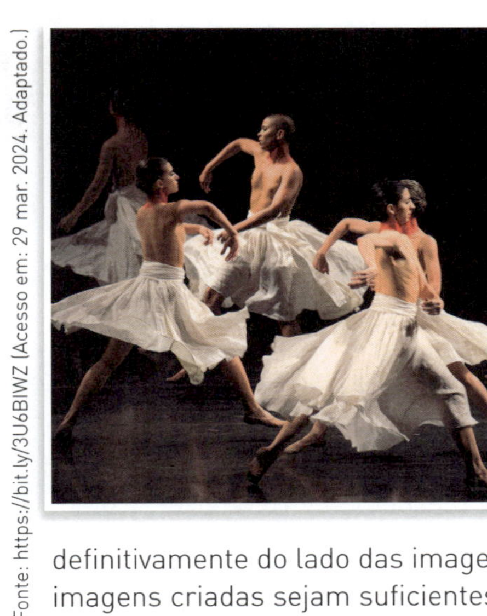

Fonte: https://bit.ly/3U6BIWZ (Acesso em: 29 mar. 2024. Adaptado.)

32. Leia o texto abaixo e responda.

Por vezes parece existir alguma competição sobre o poder ou o potencial comunicativo da dança *versus* a palavra.

Saber se uma imagem vale mais que mil palavras ou se as palavras permitem ir mais longe do que muitas imagens será uma questão eterna, insolúvel. Por isso deverá ser relativizada: por um lado, existem imagens muito poderosas; e, por outro, palavras (frases, expressões) igualmente muito, muito fortes. Por vezes, ganham as palavras, outras vezes ganharão as imagens. Nesta falsa competição, a dança estará definitivamente do lado das imagens, utilizando o corpo e o movimento para substituir as palavras, para que as imagens criadas sejam suficientes por si, não precisem de mais explicações e por isso possam valer mais que mil palavras. Dançando ou não, todos tentamos, bem ou mal, falar da emoção que a linguagem do corpo nos provoca, muitas vezes sem palavras.

a. Você já se sentiu "sem palavras" frente a uma experiência tão emocionante que não sabia o que dizer? Caso você já tenha se sentido assim, mesmo em sua língua materna, por que você acha que faltaram as palavras?

33. Leia o comentário dos internautas sobre o trecho do espetáculo *21* do Grupo Corpo e responda. Em seguida, escreva você também um comentário.

@mirianlucas35 há 4 anos

Nossa, nunca tinha visto esta dança!

4 Responder

@kaiomlousado há 6 anos (editado)

Lindo! Matemático e poético como a dança, a música e o relógio. Não canso de assistir!!

@tittyandradef há 3 anos (editado)

Acho que foi o primeiro espetáculo que eu assisti do Corpo, no teatro. Eu tive uma epifania!

2 Responder

@fernandeshugo85 há 7 anos

Essa música do Uakti sempre me fez viajar. Adorei conhecer a coreografia do Corpo. Uma junção que beirou a perfeição, no meu entendimento.

8 Responder

@vargas.joaob há 7 anos

Perfeito como sempre! Aqui em Recife, na Cia de Frevo do Recife, estamos estudando movimentos e criando novas formas de executar os passos de frevo para o palco. E ver esse vídeo de um grupo tão autêntico como vocês é inspirador. Muito feliz!

17 Responder

@kaiomlousado há 6 anos (editado)

Belíssimo! Amo a música do Uakti, o cenário, a felicidade que os bailarinos transmitem, puro amor, obrigado pelo trabalho e por postar o vídeo!

o coreógrafo • a coreografia • o diretor artístico • o diretor técnico • o cenário • o figurino • a iluminação • os movimentos • a harmonia • a sincronia • o espetáculo • a dança • o palco • a música • a acústica

Impressionante! • Lindo! • Maravilhoso! • Espetacular! • Perfeito! • Belíssimo! • Emocionante! • Eu tive uma epifania! • Estou sem palavras! • Inspirador! • Original! • Incrível! Achei incrível!

Ruim • Medíocre • Fraco • Mal produzido • Pouco original • O som estava ruim • A acústica era ruim • O cenário estava feio • A iluminação não era boa • Não gostei do figurino/da música/da coreografia/da iluminação

a. Os comentários são positivos ou negativos? Por quê?

b. O que você imagina que se poderia dizer para fazer um comentário negativo?

INFLUÊNCIAS DA IMIGRAÇÃO NA CULTURA PORTUGUESA

"Desta vez estamos a ver, em vez de irmos nós à procura do mundo, o mundo a chegar." – Afirma o investigador Pedro Góis.

Existem hoje cerca de 800 mil estrangeiros residindo em Portugal com enquadramento legal, um número que tem crescido com maior intensidade desde 2016. Entre as principais nacionalidades representadas no país, encontram-se a brasileira (29,3%), a inglesa (6%) e a cabo-verdiana (4,9%), mas também, a meio da tabela, a romena (4,1%) e a ucraniana (3,9%).

Ainda assim, Portugal continua a estar entre os países da União Europeia (UE) com menor proporção de estrangeiros, ocupando o 10º lugar entre os 27 Estados-membros. À frente da lista estão o Luxemburgo (47%) e Malta (21%).

Portugal é um país tradicionalmente multicultural, como aliás demonstra a sua história ao longo dos últimos 900 anos. A cultura que hoje consideramos ser portuguesa é, na verdade, resultado de um processo longo e dinâmico de absorção de hábitos e palavras originalmente de outros povos.

Um exemplo prático é a influência árabe na língua portuguesa e na toponímia: palavras como açúcar, azeitona ou azulejo são um exemplo, tal como o são nomes de cidades como Almada ou de regiões como o Algarve. Mas também no prato se continuam a fazer sentir essas misturas culturais, nomeadamente com opções como açorda, migas ou ensopado de borrego.

De fato, basta percorrer as festas populares de verão por esse país afora para encontrar, com grande facilidade, locais com música popular brasileira ou com sonoridades brasileiras adaptadas ao gosto nacional.

Extraído de: Francisco de Almeida Fernandes, *Expresso*. Fonte: https://bit.ly/3X7ho8C (Acesso em: 04 abr. 2024. Adaptado.)

VAMOS JOGAR O CADÁVER ESQUISITO

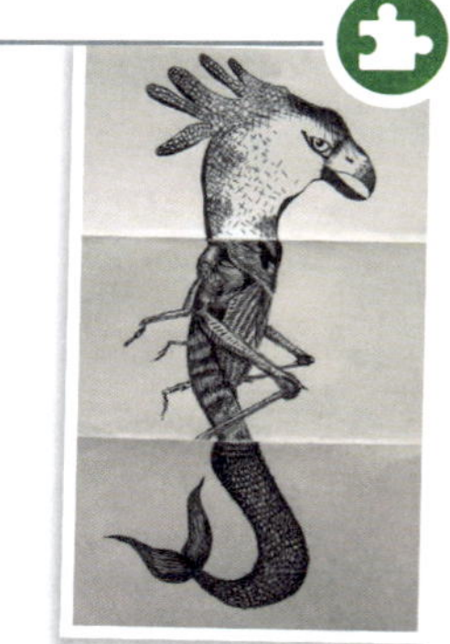

Cadáver esquisito é um jogo coletivo surrealista inventado por volta de 1925 na França.

No início do século XX, o movimento surrealista francês inaugurou o método do que ficou conhecido em português como cadáver esquisito, (do francês *cadavre exquis*, i.e., cadáver delicioso) que subvertia o discurso literário convencional. O cadáver esquisito tinha como propósito colocar na mesma frase palavras inusitadas e utilizar a seguinte estrutura frásica: **artigo, substantivo, adjetivo e verbo**. Outra curiosidade a respeito do método é que agrega mais de um autor. Cada um deles intervém da maneira que desejar, porém dobrando o papel para que os demais colaboradores não tenham conhecimento do que foi escrito. O mesmo pode ser jogado com desenhos em vez de palavras, dobrando o papel e deixando apenas um traço do desenho anterior para que o próximo jogador continue. Contam-se entre os apreciadores desta brincadeira artistas como Frida Kahlo, André Breton, Joan Miró, Man Ray e Yves Tanguy. Agora é a sua vez de jogar.

Extraído de: Wikipédia. Fonte: https://bit.ly/3Tcl08k (Acesso em: 04 abr. 2024. Adaptado.)

▶ Para cada par de palavras abaixo, marque a palavra que você escutou. Em seguida, pronuncie todas as palavras e observe as diferenças de pronúncia e de ortografia.

a. ☐ óleos	☐ olhos	**d.** ☐ cavaleiro	☐ cavalheiro	**g.** ☐ cravar	☐ gravar
b. ☐ cumprimento	☐ comprimento	**e.** ☐ tráfego	☐ tráfico	**h.** ☐ soar	☐ suar
c. ☐ imigrante	☐ emigrante	**f.** ☐ descrição	☐ discrição	**i.** ☐ dilatar	☐ delatar

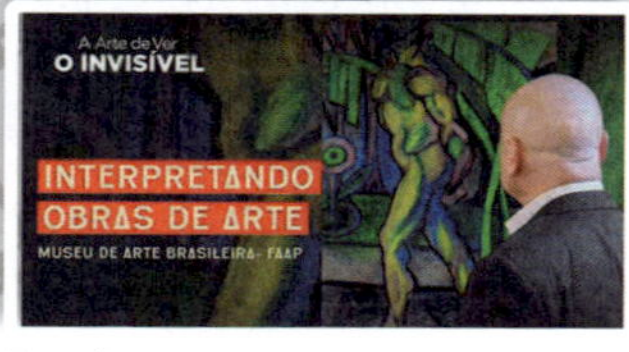

Extraído de: Canal Oficial de Leandro Karnal. Fonte: https://bit.ly/3zPRiPX (Acesso em: 04 abr. 2024.)

DATA DE LANÇAMENTO: 10 de maio de 2022 (Brasil)

DIREÇÃO: Jorge Saad Jafet

▶ A ARTE DE VER O INVISÍVEL

2022 . DOCUMENTÁRIO . 8 EPISÓDIOS . 30 MIN

Você já foi a um museu e não entendeu aquilo que estava sendo exposto? Já disseram que uma obra de arte é magnífica, mas você não sentiu nenhuma emoção? Afinal, o que torna um quadro ou escultura memorável? Na série "A arte de ver o invisível", o professor Leandro Karnal visita oito museus de São Paulo para analisar e contextualizar obras essenciais para a formação cultural e artística brasileira.

CAMINHOS

EXPRESSÕES COM O VERBO DEIXAR

- Deixar para trás = abandonar
- Deixar de lado/deixar pra lá = não continuar, não levar em consideração
- Deixar correr = deixar que aconteça
- Deixar de + verbo no inf. = desistir

OPÇÕES DE VIDA E TRABALHO

- Êxodo urbano x êxodo rural
- Roça/campo/sítio/fazenda ≠ cidade grande/casa/apartamento
- O interior x a capital
- Home office/trabalho remoto

EXPRESSÕES DE CONSIDERAÇÃO

- Levar em conta = considerar
- Sem contar que = sem considerar
- E não para por aí = E não é só isso
- Largar = deixar, abandonar
- Saber de antemão = saber antes
- Bastar = ser suficiente (quantidade)

PERFIL DA PESSOA

- Antenado(a) = pessoa conectada a novas tendências
- Baladeiro(a) = pessoa que gosta de sair à noite

EXPRESSAR ATITUDES

- Se virar sozinha
- Saber se virar = saber resolver os problemas sozinho
- Encarar = fazer frente a/aceitar um desafio
- Virar fardo = virar um peso/um problema

DESCREVER CORES

As cores são:

- vivas/apagadas
- quentes/frias
- claras/escuras
- brilhantes/foscas
- contrastantes
- amareladas
- azuladas
- esverdeadas
- rosadas
- alaranjadas
- avermelhadas
- esbranquiçadas

DANÇA

- o coreógrafo
- a coreografia
- o diretor artístico
- o diretor técnico
- o cenário
- o figurino
- a iluminação
- os movimentos
- a harmonia
- a sincronia
- o espetáculo
- a dança
- o palco
- a música
- a acústica

FAZER UMA APRECIAÇÃO

Impressionante! Lindo! Maravilhoso! Espetacular! Perfeito! Belíssimo! Emocionante! Eu tive uma epifania! Estou sem palavras! Inspirador! Original! Incrível! Achei incrível!

≠

Ruim. Medíocre. Fraco. Mal produzido. Pouco original. O som estava ruim. A acústica era ruim. O cenário estava feio. A iluminação não era boa. Não gostei do figurino/da música/da coreografia/da iluminação.

DESCREVER UMA IMAGEM

- No primeiro plano pode-se ver...
- Ao fundo...
- À direita/esquerda...
- Na parte inferior/superior
- Embaixo/No alto...
- Percebe-se...

FALAR DE UMA OBRA DE ARTE

- O quadro representa um retrato, um autorretrato, uma paisagem, uma natureza morta.
- É uma obra de arte abstrata, realista, impressionista, expressionista, modernista, figurativa.
- É um óleo sobre tela, um desenho a carvão e pastel, uma aquarela, uma litografia.

▶ Você vai escutar duas vezes ao "Audioguia Jardim de Todos os Sentidos | Introdução" do Inhotim, instituto de arte e jardim botânico localizado em Minas Gerais.

Como jornalista da revista digital *Turismo & Arte*, você vai escrever um texto de apresentação do Jardim de Todos os Sentidos e falar sobre o viveiro educador em forma de mandalas. Descreva a organização do jardim e incentive a visita de experiência sensorial.

Fonte: https://bit.ly/3XyfGgX (Acesso em: 04 abr. 2024.)

Celpe Bras

INEP

Enunciador e interlocutor	Propósito	Informações	Coesão e coerência	Léxico e gramática

► **COMENTÁRIO DO PROFESSOR/CORRETOR:**

► **NOTA FINAL:**

► Você vai escolher uma obra de arte para apresentar e dar sua opinião pessoal. Selecione a obra, busque os dados técnicos (nome, ano, tipo, autor, estilo, país, influências, etc.), pesquise como descrever sua forma, aparência ou ato e, por fim, descreva se você aprecia ou não a obra. Seja criativo em seu podcast de duração mínima de um minuto e meio e máxima de três minutos, incluindo vinheta e/ou apresentação. Seu episódio deve ser gravado e enviado para seu professor no formato de mídia acordado entre a turma. Sugerimos o seguinte roteiro para se inspirar:

1. Apresente-se (nome, nacionalidade).
2. Resuma seu conteúdo (diga o que você vai falar em poucas palavras).
3. Fale o título e dados técnicos.
4. Faça a descrição.
5. Fale se você aprecia ou não a obra e justifique sua opinião.
6. Agradeça à audiência e se despeça.

BOM TRABALHO!

EXERCÍCIOS UNIDADE 4

1 Associe a expressão ao significado adequado.

a. Deixar para trás
b. Deixar de lado
c. Deixar correr
d. Deixar de esconder
e. Deixar de insistir
f. Sem contar que
g. Levar em conta
h. Saber de antemão
i. E não para por aí
j. Largar

( ) Revelar
( ) Parar a insistência
( ) Não continuar/Não dar importância
( ) Abandonar
( ) Permitir que aconteça
( ) E não é só isso
( ) Sem considerar
( ) Considerar
( ) Deixar/Abandonar
( ) Saber antes

2 Complete as frases abaixo utilizando as expressões fornecidas. Use cada expressão apenas uma vez.

a. Deixar de fugir **b.** Deixar de falar **c.** Deixar de implicar **d.** Deixar de insistir **e.** Deixar de esconder **f.** Deixar de estudar **g.** Deixar para trás **h.** Deixar de mentir **i.** Deixar correr **j.** Deixar de lado

É importante 1 .... o passado e seguir em frente com uma atitude positiva.
Se você quer se concentrar no que realmente importa, precisa 2 .... as distrações.
Em algumas situações, é melhor 3 .... e ver como as coisas se desenrolam naturalmente.
Após a discussão, eles decidiram 4 .... um com o outro para evitar mais conflitos.
Maria prometeu que não vai mais 5 ...., pois sabe que a educação é essencial para seu futuro.
Chegou a hora de 6 .... e enfrentar seus problemas.
É fundamental 7 .... e sempre falar a verdade para manter a confiança das pessoas ao seu redor.
Pedro decidiu 8 .... seus sentimentos e ser honesto com seus amigos.
Se você quer manter boas relações com seus colegas, precisa 9 .... com críticas constantes.
Eu já entendi sua posição, agora, por favor, pode 10 .... nesse assunto?

3 Complete com os verbos conjugados no pretérito imperfeito do subjuntivo.

a. Falar/eu ....
b. Poder/eu ....
c. Pedir/eu ....
d. Entender/eu ....
e. Consultar/eu ....
f. Discutir/ela ....
g. Comprar/ela ....
h. Praticar/ele ....
i. Estudar/ela ....
j. Falar/ele ....
k. Fazer/nós ....
l. Comprar/nós ....
m. Buscar/nós ....
n. Investir/nós ....
o. Vir/nós ....

4 Complete as frases abaixo utilizando os verbos entre parênteses no pretérito imperfeito do subjuntivo.

a. Se eu .... (decidir) mudar de país, procuraria informações detalhadas sobre a cultura local.
b. Seria importante que você .... (aprender) a língua antes de se mudar.
c. Se nós .... (ter) mais dinheiro, poderíamos escolher um destino mais caro.
d. Eu gostaria que todos os meus amigos .... (vir) me visitar no novo país.
e. Caso ele .... (saber) mais sobre o mercado de trabalho, teria se preparado melhor.
f. Se eles .... (encontrar) uma boa oferta de emprego, mudariam de país imediatamente.
g. Eu esperava que você .... (pensar) mais sobre os desafios de viver no exterior.
h. Se nós .... (poder) levar todos os nossos pertences, a mudança seria mais fácil.
i. Era necessário que você .... (buscar) aconselhamento antes de tomar a decisão.

5 Passe as frases para o imperfeito do subjuntivo conforme o modelo.

Exemplo: Ele não vive no Brasil porque ainda não fala português suficientemente bem para o trabalho que almeja.

➡ ***Se ele falasse português suficientemente bem para o trabalho que almeja, viveria no Brasil.***

a. Eles não se adaptaram mais rapidamente porque não conheceram melhor a cultura brasileira.

....

b. Ele não se comunica com mais facilidade porque não estudou português antes de se mudar.

....

c. Ela tem problemas legais porque não entende as leis de imigração.

....

d. Os estrangeiros não fazem mais amigos brasileiros porque não participam de atividades locais.

....

6 Complete as frases comparativas com o imperfeito do subjuntivo conforme o modelo.

Exemplo: Para os brasileiros essa burocracia até parece ser normal.

➡ ***Para os brasileiros essa burocracia é como se fosse normal.***

a. Eles apreciam tanto a música brasileira. Parece que são daqui.

....

b. Ela fala português tão bem! Até parece ser sua língua materna.

....

c. Eles se integram nas festividades muito facilmente. Até parecem ser brasileiros.

....

d. Ela tem tanto carinho pelo Brasil. Até parece ser aqui seu verdadeiro lar.

....

7 Preencha as lacunas com a forma correta do verbo no imperfeito do subjuntivo para formar frases exclamativas.

a. Luísa quer visitar o Brasil este ano, mas acha que vai ser difícil. Quem me dera que ela .... (poder) vir para o Brasil este ano!

b. Os novos funcionários estrangeiros estão com muita dificuldade de adaptação no escritório. Quisera eu que eles .... (entender) a língua portuguesa tão bem quanto nós!

c. Minha namorada não conseguiu o visto para morar um ano no Brasil. Quem me dera que ela .... (viver) no Rio de Janeiro!

d. Já temos de voltar para nossa terra natal. O prazo do visto expirou. Quisera eu que nós .... (ter) mais tempo para explorar o Brasil!

8 Complete as frases abaixo utilizando as expressões da lista fornecida. Use cada expressão apenas duas vezes.

Cada vez mais (aumento gradual e contínuo) | Cada vez menos (diminuição gradual e contínua)
De mais a mais (acréscimo adicional a algo que já está acontecendo)
De pouco a pouco (para indicar um progresso lento e gradual)

a. ...., os países estão tomando medidas significativas para combater as mudanças climáticas.

b. ...., as tecnologias sustentáveis estão sendo adotadas por grandes empresas ao redor do mundo.

c. Ele se sente .... satisfeito com os resultados do projeto devido à falta de recursos.

d. ...., os hábitos de reciclagem estão se tornando parte da rotina diária das pessoas.

e. Com as novas políticas ambientais, estamos vendo .... áreas sendo protegidas.

f. ...., os esforços de conservação têm mostrado resultados positivos.

9 Complete as frases com o futuro do pretérito composto.

➡ *Exemplo: Se vocês tivessem seguido o mapa,* **teriam encontrado** *(encontrar) o destino facilmente.*

a. Se eu tivesse escolhido viver no campo, ... (ter) mais qualidade de vida.

b. Se eu tivesse estudado mais para a prova, ... (conseguir) uma nota melhor.

c. Se eles tivessem se esforçado mais no projeto, ... (alcançar) o objetivo.

d. Se nós tivéssemos economizado mais dinheiro, ... (poder) fazer uma grande viagem.

e. Se vocês tivessem chegado mais cedo, ... (assistir) ao início do filme.

f. Se ela tivesse aceitado o convite, ... (divertir-se) na festa.

g. Se eu tivesse lido o livro com antecedência, ... (compreender) melhor a aula.

10 Observe como as frases abaixo são reunidas em uma única frase, siga o modelo e evite repetições.

Exemplo: Desejo visitar um museu. O museu deve ***apresentar*** *obras de pintores brasileiros do período modernista.*

➡ ***Desejo visitar um museu que apresente obras de pintores brasileiros do período modernista.***

a. Quero conhecer um museu. O museu deve ter obras interativas.

....

b. Prefiro visitar espaços ao ar livre. Espaços ao ar livre podem permitir mais contato com a natureza.

....

c. Assista a um espetáculo de dança brasileiro. Espetáculos brasileiros podem apresentar ritmos e performances energizantes.

....

d. Desejo participar de um carnaval de rua. Os carnavais de rua podem mostrar as verdadeiras tradições carnavalescas.

....

e. Participe de um evento local. Eventos locais podem apresentar um repertório culturalmente interessante.

....

f. Prefiro observar uma arte concreta. A arte concreta pode mostrar um significado mais tangível.

....

11 A partir das frases no presente do indicativo, crie as orações relativas usando o presente do subjuntivo.

Exemplos: Eu preciso encontrar um hotel barato. / Quero conhecer um museu com arte interativa.

➡ ***Eu preciso encontrar um hotel que seja barato. / Quero conhecer um museu que tenha arte interativa.***

a. Desejo visitar cidades com cultura gastronômica diversificada. ➡ ....

....

b. Ela precisa praticar português com falantes nativos. ➡ ....

....

c. Queremos estudar lições com dicas úteis para falar português. ➡ ....

....

d. Eles buscam um restaurante tradicional com preço acessível. ➡ ....

....

e. Nesta viagem queremos passeios emocionantes. ➡ ....

....

f. Meus chefes desejam contratar um funcionário criativo. ➡ ....

....

12 Complete as frases com o presente do indicativo ou com o presente do subjuntivo.

a. Queremos fazer uma viagem que .... (ser) marcante.
b. Acho que a viagem que .... (marcar) é aquela que um dia já foi um sonho.
c. Mudar radicalmente a vida que .... (ser) muito estável pode causar um choque.
d. Ele quer uma mudança de vida que .... (ser) radical.
e. Compramos ingressos que .... (ser) difíceis de conseguir de última hora.
f. Precisamos de ingressos que .... (ser) baratos, pois já estouramos o orçamento.
g. Eu acredito que .... (poder) conquistar todos os meus objetivos.

13 Complete as frases com o vocabulário adequado disponível abaixo.

> coreógrafo – diretor artístico – acústica – figurino – cenário – coreografia – iluminação
> movimentos – sincronia – espetáculo – dança – palco – música – diretor técnico

a. O .... é responsável por criar e ensaiar os passos que os dançarinos irão executar.
b. A .... dessa peça é incrivelmente complexa e bem ensaiada, com cada dançarino executando seus passos com precisão.
c. O .... supervisiona a visão criativa geral de uma produção, garantindo que todos os elementos artísticos estejam em alinhamento.
d. O .... é responsável pelos aspectos práticos e técnicos da produção, incluindo iluminação e som.
e. O .... foi projetado para se parecer com uma floresta, cheio de animais, árvores e plantas artificiais.
f. O ....dos dançarinos era colorido, com tecidos leves e soltos para facilitar os movimentos.
g. A .... foi ajustada para criar uma atmosfera dramática e destacar os dançarinos no ....
h. A precisão dos .... dos dançarinos é fundamental para a beleza da ....
i. A ....entre os dançarinos é essencial para que os passos sejam executados ao mesmo tempo.
j. A .... do teatro é tão boa que permite que os sons mais sutis da .... sejam ouvidos claramente.
k. O .... de balé encantou o público com sua elegância e técnica.

14 Descubra os(as) 5 maiores artistas plásticos(as) brasileiros(as) e qual a principal obra deles(as).

a. ....
b. ....
c. ....
d. ....
e. ....

15 A partir do vocabulário estudado para descrever uma obra de arte, escolha uma das imagens ao lado para descrever. Use suas ferramentas digitais para pesquisar os dados específicos das obras.

▶ *A visita*, Eliseu Visconti (1928)

▶ *Ciclo do ouro*, Rodolfo Amoedo (1920)

fake
news

UNIDADE 5

UM SÓ

PARTICIPAÇÃO

NESTA UNIDADE VOCÊ VAI APRENDER:

- o pretérito mais-que-perfeito do subjuntivo
- nominalização
- alguns prefixos
- a estruturação de um artigo de opinião
- vocabulário sobre jornais e revistas

PARA:

- analisar uma revista ou jornal
- escrever um artigo e opinar
- identificar e combater as fake news
- captar a atenção do público
- falar de movimentos sociais e direitos humanos
- compreender o processo eleitoral no Brasil

VOCÊ É O QUE VOCÊ LÊ?

1. Responda às questões abaixo.

a. Você tem o hábito de ler jornais e revistas? Com que frequência?

b. Você é fiel a um jornal ou a alguma revista?

c. Quais categorias de revistas interessam mais a você?

d. Há seções de jornais ou categorias de revistas que você nunca lê? Quais?

e. Você consome mais quais meios de informação?

f. Você acha que a mídia impressa está desaparecendo? Por quê?

g. Para você, qual é o perfil do leitor de jornal impresso hoje?

2. A partir das capas, identifique a categoria de cada uma das revistas abaixo e diga quais delas interessariam a você.

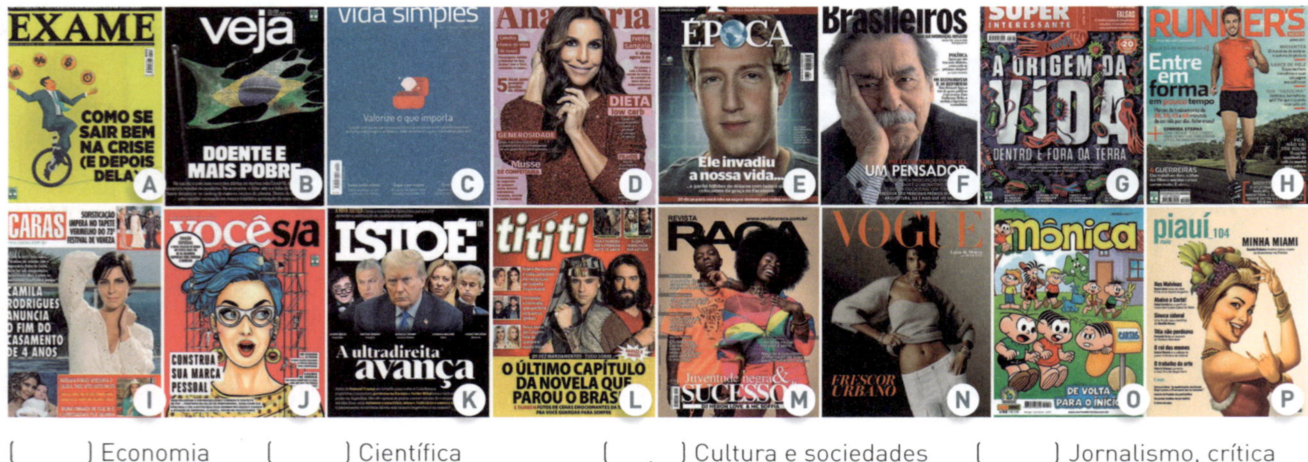

( ) Economia ( ) Atualidades ( ) Moda ( ) Esporte

( ) Científica ( ) Política ( ) Notícias ( ) Carreira e negócios

( ) Cultura e sociedades ( ) Novelas e famosos ( ) Estilo de vida e saúde ( ) Revista em quadrinhos

( ) Jornalismo, crítica e ensaios

( ) Revista especializada para o público negro

3. Existe alguma categoria de revista que você não encontrou nas categorias listadas acima? Qual(is)?

4. Responda à questão que é o título da lição, "Você é o que você lê?", e explique.

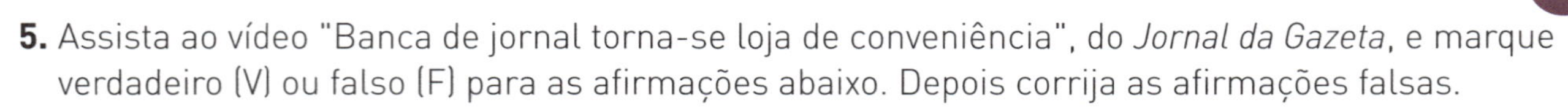

5. Assista ao vídeo "Banca de jornal torna-se loja de conveniência", do *Jornal da Gazeta*, e marque verdadeiro (V) ou falso (F) para as afirmações abaixo. Depois corrija as afirmações falsas.

( ) A primeira banca de São Paulo foi aberta em 1873.

( ) As bancas de jornais hoje se reinventam como lojas de conveniência.

( ) A maior parte do faturamento das bancas não vem da venda de publicações.

( ) 40% das vendas das bancas correspondem à recarga de celulares e venda de produtos variados.

( ) O fechamento de muitas publicações obriga as bancas a venderem outros produtos.

( ) São Paulo ainda tem cerca de 5 mil bancas de jornal.

( ) Hoje os jornais encalhados servem como cama e banheiro para cachorros.

( ) A venda de jornais e revistas não atrai mais os clientes.

Fonte: https://bit.ly/3AYIkQt (Acesso em: 18 abr. 2024.)

6. Você acha que o desaparecimento das bancas de revista é um fenômeno mundial? Comente.

7. Leia o texto abaixo, extraído do site da revista *Raça*, e responda às questões.

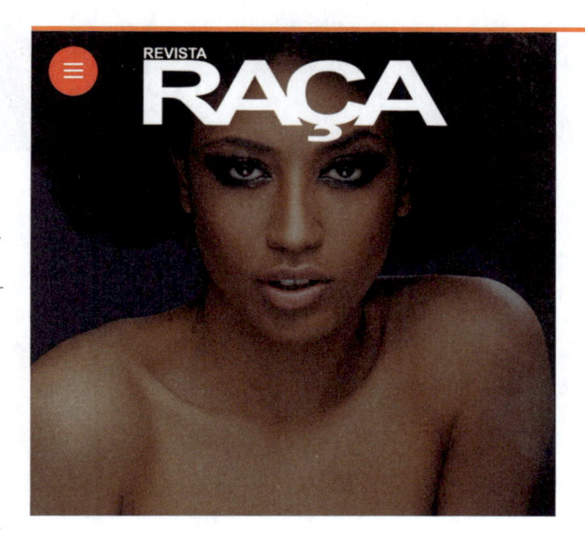

QUEM SOMOS

Mais de duas décadas de representatividade

Quando a *Raça* surgiu, em setembro de 1996, nem os mais otimistas da época poderiam imaginar que, em tão pouco tempo, os destinos de negros e negras no Brasil mudariam de forma tão radical.

Primeira e mais conceituada revista do Brasil com conteúdo relacionado à cultura afro, a *Raça* é um fenômeno editorial. Nossa primeira edição vendeu mais de 270 mil exemplares, recorde que se mantém imbatível. Até hoje, somos o canal segmentado mais eficiente para falar diretamente com 56% da população brasileira que, segundo o Instituto Brasileiro de Geografia e Estatística (IBGE), é formada por afrodescendentes. Estamos falando de 113 milhões de pessoas.

Há algumas décadas nas bancas, a *Raça* continua fazendo história e ainda mantém o seu protagonismo como a maior revista do segmento negro na América Latina. Os assuntos por nós abordados, como inclusão racial e de gênero, nunca estiveram tão em alta, o que favorece e amplia ainda mais a representatividade do público da revista. Seguimos quebrando paradigmas.

Contrariando a tendência de crise do mercado editorial, a *Raça* resgata a periodicidade mensal em 2020 e reforça a integração do impresso com o universo digital. Essa adaptação, iniciada em 2018, receberá muito mais atenção e investimentos, intensificando o nosso site, o canal no YouTube, o Instagram, o Facebook e o LinkedIn.

Atualmente, a cargo da Pestana Arte & Publicações, editora fundada por Maurício Pestana, referência no país e no exterior no que diz respeito à produção de materiais didáticos nas áreas de diversidade, cidadania e direitos humanos, a revista *Raça* segue forte e resistente rumo a uma nova era, mais colaborativa, inclusiva e justa. Contamos com vocês!

Fonte: https://bit.ly/3Zrw8lk (Acesso em: 20 abr. 2024. Adaptado.)

a. Segundo o texto, por que a revista *Raça* é um fenômeno editorial?
b. A que razões você atribui o sucesso da revista?
c. Você acha que publicações direcionadas ao público afrodescendente são importantes no Brasil e no mundo? Por quê?
d. Quais temas você imagina que essa revista aborda?
e. Em seu país existem publicações direcionadas a segmentos específicos de leitores? Quais segmentos são esses?

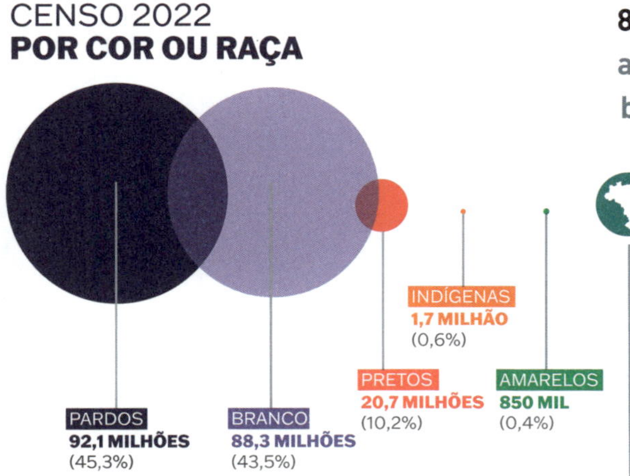

Fonte: https://bit.ly/3XGx7Nz (Acesso em: 20 abr. 2024.)

8. Analise o infográfico ao lado, da Agência Brasil, e responda.
a. Quais são as cores ou raças categorizadas pelo IBGE?
b. Segundo as categorizações do IBGE, como você compreende o conceito de raça?

Do ponto de vista genético existe somente a raça humana, e não raças humanas, pois as diferenças nas cores da pele, cabelos e olhos, assim como no formato do nariz, são determinadas por um grupo insignificante de genes. O movimento negro no Brasil ainda utiliza o termo *raça* para designar as características físicas observáveis, isto é, o fenótipo, contrastando-o ao termo *etnia*.

9. Para compreender melhor a questão da diferença entre *raça* e *etnia*, escute o áudio do Canal Futura, explique a diferença entre os dois termos e justifique o porquê de o movimento negro ainda preferir usar o termo *raça*.

O BRASIL É UM PAÍS RACISTA?

10. Responda às questões abaixo.

a. Você acha que existe racismo no Brasil? Por quê?

b. Como você compreende a expressão "desigualdade racial"?

c. Em quais espaços da sociedade você acha que a desigualdade racial se manifesta?

11. Assista ao vídeo "Desigualdade racial no Brasil – 2 minutos para entender", verifique suas respostas da atividade anterior, analise o gráfico abaixo e responda.

DESIGUALDADE RACIAL NO BRASIL

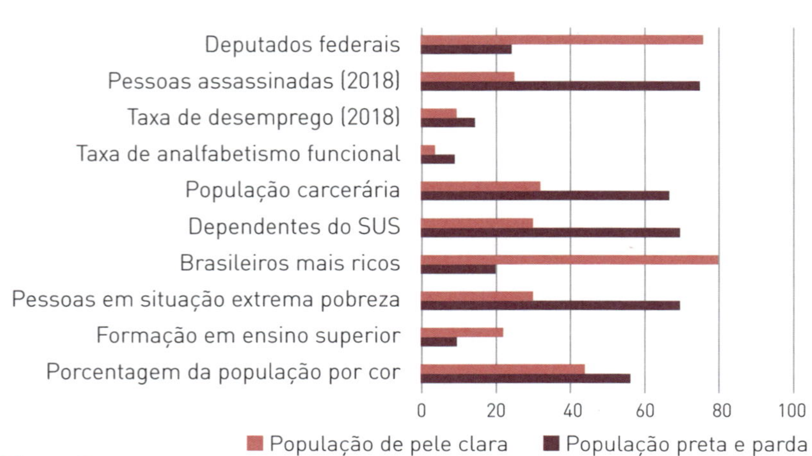

a. A partir das informações do vídeo, como você pode explicar a desigualdade racial no Brasil?

b. Quais dados do gráfico chamam mais a sua atenção? Por quê?

c. Segundo os dados do gráfico, qual a categoria de maior desigualdade racial no Brasil?

d. A que fatores você atribui essa desigualdade?

Fonte do vídeo: https://bit.ly/4d0EG63 (Acesso em: 28 abr. 2024.)
Fonte para elaboração do gráfico: https://bit.ly/3XjqAqB (Acesso em: 28 abr. 2024.)

12. Busque na internet informações sobre o Dia Nacional da Consciência Negra no Brasil e escreva um pequeno texto para a seção *Você sabia?* do livro *Samba!* a partir de seus conhecimentos sobre a desigualdade racial no Brasil. Lembre-se de explicar por que essa data é importante e por que ela é celebrada no dia 20 de novembro. Em seguida, compartilhe seu texto com os colegas.

IGUALDADE, SOLIDARIEDADE E RESPEITO.

20 de novembro
Dia da Consciência Negra

RACISMO ESTRUTURAL NO BRASIL

13. Responda às questões.

a. Você sabe o que é racismo estrutural?

b. Movimentos negros existem em todo o mundo, por que eles são importantes?

14. Assista ao vídeo "Entenda o que é racismo estrutural! – Canal Preto" para compreender como o racismo foi estruturante nas relações políticas, jurídicas e econômicas no Brasil. A partir das informações do vídeo, explique como se estrutura o racismo dentro de uma sociedade.

a. Como você relaciona essas ações governamentais à desigualdade racial no Brasil de hoje?

Fonte: https://bit.ly/3XFc... (Acesso em: 28 abr. 2024.)

15. Leia o texto abaixo e responda às questões.

Racismo estrutural nas línguas: o que não dizer

Em diversas línguas, expressões e palavras cotidianas e de uso frequente para algumas pessoas, em determinadas situações, são carregadas de metáforas e origens racistas. Em português, "mercado negro" é mercado ilegal. "Denegrir" é tornar algo negro e diminuir o valor. "Dia de branco" é dia bom de trabalho.

Em inglês, "*blackmail*" é sinônimo de chantagem e extorsão e "*blackleg*" é um trabalhador desprezado pelos outros e que não ajuda.

Em francês, "*noir*" significa negro. A expressão "*faire du marché noir*" quer dizer mercado de contrabando de mercadorias ilegais. "*Broyer du noir*" é a expressão de um pensamento pessimista. "*Caisse noire*" está relacionado a suborno.

Não usar expressões racistas em qualquer língua é uma forma de luta antirracista. Conheça 10 expressões da língua portuguesa que muitos brasileiros usam, ainda que inconscientemente, e aprenda como substituí-las.

Fonte: https://bit.ly/4ghVxEf (Acesso em: 29 abr. 2024. Adaptado.)

a. Você acha que a associação da cor preta ou da palavra "negro(a)" a coisas negativas tem origem no racismo? Explique.

b. Na sua língua materna também existem expressões racistas semelhantes? Quais?

c. Existem movimentos sociais no seu país de origem? O que eles reivindicam?

- Lista negra ➡ Lista proibida/lista de restrição
- Denegrir ➡ Difamar/caluniar
- Mulato(a) ➡ Pardo(a) ou mestiço(a)
- Escravo(a) ➡ Escravizado(a) (ninguém nasce escravo)
- Crioulo(a)/Escurinho(a)/Pessoa de cor ➡ Negro(a)
- A coisa está preta ➡ A situação está complicada/difícil
- Serviço de preto ➡ Trabalho malfeito
- Cabelo ruim/duro ➡ Cabelos crespos/cacheados
- Ter um pé na cozinha ➡ Ter antepassados negros
- Humor negro ➡ Humor ácido

PRETÉRITO MAIS-QUE-PERFEITO DO SUBJUNTIVO

Observe as frases abaixo e indique o que cada uma expressa.

a. **Embora** os negros **tivessem conquistado** a liberdade em 1888, não conquistaram a cidadania.

b. **Se** os negros **tivessem tido** seus direitos garantidos após a abolição, a história do Brasil teria sido outra.

(   ) ação no passado anterior a outra ação no passado

(   ) ação hipotética ou irreal no passado

▶ **Formação:** conjunção + imperfeito do subjuntivo do verbo TER + particípio passado do verbo principal

16. Imagine a história do Brasil caso tivesse sido diferente e responda de forma completa às questões.

a. Como seria a sociedade se os escravizados sempre tivessem tido a oportunidade de estudar?

b. E se os negros tivessem recebido uma terra própria para plantar?

c. E se o Brasil tivesse empregado a mão de obra dos ex-escravizados em vez da imigrante, no século XIX?

INFORMATIVIDADE HOJE

17. Responda às questões.

a. Você se considera uma pessoa bem-informada? Por quê?
b. Qual é a notícia boa do dia de hoje? E a notícia ruim? Explique.
c. Você sabe qual é a diferença entre "má notícia" e "mau jornalismo"?

18. Analise as manchetes das notícias abaixo e marque aquelas que você gostaria de ler.

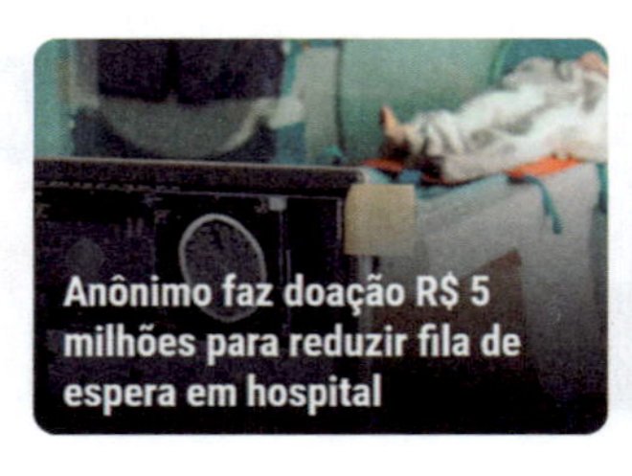

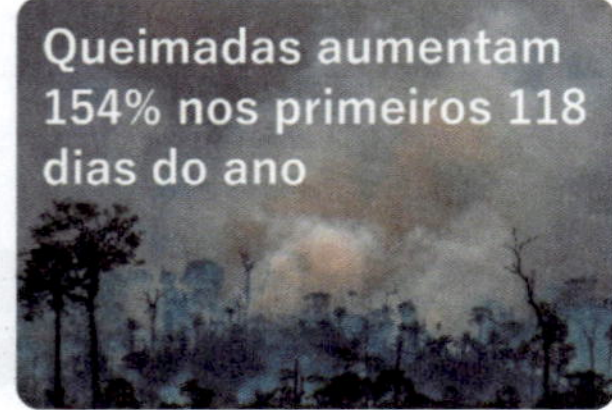

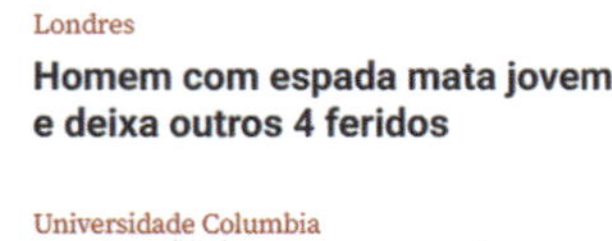

Extraído de: *Veja* e Só Notícia Boa. Fontes: https://bit.ly/3zen6xz e https://bit.ly/4gormvk (Acesso em: 30 abr. 2024. Adaptado.)

a. As notícias que despertaram seu interesse ou a sua curiosidade são notícias positivas ou negativas?
b. Quais notícias você acha que atraem mais os leitores: as notícias positivas ou as notícias negativas?
c. Você acha que os jornais têm mais notícias ruins? Por quê?
d. Você leria um jornal só com notícias boas?

A **manchete** é o título principal de uma notícia, geralmente em destaque na primeira página. As **submanchetes** complementam a manchete, fornecendo mais informações sobre o assunto.

19. Leia o artigo abaixo e responda às questões.

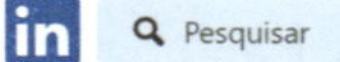

Notícia negativa dá audiência, mas um outro jornalismo é possível

Angélica Lúcio
Jornalista, observadora em tempo real. Mestrado em Jornalismo (UFPB), MBA em Gestão Empresarial (FGV). Jornalista da Ebserh, diretora regional da...

O estudo "Negativity drives online news consumption", publicado na revista *Nature*, revela que notícias com títulos negativos atraem mais cliques na internet. Realizado por pesquisadores americanos e europeus, o estudo mostra que cada palavra negativa adicional em um título médio aumenta a taxa de cliques em 2,3%, enquanto palavras positivas reduzem o interesse. Isso reforça a ideia de que a negatividade impulsiona a audiência online.

Paralelamente, um estudo brasileiro de 2022, conduzido por Gesner Duarte Pádua, destaca a predominância de notícias negativas em telejornais como o *Jornal Hoje* (80%) e o *Jornal Nacional* (79%), com temas como crise política e criminalidade. Pádua sugere que essa abordagem cria uma percepção de um mundo em constante deterioração.

Para contrabalançar essa negatividade, Pádua e a pesquisadora Amanda Ripley propõem que as notícias incluam elementos de esperança, senso de ação e dignidade, incentivando um jornalismo mais voltado para soluções e interpretação de problemas. Eles defendem que a mídia deve ajudar o público a entender e enfrentar desafios, promovendo um jornalismo de soluções que ofereça respostas a problemas sociais.

Fonte: https://bit.ly/4d7XSPg (Acesso em: 30 abr. 2024. Adaptado.)

a. Segundo a pesquisa de Pádua, quais são os temas de notícias mais recorrentes nos telejornais brasileiros?
b. Que efeito esse tipo de jornalismo provoca e quais sentimentos o telespectador pode ter?
c. Para você, por que os leitores preferem notícias negativas a notícias positivas?
d. Segundo o artigo, como as más notícias poderiam contrapor seu teor de negatividade?

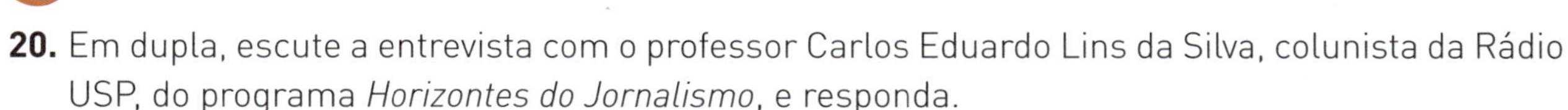

20. Em dupla, escute a entrevista com o professor Carlos Eduardo Lins da Silva, colunista da Rádio USP, do programa *Horizontes do Jornalismo*, e responda.
a. Qual é o tema do áudio? Fonte: https://bit.ly/3MHyYeD (Acesso em: 08 jul. 2024.)

21. Em dupla, escutem novamente o áudio e respondam às questões abaixo.
a. Qual comportamento dos consumidores de notícias é descrito?
b. A que razões se explica esse tipo de comportamento do consumidor?
c. Quais sugestões o professor Carlos Eduardo Lins aponta para esse problema?

22. Compare as informações analisadas no texto e no áudio.
Você as considera:
( ) divergentes; ( ) complementares; ou ( ) de mesmo teor?
Justifique sua resposta.

23. Escreva um pequeno texto que resuma as informações extraídas das atividades 19, 20 e 21.

NOMINALIZAÇÃO

Para que as notícias e reportagens sejam atrativas, os jornais criam títulos que despertam o interesse dos leitores.

A nominalização é um recurso muito utilizado no texto jornalístico, que permite transformar verbos, adjetivos e até mesmo advérbios em substantivos. Esse recurso linguístico pode facilitar a compreensão e a comunicação ao dar maior destaque a algumas palavras, diversificar o vocabulário, tornar a escrita mais técnica e profissional, além de poder causar o efeito de impessoalidade e mistério a fim de aumentar a curiosidade do leitor.

Para transformar uma palavra em substantivo utilizam-se vários sufixos nominalizadores. Entre eles, podemos citar alguns: -ção, -mento, -ncia, - da, -agem, -ura, -ário, -aço, -ema, -ia, -tiva, -dade, -ante, -ice, -idão, -ismo, -a, -o. Todas as palavras nominalizadas permitem o uso de algum artigo que a determine. Observe os exemplos de nominalização abaixo:

– **Verbo:** agradecer ➡ Substantivo: o agradecimento; informar ➡ a informação; abrir ➡ a abertura.
– **Adjetivo:** valente ➡ Substantivo: a valentia; real ➡ a realidade; simples ➡ a simplicidade.
– **Advérbio:** lentamente ➡ Substantivo: a lentidão; rapidamente ➡ a rapidez.

Complete o quadro abaixo.

VERBO	ADJETIVO	SUBSTANTIVO	VERBO	ADJETIVO	SUBSTANTIVO
Economizar			Entristecer		
Proibir			Estudar		
Mentir			Reduzir		
Cansar			Aumentar		

24. Crie um título atrativo, por nominalização, para o seu texto da atividade 23. Em seguida, invente três manchetes de jornal por nominalização.

FATO OU BOATO?

25. Responda às questões.

a. Para você, o que a imagem acima representa?
b. Como você relaciona a imagem ao título da lição?
c. Para você, o que é um boato e quais são as consequências da circulação massiva de fake news para a sociedade?
d. Será que a culpa é da tecnologia? Comente.
e. Como você relaciona informação falsa à desinformação? Explique.

26. Considerando que notícias falsas são prejudiciais para pessoas, empresas e setores inteiros da sociedade, a Federação das Indústrias do Espírito Santo (Findes) elaborou um quiz para testar seus conhecimentos sobre fake news. Acesse o site e confira:
https://findes.com.br/teste-seus-conhecimentos-sobre-fake-news/

Os sites de checagem de notícias no Brasil
Agência Lupa **lupa.uol.com.br** Agência Pública **apublica.org/checagem** Aos fatos **aosfatos.org**

27. Leia o artigo e responda às questões.

A era da informação ou da desinformação?

Valter Carvalho
Empresário | Conselheiro | Professor | Palestrante | Consultor

Atualmente, fala-se muito sobre fake news, que são informações falsas amplamente divulgadas nas mídias sociais. Em minutos, qualquer pessoa pode ter sua reputação elevada ou destruída por essas informações. Quem recebe e compartilha essas notícias sem verificar sente-se isento de responsabilidade, mas poderia ser vítima delas. A internet facilita a rápida disseminação tanto de verdades quanto de mentiras, permitindo a construção ou destruição de imagens de pessoas. Quem simpatiza com alguém tende a compartilhar informações positivas sem questionar, enquanto quem antipatiza faz o mesmo com informações negativas. Isso cria um perigoso "júri virtual" que julga com base em suposições. Em períodos eleitorais, esse fenômeno se intensifica. É crucial refletir sobre a responsabilidade ao compartilhar informações não verificadas, pois isso pode levar à desinformação e ao descrédito das mídias sociais. Buscar a veracidade antes de compartilhar é essencial para evitar arrependimentos e possíveis crimes.

Fonte: https://bit.ly/3Zmq79z (Acesso em: 02 maio 2024. Adaptado.)

a. Segundo o artigo, quais são as razões pelas quais uma pessoa acredita em uma informação e a repassa sem antes checar sua validade?
b. Você acredita que no período de campanhas eleitorais as fake news são mais frequentes? Quais são suas consequências para a sociedade?
c. Segundo o texto, por que o repasse irresponsável de informações é prejudicial para o indivíduo que o realiza?

28. Assista ao vídeo "Por uma internet sem ódio" divulgado pela Justiça Eleitoral e explique o que é "liberdade de expressão". Em seguida, assista novamente ao vídeo e explique qual sua relação com o tema das eleições. Fonte: https://bit.ly/4elDYBg (Acesso em: 07 maio 2024.)

PONTO CULTURAL SISTEMA ELEITORAL BRASILEIRO

O sistema eleitoral brasileiro é o sistema responsável pela organização e realização das eleições em nosso país. A responsabilidade pelo sistema eleitoral brasileiro é do Tribunal Superior Eleitoral, órgão autônomo e independente.

O Brasil é um país que adota o sufrágio universal, isto é, todos os cidadãos brasileiros têm direito ao voto, embora esse direito seja obrigatório para alguns grupos e opcional para outros. Todos os cidadãos brasileiros com idade entre 18 e 69 anos são obrigados a votar. Não são obrigados a votar: os analfabetos, jovens de 16 e 17 anos que possuem título de eleitor e idosos com 70 anos ou mais. Quem não comparece à seção eleitoral e não justifica sua ausência perante a Justiça Eleitoral deve pagar uma multa.

Esse sistema eleitoral foi desenvolvido com o intuito de garantir o direito da população de escolher os seus representantes, algo de extrema importância dentro do sistema democrático. A população brasileira é a responsável por escolher os governantes que ocuparão as vagas no Executivo e os seus representantes no Legislativo.

A legislação brasileira estipula que nossas eleições podem ser decididas pelos seguintes critérios:

Eleições majoritárias em turno único ou em dois turnos: O sistema majoritário é o sistema utilizado para definir as eleições dos candidatos do **Executivo** e do **Legislativo**. No caso do Executivo, presidente, governadores e prefeitos; no caso do Legislativo, senadores. Esse critério determina que o candidato vencedor é aquele que obtiver, obrigatoriamente, mais de 50% dos votos válidos (ou seja, descartando os votos nulos e brancos e os eleitores que se ausentaram da votação). Para que essa maioria absoluta seja alcançada, é necessário em alguns casos a realização de um segundo turno. Dessa forma, as eleições para presidente, governadores e prefeitos podem ser decididas tanto no primeiro quanto no segundo turno. É claro que para uma eleição ser decidida no primeiro turno é necessário que um candidato atenda ao requisito básico: obter mais de 50% dos votos válidos. Caso ninguém obtenha esse total no primeiro turno, um segundo turno é realizado com os dois candidatos mais votados.

Eleições proporcionais: O sistema proporcional tem funcionamento mais complexo, sendo utilizado para determinar os representantes eleitos para os cargos de deputado estadual, deputado distrital, deputado federal e vereador. Nesse sistema, nem sempre os candidatos mais votados são os que se elegem, porque os partidos políticos precisam atender a um critério para conquistar vagas legislativas.

Extraído de: PrePara Enem, Rede Omnia. Fonte: https://bit.ly/3AWVhdM (Acesso em: 03 maio 2024. Adaptado.)

Voto em branco: é aquele em que o eleitor não manifesta preferência por nenhum candidato.
Voto nulo: quando o eleitor manifesta sua vontade de anular o voto, por exemplo, digitando 00. Pode ser uma forma de protesto.

ALGUNS PREFIXOS DA LÍNGUA PORTUGUESA

Algumas palavras mudam de significado quando iniciadas por elementos (prefixos) como des-, in-, im-, i-, re-. Observe a tabela. **Atenção! Nem toda palavra que começa com esses prefixos é uma negação ou repetição!**

Quais regularidades você observa no uso de cada prefixo? Quais classes de palavras eles modificam?

PREFIXO	SIGNIFICADO	EXEMPLO
DES-	Negação, ação contrária	Desinformar, desordem, desonesto, desfazer, desrespeitar, desnecessário, descontente, desconfiar.
IN-	Negação	Infeliz, incompleto, injustiça, inseguro, incorreto, informal, infalível, invariável, incerto, inconsistente, infrequente, intolerante.
IM-	Negação	Impossível, impaciente, impróprio, imperfeito, imperceptível, impreciso, imperdível, imparcial.
I-	Negação	Ilegal, ilegível, ilógico, irreal, irregular, irresistível, irracional.
RE-	Repetição	Repassar, reenviar, rever, repensar, relembrar, refazer, reescrever, reler, repor.

A ANATOMIA DE UM JORNAL

FOLHA DE S.PAULO

DESDE 1921 ★★★ UM JORNAL A SERVIÇO DO BRASIL

ANO 103 ★ Nº 34.623 QUINTA-FEIRA, 18 DE JANEIRO DE 2024 R$ 6,90

Esporte B7
Memórias da algoz do vôlei
Myreia Luis, 56, craque da grande geração do vôlei cubano dos anos 1990 e decisiva contra o Brasil em duas Olimpíadas, relembra a rivalidade e conta que não conhecia, e estranhou, a expressão "vai pra Cuba".

Saúde B4
País só tem doses para vacinar 1,1% da população contra a dengue

Ilustrada C1
Dani Calabresa diz querer enterrar caso Melhem e que sofreu 'mais do que devia'

Turismo C7
Modernistas viajaram pelo barroco mineiro
Há cem anos, na Semana Santa de 1924, Tarsila, Oswald e Mário de Andrade acharam nas cidades históricas de Minas a gênese da brasilidade que buscavam.

Mireya Luis, 56, em quadra no Sesc Guarulhos (SP); cubana veio ao país para fazer oficinas de vôlei Rubens Cavallari/Folhapress

Seca e crise no mar Vermelho afetam exportação do Brasil

Tempo e custo dos transportes marítimos aumentam, com rotas mais longas e sobretaxa por contêineres

Ataques de rebeldes do Iêmen no mar Vermelho e uma seca histórica no canal do Panamá levaram o comércio internacional a enfrentar hoje a maior crise no transporte marítimo desde a pandemia da Covid-19.

O tempo dos deslocamentos e os custos subiram, com impacto nas exportações e importações brasileiras, dizem operadores de logística.

O conflito no mar Vermelho afeta a rota que usa o canal de Suez, no Egito, responsável por 12% do comércio global. Para evitar ataques, os navios têm sido desviados para o cabo da Boa Esperança, no sul da África.

No Panamá, a estiagem forçou a redução do fluxo de embarcações no canal, que concentra cerca de 6% das transações mundiais.

No Brasil, o setor de proteína animal já sente incremento nos custos em razão da crise no Oriente Médio —a região recebe 29,4% dessas exportações brasileiras.

Além disso, sobretaxas pelo uso de contêineres têm efeito sobre importações de maquinários e outros insumos. No setor de petróleo brasileiro, a tendência é de alta do frete. Mercado A12

Medida do governo causa novo atrito com bancada evangélica

Líderes da bancada evangélica no Congresso Nacional dizem ter visto como ataque político do governo Lula (PT) a suspensão de isenção de impostos a pastores. Instituída em julho de 2022, na gestão Jair Bolsonaro (PL), a medida está sob investigação do TCU (Tribunal de Contas da União).

"Para um governo que diz reconhecer a necessidade de aproximação do segmento, um movimento desses é incompreensível", diz o deputado Silas Câmara (Republicanos-AM). Lula tem dificuldade de fazer pontes com evangélicos. O Fisco afirma que seguiu proposta da Procuradoria. Política A4

Chefe do MP-SP assume Segurança sob Lewandowski

O procurador-geral de Justiça de São Paulo, Mário Luiz Sarrubbo, aceitou o convite do futuro ministro da Justiça, Ricardo Lewandowski, e será o secretário de Segurança Pública do governo Lula (PT). A área é mal avaliada pela população e tem programas que pouco avançaram. Política A5

Há formas saudáveis de desistir, diz psicanalista

SÉRIES FOLHA
EU DESISTO

Adam Phillips, editor da obra de Freud, questiona a valorização da persistência no livro "On Giving Up", que chega ao Brasil em julho. Para ele, a ideia de não desistir pode causar mais mal do que bem. "O herói trágico não desiste, ele não aprende a desistir, apesar dos males causados a ele e aos outros." Ao abraçar a descontinuidade, afirma o psicanalista, podemos ser mais felizes. Equilíbrio B5

Socorro Acioli
Os templários e o carcará
Gabriel García Marquez duvidou. Disse não acreditar que existia uma cabeça gigante de santo Antônio no chão, longe do corpo degolado no alto de um morro. Após ver as imagens, perguntou que lugar absurdo é esse onde eu vivo. É o Ceará, eu disse, e lá tem muito mais. Opinião A2

Leandro Osório/Ato Press/Folhapress

TEMPORAL DEIXA UM MORTO E 1,1 MILHÃO DE IMÓVEIS SEM LUZ NO RIO GRANDE DO SUL
Fachadas retorcidas pelos ventos fortes em Venâncio Aires; na região metropolitana de Porto Alegre, homem morreu ao ser atingido por marquise Cotidiano B2

EDITORIAIS A2
Quão desigual?
Sobre medidas da concentração de renda no Brasil.
O bullying e a lei
A respeito de legislação que criminaliza a prática.

Argentinos cortam refeições e alimentos no 1º mês de Milei

Após governo desvalorizar o peso e acabar com controle de preços, o consumo caiu 14% na Argentina, puxado por alimentos e bebidas.

Com a inflação a 26% em dezembro, famílias mais pobres passaram a cortar refeições e optar por macarrão e ensopados. Mercado A17

Ultraliberal afirma que Ocidente 'está em perigo'
Em seu discurso de estreia em Davos, Javier Milei afirmou que líderes globais que deveriam defender o liberalismo, a propriedade e a liberdade abraçam "ideias socialistas". A10

População da China cai em ritmo acelerado
Total de habitantes recuou pelo segundo ano seguido em 2023, para 1,409 bilhão, com baixa natalidade e em ritmo mais veloz. A queda anterior havia sido a primeira desde 1961. A13

ATMOSFERA
São Paulo hoje
34°
23°
0h 6h 12h 18h 24h

ISSN 1414-5723

29. Observe a capa do jornal e responda às questões.

a. Quais são as manchetes principais?
b. Qual é o nome do jornal?
c. Qual é a data da publicação?
d. Quanto custa o jornal?
e. Quais notícias são internacionais?
f. Quais notícias são nacionais?
g. No interior do jornal, encontramos as seções, organizadas em cadernos, que são divisões temáticas que agrupam matérias relacionadas. Algumas das seções mais comuns em um jornal são: política, economia, esportes, entretenimento, artigos de opinião, classificados e editoriais. Identifique-as.
h. Quais outras seções você identificou na capa?
i. Quais outras seções você acha que poderiam fazer parte do jornal e que não aparecem na capa?
j. Quais elementos da capa servem para atrair o leitor? Como eles estão apresentados?
k. Leia a chamada da manchete principal e explique para que ela serve.
l. Os editoriais são artigos de opinião, escritos pela equipe do jornal, que apresentam seu posicionamento em relação a algum tema importante. De que tratam os editoriais deste jornal?
m. Quais notícias interessariam mais a você? Por quê?
n. Você acredita no que os jornais noticiam? Comente.

30. Pesquise na internet alguma notícia interessante veiculada por um jornal do seu país. Como a notícia poderia ser traduzida para o português? Traduza o título e o subtítulo e escreva um parágrafo para a chamada.

- manchete
- submanchete
- título
- subtítulo
- seções
- cadernos
- matéria
- artigos
- notícias
- classificados
- imagens
- legendas
- chamadas
- lide
- editorial
- classificados
- publicidade
- suplementos
- variedades

PAPEL, CANETA E AÇÃO:
ARTIGO DE OPINIÃO, UM GÊNERO PARA SE EXPRESSAR

O artigo de opinião é um texto argumentativo presente em jornais e revistas que apresenta o ponto de vista do autor que o assina sobre alguma questão relevante em termos sociais, políticos, culturais, etc.

31. O texto abaixo é um artigo de opinião e está com os parágrafos fragmentados e em ordem aleatória. Em dupla, tente enumerar as partes do texto para organizá-lo de forma coerente e coesa a fim de compreender o que o autor deseja expressar. Use a classificação abaixo para enumerar as partes do texto e depois discuta com o professor e com a turma a resposta adequada:

1. **Título:** antecipa a questão que será discutida no texto.
2. **Olho:** explicita a posição que será defendida pelo autor. Em geral, o editor do veículo de comunicação onde o texto é publicado é que o redige.
3. **1º parágrafo:** é onde a contextualização do assunto é feita. Em geral, uma frase tese, que mostra claramente o ponto de vista que será defendido.
4. **2º parágrafo:** dá início à análise que será feita sobre o assunto, debatendo a ideia lançada na tese sobre alguma perspectiva.
5. **3º parágrafo:** continua o debate argumentando ainda sobre as ideias tratadas na tese. Quando existem 4º e 5º parágrafos, eles também seguirão essa mesma linha argumentativa.
6. **Fechamento/Conclusão:** explicita a análise do articulista (antecipada no olho pelo editor) e reitera a tese defendida.

( )

E mais: a ausência de quaisquer barreiras ao discurso pode resultar em graves impactos na sociedade. Tomemos como base a comparação feita pelo cientista Fernando Schüler entre Brasil e Estados Unidos: enquanto os EUA defendem a liberdade de expressão irrestrita, o Brasil opta por uma legislação protetiva, que, segundo Schüler, guarda respeito. Qual dos dois países foi palco de violentas passeatas neonazistas em 2017? O que não limita a liberdade de expressão e, por consequência, abre margem para a radicalização dos discursos de ódio.

( )

Os limites da nossa liberdade

( )

Muitos afirmam que a mensagem de ódio aos nordestinos é apenas a expressão de uma opinião e, por isso, deve ser respeitada sem quaisquer restrições. A incoerência desse argumento pode ser observada ao analisarmos as ideias do ministro do Supremo Tribunal Federal Luís Roberto Barroso: "Liberdade de expressão é a possibilidade de as pessoas se manifestarem sobre fatos e ideias sem interferências externas, sobretudo do Estado. Discurso de ódio é uma tentativa de desqualificar e excluir do debate grupos historicamente vulneráveis, seja por religião, cor da pele, gênero, orientação sexual ou qualquer traço utilizado com o objetivo de inferiorizar pessoas ou grupos". Ou seja, o discurso de ódio, que está presente na mensagem em questão, exclui do debate grupos historicamente vulneráveis, como os nordestinos. Logo, esse tipo de fala fere a liberdade de expressão de outrem, exigindo restrições.

( )

Finalmente, as restrições à liberdade de expressão devem existir para prevenir os ataques à liberdade de outrem, representados pelos discursos de ódio, como a mensagem contra nordestinos. Elas são importantes, também, para prevenir a radicalização desses discursos, que podem ocorrer na forma de violência, como nas passeatas nos EUA, ou de exclusão social. Devemos, portanto, limitar minimamente a liberdade de expressão, garantindo, assim, o bem-estar de todos os brasileiros.

( )

Abrir minimamente mão de nossa liberdade de expressão pode ser a chave para garantir o respeito a todos e prevenir a violência.

( )

Recentemente, uma mensagem de ódio contra nordestinos, publicada nas redes sociais, foi alvo de intenso debate e fomentou a discussão quanto aos limites da liberdade de expressão. Com as principais opiniões defendendo a existência ou a inexistência desses limites, acabei por concluir que eles devem, sim, estar presentes em nossa sociedade, para impedir que a liberdade de alguns restrinja a de outros.

Extraído de: Vestibular Unicamp. Fonte: https://bit.ly/4daRneM. p. 9-10. (Acesso em: 20 maio 2024. Adaptado.)

LGBTQIA+ DIREITOS

32. Assista ao vídeo "Orgulho define! É do Brasil a maior Parada LGBT+ do mundo: saiba quantas pessoas ela movimenta" e responda às questões.

a. Quando você pensa na sigla LGBTQIA+, que palavras vêm à sua mente?

b. A Parada LGBTQIA+ de São Paulo é a maior do mundo, segundo o *Guinness Book*. A que fatores você atribui tanto sucesso?

c. Por que esse evento movimenta positivamente a cidade de São Paulo?

d. Para você, por que esse movimento se organiza na forma de uma parada? Por quais direitos ele luta?

Fonte: https://bit.ly/3B1OLCs (Acesso em: 08 maio 2024.)

33. Faça buscas na internet e descubra informações sobre a bandeira LGBTQIA+. O que as cores significam?

34. Leia o texto, associado ao vídeo anterior, e responda.

A Parada do Orgulho LGBTQIA+ de São Paulo, a maior celebração da diversidade mundial, ocorre em junho e atrai milhões, consolidando a cidade como capital internacional da diversidade. Este ano, mais de 4 milhões participaram, com 19 trios elétricos e artistas como Daniela Mercury e Pabllo Vittar, promovendo o orgulho LGBTQIA+ e sensibilizando sobre questões de gênero e sexualidade. O evento é vital para o turismo, figurando entre os três maiores eventos anuais, impulsionando o PIB e atraindo investimentos. Grandes empresas e pequenos empreendedores se beneficiam, com destaque para a Feira Cultural da Diversidade. A Parada impacta positivamente a economia, desde hotéis até vendedores ambulantes, enchendo bares, restaurantes e espaços culturais. Turistas estrangeiros se encantam com a alegria e grandiosidade do evento. Viva a Parada do Orgulho LGBTQIA+ de SP! Ganha o Brasil!

Fonte: https://bit.ly/3B1OLCs (Acesso em: 07 maio 2024.)

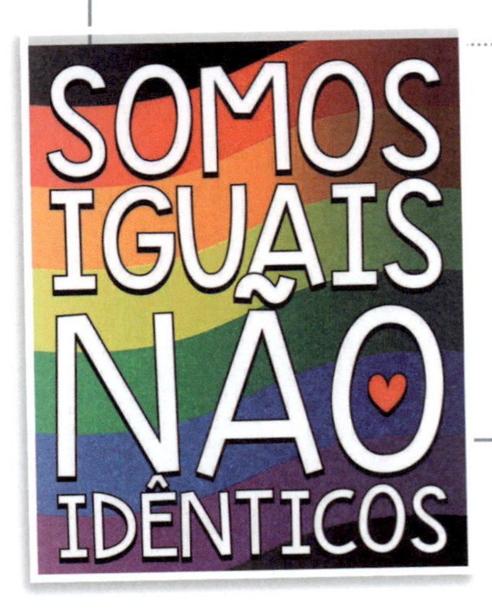

a. Tente decifrar a sigla LGBTQIA+ em português.

b. Por que a Parada LGBTQIA+ é tão importante para a sociedade?

c. Para você, o que o Brasil ganha com a maior Parada LGBTQIA+ do mundo?

d. Você sabe o que é um vendedor. E um vendedor ambulante, o que é?

e. E no seu país? Esse evento também acontece? Comente.

f. Como você compreende a frase "Somos iguais, não idênticos"?

35. Em dupla, a partir da discussão, crie uma frase de impacto para a luta contra o preconceito dirigido a essa população.

▶ UMA PARADA DO TAMANHO DE SUAS DESIGUALDADES

As violências vividas por pessoas LGBTQIA+ ainda são estruturais na sociedade em diversos lugares do mundo e, com bastante destaque, no Brasil. A população brasileira LGBTQIA+ é vítima de inúmeras formas de preconceitos. Por conta dessa estrutura LGBTfóbica, o Brasil tem enraizada em sua cultura a segregação e o silenciamento de todos aqueles que não seguem um padrão social que assume a heterossexualidade como norma. Essas questões, por sua vez, colocam quem é diferente do que é considerado como regra social em situações de vulnerabilidade. No Brasil, as limitadas conquistas obtidas até hoje no campo dos direitos das pessoas LGBTQIA+ estão atreladas à luta contínua da sociedade civil, de grupos que se organizam para reivindicar cidadania.

▶ NÚMEROS DA VIOLÊNCIA CONTRA PESSOAS LGBTQIA+

Atos de violência, motivados por homofobia, ainda são uma realidade para a população LGBTQIA+.

É o que mostra o mais recente Dossiê de Mortes e Violências contra LGBTIA+ no Brasil. A iniciativa teve o apoio do Fundo Brasil de Direitos Humanos. O estudo aponta que o Brasil ocupa atualmente a primeira posição quando se leva em conta o número de pessoas LGBTQIA+ assassinadas em território nacional. Esta é a conclusão do levantamento, que foi feito com base em notícias publicadas em meios de comunicação e voltou a evidenciar os altos níveis de violência que essas pessoas sofrem no Brasil. Ao todo, só o ano de 2022 contabilizou 273 mortes violentas, sendo esse número composto por 228 homicídios (83,52%), 30 suicídios (10,99%) e 15 outras ocorrências (5,49%). É importante destacar o fato de que desde 2019 a homofobia é considerada crime no Brasil. Na prática, a lei enquadra atos de discriminação por orientação sexual ou identidade de gênero, e, mesmo que a lei utilize o termo "homofobia", todos as pessoas LGBTQIA+ estão amparadas por ela. Contudo, apesar do surgimento da lei, casos brutais de violência contra esses grupos seguem sendo uma realidade no país, dado o preconceito enraizado na sociedade.

Extraído de: Fundo Brasil. Fonte: https://bit.ly/4d6mzvB (Acesso em: 08 maio 2024. Adaptado.)

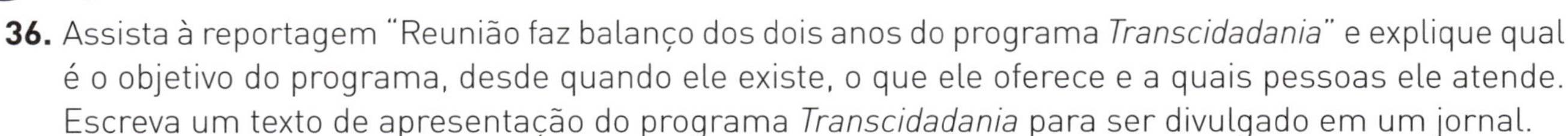

36. Assista à reportagem "Reunião faz balanço dos dois anos do programa *Transcidadania*" e explique qual é o objetivo do programa, desde quando ele existe, o que ele oferece e a quais pessoas ele atende. Escreva um texto de apresentação do programa *Transcidadania* para ser divulgado em um jornal.

Fonte: https://bit.ly/3YyYnho (Acesso em: 11 maio 2024.)

PREFIXOS A-, INTER- E TRANS-

PREFIXO	SIGNIFICADO	EXEMPLO
A-	Negação, privação, falta	Anormal, agênero, assexual, atípico, assimétrico.
INTER-	Posição intermediária, reciprocidade	Internacional, intercâmbio, intersexo, interação.
TRANS-	Movimento através de, mudança de estado	Transportar, transformar, transexual, transnacional.

"TODES", "ELU" OU "ILE": ESPECIALISTAS DEFENDEM LINGUAGEM NÃO BINÁRIA

Variação ganha força entre linguistas que falam em comunicação inclusiva. "Finalidade é atender um público que precisa dela."

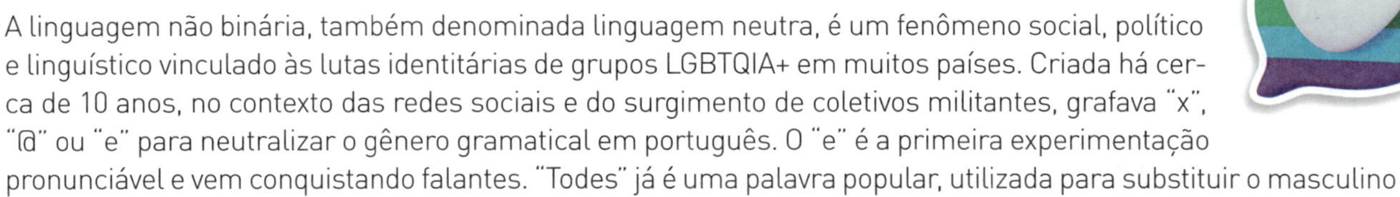

A linguagem não binária, também denominada linguagem neutra, é um fenômeno social, político e linguístico vinculado às lutas identitárias de grupos LGBTQIA+ em muitos países. Criada há cerca de 10 anos, no contexto das redes sociais e do surgimento de coletivos militantes, grafava "x", "@" ou "e" para neutralizar o gênero gramatical em português. O "e" é a primeira experimentação pronunciável e vem conquistando falantes. "Todes" já é uma palavra popular, utilizada para substituir o masculino genérico – "Bom dia a todes" – ou em contexto no qual o falante quer contemplar todos os gêneros, especificando-os: "Bom dia a todas, todes e todos". Também propõe os pronomes pessoais "ile", "elu" e suas derivações.

Não se trata de criar uma nova gramática, anular a que já existe ou impor novos usos, mas de ampliar as possibilidades de referenciamento para os grupos que questionam seus gêneros. O Instagram de alguns países e o LinkedIn do Brasil já oferecem um campo mais amplo para pronomes do perfil de seus usuários. Nada custa perguntar a uma pessoa como ela prefere ser referenciada.

Extraído de: *Revista Ensino Superior*, *Jornal da Universidade* (UFRGS) e Rodrigo Borba, *Revista Entrelinhas*. Fontes: https://bit.ly/3Ts6MAe, https://bit.ly/47rgBnB e https://bit.ly/47nc2uC (Acesso em: 11 maio 2024. Adaptado.)

A DIVERSIDADE LINGUÍSTICA DOS PAÍSES DA CPLP *Por Edleise Mendes*

Nos discursos dos governos e de variadas entidades da sociedade civil, tem sido frequente a referência à grande diversidade linguística que caracteriza o espaço geográfico da Comunidade dos Países de Língua Portuguesa (CPLP), com o reconhecimento de que o plurilinguismo, ao contrário de ser fator complicador, é um grande ativo que deve ser preservado e cultivado.

Ao lado do português, que é língua oficial, convivem no espaço da CPLP em torno de 330 línguas, com diferentes estatutos e números de falantes, o que representa, aproximadamente, 5% da diversidade linguística mundial. Línguas africanas, principalmente da família bantu, crioulos de base portuguesa, línguas indígenas sul-americanas e línguas europeias e asiáticas de imigração se somam para desenhar o cenário plurilíngue e pluricultural dentro do qual o português é língua de comunicação comum.

Essa grande diversidade linguística desafia os governos dos países lusófonos a desenvolverem políticas voltadas à preservação do patrimônio linguístico das línguas que convivem com o português, que cresce em projeção global, mas que deve reafirmar o seu papel como veículo de mediação intercultural, abraçando todas as diferenças em busca de um diálogo comum que promova a aproximação entre os povos. Os desafios, portanto, refletem-se no tratamento dado às línguas no espaço da CPLP, no sentido de sua preservação, do seu ensino, além da sua inclusão no mundo digital, o que representa um dos fatores mais importantes para a manutenção e projeção das línguas no século XXI.

Outro aspecto essencial é o da formação de professores capazes de agir na diversidade, compreendendo que a língua que ensinam não deve ser fator de discriminação e de exclusão de outros povos e línguas, mas de sua preservação e proteção.

Afirmar, portanto, o português como língua de mediação intercultural significa o desenvolvimento de políticas linguísticas comuns por parte da CPLP com o objetivo de superar a história de divisão e isolamento dessa língua, projetando-a como espaço de negociação e de convergência linguística e cultural. Isso possibilitaria, no emaranhado das diferenças, estabelecer pontes, diálogos entre línguas-culturas, em busca de uma convivência mais respeitosa, inclusiva e democrática.

Fonte: https://bit.ly/3BcwKBh (Acesso em: 13 maio 2024. Adaptado.)

VERDADE OU FAKE NEWS?

▶ Escreva quatro fatos sobre você, sendo três verdadeiros e um falso. A turma deve tentar identificar qual é o fato falso. Ganha quem identificar mais fake news.

▶ O advérbio "já", a depender de sua posição na frase e de sua entonação, pode expressar afirmação, ordem, dúvida ou surpresa. Pode significar "imediatamente", "daqui a pouco" ou "tão cedo assim" ou, simplesmente, uma ação acabada. Escute as frases e tente identificar o que a palavra "já" expressa.

	1	2	3	4	5	6	7	8	9	10
Imediatamente										
Daqui a pouco										
Tão cedo assim										
Ação acabada										

Extraído de: AdoroCinema.
Fonte: https://bit.ly/3zjSydQ
(Acesso em: 13 maio 2024.)

▶ O MÊS QUE NÃO TERMINOU

2019 . DOCUMENTÁRIO . 1H30

O documentário aborda de forma analítica as manifestações que aconteceram no Brasil em junho de 2013, apresentando seus desdobramentos e consequências. A obra também expõe momentos recentes de grande importância para o cenário político brasileiro atual, incluindo a Operação Lava Jato, a crise do PT, o impeachment da presidenta Dilma Rousseff e a eleição de Jair Bolsonaro.

DATA DE LANÇAMENTO: 22 de outubro de 2019
DIREÇÃO: Raul Mourão, Francisco Bosco
ROTEIRO: Francisco Bosco, Raul Mourão
NARRAÇÃO: Fernanda Torres

PARTICIPAÇÃO

CATEGORIAS DE REVISTAS

- Economia
- Atualidades
- Moda
- Científica
- Cultura e sociedade
- Esportes
- Notícias
- Carreira e negócios
- Jornalismo, crítica e ensaios
- Estilo de vida e saúde
- Novela e famosos
- Revista em quadrinhos
- Revista especializada para o público negro

SISTEMA ELEITORAL

- Eleição
- Urna
- Campanha eleitoral
- Partido político
- Voto eletrônico
- Voto em branco
- Voto nulo
- Voto válido
- Primeiro e segundo turnos
- Candidato
- Título de eleitor
- Tribunal Superior Eleitoral (TSE)

COR OU RAÇA

- Pardos
- Brancos
- Pretos
- Indígenas
- Amarelos

ARTIGO DE OPINIÃO

- Título
- Subtítulo
- Olho
- Introdução
- Desenvolvimento
- Fechamento/Conclusão

PARTES DO JORNAL

- Manchete
- Submanchete
- Título
- Subtítulo
- Seções
- Cadernos
- Matéria
- Artigos
- Notícias
- Classificados
- Imagens
- Legendas
- Chamadas
- Lide
- Editorial
- Crônica
- Publicidade
- Suplementos
- Variedades

PODER EXECUTIVO

- Presidente (esfera federal)
- Governador (esfera estadual)
- Prefeito (esfera municipal)

LGBTQIA+

- Lésbicas
- Gays
- Bissexuais
- Transexuais
- Travestis
- Queers
- Intersexuais
- Agêneros
- Assexuais

PODER LEGISLATIVO

- Deputados federais e senadores (esfera federal)
- Deputados estaduais (esfera estadual)
- Vereadores (esfera municipal)

VOCABULÁRIO ANTIRRACISTA

- Lista negral ➡ lista proibida/lista de restrição
- Denegrir ➡ difamar/caluniar
- Mulato(a) ➡ pardo(a) ou mestiço(a)
- Escravo(a) ➡ escravizado(a) (ninguém nasce escravo)
- Crioulo(a)/escurinho(a)/pessoa de cor ➡ negro(a)
- A coisa está preta ➡ a situação está complicada/difícil
- Serviço de preto ➡ trabalho malfeito
- Cabelo ruim/duro ➡ cabelos crespos/cacheados
- Ter um pé na cozinha ➡ ter antepassados negros
- Humor negro ➡ humor ácido

PODER JUDICIÁRIO

- Supremo Tribunal Federal (STF)
- Superior Tribunal de Justiça (STJ)
- Tribunal Regional do Trabalho (TRT)
- Tribunal Superior do Trabalho (TST)
- Tribunal Regional Eleitoral (TRE)
- Tribunal Superior Eleitoral (TSE)
- Tribunal de Justiça Militar (TJM)
- Superior Tribunal Militar (STM)
- Juizados Especiais

▶ Nesta seção vamos trabalhar uma atividade de produção oral do exame Celpe-Bras. Antes de praticar, seu professor vai apresentar brevemente como ocorre a avaliação da parte de produção oral do exame. Fique atento às regras! Vamos praticar em dupla a interação sobre o elemento provocador 16 da prova de 2019/2. A turma deve ser dividida em duplas para que um estudante seja o entrevistador e outro estudante seja o candidato, de forma que vão alternar os papéis ao longo da atividade. As perguntas serão distribuídas entre os estudantes: **estudante A** responderá às perguntas 1, 3, 4 e 6; **estudante B** responderá às perguntas 2, 5, 7 e 8.

Ao final da atividade, discuta com a turma aspectos importantes da produção oral sobre o tema e algumas estratégias de produção oral.

Edição **2019/2**

Parlamento jovem brasileiro

Elemento Provocador **16**

▶ ELEMENTO PROVOCADOR

Em uma jornada legislativa jovem, que muito se assemelha ao processo legislativo real, os estudantes selecionados tomam posse como deputados jovens e participam ativamente de todo o processo, dando voz às suas ideias.

O Parlamento Jovem Brasileiro, ou PJB como é normalmente chamado, é uma oportunidade única para os estudantes de ensino médio vivenciarem na prática, por uma semana, o trabalho dos deputados federais, elaborando projetos de leis e debatendo na Câmara dos Deputados temas de grande importância para o nosso país.

▶ OUTRAS INFORMAÇÕES

Congresso Nacional: é o órgão constitucional que exerce, no âmbito federal, as funções do poder legislativo: 1) elaborar/aprovar leis e fiscalizar o Estado brasileiro (funções típicas) e 2) administrar e julgar (funções atípicas). O Congresso é composto pelo Senado Federal (integrado por 3 representantes de cada estado e do Distrito Federal) e pela Câmara dos Deputados (integrada por 513 deputados federais, que representam o povo). Projetado por Oscar Niemeyer, o Palácio do Congresso Nacional é um dos cartões-postais de Brasília. A cúpula menor, voltada para baixo, abriga o Senado Federal. A cúpula maior, voltada para cima, abriga a Câmara dos Deputados. As duas torres centrais possuem 28 andares, cada uma pertencente a uma casa. O palácio foi tombado pelo Instituto do Patrimônio Histórico e Artístico Nacional (IPHAN) em 2007, ano do centésimo aniversário de seu idealizador.

▶ ETAPA 1

Diga ao examinando:

Por favor, observe a imagem e leia o texto silenciosamente.

(O examinando faz isso silenciosamente.)

▶ ETAPA 2

Após aproximadamente um minuto, diga ao examinando:

De que trata o material?

▶ ETAPA 3

Siga o Roteiro, fazendo as adequações necessárias em função das respostas do examinando.

1. O que você entendeu sobre o projeto?

2. Qual a sua opinião sobre a iniciativa apresentada?

3. Você conhece algum projeto semelhante? Fale a respeito dele.

4. Em sua opinião, a quem cabe a responsabilidade dos problemas políticos de um país?

5. Como os jovens podem contribuir para a política de seus países?

6. Que outras iniciativas poderiam ser viabilizadas para resolver problemas referentes à política no mundo?

7. Em seu país, há alguma iniciativa de engajamento de jovens na política? Comente.

8. Em seu país, qual é a percepção dos jovens sobre a política? Comente.

Compreensão	Competência interacional	Fluência	Adequação lexical e gramatical	Pronúncia

▶ Anotações e dicas: ....

....

....

....

....

....

....

....

....

....

▶ Você vai produzir um podcast noticiando um evento de engajamento social relevante. Descreva o evento, fale sobre sua importância, diga onde e quando acontece e se existe algum requisito para participar. Seja criativo em seu podcast de duração mínima de um minuto e meio e máxima de três minutos, incluindo vinheta e/ou apresentação. Seu episódio deve ser gravado e enviado para seu professor no formato de mídia acordado entre a turma. Sugerimos o seguinte roteiro para se inspirar:

1. Apresente-se (nome, nacionalidade).
2. Resuma seu conteúdo (diga o que você vai falar em poucas palavras).
3. Cumpra todos os objetivos propostos para o podcast desta atividade.
4. Agradeça à audiência e se despeça.

BOM TRABALHO!

EXERCÍCIOS UNIDADE 5

1 Associe as colunas com a definição adequada das partes de um jornal.

a. Manchete **c.** Notícias **e.** Cadernos **g.** Seções
b. Classificados **d.** Título **f.** Matéria **h.** Artigos

( ) Divisões do jornal que agrupam matérias de um mesmo tema, como política, esportes, cultura, etc.
( ) O principal destaque de uma notícia, escrito em letras grandes, está na primeira página ou na seção principal do jornal.
( ) Seção do jornal em que são publicados anúncios de compra, venda, empregos, imóveis, etc.
( ) Textos opinativos escritos por especialistas ou colunistas sobre diversos assuntos.
( ) Partes do jornal que são compostas por várias páginas e abordam temas específicos, como economia, esportes, etc.
( ) Nome dado a uma matéria ou artigo para indicar seu conteúdo.
( ) Texto jornalístico que aborda um fato ou tema específico, elaborado por um jornalista.
( ) Texto informativo sobre fatos recentes e de interesse público.

2 Complete com o vocabulário adequado descrito no quadro abaixo.

política – cultura e sociedades – carreira e negócios – em quadrinhos – especializadas para o público negro – economia

a. Revistas de .... fornecem análises detalhadas sobre o mercado financeiro, políticas econômicas e tendências de negócios.
b. Revistas .... focam em questões culturais, sociais e políticas relevantes para a comunidade negra, além de celebrar conquistas e talentos.
c. Revistas de .... oferecem conselhos sobre desenvolvimento profissional, gestão empresarial e tendências do mercado de trabalho.
d. Revistas de .... discutem políticas públicas, análises de governos, eleições e questões políticas nacionais e internacionais.
e. Revistas .... publicam histórias ilustradas, aventuras de super-heróis e tirinhas de humor, destinadas a todas as idades.
f. Revistas de .... exploram diferentes aspectos da vida cultural, como artes, música e literatura, e questões sociais.

3 Complete com os verbos conjugados no pretérito mais-que-perfeito do subjuntivo.

a. Falar/eu ....
b. Encontrar/eu ....
c. Pedir/eu ....
d. Entender/eles ....
e. Implementar/ela ....
f. Praticar/eles ....
g. Estudar/elas ....
h. Dizer/ele ....
i. Buscar/nós ....
j. Investir/nós ....
k. Vir/nós ....
l. Ter/eu ....

4 Complete as frases com o verbo no pretérito mais-que-perfeito do subjuntivo.

a. Se eu .... (participar) da manifestação, teria ajudado a causa.
b Se nós .... (organizar) a marcha com mais antecedência, mais pessoas teriam vindo.
c. Se ele .... (falar) no comício, a mensagem teria sido mais forte.
d. Se nós .... (planejar) melhor, a manifestação teria ocorrido sem problemas.
e. Se eu .... (convidar) mais pessoas, o movimento teria tido mais impacto.

5 Reescreva as frases indicando o que poderia ter sido diferente no passado. Siga o modelo.

Não fiz muitos amigos na faculdade. (participar de mais eventos)

➡ ***Eu teria feito muitos amigos na faculdade se tivesse participado de mais eventos***

a. Não participei de grupos de discussão sobre igualdade racial. (procurar por esses grupos ativamente)

➡ ....

b. Não me eduquei sobre microagressões raciais. (assistir a workshops e palestras)

➡ ....

c. Não li muitos livros sobre a história do racismo. (dedicar mais tempo à leitura)

➡ ....

d. Não promovi a diversidade e a inclusão na minha empresa. (implementar programas de diversidade)

➡ ....

e. Não apoiei financeiramente organizações que lutam contra o racismo. (saber como contribuir)

➡ ....

6 Complete a história com os verbos conjugados de maneira adequada.

Anderson e Janaína são ativistas que lutam contra o racismo estrutural em sua comunidade. Eles refletiam sobre como o racismo tinha impactado suas vidas e o que poderia ter sido diferente se a sociedade tivesse tomado ações diferentes no passado.

a. Se a sociedade .... (adotar) políticas de igualdade racial décadas atrás, muitas injustiças .... (ser) evitadas.

b. Se mais pessoas .... (denunciar) casos de discriminação, a situação .... (mudar) mais rapidamente.

c. Se o sistema educacional .... (incluir) a história e as contribuições dos negros em seus currículos, muitas crianças .... (crescer) com uma visão mais inclusiva.

d. Se os líderes políticos .... (priorizar) a luta contra o racismo estrutural, as leis .... (ser) mais justas e inclusivas.

e. Se as mídias .... (representar) de forma justa todas as etnias, a percepção pública .... (ser) menos estereotipada.

f. Se as instituições de saúde .... (tratar) todos os pacientes com igualdade, as disparidades de saúde .... (ser) reduzidas.

g. Se a polícia .... (receber) treinamento adequado sobre preconceito racial, muitos incidentes violentos .... (ser) evitados.

h. Se as iniciativas de reparação .... (ser) implementadas, a desigualdade econômica .... (diminuir) significativamente.

7 Transforme as nominalizações em manchetes.

Organização de feira de ciências. ➡ ***Estudantes organizam feira de ciências.***

a. Exigência de melhores salários. ➡ ....

b. Discussão de novas medidas de segurança. ➡ ....

c. Alerta sobre os perigos do tabagismo. ➡ ....

d. Investimento em tecnologia sustentável. ➡ ....

e. Descoberta da cura para doença rara. ➡ ....

f. Assinatura de acordo de paz. ➡ ....

g. Pedido de subsídios ao governo. ➡ ....

h. Ajuda às vítimas de desastres naturais. ➡ ....

8 Transforme as manchetes em nominalizações.

Manifestantes exigem melhores condições de trabalho. ➡ ***Exigência de melhores condições de trabalho.***

a. Ativistas defendem direitos humanos. ➡ ....

b. Comunidade protesta contra a violência urbana. ➡ ....

c. Cidadãos pedem políticas ambientais mais rigorosas. ➡ ....

d. Estudantes reivindicam acesso à educação gratuita. ➡ ....

e. Sindicatos lutam por aumento salarial. ➡ ....

f. ONG promove campanha de conscientização sobre racismo. ➡ ....

g. População apoia reforma política. ➡ ....

h. Jovens organizam manifestação contra o desmatamento. ➡ ....

i. Movimentos sociais denunciam discriminação de minorias. ➡ ....

j. Os bombeiros buscam as vítimas do acidente. ➡ ....

9 Complete as frases com as palavras da lista abaixo.

eleição – urnas – campanha eleitoral – partido político – voto eletrônico – voto em branco – voto nulo – votos válidos – segundo turno – candidato (2x) – título de eleitor – Tribunal Superior Eleitoral (TSE)

a. Durante a ...., os candidatos apresentaram suas propostas aos eleitores.

b. O .... é responsável por organizar e supervisionar as eleições no Brasil.

c. Para votar, é necessário apresentar o ....

d. A votação acontece em .... distribuídas por todo o país.

e. O .... permite que a votação seja rápida e segura.

f. Um .... ocorre quando o eleitor escolhe não votar em nenhum dos candidatos.

g. O .... acontece quando o eleitor manifesta sua vontade de anular o voto.

h. Somente os .... são contabilizados para determinar o resultado da eleição.

i. Se nenhum .... obtiver a maioria absoluta dos votos, a eleição segue para o ....

j. Cada .... representa um grupo de pessoas com ideologias semelhantes.

k. O .... foi anunciado vencedor após a contagem dos votos.

l. A .... é um processo democrático no qual os cidadãos escolhem seus representantes.

10 Associe a regularidade que pode ser observada no uso dos prefixos de negação estudados na unidade.

a. Des- ( ) é usado em palavras que se iniciam por consoantes.

b. In- ( ) é usado em palavras que se iniciam pela letra L ou R.

c. Im- ( ) é usado em palavras que se iniciam por vogal.

d. I- ( ) é usado em palavras que se iniciam pela consoante P.

11 Complete as frases abaixo com a palavra correta usando um dos prefixos indicados (in-, im-, des-, i-).

.... certo	.... relevante	.... organizado	.... sensível	.... possível
.... legal	.... responsável	.... empacotar	.... capaz	.... digna

a. O conselho foi ...., porque o adolescente fez exatamente o contrário do que foi aconselhado.

b. Eles precisaram .... os móveis para a nova casa.

c. O diagnóstico era .... , por isso buscaram outra opinião.

d. Aquela atitude foi considerada .... e inaceitável pela sociedade.
e. Ele era .... e traiu a confiança de todos.
f. O assistente parecia .... no começo, mas ele conseguiu finalizar o projeto.
g. O escritório estava completamente ...., com papéis espalhados por toda parte.
h. O protesto foi considerado .... e resultou em penalidades.
i. Ele foi .... com os sentimentos dos colegas, o que causou desconforto.
j. Eles perceberam que era .... terminar o projeto até o fim do mês.

12 Complete as frases abaixo com a palavra correta usando um dos prefixos indicados (a-, inter-, trans-).

.... moral	.... formação	.... disciplinar	.... típico
.... continental	.... atlântico	.... nacional	.... ativa

a. A equipe de cientistas conduziu uma pesquisa .... para entender melhor o fenômeno.
b. A empresa está planejando uma.................................... que vai mudar completamente seu modelo de negócios.
c. A LGBTfobia é uma postura .... e injusta.
d. A colaboração .... entre os departamentos é essencial para o sucesso do projeto.
e. O voo .... foi longo, mas valeu a pena pela experiência de conhecer outro continente.
f. O cruzeiro .... oferece uma experiência única.
g. Eles participaram de uma conferência .... para discutir questões globais.
h. O comportamento das tropas inimigas foi ....

13 Reorganize os parágrafos abaixo para que formem um artigo de opinião coerente. Em seguida, crie um título e um olho para a publicação.

a. Em segundo lugar, é necessário promover a educação antirracista desde a infância. As escolas devem incluir em seus currículos a história e as contribuições das populações negras e indígenas, além de abordar criticamente o racismo. Isso ajudará a construir uma sociedade mais consciente e empática.

b. Em conclusão, o racismo estrutural é uma questão complexa e profundamente enraizada em nossa sociedade. Para combatê-lo, precisamos de um esforço coletivo que envolva mudanças na legislação, na educação e nas práticas culturais. Só assim poderemos construir uma sociedade verdadeiramente justa e igualitária.

c. Primeiramente, é essencial reconhecer que o racismo estrutural não se manifesta apenas em atos individuais de discriminação, mas também nas instituições e políticas que perpetuam desigualdades. Isso inclui o acesso desigual à educação, saúde, moradia e às oportunidades de emprego.

d. Além disso, é fundamental que haja uma representatividade real e significativa nas mídias e nas esferas de poder. A presença de pessoas negras e indígenas em posições de destaque não só inspira as gerações mais jovens, como também garante que suas vozes e perspectivas sejam ouvidas e respeitadas.

e. Outro aspecto crucial é a implementação de políticas afirmativas e reparatórias. Programas de cotas em universidades e empresas, por exemplo, são ferramentas importantes para corrigir desigualdades históricas e garantir uma maior inclusão de grupos marginalizados.

f. Por último, mas não menos importante, é imprescindível que o sistema de justiça seja reformado para eliminar práticas discriminatórias. A polícia e o judiciário devem ser treinados para reconhecer e combater o racismo em suas diversas formas, garantindo um tratamento igualitário para todos os cidadãos.

▶ Ordem adequada: ...., ..., ..., ..., ... e ....
▶ Título: ....
▶ Olho: ....
....
....
....

UNIDADE 6

TERRA

É PRECISO MAIS

NESTA UNIDADE VOCÊ VAI APRENDER:

- expressões de mudanças climáticas
- expressões da agricultura, da pecuária e da mineração
- infinitivo pessoal
- novas formas de pedir, ordenar e aconselhar
- futuro do subjuntivo I e II
- correlação entre tempos verbais

PARA:

- falar de meio ambiente e mudanças climáticas
- discutir segurança alimentar
- aprender sobre agricultura e agroecologia
- compreender os impactos da pecuária e da mineração
- aprender práticas de consumo responsável

1. Analise a imagem ao lado e responda às questões.

a. No dia 16 de outubro celebra-se o Dia Mundial da Alimentação. Por que esta data é importante?

b. Para você, o que é segurança alimentar?

c. Na sua opinião, a segurança alimentar é um problema mundial ou um problema concernente a países pobres? Por quê?

d. A quais questões a segurança alimentar está associada?

e. Qual a diferença entre "segurança do alimento" e "segurança alimentar"?

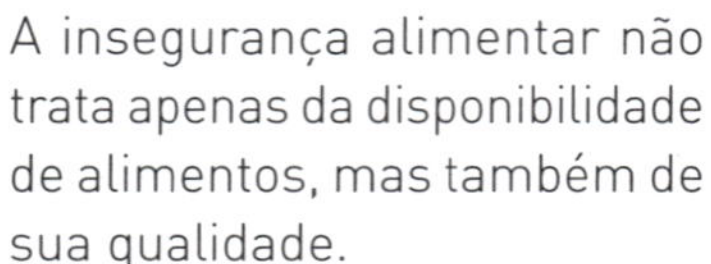
A insegurança alimentar não trata apenas da disponibilidade de alimentos, mas também de sua qualidade.

2. Leia o artigo abaixo, verifique suas respostas da atividade 1 e responda a novas questões.

Fome e clima: uma relação tumultuada

por Nathalie Beghin, colegiado de gestão do Inesc

O Dia Mundial da Alimentação é uma data oportuna para tratarmos dos imensos desafios socioambientais e pensar as mudanças climáticas.

O Dia Mundial da Alimentação é também uma data para se pensar as mudanças climáticas. O aumento da temperatura provoca secas cada vez mais intensas e frequentes e grandes tempestades que podem resultar na quebra de safras, na diminuição da produção de alimentos e no aumento de seus preços, gerando fome. Portanto, se o 16 de outubro nos remete a vitórias, como a implementação do Plano Brasil Sem Fome, a data é bastante oportuna para tratarmos dos imensos desafios socioambientais.

Enquanto a Amazônia enfrenta uma de suas piores secas, o Sul do País é profundamente afetado por chuvas intensas e enchentes. Esses eventos extremos são resultado do aquecimento global, consequência da ação humana predatória, e impactam consideravelmente a situação alimentar da população, especialmente da mais vulnerabilizada. A combinação de baixa oferta de alimentos in natura com preços elevados contribui para aumentar a busca por produtos ultraprocessados, o que traz à tona uma outra vertente da insegurança alimentar e nutricional: o sobrepeso e a obesidade.

O Brasil convive atualmente com o seguinte paradoxo: de um lado, 33 milhões de pessoas passam fome e, de outro, há mais de 40 milhões de pessoas obesas. A crise climática e suas relações com a fome, com a desnutrição e com a obesidade são um grande risco para a humanidade, num processo chamado de sindemia global.

Mudanças climáticas

Importante destacar que a agropecuária pode ser tanto uma ameaça quanto uma solução para combater as mudanças climáticas. Apesar dos aumentos de produtividade, a expansão do agronegócio no Brasil ainda é a grande responsável pelo desmatamento, sendo uma das principais fontes de emissões de gases de efeito estufa. Além disso, a produção de carne bovina é responsável pela emissão de metano, outra causa do aquecimento global.

Em contrapartida, a agricultura sustentável, combinada com mudanças na dieta, pode compatibilizar a produção de alimentos saudáveis com o combate às mudanças climáticas. Para tal, é necessário acabar com o desmatamento; restaurar as florestas; redistribuir terras e territórios; respeitar os modos de vida dos povos indígenas e dos povos e comunidades tradicionais; fortalecer a agricultura familiar; adotar a agroecologia como modelo de produção; implementar uma política de abastecimento baseada em circuitos curtos, que aproximam o produtor do consumidor de alimentos; expandir a agricultura urbana; diminuir drasticamente a produção e o consumo de ultraprocessados, entre outras medidas. É preciso, ainda, aprofundar os estudos que especifiquem melhor a relação entre mudanças climáticas e insegurança alimentar, identificando caminhos que possam nos ajudar a interromper esses círculos viciosos.

Ainda é possível conter a crise climática, mas isso exige esforços enormes de governos e cidadãos para pôr em marcha uma outra forma de produzir e consumir que nos permita viver em harmonia com a natureza.

Fonte: https://bit.ly/3ZBW0Aj (Acesso em: 15 maio 2024. Adaptado.)

a. Segundo o texto, quais são as causas da insegurança alimentar?

b. Qual é o paradoxo do Brasil sobre a questão alimentar? A quais fatores você atribui esse problema?

c. Como explicar a relação entre obesidade, desnutrição e mudanças climáticas?

d. Por que a agropecuária pode ser uma ameaça ou uma solução para essa crise?

3. O artigo "Fome e clima: uma relação tumultuada" apresenta muitas expressões relacionadas à crise climática, à agropecuária e ao meio ambiente, identifique essas expressões e as organize por categorias.

AGROPECUÁRIA	FENÔMENOS CLIMÁTICOS	MEIO AMBIENTE

a. O artigo ainda propõe nove medidas para a prática da agricultura sustentável. Retire do texto essas medidas e tente, com a turma, nominalizá-las. Observe os exemplos.

1. Acabar com o desmatamento ➡ O fim do desmatamento (o fim de...)
2. Restaurar as florestas ➡ A restauração das florestas (a restauração de...)

INFINITIVO PESSOAL I

Segundo a WFP (Programa Mundial de Alimentos), há cinco passos para acabarmos com a fome no mundo. Segundo essa agência, é necessário **priorizarmos** quem mais precisa, **garantirmos** acesso dos agricultores ao mercado, **reduzirmos** o desperdício de alimentos, **incentivarmos** a diversidade de culturas agrícolas e **priorizarmos** a nutrição, começando pelas crianças.

▶ Observe as frases e responda:

a. *É importante **priorizarmos** quem mais precisa*. Quem deve priorizar quem mais precisa?
b. *É importante eles **priorizarem** quem mais precisa.* Quem deve priorizar quem mais precisa?

▶ Compare as frases e observe sua transformação:

c. *A fome existe **porque existem** desigualdades sociais.* = *A fome existe **por existirem** desigualdades sociais.*
d. *Não desperdice **para que não falte** alimento.* = *Não desperdice **para não faltar** alimento.*
e. *O governo pediu **para doarmos** alimentos para as pessoas que mais precisam.* Quem deve fazer a doação? *(infinitivo pessoal)*
f. *O governo pediu para **doar** alimentos a quem mais precisa*. Quem deve fazer a doação? *(infinitivo)*

▶ Vamos analisar cada uma das frases acima.

O **infinitivo impessoal** não explicita tempo verbal ou pessoa do discurso (f). O **infinitivo pessoal** liga o verbo à pessoa do discurso (a, b, e). Seu uso é obrigatório quando há duas orações com sujeitos diferentes (e) ou quando o sujeito está expresso na segunda oração (b). A depender da frase, o infinitivo pessoal vem antecedido de preposição (c, d).

Formação: na primeira e na terceira pessoa do singular não apresenta flexão, na **primeira pessoa do plural** a terminação é **-mos** e na **terceira pessoa do plural** a terminação é **-rem**.

	FALTAR	COMBATER	EXISTIR	TER	IR	SER	ESTAR
Eu*	Faltar	Combater	Existir	Ter	Ir	Ser	Estar
Você/Ele/Ela*	Faltar	Combater	Existir	Ter	Ir	Ser	Estar
Nós	Faltarmos	Combatermos	Existirmos	Termos	Irmos	Sermos	Estarmos
Vocês/Eles/Elas	Faltarem	Combaterem	Existirem	Terem	Irem	Serem	Estarem

** As formas da conjugação nos pronomes singulares são iguais ao infinitivo impessoal.*

4. Sugira três ações para a proteção do meio ambiente.
Exemplo: É preciso/necessário/urgente + infinitivo pessoal

5. Responda às questões.

a. Para você, quais podem ser os problemas do consumo de carnes para a saúde humana?

b. Quais problemas a pecuária intensiva causa ao meio ambiente?

c. O que nós poderíamos fazer para diminuir esse problema? Dê sugestões.

6. Leia o artigo da Proteção Animal Mundial, enumere as 10 recomendações e identifique os motivos que as justificam.

PROTEÇÃO ANIMAL MUNDIAL

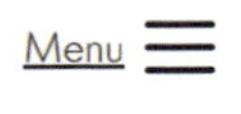

Página inicial • Notícias e blog • Notícias • 10 caminhos para os governos reduzirem efeitos da pecuária industrial intensiva na nossa saúde

10 caminhos para os governos reduzirem efeitos da pecuária industrial intensiva na nossa saúde

De acordo com a perspectiva de Saúde Única, adotar medidas que asseguram bem-estar de animais em sistemas de produção, por si só, já gera grandes benefícios para a saúde humana e ambiental.

Reconhecer realidades, imputar responsabilidades e promover uma atribuição real de custos nos preços dos produtos de origem animal. Efetuar mudanças significativas ancoradas em debate, ter por base padrões mínimos de bem-estar de trabalhadores, cidadãos e animais e sempre privilegiar alternativas sustentáveis. Fazer uso justo de recursos públicos e honrar compromissos internacionais estabelecidos mutuamente. Incentivar para as populações dietas saudáveis, ricas em alimentos frescos, mais diversas em fontes de proteínas e com quantidades decrescentes de carnes e laticínios. Atuar de forma integrada e decisiva para evitar a catástrofe da resistência antimicrobiana (RAM), crise impulsionada por práticas irresponsáveis ainda toleradas na produção animal.

Esse é o extrato de um conjunto de 10 recomendações para a atuação de autoridades públicas na implementação de políticas e ações que visam à diminuição e à correção dos efeitos negativos do sistema. A pecuária intensiva, a partir da venda maciça de produtos de origem animal, está acabando com recursos naturais, avançando limites éticos e causando problemas gigantescos, além de gastos de trilhões de dólares e da perda de milhões de vidas a cada ano.

A Proteção Animal Mundial luta para que os animais de produção sejam criados em sistemas livres de crueldade, humanos e sustentáveis, nos quais suas necessidades sejam totalmente atendidas. Isso garante que eles sejam mais resistentes a doenças e que a dosagem de rotina de antibióticos não seja necessária.

Fonte: https://bit.ly/3zjQJHi (Acesso em: 16 maio 2024. Adaptado.)

PECUÁRIA

Pecuária é um termo utilizado para descrever a criação de animais para consumo humano, como gado, ovelhas, porcos, aves, entre outros.
O termo é derivado do latim *pecus*, que significa "gado" ou "rebanho"; portanto, o nome pecuária remete à atividade agropecuária, especialmente relacionada à criação de animais.

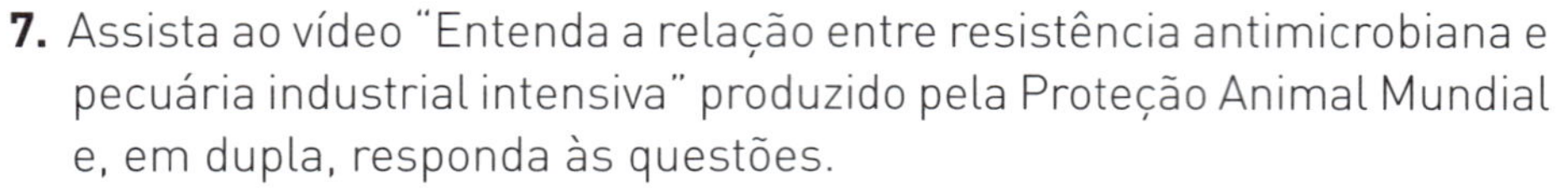

7. Assista ao vídeo "Entenda a relação entre resistência antimicrobiana e pecuária industrial intensiva" produzido pela Proteção Animal Mundial e, em dupla, responda às questões.

Entenda a relação entre resistência antimicrobiana e pecuária industrial intensiva

Fonte: https://bit.ly/3MGqvZb (Acesso em: 16 maio 2024.)

a. O que é resistência antimicrobiana?

b. Segundo o vídeo, para que servem os antibióticos? Por qual outro nome eles podem ser chamados?

c. Quantas pessoas morrem por ano devido a problemas causados pela resistência antimicrobiana?

d. Qual a quantidade de antibióticos utilizada pela pecuária intensiva no mundo?
e. Por que os animais utilizam tantos antibióticos e por que esse uso é nocivo para todos?
f. Assista novamente ao vídeo e cite as três ações que podemos realizar para combater esse problema.

8. Leia o texto abaixo e reaja à ideia apresentada no blog por meio de um comentário. Não se esqueça de justificar sua opinião e sugerir alguma prática. Antes de realizar a atividade, consulte a seção *Vamos sistematizar* a seguir. Depois, compartilhe seu comentário com os colegas.

SANEAMENTO, SOCIEDADE E MEIO AMBIENTE

CONSUMO DE CARNE: CONSTRUIR DIÁLOGOS SOBRE A REDUÇÃO É FUNDAMENTAL

A alimentação está diretamente relacionada com a sustentabilidade. O consumo de carne, por exemplo, afeta o meio ambiente de diferentes formas, e muitas pesquisas buscam entender como a pecuária interfere nas mudanças ambientais. Nesse cenário, muitos movimentos que incentivam as pessoas a reduzirem o consumo de carne, como o "Segunda sem carne", surgiram. A ideia é trocar a proteína animal pela vegetal e descobrir receitas e sabores novos. Com isso, é possível ter atitudes mais sustentáveis e que causam menos impactos ao meio ambiente.

Além de afetar o meio ambiente de diversas formas, a pecuária está diretamente relacionada com as emissões de gases.

Além disso, o desmatamento causado para manter a agricultura e a pecuária em grande escala colabora para a redução de florestas. Outro problema das grandes áreas devastadas (destruídas) é o impacto na biodiversidade local e o uso de quantidades insustentáveis de água.

A Organização das Nações Unidas (ONU) prevê que a população mundial chegará a 9,7 bilhões de pessoas até 2050, o que exigirá aumentar em 50% a produção de alimentos para sustentar todas as pessoas. Se seguirmos os modelos atuais, isso pode gerar impactos ambientais irreparáveis e fazer com que a Terra deixe de ser um espaço seguro para a humanidade.

Fonte: https://bit.ly/47ow5ZB (Acesso em: 17 maio 2024. Adaptado.)

FORMAS DE PEDIR, ORDENAR E/OU ACONSELHAR

Quando propomos uma ação, fazemos um pedido ou damos uma ordem, existem diferentes formas para nos expressarmos. Já vimos que o imperativo nem sempre é o modo mais adequado na língua portuguesa, porque pode soar como falta de polidez para o interlocutor. Veja a comparação dos usos destas diferentes formas:

- *"Reconhecer realidades* [...] *de custos nos preços dos produtos de origem animal."*
- *É preciso que reconheçamos as realidades* [...]. *(presente do subjuntivo)*
- *É preciso reconhecer/reconhecermos as realidades* [...]. *(infinitivo impessoal/pessoal)*
- *Reconheçamos as realidades* [...]. *(imperativo)*

Em todas as frases vemos um sentido de pedido/ordem, mas apenas a última frase encontra-se no modo imperativo. Saber expressar suas ideias de formas variadas traz mais precisão ao que você quer dizer e deixa o seu texto mais agradável para o interlocutor.

É importante destacarmos também que o uso do infinitivo pessoal é amplamente aplicado aos avisos de cartazes afixados de forma geral. Veja alguns exemplos:

9. A partir das recomendações extraídas do artigo "10 caminhos para os governos reduzirem efeitos da pecuária industrial intensiva na nossa saúde", reescreva as orientações de acordo com o modelo analisado nesta seção.

AGROECOLOGIA NO PRATO

10. Observe a imagem e realize as atividades abaixo.

a. Descreva a imagem.

b. Como a agricultura e o meio ambiente foram representados?

c. Como você associa a imagem à segurança alimentar? Como isso está representado?

O agronegócio no Brasil, também conhecido abreviadamente como "agro", refere-se a um conjunto integrado de atividades econômicas agropecuárias e de todos os serviços, técnicas e equipamentos direta ou indiretamente relacionados a tais atuações, voltado para a exportação. É considerado o principal setor da economia brasileira, representando em torno de 25% do PIB (Produto Interno Bruto). Por essa razão, o Brasil é chamado de "celeiro do mundo".

Ao mesmo tempo, o agronegócio é responsável por graves problemas ambientais e sociais e, enquanto o país é um dos maiores produtores de grãos e carne do mundo, criou-se o paradoxo de, em anos recentes, o Brasil ter voltado ao mapa da fome, com mais da metade da população experimentando algum grau de insegurança alimentar.

	 Soja	 Café	 Suco de laranja	 Açúcar	 Carne de Frango	 Carne Bovina
Produção	MAIOR PRODUTOR MUNDIAL	MAIOR PRODUTOR MUNDIAL	MAIOR PRODUTOR MUNDIAL	MAIOR PRODUTOR MUNDIAL	2º MAIOR PRODUTOR MUNDIAL	2º MAIOR PRODUTOR MUNDIAL
Exportação	MAIOR EXPORTADOR MUNDIAL	MAIOR EXPORTADOR MUNDIAL	MAIOR EXPORTADOR MUNDIAL	MAIOR EXPORTADOR MUNDIAL	MAIOR EXPORTADOR MUNDIAL	MAIOR EXPORTADOR MUNDIAL
Share Mundial (exportação)	58,2%	30,8%	75,8%	48,2%	35,5%	24,6%

Extraído de: Wikipédia e Instituto CNA. Fontes: https://bit.ly/3AZ3spO e https://bit.ly/3MBMuR3 (Acesso em: 18 maio 2024. Adaptado.)

11. Assista ao vídeo "Agroecologia é vida!" e marque verdadeiro (V) ou falso (F) para as afirmações abaixo. Em seguida, corrija as afirmações falsas.

( ) Sistemas de produção agroecológica são mais produtivos.

( ) O agronegócio no Brasil consome 10% de todo o agrotóxico produzido no mundo.

( ) O agronegócio é mais lucrativo.

( ) Os brasileiros consomem mais de 7 litros de agrotóxico por ano.

( ) A agricultura familiar produz 70% dos alimentos que consumimos todos os dias.

( ) A agroecologia é menos resistente à seca e às mudanças climáticas.

( ) O agronegócio tem por objetivo acabar com a fome no mundo.

Fonte: https://bit.ly/4cXO4rc (Acesso em: 18 maio 2024.)

12. A partir das informações da atividade 11, como você poderia explicar o que é "agroecologia"?

- agronegócio (agro)
- agricultura familiar
- agroecologia
- agricultura extensiva
- monocultura ≠ policultura
- alimentos orgânicos
- alimentos sem agrotóxicos
- alimentos transgênicos
- insumos agrícolas (agrotóxicos e fertilizantes ou adubos)
- horta
- pomar
- agrofloresta
- permacultura
- agricultores
- colheita
- safra
- sementes

AGRICULTURA OU FLORESTA? OS DOIS.

13. Será que é possível conciliar alta produção de alimentos saudáveis e o fim do desmatamento? Explique.

14. Teste seus conhecimentos em sustentabilidade e a importância de proteger nosso planeta.

a. O que significa o termo "ecossistema"?
( ) Um grupo de pessoas trabalhando juntas.
( ) Uma comunidade de organismos vivos e seu ambiente.
( ) Um processo de reciclagem.

b. Qual das seguintes é uma fonte de energia renovável?
( ) Carvão ( ) Gás natural ( ) Energia solar ( ) Petróleo

c. Qual é o principal gás de efeito estufa responsável pelas mudanças climáticas?
( ) Oxigênio ( ) Nitrogênio ( ) Dióxido de carbono ( ) Hidrogênio

d. Qual é o termo para o aumento da temperatura da Terra devido a atividades humanas?
( ) Chuva ácida ( ) Diminuição da camada de ozônio ( ) Aquecimento global

e. Qual é o nome do termo pelo qual o solo se torna menos fértil (produtivo) devido a práticas agrícolas inadequadas?
( ) Desmatamento ( ) Desertificação ( ) Erosão ( ) Degradação

Extraído de: Quiz Mais. Fonte: https://bit.ly/4ggg7ou (Acesso em: 18 maio 2024. Adaptado.)

O manejo na agricultura é o conjunto de todas as práticas visando à produção agrícola.

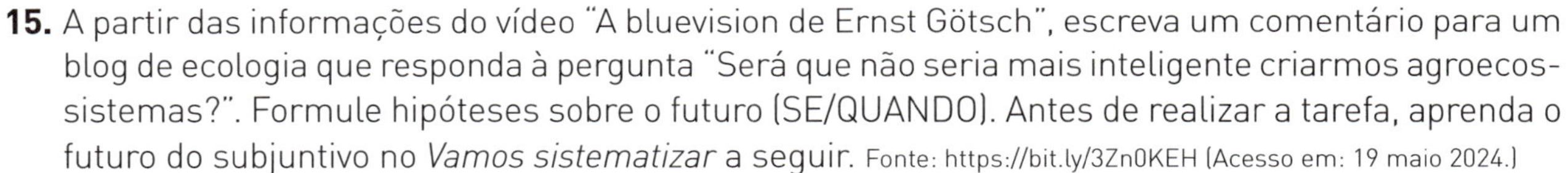

15. A partir das informações do vídeo "A bluevision de Ernst Götsch", escreva um comentário para um blog de ecologia que responda à pergunta "Será que não seria mais inteligente criarmos agroecossistemas?". Formule hipóteses sobre o futuro (SE/QUANDO). Antes de realizar a tarefa, aprenda o futuro do subjuntivo no *Vamos sistematizar* a seguir. Fonte: https://bit.ly/3Zn0KEH (Acesso em: 19 maio 2024.)

FUTURO DO SUBJUNTIVO I

"Em todo o mundo, se adotarmos soluções climáticas naturais, incluindo a agrofloresta, poderemos ajudar a reduzir as emissões em até um terço até 2030." The Nature Conservancy (Adaptado.)

Observe as frases.

Se aumentarmos *as agroflorestas, reduziremos em até um terço as emissões de gases do efeito estufa.*

Quando aumentarmos *as agroflorestas, produziremos mais alimentos de forma sustentável.*

O que as frases expressam? ( ) hipótese sobre o passado ( ) hipótese sobre o futuro

O **futuro do subjuntivo** expressa uma ação futura dependente de outra ação futura. Forma-se a partir da 3ª pessoa do pretérito perfeito do modo indicativo.

Formação: eles pude~~ram~~: -r, -rmos, -rem.

Essa regra de formação funciona para verbos regulares e irregulares. Observe que a conjugação dos verbos regulares é idêntica ao infinitivo pessoal, sendo diferente apenas para os verbos irregulares. Experimente conjugar os verbos irregulares da lista abaixo e perceba as diferenças para o infinitivo pessoal. Conjugue também alguns verbos regulares para treinar.

	SER/IR	ESTAR	TER	FAZER	PLANTAR	PROMOVER	PRIVILEGIAR
Eu	For						
Ele/Ela/ Você	For						
Nós	Formos						
Eles/Elas/ Vocês	Forem						

A TERRA CANSA

16. Associe o nome de cada fenômeno climático à imagem correspondente.
    - I. Derretimento das geleiras
    - II. Tornados e furacões
    - III. Queimadas e incêndios
    - IV. Seca
    - V. Aquecimento global

    a. Quais outros problemas ambientais você poderia citar?

17. Responda às questões.
    a. Como você associa o título da lição, "A Terra cansa", aos fenômenos de mudanças climáticas?
    b. Por que, diante de tantas notícias sobre as mudanças climáticas, as pessoas são tão resistentes a mudar seus hábitos de vida e consumo?
    c. Para você, em uma escala de 0 a 10, o quanto já ultrapassamos os limites de equilíbrio da Terra?

"PONTO DE NÃO RETORNO", ou *tipping point*, é um limiar crítico além do qual um sistema se reorganiza, muitas vezes de forma abrupta e/ou irreversível, de acordo com o Painel Intergovernamental sobre Mudanças Climáticas (IPCC). Em outras palavras, o conceito é utilizado para indicar o momento em que as **mudanças climáticas** não poderão mais ser revertidas. Extraído de: eCycle. Fonte: https://bit.ly/3Zgbzs3 (Acesso em: 20 maio 2024. Adaptado.)

18. Você já ouviu falar dos "9 limites que mantêm o equilíbrio na Terra"? Analise o gráfico ao lado e tente explicar a que se refere cada limite.

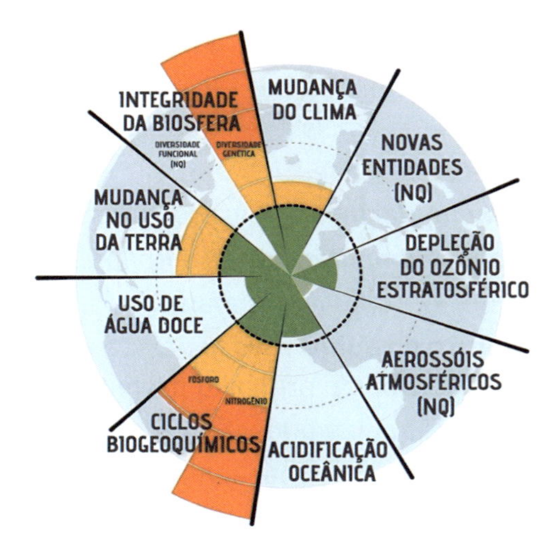

* Depleção: perda, redução, diminuição, desaparecimento.

19. Assista ao vídeo da BBC News Brasil e responda.
    a. O que são os "9 limites da Terra"?
    b. Quantos limites já foram ultrapassados? Observe o gráfico.
    c. Assista novamente ao vídeo e responda às questões.
       - I. Quais limites já foram ultrapassados? Devido a quais ações humanas eles foram ultrapassados?
       - II. Quais os limites que ainda não ultrapassamos?
       - III. Quais limites os cientistas ainda não sabem como medir? Por quê?
       - IV. Segundo o vídeo, por que ainda temos esperança e tempo para agir?
       - V. Com quais ações podemos contribuir para preservar o planeta?

Fonte: https://bit.ly/3XBFTMD (Acesso em: 20 maio 2024.)

20. Leia a entrevista com Ailton Krenak, escreva um pequeno comentário sobre a relação entre as ideias do líder indígena e os "9 limites da Terra".

Ailton Krenak: “A Terra pode nos deixar para trás e seguir o seu caminho”

Entrevista | O escritor e líder indígena acredita que a Terra é um organismo vivo e que, se a humanidade continuar no ritmo predatório que vive, entrará na lista de espécies em extinção.

"Estamos experienciando a febre do planeta." É o que Ailton Krenak afirma e que, aparentemente, uma parcela significativa da humanidade não está percebendo – ou, então, está negando. O aumento da temperatura do planeta vem como uma reação; mostra que o organismo Terra está reagindo às ações predatórias e destrutivas dos seres humanos, mas estamos tão centrados em nós mesmos que somos incapazes de ouvir esse descompasso. "Nos descolamos do corpo da Terra", diz Krenak. Fizemos um divórcio, acreditando que poderíamos viver por nós mesmos. Com uma condição: extrair, dominar, explorar tudo o que vem de Gaia. Nos divorciamos desse organismo que nos abriga e estamos a todo instante a usurpá-lo.

A trajetória de Ailton Krenak foi sempre ecoante e fundamental na luta histórica dos povos indígenas e pela preservação da Terra. Em 1987, discursou na Assembleia Nacional Constituinte durante a elaboração da Constituição Brasileira de 1988 posicionando-se na tribuna, em frente àqueles que ameaçavam os direitos aos territórios geográficos e culturais das tradições indígenas.

Passados tantos anos, a voz de Ailton Krenak segue sendo urgente e ecoante. Em 2019, escreveu o livro *Ideias para adiar o fim do mundo*, um dos livros mais lidos no país no ano passado. Nas 88 páginas, propõe uma nova forma de consumo e de existência, guiada por uma visão cósmica do mundo. Mais próxima da natureza, menos sedenta por dinheiro, poder e domínio. Neste ano, lançou *A vida não é útil*, um compilado de entrevistas e lives dadas por Krenak e transformadas em texto já no período da pandemia. No livro, destaca a ideia da profunda desconexão do ser humano com o organismo Terra, provocando reflexões sobre a centralidade da espécie humana e a forma como estamos nos relacionando com o planeta.

Que humanidade somos hoje?

Somos uma humanidade complexa e diversa. Ela tem aquelas qualidades que nós gostaríamos, às vezes, que fossem presentes ao nosso redor: a complexidade e a pluralidade. Mas essa humanidade, exatamente por ter uma condição plural, não constitui uma comunidade. Poderia dizer que hoje estamos perplexos, porque nós não conseguimos ter uma unidade de propósito e estamos passando por crises sucessivas. Crise ambiental, climática, econômica. É também uma crise de paradigma.

Nós estamos desorganizando a vida aqui no planeta, e as consequências disso podem afetar a ideia de um futuro comum – no sentido de a gente não ter futuro aqui junto aos outros seres. Os humanos serem finalmente incluídos na lista de espécies em extinção.

O ser humano é tão concentrado em si que, quando vê povos conectados com a natureza, chama isso de "alienação" – em algumas passagens de *A vida não é útil*, em que fala sobre o rio ser um avô, as montanhas serem avós. E como esse parentesco com o que não é humano é visto com desconfiança por muitos indivíduos! Por que isso causa estranhamento? Parece que esse descolamento do humano desse grande organismo da Terra, do qual nós somos parte, aconteceu ao longo da História em diversos movimentos. O mais significativo deles talvez tenha sido a agricultura, o evento dos humanos dominarem essa atividade. O Harari, autor de *Sapiens*, diz que quando o Homo sapiens descobriu que ele poderia dominar um ciclo de reprodução da natureza, como a agricultura, ele ficou meio convencido de se separar da Terra.

Extraído de: *Jornal da Universidade* (UFRGS). Fonte: https://bit.ly/3Thj9yL (Acesso em: 20 maio 2024. Adaptado.)

FUTURO DO SUBJUNTIVO II

▶ Observe as frases e compare suas estruturas.

*Se **cruzarmos** as fronteiras dos limites da Terra, teremos efeitos irreversíveis.*

*Quando **fizermos** mudanças mais rigorosas na forma como vivemos, poderemos prosperar de forma sustentável.*

*Os governos e empresas que **desrespeitarem** as leis ambientais deverão ser punidos.*

*Farei tudo que **puder** e tudo que **estiver** ao meu alcance.*

*Enquanto **tiver** forças, lutarei.*

*Assim que **tiver** tempo, vou falar com mais pessoas.*

▶ Expressões que introduzem o futuro do subjuntivo: *quando/se/enquanto/logo que/sempre que/depois que*

Agora é a sua vez! Explique o que você compreendeu do tema das mudanças climáticas e dos "9 limites da Terra", utilize o futuro do subjuntivo com cada uma das expressões acima.

SERÁ QUE VALE A PENA?

21. Responda às questões.

a. Você acha possível vivermos sem mineração? Por quê?
b. Dê exemplos de alguns minérios que você conhece.
c. Cite produtos utilizados no dia a dia que levam minérios em sua composição.
d. Quais impactos ambientais são causados pela mineração?
e. Será que vale a pena? Será que é possível a prática da mineração de modo sustentável?

22. Para entender a importância desse setor para a economia do Brasil e para o mundo, leia o artigo abaixo e formule 10 perguntas para serem respondidas pelo texto. Varie as estruturas das perguntas de acordo com os exemplos da seção *Vamos sistematizar*.

Mineração

A mineração é a prática de exploração e beneficiamento de minérios e uma das bases da economia nacional, porém também está associada a problemas ambientais.

A mineração é uma das bases da economia nacional. Representa o desenvolvimento socioeconômico, já que os minérios podem ser encontrados em quase todos os produtos que consumimos. É, portanto, uma atividade essencial para o progresso de uma sociedade. No entanto, apesar de a mineração ser indispensável ao desenvolvimento, é uma atividade que gera grandes impactos ambientais negativos.

O Brasil é um grande produtor mineral, rico em minérios como nióbio, ferro, manganês e alumínio. A atividade mineradora no Brasil remonta ao período colonial, com a busca pelo ouro no interior do país, e produziu grande impacto no desenvolvimento industrial brasileiro. O país produz cerca de 70 substâncias minerais. O setor de mineração é, segundo publicação da ONU, responsável por cerca de 200 mil empregos diretos no país e 800 mil indiretos, e responde por 4% do Produto Interno Bruto. Os principais países importadores de minérios do Brasil são Canadá, Estados Unidos, China, Japão e Países Baixos.

O DNPM (Departamento Nacional de Produção Mineral) também divulgou que, em 2015, o Brasil destacou-se como principal produtor de nióbio, representando cerca de 97,3% da produção mundial. As principais reservas minerais no país encontram-se, principalmente, nas regiões Sudeste, Norte, Centro-Oeste e Nordeste, com destaque para os estados do Pará, Minas Gerais, São Paulo, Goiás, Rondônia, Mato Grosso, Mato Grosso do Sul, Bahia e Amazonas. Segundo o Instituto Brasileiro de Mineração, há mais de 8 mil empresas mineradoras e mais de 3 mil minas espalhadas pelo país, sendo 159 delas de grande porte.

A mineração, apesar de ser essencial para o desenvolvimento socioeconômico, tem impactos negativos para meio ambiente e para as populações das cidades mineradas. Segundo pesquisas do Centro de Tecnologia Mineral (Cetem) do Ministério da Ciência, cerca de 105 territórios, distribuídos em 22 estados brasileiros, sofrem com os impactos da mineração, o que confirma que ela provoca diversos problemas nas regiões onde é realizada. Os principais problemas ambientais associados a essa atividade são: poluição e contaminação dos recursos hídricos, degradação da paisagem e de todo ecossistema, poluição do ar e sonora, alteração geológica e processos erosivos. A atividade mineradora também é a que mais causa acidentes de trabalho no Brasil e a responsável pelo maior desastre ambiental já visto no país.

Em 2019, o desastre ambiental e humanitário em Brumadinho (MG), no qual barragens foram rompidas provocando 270 mortes, foi o maior do Brasil e o quarto maior da história mundial. O desastre, que poderia ter sido evitado, também resultou na contaminação de mais de 300 quilômetros do rio Paraopeba, atingindo a população de 26 cidades. No entanto, é preciso deixar claro que a integridade das minas é responsabilidade da empresa e a recuperação ambiental da área deve fazer parte das etapas do projeto, devendo, portanto, ser considerados todos os riscos ambientais possíveis.

Extraído de: Mundo Educação e O Globo. Fontes: https://bit.ly/4cWvrDL e https://bit.ly/47ktv60 (Acesso em: 21 maio 2024. Adaptado.)

- extração de minerais
- ferro
- manganês
- alumínio
- ouro
- nióbio
- bauxita
- petróleo
- gás natural
- minas
- mineradoras
- barragem de rejeitos
- garimpo
- carvão

23. Para cada prática sustentável abaixo, associe seu significado.

1. Prática de mineração responsável
2. Tecnologias avançadas e sustentáveis
3. Integração comunidade-empresa
4. Eficiência energética e fontes alternativas

( ) Tecnologias de filtros já permitem a filtragem de rejeitos, a concentração a seco e a economia de água.

( ) Na mineração, o carvão tem sido substituído por eucalipto e hidrogênio (fontes de energia renováveis), contribuindo para a diminuição das emissões de CO_2.

( ) As empresas mineradoras devem recompor a vegetação e o relevo das áreas mineradas.

( ) Os projetos de mineração precisam trabalhar em conjunto com as comunidades impactadas pela mineração, o que é chamado de Governança ambiental, social e corporativa (ESG).

USO DE "QUE" ENFÁTICO

a. Observe os exemplos abaixo de estruturas de perguntas.

O que é que.../Por que é que.../Onde é que.../Quem é que.../Quando é que.../Quanto é que...
O que foi que.../Por que foi que.../Onde foi que.../Quem foi que.../Quando foi que.../Quanto foi que...
O que será que.../Por que será que.../Onde será que.../Quem será que.../Quando será que.../Quanto será que...

b. Compare as estruturas:

1. *Para quem o Brasil exporta os minérios?* **2.** *Para quem é que o Brasil exporta os minérios?*

Qual das estruturas é mais formal? ( )

▶ Observe a frase: ***Já que*** *não é possível viver sem os minérios, eles poderiam ser extraídos de forma sustentável?*

A expressão "já que" expressa a causa ou o motivo de uma ação. Pode ser substituída pelas expressões: *como, visto que, dado que, uma vez que, porque, tendo em vista que*.

Como você poderia reescrever a mesma frase substituindo a expressão "já que"?

---

24. Leia a tirinha abaixo e observe a estrutura de uso das diferentes formas da palavra "porque".

EDUCANDO SOBRE O MEIO AMBIENTE

a. Agora associe a regra à forma adequada da palavra "porque":

1. Por que
2. Por quê
3. Porque
4. Porquê

( ) Usado ao final das frases interrogativas.

( ) Essa forma é usada como substantivo, por isso sempre é precedida por um artigo "o" e corresponde à expressão "a razão".

( ) Sempre pode ser usado no início de perguntas ou em frases que expressam a ideia de "razão".

( ) Usado para expressar uma explicação em respostas. Corresponde ao uso de "pois" em um contexto explicativo.

b. Agora tente elaborar uma frase com cada forma correta de "porquê", "porque", "por que" ou "por quê".

DO TAMANHO DA CONSCIÊNCIA

25. Observe a imagem e responda.

a. Como você responderia à questão apresentada na imagem?
b. Como você associa o consumo aos problemas ambientais?
c. Explique a diferença entre consumo e consumismo.
d. Você acha que o mundo está consumindo mais? Por quê?
e. Para você, o que é "consumo responsável"? Dê um exemplo.

COMPORTAMENTOS INDICADORES DE CONSUMO CONSCIENTE

26. Teste seu perfil de consumidor. O objetivo do teste é identificar os pontos que podemos aprimorar.

ECONOMIA	Desligar lâmpadas e eletrônicos Fechar torneiras e reduzir o tempo no chuveiro Esfriar alimentos naturalmente antes de gelar
PLANEJAMENTO	Planejar a compra de alimentos e roupas Comprar o necessário e ler rótulos
RECICLAGEM	Usar o verso do papel e separar o lixo para reciclagem
COMPRA SUSTENTÁVEL	Compartilhar informações sobre empresas e produtos Comprar produtos feitos com reciclados eorgânicos

a. Quais pontos você ainda pode melhorar?
b. Por que você tem dificuldade em mudar alguns pontos?
c. Como você poderia pôr em prática?
d. Dê outras sugestões de práticas.

27. Observe a pirâmide da consciência e identifique qual é seu perfil.

a. Em dupla, identifique e sublinhe as frases associadas ao consumidor consciente.

Não é problema meu. **Me sinto mal em não fazer.** **Não vai nos matar.** *Não é culpa minha nem problema meu.* **O que faço não faz diferença.** *Não é muito, mas já ajuda.* Não custa nada. *Dane-se.* **É minha pequena contribuição.** Não estou nem aí. **TRABALHO MUITO E NÃO TENHO TEMPO PARA PENSAR NISSO.** *Acho que é o mínimo.* **Para mim tanto faz.** *Esse problema é do governo.* *Não acredito que minha parte faça diferença.* Que diferença faz?

PIRÂMIDE DA CONSCIÊNCIA

CONSUMIDOR

- CONSCIENTE DO PRODUTO
- CONSCIENTE DA SOLUÇÃO
- CONSCIENTE DO PROBLEMA
- INCONSCIENTE

28. Leia o texto abaixo e compartilhe com os colegas um comentário sobre como você compreende a cultura que se baseia no ter.

Consumismo e os efeitos da cultura do excesso

Impulsionada pela globalização e pela industrialização, mas, especialmente, pelo capitalismo, a relação humana com o consumo vem se transformando e sendo intensificada ao longo dos anos, por isso a origem do termo: consumismo. A sociedade vive hoje a cultura do excesso, já que não se busca mais apenas satisfazer as necessidades básicas, mas sim atender a um conforto que se baseia no ter.

Neste sentido, o consumo torna-se sinônimo de prazer, felicidade e bem-estar de uma forma superficial, além de refletir na posição social e nas relações interpessoais. Em mesma medida, esse sistema gera uma série de consequências que afetam negativamente o ser humano, desde a saúde mental coletiva até o meio ambiente, devido a sua demanda de produção. Mas um movimento completo e eficiente em prol do meio ambiente deve envolver todos os setores da sociedade, sendo as pessoas o principal elo nesse caso. Assim, cabe a cada cidadão avaliar suas necessidades e evitar o consumismo, seja ele motivado pela ansiedade ou pelo excesso de propagandas.

Extraído de: Lar Plásticos. Fonte: https://bit.ly/3zpqDcl (Acesso em: 22 maio 2024. Adaptado.)

Qual a quantidade média de lixo que uma pessoa produz? Em seus dispositivos eletrônicos, pesquise:

A média de produção de lixo de uma pessoa no mundo: ....

A média de produção de lixo de um brasileiro(a): ....

A média de produção de lixo de uma pessoa do seu país de origem: ....

TODOS JUNTOS

29. Leia os "17 Objetivos do Desenvolvimento Sustentável (ODS)" e enumere os objetivos que se relacionam à economia, à sociedade, às instituições e ao meio ambiente. (Algumas ODS podem ser associadas a mais de um setor.)

ECONOMIA: .... SOCIEDADE: ....

MEIO AMBIENTE: .... INSTITUIÇÕES: ....

30. Assista ao vídeo "ODS e consumo consciente" e responda às questões.

a. O que é a Agenda 2030?

b. A quem a Agenda 2030 é destinada?

c. Segundo o vídeo, quais recomendações devemos seguir para o cumprimento dos ODS 12?

d. Quais recomendações são citadas para a prática da economia de água?

Fonte: https://bit.ly/3zgchel (Acesso em: 23 maio 2024.)

31. Complete as frases com a forma verbal correta.

a. Se todos os setores da sociedade se **envolvem/envolvessem**, poderíamos obter grandes resultados.

b. Não devemos nos acomodar ainda que **teremos/tenhamos** dificuldades para mudar nosso dia a dia.

c. É necessário que todos os setores da sociedade **estivessem/estejam** envolvidos.

d. Seria importante que todas as pessoas **colaborem/colaborassem**.

e. Os ODS foram criados porque **precisaria/precisamos** solucionar problemas urgentes.

f. O consumo responsável será uma medida que **faz/fará** grande diferença.

32. Complete as frases abaixo.

a. Dentro de 50 anos o mundo ....

b. Tomara que até 2030 as pessoas ....

c. Duvido que ....

d. Se os governos ....

e. Quando os impactos ....

CORRELAÇÃO ENTRE TEMPOS VERBAIS

Presente do indicativo + Presente do subjuntivo	O planeta espera que sejamos inteligentes e responsáveis.
Futuro do subjuntivo + Futuro do presente do indicativo	Quando os ODS forem praticados por todos, poderemos salvar o planeta. Se você fizer mais, terá mais resultados.
Pretérito imperfeito do subjuntivo + Futuro do pretérito do indicativo	Se consumíssemos menos, o planeta estaria bem melhor. Se vivesse na natureza quando era jovem, teria aprendido a amá-la mais.
Pretérito perfeito do indicativo + Pretérito imperfeito do subjuntivo	A ONU elaborou os ODS para que os problemas fossem solucionados.

FAO E PAÍSES LUSÓFONOS QUEREM IMPULSIONAR AGRICULTURA FAMILIAR

A Comunidade de Países de Língua Portuguesa (CPLP) é formada por Angola, Brasil, Cabo Verde, Guiné-Bissau, Moçambique, Portugal, São Tomé e Príncipe, Guiné Equatorial e Timor-Leste. Somadas, as populações desses países chegam a mais de 285 milhões de pessoas.

A CPLP e a Organização das Nações Unidas para a Alimentação e a Agricultura (FAO) criaram um centro de treinamento para promover a agricultura familiar sustentável. Com sede em São Tomé e Príncipe, a instituição promove trocas de conhecimento entre técnicos, professores de escolas agrícolas e pequenos produtores. Um dos principais objetivos das atividades de formação é impulsionar a participação dos pequenos produtores e técnicos rurais na formulação de leis sobre agroecologia e agricultura familiar. Entre as cadeias produtivas visadas pela instituição estão as da mandioca, café, cacau, caju, peixe, carne e laticínios, além de frutas e vegetais. A FAO e os países lusófonos consideram que o bem-estar dos pequenos produtores e dos agricultores familiares é fundamental para a coesão social, o desenvolvimento rural e a preservação dos ecossistemas.

A Agricultura Familiar na Estratégia de Segurança Alimentar e Nutricional da Comunidade de Países de Língua Portuguesa

Family Farming in the Strategy for Food Security and Nutrition of the Community of Portuguese Speaking Countries

A agricultura familiar e a agroecologia têm um papel proeminente na Estratégia Regional da CPLP para a Segurança Alimentar e Nutricional. Desde 1999, a FAO e a comunidade linguística portuguesa trabalham juntas em diversos projetos de desenvolvimento. Iniciativas futuras estão previstas nas áreas de políticas sobre dietas, agroecologia e promoção dos sistemas agrícolas que são considerados patrimônios de importância global.

Extraído de: *Revista Ecológico*. Fonte: https://bit.ly/4dZsweQ (Acesso em: 24 maio 2024. Adaptado.)

O OSCAR DA ECOLOGIA

▶ Neste jogo o professor irá selecionar um número ímpar de jurados, e os demais alunos da turma, preferencialmente em duplas, devem buscar uma pessoa inspiradora, que atua ativamente na sociedade em prol do meio ambiente, para apresentarem e indicarem ao "Oscar". Vale falar de personalidades, influencers ou pessoas de projetos locais, o importante é convencer os jurados de que a pessoa apresentada merece o "Oscar da ecologia". O voto dos jurados deve ser discutido em conjunto. Ganha a dupla que apresentar a pessoa mais inspiradora.

▶ Escute as palavras, escreva-as e marque quantas sílabas elas têm:

	PALAVRA	N.º DE SÍLABAS
1		
2		
3		
4		
5		

	PALAVRA	N.º DE SÍLABAS
6		
7		
8		
9		
10		

Extraído de: AdoroCinema. Fonte: https://bit.ly/3EzVVQ1 (Acesso em: 19 dez. 2024)

▶ AMAZÔNIA ETERNA

2014 . DOCUMENTÁRIO . 1H27

Este documentário apresenta uma nova abordagem sobre o uso sustentável da Floresta Amazônica. Empresários, ambientalistas e moradores falam da sua relação com um dos maiores patrimônios naturais do planeta e discutem soluções para os dilemas da região. O filme apresenta nove experiências bem-sucedidas que comprovam ser possível que a Amazônia se desenvolva economicamente sem que seu ecossistema seja afetado.

DATA DE LANÇAMENTO: 14 de fevereiro de 2014 (cinema)
DIREÇÃO: Belisário Franca
ROTEIRO: Belisário Franca, Bianca Lenti

PECUÁRIA

- Criação de animais
- Rebanho
- Gado/boi
- Porcos
- Ovelhas
- Aves (frango)
- Granja
- Antibióticos/antimicrobianos
- Emissões de gases

AGRICULTURA

- Agronegócio (agro)
- Agricultura familiar
- Agroecologia
- Agricultura extensiva
- Monocultura ≠ policultura
- Insumos agrícolas (agrotóxicos/pesticidas e fertilizantes ou adubos)
- Alimentos orgânicos
- Alimentos sem agrotóxicos
- Alimentos transgênicos
- Horta
- Pomar
- Agrofloresta
- Permacultura
- Agricultores
- Colheita
- Safra
- Sementes

MINERAÇÃO

- Extração de minerais
- Ferro
- Manganês
- Alumínio
- Ouro
- Nióbio
- Bauxita
- Petróleo
- Gás natural
- Minas
- Mineradoras
- Barragem de rejeitos
- Garimpo
- Carvão

É PRECISO MAIS

FENÔMENOS CLIMÁTICOS

- Aquecimento global
- Incêndio/queimadas
- Enchentes/inundações
- Tempestades
- Tsunamis
- Furacões e tornados
- Seca
- Derretimento de geleiras
- Destruição da camada de ozônio
- Efeito estufa
- Desertificação

MEIO AMBIENTE

- Desmatamento
- Desflorestamento
- Degradação do solo
- Contaminação da água e do ar
- Extinção de espécies
- Lixo
- Reciclagem
- Sustentabilidade
- Recursos hídricos e energéticos
- CO_2
- CFC
- Poluição
- Chuva ácida

EXPRESSÕES DE CONSCIÊNCIA

- Não é problema meu.
- Me sinto mal em não fazer.
- Não vai nos matar.
- Não custa nada.
- Que diferença faz?
- Não é muito, mas já ajuda.
- Não estou nem aí.
- É minha pequena contribuição.
- Para mim tanto faz.
- Dane-se.
- Trabalho muito e não tenho tempo para pensar nisso.
- O que faço não faz diferença.
- Não é culpa minha nem problema meu.
- Acho que é o mínimo.
- Esse problema é do governo.
- Não acredito que minha parte faça diferença.

OBJETIVOS DO DESENVOLVIMENTO SUSTENTÁVEL

- Erradicação da pobreza
- Água potável e saneamento
- Energia limpa
- Fome Zero
- Crescimento econômico
- Desenvolvimento sustentável
- Indústria
- Inovação
- Infraestrutura
- Trabalho decente/digno
- Educação de qualidade
- Saúde
- Bem-estar e qualidade de vida

CONSUMO RESPONSÁVEL

- Fechar a torneira
- Desligar a luz/apagar a lâmpada e os aparelhos eletrônicos
- Esfriar os alimentos
- Planejar compras
- Comprar o necessário
- Usar o verso do papel
- Reciclar o lixo
- Reutilizar
- Recusar
- Tomar banhos rápidos
- Usar ecobags

Celpe-Bras

INEP

▶ Você vai assistir duas vezes à reportagem produzida pela TV UFBA, disponível em vídeo na prova de 2007/2 do exame Celpe-Bras, podendo fazer anotações enquanto assiste ao vídeo. Você é um estudante do curso de português para estrangeiros e está participando do projeto de produção de um blog de notícias com textos que informam diversos fatos sobre o Brasil. A partir das informações coletadas na reportagem, escreva uma notícia sobre a situação da distribuição de águas no Brasil e no mundo e fale sobre qual investimento o Brasil está fazendo para cuidar da água e preservá-la.

Fonte: https://bit.ly/3MFsWuZ (Acesso em: 12 jul. 2024.)

Enunciador e interlocutor	Propósito	Informações	Coesão e coerência	Léxico e gramática

▶ **COMENTÁRIO DO PROFESSOR/CORRETOR:**

▶ **NOTA FINAL:**

▶ Você vai apresentar um podcast discutindo sobre um problema ambiental que ocorre ou já ocorreu no seu país de origem. Diga qual é o problema, por que ele ocorre ou ocorreu, de que maneira ele afeta as pessoas, quais consequências ambientais provoca/provocou e, por fim, explique o que pode ser ou já foi feito para sanar a questão. Seja criativo em seu podcast de duração mínima de um minuto e meio e máxima de três minutos, incluindo vinheta e/ou apresentação. Seu episódio deve ser gravado e enviado para seu professor no formato de mídia acordado entre a turma. Sugerimos o seguinte roteiro para se inspirar:

1. Apresente-se (nome, nacionalidade).
2. Resuma seu conteúdo (diga o que você vai falar em poucas palavras).
3. Fale sobre um problema ambiental que ocorre ou já ocorreu em seu país de origem.
4. Descreva o problema, suas causas e consequências para as pessoas e para o meio ambiente.
5. Explique como ele foi solucionado ou proponha soluções.
6. Agradeça à audiência e se despeça.

BOM TRABALHO!

EXERCÍCIOS UNIDADE 6

1 Preencha as lacunas nas frases com as palavras disponíveis no quadro.

> safra – efeito estufa – aquecimento global – enchentes – seca – tempestades
> mudanças climáticas – desmatamento – sindemia global

a. O .... é um fenômeno que resulta do aumento da concentração de gases na atmosfera, retendo o calor e elevando as temperaturas globais.

b. As .... de verão têm se tornado cada vez mais frequentes e intensas, causando danos significativos às cidades e ao campo.

c. A produção agrícola foi prejudicada este ano devido à ...., que reduziu a quantidade de chuva e afetou o crescimento das plantas.

d. O .... das florestas tropicais contribui para o aumento da emissão de gases de efeito estufa, agravando as condições climáticas.

e. O .... está causando o derretimento das calotas polares e a elevação do nível do mar.

f. A .... de grãos foi menor do que o esperado devido às condições climáticas adversas.

g. As .... estão ocorrendo com maior frequência, pois nas cidades existe grande impermeabilização do solo e as irregularidades climáticas aumentam a quantidade de chuvas de maneira desproporcional à estação.

h. A .... está afetando a saúde pública ao agravar as interações entre diferentes doenças e as condições sociais.

i. O aumento das temperaturas globais e os padrões de chuva alterados são evidências das .... que estão ocorrendo ao redor do mundo.

2 Complete as frases abaixo com a forma correta do infinitivo pessoal dos verbos entre parênteses. Lembre-se de concordar o verbo com o sujeito quando indicado.

a. É importante nós .... (preservar) a floresta para futuras gerações.

b. O governo deu incentivo para eles .... (reduzir) o uso de plástico em suas casas.

c. A ecologista motivou-nos a .... (reciclar) mais para proteger o planeta.

d. O governo incentiva as empresas a .... (adotar) práticas sustentáveis.

e. O mundo pode melhorar se todos nós .... (contribuir) para a conservação da água.

f. Antes de nós .... (plantar) novas árvores, é necessário preparar o solo adequadamente.

g. Basta vir ao ponto de encontro para vocês .... (participar) da campanha de limpeza da praia.

h. As crianças aprenderam a importância de .... (não desperdiçar) alimentos.

i. Ele sugere .... (investir) em fontes de energia renovável.

j. Para .... (combater) a poluição, é essencial promover a educação ambiental.

k. É necessário .... (doar) alimentos regularmente para acabar com a fome. Deve ser nossa missão!

l. Antes de .... (educar) as pessoas sobre a importância da alimentação, devemos educá-las a não desperdiçar a comida.

m. É essencial todos .... (participar) de programas de voluntariado; assim, eles ganharão experiência.

n. Antes de .... (preparar) as refeições, devemos pensar em maneiras de aproveitar os alimentos ao máximo.

o. É importante vocês .... (mobilizar) suas redes sociais para divulgar informações sobre a fome.

3 Complete as frases abaixo com a forma correta do verbo entre parênteses, usando o imperativo, o presente do subjuntivo **ou** o infinitivo impessoal, conforme indicado.

a. .... (Reciclar/você) os plásticos, papéis e metais corretamente. (imperativo)
b. É essencial .... (economizar) água em todas as atividades diárias. (infinitivo impessoal)
c. É bom que nós .... (adotar) práticas sustentáveis em nossa rotina. (presente do subjuntivo)
d. .... (Desligar/você) as luzes ao sair de um cômodo. (imperativo)
e. O governo recomenda que os cidadãos .... (reduzir) o consumo de energia. (presente do subjuntivo)
f. Por favor, ... (não jogar/vocês) lixo nas ruas. (imperativo)
g. É importante .... (plantar) árvores para aumentar a cobertura verde. (infinitivo impessoal)
h. É fundamental que todos nós .... (contribuir) para a limpeza das praias. (presente do subjuntivo)
i. .... (Evitar/nós) o uso de sacolas plásticas descartáveis. (imperativo)
j. É necessário .... (promover) a educação ambiental em escolas e comunidades. (infinitivo impessoal)

4 Complete as frases abaixo escolhendo a opção correta.

a. Para ajudar o meio ambiente, é importante .... o consumo de plástico.
I. reduzir **II.** reduza **III.** reduzam
b. .... seus resíduos corretamente.
I. Reciclar **II.** Recicle **III.** Reciclados
c. É essencial que nós .... as florestas.
I. preservar **II.** preservemos **III.** preservem
d. .... os aparelhos eletrônicos quando não estiverem em uso.
I. Desligar **II.** Desligue **III.** Desligados
e. É bom que todos .... práticas sustentáveis em suas rotinas.
I. adotar **II.** adote **III.** adotem
f. .... água durante o banho.
I. Economizar **II.** Economize **III.** Economizada
g. É necessário .... a emissão de gases poluentes.
I. reduzir **II.** reduza **III.** reduzam
h. Espera-se que cada um de nós .... sua parte para proteger o planeta.
I. fazer **II.** faça **III.** façam

5 Complete com os verbos conjugados no futuro do subjuntivo.

a. Fazer/eu ....
b. Poder/ele ....
c. Pedir/eu ....
d. Entender/nós ....
e. Consultar/nós ....
f. Discutir/elas ....
g. Comprar/vocês ....
h. Praticar/ele ....
i. Estudar/elas ....
j. Falar/eu ....
k. Fazer/nós ....
l. Comprar/eu ....
m. Buscar/nós ....
n. Investir/elas ....
o. Vir/nós ....

6 Complete as frases abaixo com a forma correta do verbo entre parênteses, usando o futuro do subjuntivo.

a. Quando as tempestades .... (chegar), todos devem estar em locais seguros.
b. Se o terremoto .... (ocorrer), siga as instruções de emergência.
c. Assim que o vulcão .... (entrar) em erupção, evacue a área imediatamente.
d. Se as chuvas .... (continuar), haverá risco de enchentes.

e. Quando o furacão .... (atingir) a costa, as autoridades tomarão medidas de segurança.
f. Se nós .... (evitar) áreas de risco, não teremos problemas com deslizamentos de terra.
g. Se os agricultores .... (plantar) no período da seca, terão problemas com a colheita.
h. Se nós .... (seguir) para o local mais alto da cidade, poderemos evitar ser atingidos pelo tsunami.
i. Quando o incêndio florestal .... (espalhar-se), os bombeiros agirão rapidamente.
j. Se a nevasca .... (intensificar-se), as estradas serão fechadas.

7 Associe cada desastre natural à frase que melhor o descreve.

a. Deslizamento de terra
b. Enchente
c. Incêndio florestal
d. Furacão
e. Terremoto
f. Seca

( ) Quando o solo se move violentamente, causando destruição em edifícios e infraestruturas.
( ) Um fenômeno meteorológico com ventos muito fortes e chuvas intensas, geralmente em áreas costeiras.
( ) Uma grande quantidade de água que cobre áreas normalmente secas, geralmente após chuvas intensas.
( ) Quando a vegetação seca pega fogo, espalhando-se rapidamente e destruindo florestas.
( ) A falta prolongada de precipitação, resultando em escassez de água.
( ) Quando grandes massas de terra ou rochas deslizam de encostas, muitas vezes após chuvas intensas.

8 Crie as perguntas para as respostas abaixo. Use as estruturas disponíveis no quadro.

"O que será que..." "Quem é que..." "Onde é que..." "Quanto é que..."

a. ....?
Para reduzir a poluição do ar nas grandes cidades, podemos adotar várias medidas, como: promover o uso de transporte público, incentivar o uso de bicicletas e caminhadas, adotar veículos elétricos, plantar mais árvores e promover educação ambiental.

b. ....?
Na minha comunidade, a campanha de reciclagem está sendo liderada por uma ONG local chamada ReciclaBem. Eles organizam eventos educativos, distribuem materiais informativos e coordenam a coleta de recicláveis. Além disso, há voluntários da própria comunidade que ajudam a promover a conscientização e a participação de todos.

c. ....?
Aprendi sobre compostagem doméstica em um workshop oferecido por uma ONG ambiental local. Eles ensinaram os princípios básicos da compostagem, os tipos de materiais que podem ser compostados e como manter uma composteira saudável.

d. ....?
O custo de instalação de painéis solares em uma residência pode variar bastante dependendo de vários fatores, como o tamanho do sistema, a localização geográfica, a empresa instaladora e os incentivos governamentais disponíveis. Em média, o custo pode variar entre R$ 15.000 e R$ 30.000 para um sistema residencial de tamanho médio no Brasil.

e. ....?
Os pontos de coleta seletiva podem ser encontrados em diversos locais da cidade, como supermercados, escolas, parques e centros comunitários. Muitas prefeituras disponibilizam mapas on-line com a localização exata desses pontos.

9 Complete as frases abaixo com a forma correta de "porquê", "porque", "por que" ou "por quê".

a. Não sabemos exatamente .... algumas pessoas ainda não reciclam.

b. Você não atualizou seu cadastro para a coleta seletiva. .... ?

c. .... devemos reduzir o uso de plástico? .... ele é prejudicial ao meio ambiente.

d. A empresa adotou práticas sustentáveis .... quer minimizar seu impacto ambiental.

e. Não entendo o .... de ser tão difícil para alguns adotar hábitos mais ecológicos.

f. A conscientização ambiental é importante .... ajuda a preservar os recursos naturais.

g. .... você acha que é importante proteger os oceanos?

h. Precisamos educar as crianças sobre sustentabilidade ....elas serão as futuras guardiãs do planeta.

i. .... você não trouxe sua garrafa reutilizável hoje?

j. A exploração sustentável é necessária .... garante recursos para as futuras gerações.

10 Vamos trabalhar a correlação dos tempos verbais já estudadas.

a. Complete as frases abaixo com a forma correta dos verbos entre parênteses, usando o pretérito imperfeito do subjuntivo e o futuro do pretérito do indicativo.

I. Se eu .... (ter) mais tempo livre, eu .... (aprender) a tocar piano.

II. Se nós .... (morar) na cidade, nós .... (visitar) mais museus.

III. Se ele .... (saber) da festa, ele .... (ir) com certeza.

IV. Se ela .... (trabalhar) naquela empresa, ela .... (receber) uma promoção.

V. Se nós .... (poder) viajar mais, nós .... (conhecer) muitos países.

b. Complete as frases abaixo com a forma correta dos verbos entre parênteses, usando o futuro do subjuntivo e o futuro do presente do indicativo.

I. Quando você .... (reciclar) mais, nós .... (reduzir) a quantidade de lixo.

II. Se todos .... (adotar) práticas sustentáveis, o planeta .... (ficar) mais saudável.

III. Se nós .... (usar) menos plástico, nós .... (diminuir) a poluição dos oceanos.

IV. Se as pessoas .... (economizar) água, nós .... (preservar) os recursos hídricos.

V. Quando as escolas .... (ensinar) sobre sustentabilidade, as crianças .... (crescer) mais conscientes.

c. Complete as frases abaixo com a forma correta dos verbos entre parênteses, usando o pretérito perfeito do indicativo e o pretérito imperfeito do subjuntivo.

I. O governo ....(implementar) novas políticas ambientais para que a poluição .... (ser) reduzida.

II. As ONGs ....(organizar) campanhas de conscientização para que a população .... (engajar-se) na reciclagem.

III. A empresa .... (adotar) práticas de sustentabilidade para que seus processos .... (ser) mais ecológicos.

IV. Os cientistas .... (desenvolver) novas tecnologias para que a energia renovável .... (ser) mais acessível.

V. Os professores .... (incluir) a educação ambiental no currículo para que os alunos .... (aprender) a importância da preservação.

Mockup Date
Phone Mockup
Mockup Date

UNIDADE 7

ME SEGUE!

NESTA UNIDADE
VOCÊ VAI APRENDER:

- sobre a cultura de exposição da vida pessoal
- como explicar um fenômeno da sociedade
- a expressar sentimentos
- sobre redes sociais e apps de relacionamento
- discurso indireto (modo indicativo)
- linguagem da paquera no Brasil
- o diminutivo e seus usos

PARA:

- explicar a relação das pessoas com reality shows
- falar sobre os riscos da exposição da vida pessoal
- descrever seu perfil de usuário de redes sociais e de celular
- discutir o comportamento das pessoas com as redes sociais
- expressar seus limites para assumir riscos
- dizer sua opinião sobre apps de relacionamento
- saber expressar-se em um relacionamento amoroso

A VIDA DOS OUTROS

1. Leia o texto abaixo e responda às questões.

O JOGO VAI COMEÇAR.

Doze pessoas a caminho do inesperado. Eles ainda não se conhecem, mas uma coisa já sabem: antes de serem amigos, são rivais. Esta casa é uma arena onde vai acontecer uma batalha por dinheiro, fama e poder. Só um vencerá. Só um receberá o prêmio de meio milhão de reais. Será um jogo de paciência.

Uma guerra de nervos que vai derrubar um a um. E é o seu voto que decide quem sai da casa.

Para entrar, o direito à privacidade fica do lado de fora. Trinta e sete câmeras e sessenta microfones serão os olhos e os ouvidos do "Grande Irmão". Não há como se esconder. Serão vigiados 24 horas por dia. Dois meses sem televisão, rádio, internet nem telefone. Não há como fugir do desafio da convivência. Até agora eram pessoas comuns. A partir deste momento, a vida deles vai mudar para sempre.

Extraído de: Letícia Mota, *O espetáculo da vida privada*, UFJF, 2002. Fonte: https://bit.ly/3YcXUzQ (Acesso em: 29 maio 2024. Adaptado.)

a. Você reconhece o texto acima? Do que ele trata?
b. Assistida no mundo inteiro, por que esse tipo de programação faz tanto sucesso?
c. Por que a vida privada dos outros desperta tanto interesse?
d. Você acha que o que é exibido é real? Por quê?
e. Para você, existem riscos de se expor ao público? Quais são eles?
f. Você acha que o prêmio compensa os riscos da exposição?
g. Qual é a diferença entre o que é público e o que é privado hoje?
h. Na sua cultura existem limites para o que deve ser mostrado? Quais seriam eles?
i. Existem três tipos de reality shows, qual deles interessa ou interessaria a você?

( ) Os de transformação (antes e depois). ( ) Os de confinamento. ( ) Os de competição.

j. Você participaria de algum "show de realidade"? Qual seria sua motivação?

( ) Não teria nada a perder. ( ) Poderia ganhar muito dinheiro. ( ) Viveria uma nova experiência.
( ) Ficaria famoso(a). ( ) Ganharia seguidores nas redes sociais. ( ) Outro ....

CURIOSIDADE

BBB 22: saiba questionário feito pela direção para entrar no reality

Todo participante anônimo que entra no *Big Brother Brasil* fala sobre a sensação que tiveram durante a terrível "cadeira elétrica". O nome do processo pode assustar, inclusive ele não é nada simples. É nessa dinâmica que a produção costuma fazer as perguntas e analisar criteriosamente cada brother. Anos se passaram sem que ninguém descobrisse quais questionamentos eram feitos. Mas o jornalista Leo Dias teve acesso a algumas perguntas que são feitas para os participantes. Extraído de: Rayane Domingos, UOL. Fonte: https://bit.ly/4e0xqZ8 (Acesso em: 29 maio 2024. Adaptado.)

2. Imagine que uma pessoa vai se candidatar a um reality show de confinamento e quer muito participar. Como você acha que ela deveria responder às perguntas abaixo? Em dupla, responda por escrito a algumas perguntas do questionário do *Big Brother Brasil* para a seleção do elenco. O professor vai ler as respostas, anonimamente, e a turma vai votar em quem será selecionado.

a. Por que você deve ser selecionado(a) para a casa?
b. Como você reage à pressão?
c. Ficaria com alguém na casa?
d. Trairia seu parceiro na casa?
e. O que poderia fazer você desistir?
f. Como você é com a família?
g. Como você é nos relacionamentos amorosos?
h. O que te deixa feliz?
i. O que te deixa triste?
j. Quais são seus hobbies?
k. O que você não admite que façam com você?
l. Qual seu maior sonho?
m. Faria tudo pelo prêmio?
n. O que vale mais: caráter ou dinheiro?
o. Qual sua relação com a bebida?
p. Por que vencer a competição?

3. Assista ao vídeo "Por que brasileiro gosta tanto de reality show? | Realities: o Brasil na TV #2" e descubra a relação dos brasileiros com os shows de realidade.

a. Por que brasileiros gostam de reality show?
b. Qual tipo de reality show atrai mais as pessoas no Brasil?
c. Que característica é compartilhada entre a cultura do Brasil e a da Inglaterra ao escolherem reality shows?
d. Segundo os produtores, quais características devem ter os competidores? Por quê?
e. Como é feita a seleção do elenco? Enumere as etapas.

( ) entrevista presencial ( ) dinâmica de grupo
( ) questionário de inscrição e foto ( ) teste de câmera

f. Segundo o depoimento de ex-participantes, o que os motivou a se candidatarem? Valeu a pena?
g. Quais aspectos negativos são relatados por eles?

Fonte: https://bit.ly/4d7W88Q (Acesso em: 30 maio 2024.)

A maior votação da história da televisão no mundo aconteceu no *Big Brother Brasil*, na 20ª temporada do programa. Foram mais de 1,5 bilhão de votos que levaram o feito ao *Guinness World Records*.

4. Como escritor de um blog sobre cultura brasileira, chamado À Brasileira, você deve, com base nos dados dos infográficos, escrever uma postagem sobre a relação dos brasileiros com reality shows. Escreva sobre a relevância do gênero televisivo no Brasil e no mundo, apresente dados e curiosidades.

- transformação
- confinamento
- competição
- elenco (casting)
- seguidores nas redes
- prêmio
- câmera e microfone
- rival
- fofoca
- barraco e baixaria (brigas)
- intrigas
- acordos
- romances
- drama
- conflitos
- público X privado
- exibição
- exposição
- risco
- manipulação
- mentiras
- emissora de TV
- audiência
- anônimo
- competidores

globo gente | Coleções | Formatos | Negócios | Marcas | Globo ads | Sobre

REALITY À BRASILEIRA

Big Brother Brasil, The Masked Singer e mais: a opinião dos brasileiros sobre o gênero que emociona e engaja milhões

Programa de TV mais comentado do mundo no Twitter em 2021, pelo segundo ano consecutivo, o *BBB* demonstra a força dos reality shows no Brasil. Para conhecer melhor a opinião dos brasileiros nas diferentes categorias do gênero que emociona e engaja milhões, a Pesquisa Globo entrevistou, em painel on-line de abrangência nacional, 1.500 usuários de internet de 16 anos ou mais, das classes A, B e C, entre 17 e 22 de dezembro de 2021.

Entre dezenas de opções, o Big Brother Brasil é o programa mais associado ao gênero:

Para: **87%** das pessoas, o Big Brother Brasil é sinônimo de reality show. Esse tipo de atração faz parte da vida de 6 em cada 10 brasileiros.

Entre os que assistem a reality shows (concordam + concordam totalmente, em %)

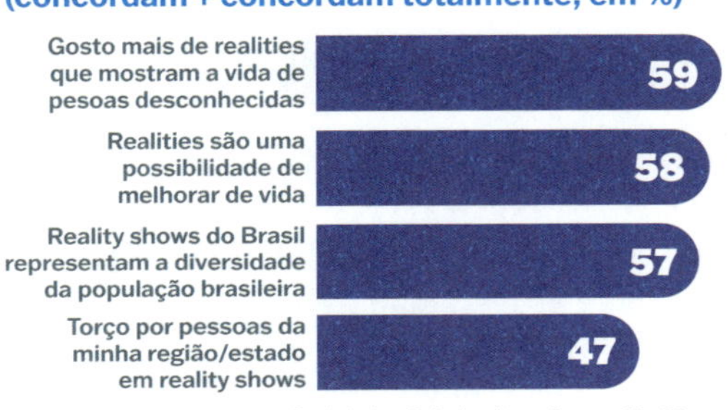

Fonte: Tracking Sintonia com a Sociedade – Painel online – Campo: 17 a 22 de dezembro de 2021 | "O quanto você concorda ou discorda com as frases abaixo: resumo top 2 boxes" (resposta simples – em %) – frases destacadas – Base: 890 entrevistas (assiste reality show)

Motivos para participar de um reality show – Destaques (em %)

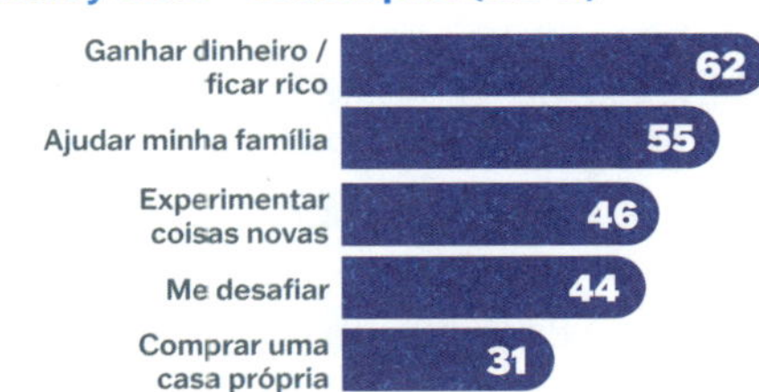

Quais categorias de reality shows você mais assiste? (Top 10, em %)

29% dos brasileiros topariam participar de um reality.

Fonte: https://bit.ly/47xzKog (Acesso em: 30 maio 2024. Adaptado.)

AVENTURAR-SE ATÉ QUE PONTO?

5. Observe a imagem e responda.

a. Como você responderia à pergunta título da lição?

b. Por que você acha que algumas pessoas gostam de se aventurar e outras não têm coragem nem de mudar a cor ou o corte de cabelo?

c. Existem situações na vida que nos colocam em risco. Cite algumas delas.

d. Você se identifica mais com qual categoria? Com o time da segurança ou com o time da aventura? Por quê?

e. Como você compreende a expressão "Quem não arrisca não petisca"?

6. Leia o artigo abaixo de Eugenio Mussak, médico, professor, empresário e palestrante, referência em liderança e gestão de pessoas, e responda às questões.

EM. Eugenio Mussak

HOME CURSOS PALESTRAS PDL MENTORIA CRÔNICAS ARTIGOS LIVROS CONTATO

QUEM NÃO ARRISCA NÃO PETISCA

Não há ação que não traga risco implícito. Mas ninguém alcança o sucesso sem enfrentar o desafio que é viver.

Nem todos os presidentes norte-americanos são lembrados por guerras ou por escândalos. Theodore Roosevelt, que habitou a Casa Branca entre 1901 e 1909, costuma ser lembrado especialmente por três coisas: pelo combate à distribuição de cargos públicos como favores políticos (prática que muito nos atormenta); pelo Prêmio Nobel da Paz que ganhou em 1906 em função de seu empenho como conciliador entre a Rússia e o Japão (empenho que falta hoje em vários cantos do mundo); e pela viagem que empreendeu em companhia do marechal Rondon pelo rio Amazonas, cujas anotações se transformaram em um livro minucioso chamado *Through the Brazilian Wilderness*.

Entretanto, apesar desse currículo, Roosevelt é conhecido mesmo por ser autor de uma frase que, em qualquer circunstância que seja citada, ainda hoje causa impacto, inquietação e reflexão. Disse ele: "Prefiro arriscar coisas grandiosas para alcançar triunfo e glória, mesmo expondo-me à derrota, do que formar fila com os pobres de espírito que não gozam nem sofrem muito, porque vivem numa penumbra cinzenta na qual não conhecem derrotas nem vitórias".

Dita por alguém com o histórico desse homem, essa frase faz sentido e ganha legitimidade. Mas ninguém precisa ser presidente, nem explorador, nem ter Prêmio Nobel, para perceber que, da vida, pode-se receber muito ou receber pouco, contribuir mais ou contribuir menos, sempre a depender dos riscos que se deseja aceitar. Theodore afirma que ele é do tipo que prefere enfrentar o risco de perder ao risco de não ganhar. Traduzindo para o bom português, poderíamos dizer, sem medo de errar, que quem não arrisca não petisca.

É matemático: quem não tenta não corre riscos, mas também nada consegue. Aprendemos a caminhar porque tentamos e não desanimamos por causa dos primeiros tombos, ou seja, das primeiras derrotas. Roubamos o primeiro beijo correndo o risco de levar um tapa; conseguimos o primeiro emprego arriscando-nos a levar um grande "não"; passamos no vestibular sob o risco de reprovar, como a maioria. Não haveria a menor possibilidade de conseguir qualquer uma dessas vitórias sem a predisposição a suportar o fracasso. Esse é o risco.

O dicionário diz que risco é sinônimo de perigo ou de possibilidade de perigo. Se há "perigo" e eu o enfrento assim mesmo, estou jogando com a sorte, entregando meu destino ao acaso. Mas, se o que existe é a "possibilidade de perigo", posso tomar cuidados para evitá-lo. Daí vem o conceito do "risco calculado".

Ao saltar no ar como um pássaro, o trapezista não está enfrentando a queda, e sim a possibilidade de queda. Ele não assume riscos que estejam fora de seu controle. O que parece loucura para o público é técnica para o trapezista.

A vida da maioria de nós, pessoas comuns, parece, em uma primeira análise, que pouco tem a ver com as fantásticas histórias, como a de *Moby Dick*, mas há semelhanças. Independentemente do que você faça, você assume seus próprios riscos. Se você não tiver medo deles, poderá ter problemas, e, se não tiver coragem, também.

O dia a dia do cidadão que pega trânsito, que faz negócios, que participa de reuniões, que fala em público, que faz entrevista de emprego, que enfrenta chefe nervoso é, sim, cheio de pequenos riscos. Com um detalhe: na vida real, os riscos surgem simultaneamente, se acumulam e não desaparecerão enquanto não forem enfrentados.

Fonte: https://bit.ly/3B9pdn2 (Acesso em: 31 maio 2024. Adaptado.)

a. Segundo o texto, a vida é um jogo de sorte ou azar? Explique.
b. Para você, existe "risco calculado"? Explique.
c. Dê um exemplo que explique a afirmação: "Se não tiver medo deles, poderá ter problemas, e, se não tiver coragem, também".
d. Na sua opinião, existem diferenças entre os riscos do dia a dia, como pegar trânsito, falar em público e fazer uma entrevista de emprego, e o risco de se expor em um reality show? Explique.

7. Brainly é uma plataforma de respostas colaborativas, na qual estudantes pedem ajuda on-line. Um deles precisa compreender as afirmações abaixo. Em grupo, explique-as, por escrito. Ganha o grupo que der as melhores respostas nos quesitos clareza, construção de frases e ortografia.
a. A oportunidade está em todo lugar.
b. Arriscar-se é uma questão de sobrevivência.
c. Força de vontade amplia as chances de sucesso.
d. Não se pode desencorajar por algo que deu errado.
e. Recursos importam, mas determinação supera qualquer obstáculo.

Fonte: https://bit.ly/3Tz5NOB (Acesso em: 31 maio 2024.)

8. Assim como existe a expressão "Quem não arrisca não petisca", na língua portuguesa existem outros ditados populares que encorajam a segurança ou encorajam os riscos. Identifique o que cada um deles aconselha. Existem ditados parecidos em sua língua materna?
a. O seguro morreu de velho.
b. Não há rosa sem espinho.
c. É melhor um pássaro na mão do que dois voando.
d. Não se faz omelete sem quebrar os ovos.
e. Quem não é visto não é lembrado.
f. Melhor prevenir do que remediar.
g. Falem mal, mas falem de mim.
h. Em time que está ganhando não se mexe.

9. Escute a narração da crônica "Felicidade realista", de Martha Medeiros, e explique a mensagem por trás do texto. Que conselho o texto nos dá? Dê exemplos retirados do áudio.
Fonte: https://bit.ly/304uVto (Acesso em: 31 maio 2024.)

COMO EXPLICAR E COMPREENDER UM FENÔMENO DA SOCIEDADE

▶ **Para pedir explicações:** Por que...?/Por qual(is) razão(ões)...?/Como isso se explica?/A que se deve...?

▶ **Para explicar:** Por causa de.../Isto se deve a.../Graças a.../Como.../Devido a.../Por falta de.../Por excesso de.../O motivo de.../A origem do problema é.../Isto se explica por.../Isto é o resultado de...

▶ **Para expressar o medo:** Ter medo de.../Ter receio de.../Não ter coragem de.../Temer + verbo infinitivo/ Temer + substantivo determinado

▶ **Para expressar a coragem:** Não tenho medo de.../Não receio que... + subjuntivo/Acho que sou capaz de... + infinitivo/Acredito que... + presente do indicativo ou subjuntivo/Estou confiante de... + infinitivo/ Não temo que... + frase no subjuntivo

Vamos praticar. A partir das estruturas estudadas, faça uma frase para cada categoria de expressão a partir do tema: "medo X coragem".

Exemplos: Por qual razão o medo paralisa?
Isso se deve ao pavor do desconhecido.
Tenho medo de locais fechados e abafados.
Não receio que eu morra, mas o pavor de não saber quando terei ar me aflige.

ME
SEGUE!

10. Associe as imagens ao título da lição.

a. Para você, por que muitas pessoas têm o desejo de se mostrar? Qual é a recompensa?

b. Para você, as pessoas mostram quem elas são ou quem elas gostariam de ser?

c. Você concorda que muitas pessoas estão trocando a vida pela representação? Comente.

11. Assista à reportagem "Especialistas alertam para o excesso de exposição nas redes sociais", do programa *Domingo Espetacular*, da TV Record. Descreva como as pessoas abordadas se sentem e qual a diferença entre a interação presencial e a interação nas redes sociais.

Fonte: https://bit.
ly/47vXn0j (Acesso em:
02 jun. 2024.)

12. Leia o artigo e responda às questões.

ÉPOCA

COLUNAS | CANAIS | ASSINE

Quem aguenta tanto exibicionismo nas redes sociais?

A ostentação – material e de felicidade – virou uma praga virtual

Quem nunca postou no Instagram, a rede social de imagens, uma foto da praia ou da piscina para cutucar os colegas confinados sob a luz fluorescente do escritório? Quem nunca atualizou sua localização no Facebook para mostrar o endereço do restaurante badalado? Um exame de consciência, que nem precisa ser profundo, revelará que, sim, muitos de nós já tivemos um ataque de exibicionismo virtual. Mesmo quem passa pela tentação tem (um ou vários) amigos que não resistem em exibir a última viagem, a noite divertidíssima ao lado dos amigos, o filho mais encantador do mundo, as flores enviadas pelo melhor dos maridos. A ostentação – material e de felicidade – virou uma praga virtual.

A mania de se gabar virtualmente é tão ostensiva que já despertou a atenção da ciência. Começam a aparecer os resultados de uma série de estudos destinados a entender por que as redes sociais podem despertar nossos piores sentimentos, de soberba a inveja.

Pesquisadores da Universidade Humboldt, em Berlim, entrevistaram 357 universitários e descobriram que o principal sentimento despertado pela vida virtual é a inveja. Quase 30% relataram nutrir esse sentimento ao ver, no Facebook, posts sobre atividades de lazer dos amigos e indicações de sucesso de qualquer espécie (acadêmico, profissional, sexual). Mesmo os exibidos sentem inveja. Cerca de 20% afirmaram chatear-se por sentir que sua própria ostentação não é suficientemente notada pelos amigos.

O advogado Cassio Mosse, de 28 anos, diz cruzar frequentemente com amigos com vocação para *bragger*, nome dado àqueles que cutucam com postagens de causar inveja. Há aqueles que fazem questão de contar para todo mundo onde estão naquele momento (#partiuacademia, #bomdiapraia). Outros chegam a cruzar o limite entre realidade e ficção na tentativa de impressionar. Mosse diz que um conhecido tirava fotos com roupas que não tinha comprado, apenas para posar de bem-vestido. Ele diz que avisa os amigos cujo exibicionismo passa dos limites do que ele considera tolerável. Mas precisa ser um comentário sutil, para o amigo não se ofender. "Um deles publicava muitas fotos de comida, e eu disse, brincando, que pararia de ver porque não queria ficar com fome", diz Mosse. Ele excluiu de sua lista conhecidos que abusam das postagens para causar inveja. "No fundo, a pessoa quer mostrar para o mundo quem ela gostaria de ser", diz.

O psiquiatra norte-americano Elias Aboujaoude diz que a internet ampliou tendências humanas como o gosto por se gabar. Como diretor da Clínica de Transtorno Obsessivo Compulsivo da Escola de Medicina da Universidade

Fonte: https://bit.ly/3B93jQP (Acesso em: 02 jun. 2024. Adaptado.)

Stanford, Aboujaoude acompanhou inúmeros pacientes viciados em internet. Diz ter concluído que o mundo virtual libera uma parte de nossa personalidade guiada apenas pelos desejos. Nele, os limites que aprendemos e as censuras que nos impomos perdem sua eficácia. "A internet pode, inconscientemente, mudar a personalidade das pessoas", diz Aboujaoude, autor do livro *Virtually You: The Dangerous Powers of the E-Personality* (algo como "Quase você: os perigos da e-personalidade", sem edição no Brasil). Segundo ele, essa mudança de personalidade não fica confinada apenas ao mundo virtual, pode afetar nosso comportamento na vida real. "O estilo de interação que usamos no ciberespaço está passando para a vida off-line. Ficamos parecidos na realidade com a imagem de nossos avatares."

Ainda não existem dados que possam confirmar se alguém se torna mais vaidoso por se expor excessivamente na internet. Talvez tenhamos a sensação de que as pessoas estão mais exibicionistas somente porque as redes sociais tornaram a ostentação mais visível.

As redes sociais são mais que uma plataforma de autopromoção e uma fonte de inveja. Amizades nascem, se renovam e se aprofundam ali. Conhecimento é disseminado de uma forma sem precedentes. Indignações sociais e políticas, assim como manifestações culturais, ganham corpo e se materializam. Assim como a alegria, o amor e a solidariedade. Da mesma forma que a vaidade, a inveja e a irritação. Não há como fugir disso numa plataforma baseada nas relações humanas. A saída é manter o humor. Rir da falta de desconfiômetro alheio. Da nossa dor de cotovelo. E vice-versa.

a. De que trata o texto?
b. Segundo o texto, quais são os objetivos de quem é muito exibicionista?
c. Por que as pessoas gostam de se gabar?
d. Segundo as pesquisas, as redes sociais podem despertar nossos piores sentimentos? Quais são eles?
e. Segundo o texto, quais sentimentos positivos também podem ser despertados e compartilhados nas redes sociais?

- cutucar
- aguentar
- badalado
- gabar-se
- chatear-se
- ostentação
- desconfiômetro
- dor de cotovelo
- ter inveja/ciúme/soberba
- desejar

13. Reaja ao texto. Escreva um post comentando o que você pensa sobre o tema, qual é a sua relação com as redes sociais, se você gosta de postar informações de sua vida privada e o que seria uma relação sadia com as redes. Compartilhe com os colegas.

14. Fale de seus sentimentos. Complete as frases abaixo.

a. Não suporto quando alguém...
b. Fico chateado(a) quando/se...
c. Não aguento...
d. Fico chocado(a) com...
e. Eu lamento que algumas pessoas...
f. Fico encantado(a)/super feliz de...
g. Eu acho incrível que...
h. Eu morro de vontade de...
i. Morro de medo de...
j. Eu detesto...
k. Fico surpreso(a) de...

EXPRESSÃO DOS SENTIMENTOS

Não aguento/suporto/aceito Eu lamento/sinto muito	QUE	+ subjuntivo
Não aguento/suporto/aceito		+ substantivo/verbo no infinitivo
Eu adoro/detesto		+ verbo no infinitivo/substantivo
Fico encantado(a)/superfeliz/surpreso(a)/horrorizado(a)/triste	DE	+ verbo no infinitivo
Eu morro de vontade/de medo/de curiosidade/de inveja/de ciúme		+ verbo no infinitivo/substantivo
Tenho raiva/inveja/ciúme/curiosidade/orgulho		+ verbo no infinitivo/frase
Fico chocado(a)/surpreso(a)/decepcionado(a)	COM	+ substantivo
Sinto tristeza/alegria	EM	+ verbo infinitivo
Não suporto/Fico chateado(a)/Fico chocado(a)	QUANDO	+ verbo no presente do indicativo

O MERCADO DA ATENÇÃO

15. Responda às questões.

a. Você já pensou o quanto vale o tempo da sua atenção nas redes sociais?

b. Quantas vezes por dia você imagina acessar essas redes?

c. Sua atenção vale muito dinheiro, e é ela que está sendo vendida. Você já parou para pensar que impactos isso traz para a sua vida pessoal? Cite pelo menos três.

d. A questão sobre a qual devemos refletir é: você está consumindo ou sendo consumido pelas redes sociais? Comente.

16. Assista à reportagem da BBC News Brasil "Os segredos dos donos de redes sociais para viciar e manipular, segundo 'O Dilema das Redes'" e marque verdadeiro (V) ou falso (F). Em seguida, após assistir duas vezes ao vídeo e realizar as correções das afirmativas falsas, leia a transcrição do vídeo para compreender as informações e expressões de forma mais detalhada.

( ) A perda de tempo pela rolagem de posts é um efeito colateral, isto é, um efeito inesperado do uso das redes sociais.

( ) Existe uma manipulação para controlar seus sentimentos e comportamentos durante a visualização de conteúdos.

( ) As redes sociais não vendem informações sobre você, é você quem fornece suas informações conscientemente.

( ) Quando você não compra nada do que as publicidades oferecem, as redes sociais não ganham dinheiro.

( ) A barra de rolagem foi criada para que a doação do seu tempo e das suas informações nunca tenha um fim.

( ) O suicídio aumentou entre crianças e adolescentes depois da difusão das redes sociais.

( ) Cada usuário é o único responsável pelo uso que faz das redes sociais.

( ) As fake news se espalham 16 vezes mais rápido que as notícias verdadeiras no Twitter.

( ) A difusão de fake news é culpa exclusiva de quem as posta.

Fonte: https://bit.ly/4ekaF2k (Acesso em: 04 jun. 2024.)

▶ Liste as dicas de como resolver os problemas que as redes sociais podem nos causar.

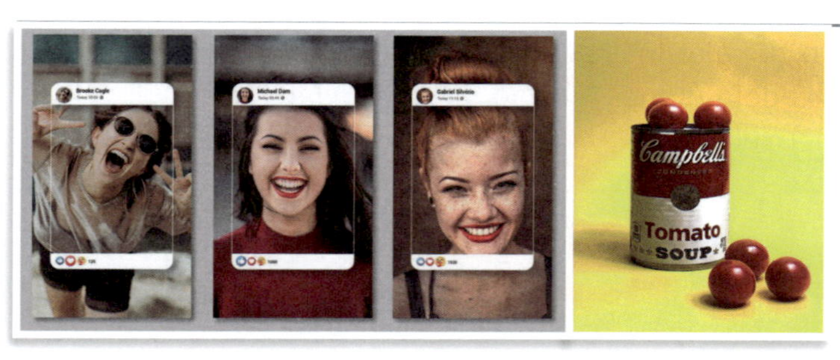

Brasil é o terceiro maior consumidor de redes sociais em todo o mundo. A constatação é de um levantamento da Comscore. O estudo mostra que esses canais são a preferência dos brasileiros frente a outras categorias on-line, elevando o país à terceira posição – atrás de Índia e Indonésia e à frente de Estados Unidos, México e Argentina. A análise "Tendências de Social Media 2023" mostra que os 131,5 milhões de usuários conectados no Brasil têm passado cada vez mais tempo na internet, em especial nessas plataformas. A categoria foi a mais consumida em dezembro de 2022, somando 356 bilhões de minutos, o que equivale a uma média de 46 horas de conexão por usuário no mês e representa um aumento de 31% em relação a janeiro de 2020. Além disso, a audiência dessas plataformas superou o tempo despendido em categorias múltiplas, como serviços, entretenimento, trabalho, presença corporativa, varejo, serviços financeiros, entre outras.

Ainda de acordo com a Comscore, YouTube, Facebook e Instagram são as redes mais acessadas pelos usuários brasileiros, com alcance de 96,4%, 85,1% e 81,4%, respectivamente; TikTok, Kwai e Twitter aparecem na sequência. Em relação ao tempo de consumo da audiência, Instagram e YouTube são as redes para as quais os usuários dedicam mais minutos.

Extraído de: *Forbes Tech*. Fonte: https://bit.ly/3XLJ98l (Acesso em: 04 jun. 2024. Adaptado.)

17. Teste se você é viciado em celular. Compare os resultados e identifique o perfil predominante na turma.

- Lidar: tratar ou ocupar-se de algo ou alguém.
- Saber de cor: é saber recorrendo à memória.
- Vai que...: quando você acha que algo não vai acontecer, mesmo assim age como se fosse acontecer.

a. Como você lida com o fato de esquecer o celular em casa?

( ) Volto para buscar porque é essencial para mim.
( ) Não volto para buscar, mas fico ansioso(a) o tempo todo por me sentir desconectado(a).
( ) Deixo lá e, quando chego ao meu destino, busco aproveitar o dia de desconexão para focar em outras coisas.

b. Como você definiria a importância do celular em sua vida?

( ) Não consigo viver sem.
( ) É importante, mas não é essencial. Posso me comunicar de outras formas.
( ) Ficar sem não faz diferença.

c. Você sabe de cor os números de seus contatos mais próximos?

( ) Não. Sem o celular não sei o número de ninguém.
( ) Só sei o meu e o de casa. ( ) Sim. Os números de pai, mãe, cônjuge e filhos é obrigação saber.

d. Além de usar o celular como despertador, você tem o costume de deixar o celular no banheiro enquanto toma banho?

( ) Lógico! Vai que alguém liga para mim.
( ) Apenas se estou esperando uma ligação muito importante.
( ) Não. O vapor prejudica o funcionamento do aparelho.

e. Como você reage ao fato de ter deixado de carregar a bateria do celular?

( ) Com tristeza. Fico chateado(a). ( ) Tudo bem. Carrego quando puder. ( ) Tanto faz.

f. Quando você conversa com alguém, é comum você desviar o olhar para o telefone para ver se tem uma nova mensagem, chamada ou notificação?

( ) Sim. Sempre dou uma olhadela, independentemente de quem estiver comigo.
( ) Às vezes. Só olho se ouvir ou perceber alguma notificação.
( ) Não faço, pois acho falta de educação.

g. Ao caminhar pela rua, ou mesmo enquanto dirige, você tem o costume de ler ou escrever mensagens no celular?

( ) Sim. Faço isso direto. ( ) Às vezes. Só em casos de emergência. ( ) Nunca.

h. O uso do celular o impede de realizar atividades básicas (dormir no horário, ser pontual em seus compromissos e se concentrar nas atividades de trabalho e estudo)?

( ) Sim. ( ) Algumas vezes não dá tempo de realizá-las. ( ) Não.

Extraído de: UOL. Fonte: https://bit.ly/4gqArDI (Acesso em: 04 jun. 2024. Adaptado.)

RESULTADOS:

▶ Mais marcações na primeira resposta:

Fique atento! O celular, para você, parece ser mais que uma ferramenta: é algo que supera o bom senso. Se você acha que o celular está afetando consideravelmente seu rendimento na vida social ou mesmo profissional, é importante procurar a ajuda de um profissional.

▶ Mais marcações na segunda resposta:

Usuário moderado. Pelas suas respostas, você usa bastante o celular, mas de uma forma razoável. Ao mesmo tempo que não deixa o celular desligado, sabe a hora de usar o aparelho, sem ser mal-educado.

▶ Mais marcações na terceira resposta:

Tranquilão. Aparentemente, você não tem muitos "sintomas" de quem é viciado em celular. Aliás, até parece que não liga muito para celular e que não se deixou levar por todos os recursos do dispositivo móvel.

18. Quais expressões novas você aprendeu com o teste? Identifique três respostas que foram dadas em registro informal (coloquial) e reescreva-as em registro formal.

MESA PARA DOIS

Agências de namoro sempre existiram, mas nunca foram muito populares entre os brasileiros. Atualmente, o Brasil é o segundo país que mais utiliza aplicativos de namoro no mundo, perdendo apenas para os Estados Unidos.

19. Responda às questões.

a. Com as redes sociais, você acha que ficou mais fácil encontrar o par perfeito? Por quê?

b. Para você, as conversas por texto oferecem uma visão real da outra pessoa?

20. Leia o artigo e escreva um comentário apresentando sua opinião sobre o tema.

O que explica declínio dos apps de namoro?

De acordo com uma pesquisa, quase metade dos americanos com mais de 18 anos sente que *dating* se tornou mais difícil na última década.

Ozge Ozdemir - Da BBC News Turkish

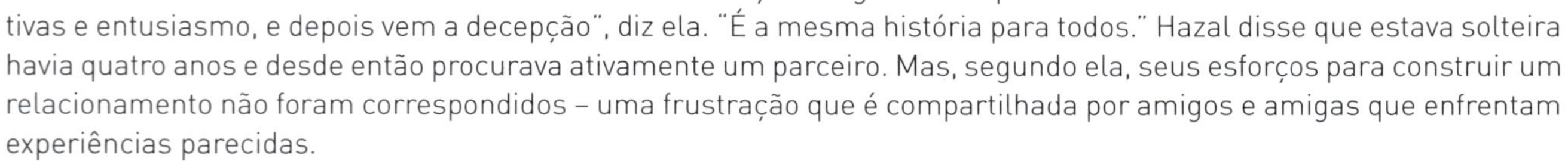

Para Hazal Sirin, uma mulher de 34 anos de Istambul, na Turquia, marcar *dates* amorosos é como andar de montanha-russa. "Você começa com grandes expectativas e entusiasmo, e depois vem a decepção", diz ela. "É a mesma história para todos." Hazal disse que estava solteira havia quatro anos e desde então procurava ativamente um parceiro. Mas, segundo ela, seus esforços para construir um relacionamento não foram correspondidos – uma frustração que é compartilhada por amigos e amigas que enfrentam experiências parecidas.

Segundo Hazal, muitas pessoas deixavam de demonstrar interesse ou cuidado pelo parceiro ou parceira, mesmo depois de alguns encontros. Ela disse que tinha sofrido *ghosting* em diversas ocasiões, o que ela acreditava ser um sinal de falta de consideração ou empatia. *Ghosting* é um termo usado para descrever a prática de encerrar repentinamente toda a comunicação e evitar contato com outra pessoa sem qualquer aviso ou explicação. Desencantada com suas experiências de namoro, Hazal afirmou que estava convencida de que existem poucas pessoas realmente comprometidas em buscar um relacionamento verdadeiro.

A decepção com *dates* na vida moderna é um tema polêmico nas conversas do dia a dia, seja na vida real ou nas redes sociais. De acordo com uma pesquisa de 2019 realizada pelo Pew Research Center, quase metade dos norte-americanos com mais de 18 anos sente que ir a *dates* se tornou mais difícil na última década. As razões citadas para isso incluem o uso crescente de tecnologia e plataformas de namoro, riscos físicos e emocionais, a ideia de o namoro se tornar mais impessoal, a natureza casual do namoro hoje e a mudança nas expectativas sociais, na moral ou nos papéis de gênero. Os resultados da pesquisa sugerem que a maioria das pessoas está insatisfeita com suas vidas amorosas e têm dificuldade em encontrar parceiros.

Fonte: https://bit.ly/4gDXFXc (Acesso em: 04 jun. 2024. Adaptado.)

Declínio dos apps de namoro

Os aplicativos de namoro – que tentam facilitar que pessoas se conheçam – também parecem ter perdido o charme inicial. Por exemplo, os downloads anuais do Tinder caíram mais de 1/3 em relação ao pico de 2014. Outro aplicativo de namoro popular, o Bumble, afirmou que seus usuários estão interessados em namoro com pouca pressão. "Um em cada três usuários do Bumble nos EUA diz que está 'namorando lentamente' e indo menos a *dates* para priorizar sua saúde mental quando se trata de namoro".

Estudos também indicam que os jovens estão sentindo uma espécie de cansaço emocional com aplicativos de namoro. Mais de 90% dos indivíduos da geração Z – pessoas nascidas entre 1997 e 2012 – se sentem frustrados com aplicativos de namoro, de acordo com a agência de pesquisa Savanta.

Solução dos influenciadores

Com cada vez mais pessoas frustradas com o namoro, as plataformas de mídia social estão ficando mais cheias de dicas e truques sobre relacionamentos. Os influenciadores muitas vezes afirmam ter soluções rápidas para encontrar o amor, com manchetes como "12 regras de namoro que mudaram minha vida" ou "Três segredos para se destacar em um *date*". Alguns parecem promover valores de relacionamento conservadores e sugerir papéis ou comportamentos de gênero – como os homens que pagam a conta no primeiro encontro.

Por exemplo, Stephan Labossiere, um coach de relacionamento com 1,5 milhão de seguidores no YouTube, cria vídeos com manchetes como "Nove erros horríveis no namoro que desanimam os homens". A influenciadora Casiah West, que tem quase meio milhão de seguidores no TikTok, sugere que "se você quer que alguém fique obcecado por você, basta mostrar desinteresse". Já a escritora Kathryn Lindsay diz que influenciadores e criadores de conteúdo muitas vezes capitalizam em cima de sentimentos de solidão ou desespero. "Se você é um criador de conteúdo em busca de cliques fáceis, então você finge que tem uma solução, já que as pessoas estão desesperadas ou sem esperança", diz ela.

Hazal Sirin diz que frequentemente encontra vídeos nas redes sociais dando conselhos sobre namoro. "É uma tendência comum, as pessoas discutem conselhos sobre namoro enquanto se maquiam", diz ela. "Alguns deles são uma porcaria, mas outros são úteis."

Jornada de autoconhecimento

Existe uma solução rápida para encontrar o verdadeiro amor? "Infelizmente, não", diz a psicoterapeuta e autora Kaytee Gillis. "Eu gostaria que houvesse algum algoritmo perfeito para o amor. Acho que as pessoas querem sentir que existe porque isso lhes dá esperança." Como namorar é estressante, argumenta Gillis, as pessoas navegam pelas dicas on-line para evitar sentimentos de desconforto. Mas ela disse que o namoro deveria ser, na verdade, uma jornada de autodescoberta sobre quem você é e quem você desejaria como parceiro. As pessoas deveriam procurar o relacionamento que desejam ter e não o relacionamento que a sociedade lhes diz para ter.

"Não existem atalhos para um bom relacionamento. É preciso trabalhar", afirmou a conselheira matrimonial e psicóloga Shivani Misri Sadhoo, enfatizando a importância de uma comunicação clara e de intenções genuínas. A psicoterapeuta Kaytee Gillis concorda. Para evitar a frustração em torno do namoro, é preciso ser autêntico, diz ela. "Permaneça fiel a quem você é", ela aconselha.

@iaraggomes há 2 anos

Exigir dos aplicativos um cadastro mais completo (com localização, documentos com foto e uma triagem com perguntas referentes às afinidades antes de encontros) e também a criação de um campo para denúncias e reclamações sobre os eventos dos encontros significa ajudar a prevenir a reincidência de más condutas.

1 Responder

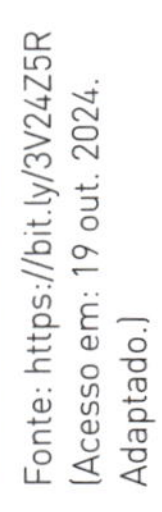

Fonte: https://bit.ly/3V2475R (Acesso em: 19 out. 2024. Adaptado.)

▶ Observe o quadro abaixo e perceba as regularidades na adaptação dos tempos verbais do discurso direto para o discurso indireto. Quais regularidades você percebe?

DISCURSO DIRETO	DISCURSO INDIRETO
"**Estou** convencida de que existem poucas pessoas realmente comprometidas em buscar um relacionamento verdadeiro", afirmou Hazal.	Hazal **afirmou** que **estava** convencida de que existem poucas pessoas realmente comprometidas em buscar um relacionamento verdadeiro.
"Você **começa** com grandes expectativas e entusiasmo, e depois **vem** a decepção", diz ela.	Ela **falou** que **começava** com grandes expectativas e entusiasmo e depois **vinha** a decepção.
"**Sofri** *ghosting* em diversas ocasiões, o que acredito ser um sinal de falta de consideração ou empatia", disse Hazal Sirin.	Ela **disse** que **tinha sofrido** *ghosting* em diversas ocasiões, o que ela acreditava ser um sinal de falta de consideração ou empatia.
"**Existe** uma solução rápida para encontrar o verdadeiro amor?", ela **perguntou**.	Ela **perguntou** se **existia** uma solução rápida para encontrar o verdadeiro amor.
"O namoro **deverá** ser, na verdade, uma jornada de autodescoberta sobre quem você é e quem você **desejará** como parceiro", argumenta Gillis.	Ela **contou** que o namoro **deveria** ser, na verdade, uma jornada de autodescoberta sobre quem você é e quem você **desejaria** como parceiro.

DISCURSO INDIRETO I (MODO INDICATIVO)

Verbos introdutórios: afirmar, falar, dizer, perguntar, contar, responder, querer, saber, entre outros, seguidos de que, se ou para.

DISCURSO DIRETO	DISCURSO INDIRETO
Presente do indicativo	Pretérito imperfeito do indicativo
Pretérito perfeito	Pretérito mais-que-perfeito composto do indicativo
Futuro do presente do indicativo	Futuro do pretérito do indicativo

21. Em dupla, troque o comentário que você escreveu na atividade 20 sobre os aplicativos de relacionamento com seu colega e reescreva-o na forma de discurso indireto. Siga o modelo de adaptação dos tempos verbais do quadro. Em seguida, compartilhe com a turma.

MEU CRUSH BRASILEIRO

Você conhece a linguagem para paquerar em português? Já se viu em uma situação em que precisava esclarecer o desinteresse por alguém? Como deixar clara sua intenção de relacionamento?

A linguagem do amor pode ser um desafio quando nos relacionamos com culturas diferentes. Assista ao vídeo de um brasileiro e uma chinesa contando sua experiência e discutindo algumas questões no quadro "Jogo da sinceridade", do canal Mescla. Fonte: https://bit.ly/3B4YXtO (Acesso em: 07 jun. 2024.)

22. Responda às questões a partir do depoimento no vídeo e marque verdadeiro (V) ou falso (F) sobre as perguntas do jogo a que eles estão respondendo.

a. Como o casal disse que começou a namorar?
b. O que eles explicam sobre a linguagem escolhida para se relacionarem?
c. Você concorda com a afirmação de que mudar de língua pode mudar sua forma de se relacionar? Explique.
d. Que diferenças são apontadas pelo casal quanto à forma de começar o relacionamento?
e. Assinale verdadeiro ou falso para as afirmações do casal:

AFIRMAÇÕES DO JOGO DA SINCERIDADE:	LUCAS	SISI
Seus pais não foram muito receptivos comigo.		
Fico constrangido quando você zoa meu sotaque no seu idioma de origem.		
Tem uns costumes culturais seus que me incomodam.		
Eu demorei a entender o que você queria de mim.		
Eu ainda não entendo as regras de namoro no seu país.		
Você adquiriu muitos hábitos meus.		
Você mudou radicalmente minha vida.		

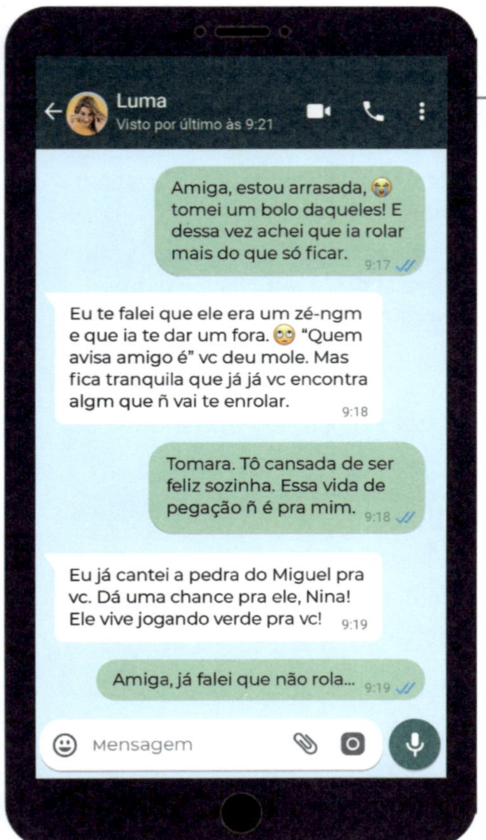

f. Das situações apresentadas no jogo, quais você considera que sejam causadas apenas pelas diferenças culturais? Por quê?

23. Leia a troca de mensagens de duas amigas para descobrir como está a vida amorosa de uma delas.

a. O que aconteceu com Nina?
b. Qual a sugestão de Luma?

24. Agora veja a mensagem de Miguel para Nina e tente escrever uma resposta que corresponda ao sentimento de Nina, já demonstrado na conversa com Luma.

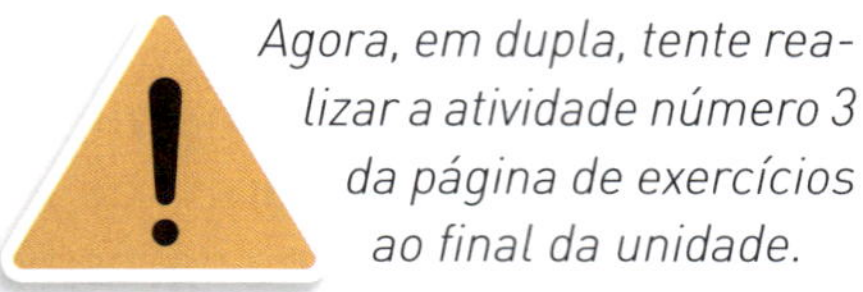

Agora, em dupla, tente realizar a atividade número 3 da página de exercícios ao final da unidade.

DEMONSTRANDO INTERESSE

- Estou a fim dele/dela/de você.
- Eu curti ele/ela/você.
- A gente tem química.
- Rolou uma conexão entre nós.
- Sentimos uma faísca.
- Há uma energia entre nós.
- Nos damos muito bem.
- Tem algo especial entre a gente.
- Nos entendemos sem precisar falar muito.
- Estou interessado(a) nele(a).
- Tenho uma queda por ele/ela.
- Estou encantado(a) por ele/ela.
- Ele/ela me atrai.
- Ele/ela mexe comigo.
- Estou na dele/dela.
- Ele/ela é meu tipo.

DEMONSTRANDO DESINTERESSE

- Não estou interessado(a) nele/nela/ em você.
- Ele/ela/você não me atrai.
- Não me sinto atraído(a) por...
- Não tenho nenhum interesse por...
- Ele/ela não desperta meu interesse.
- Não sinto nada por ele/ela/você.
- Ele/ela/você não é meu tipo.
- Não é o tipo de pessoa que me atrai.
- Não gosto do estilo dele/dela.
- Não se encaixa no que eu procuro.
- Não temos nada a ver.
- Não batemos.
- Não temos sintonia.
- Nossos interesses não coincidem.
- Somos muito diferentes.
- Não simpatizei com ele/ela/você.
- Não vou com a cara dele/dela.

- tomar/dar um bolo
- rolar
- zé-ninguém
- tomar/dar um fora
- pegação
- cantar a pedra
- jogar verde
- dar mole

- Estou arrasado.
- Arrasou!
- Ele/ela é um arraso!

O DIMINUTIVO

A linguagem afetiva está muito relacionada a uma característica específica de falar entre os amantes: a forma diminutiva das palavras: "benzinho", "amorzinho", "chuchuzinho". Mas os usos do diminutivo podem ser variados, observe:

1. Expressar afeição ou carinho em relação a pessoas, animais ou objetos.
*Exemplo: Meu **filhinho** querido. (Forma carinhosa de "filho".) Adoro esta **florzinha**. (Forma carinhosa de "flor".)*

2. Indicar tamanho menor: indicar que algo é menor em tamanho ou quantidade.
*Exemplo: Ela mora em uma **casinha** na montanha. (Uma casa pequena.) Vamos usar só um **pouquinho** de açúcar na receita. (Uma quantidade pequena.)*

3. Diminuir a importância ou relevância de algo, muitas vezes de forma pejorativa.
*Exemplo: Que **poeminha** mais sem graça. (Um poema considerado de pouca importância.) Que **trabalhinho** chato! (Um trabalho considerado fácil ou sem importância.)*

4. Expressar delicadeza ou fragilidade enfatizando que algo é delicado.
*Exemplo: Esse **copinho** é uma antiguidade. (Um copo pequeno e possivelmente frágil.)*

5. Demonstrar informalidade ou intimidade: usado para criar um tom mais informal ou íntimo na conversação.
*Exemplo: Vamos tomar um **cafezinho** juntos? (Sugere o desejo de passar um tempo com o convidado.)*

6. Atenuar um pedido ou ordem para suavizar a expressão.
*Exemplo: Me passa o **salzinho**? (Torna o pedido mais educado e suave.)*

Formação: os sufixos **-inho(a)** ou **-zinho(a)** são as formas mais usuais e mais faladas pelos brasileiros:

- casa ➡ casinha
- café ➡ cafezinho
- bar ➡ barzinho
- pão ➡ pãozinho
- boca ➡ boquinha

Mas há outros sufixos como:
- **-ino(a)** (pequeno ➡ pequenino)
- **-ito(a)** (rapaz ➡ rapazito)
- **-im** (forte ➡ fortim), entre outros.

O PORTUGUÊS DE PORTUGAL ESTÁ FICANDO MAIS BRASILEIRO?

As expressões ouvidas com cada vez mais frequência no país.

Grama, geladeira, dica. Essas e outras palavras e expressões brasileiras têm se tornado cada vez mais comuns no vocabulário dos portugueses, segundo linguistas e estudiosos do tema. Elas são usadas principalmente por crianças e adolescentes que seguem, com assiduidade, influencers e youtubers do Brasil nas redes sociais.

Mas os portugueses mais velhos também são pegos cada vez mais cometendo "brasileirismos", uma tendência que começou na década de 1970 com a influência das novelas importadas do Brasil para Portugal e que foi potencializada nos últimos anos por conteúdos nas redes sociais. O tema causa controvérsia e preocupação pelos mais puristas da língua e tem sido notícia e manchetes de jornal.

Fernando Venâncio, linguista português que estuda o tema há décadas, identificou algumas dessas palavras em seu livro *O português à descoberta do brasileiro*. Muitas delas, segundo ele, já são usadas em Portugal há algumas décadas. "Um brasileiro, por exemplo, anuncia a pergunta que vai fazer com 'será que'. Isso não existia no português de Portugal nessa modalidade", diz. "Um brasileirismo que eu mesmo uso e acho que foi um ganho é 'dica'. Não conhecíamos essa palavra em Portugal, usávamos 'sugestão' ou algo assim. Mas a palavra brasileira é mais prática e curta."

Outro brasileirismo que tem aumentado entre os portugueses é o uso do gerúndio. Em Portugal, a forma predominante é "estou a passear" no lugar de "estou passeando". E, ao contrário do que muita gente acredita no Brasil, o uso da palavra "você" também já era muito comum em Portugal. Alguns linguistas também classificam a expressão como um meio-termo entre "o senhor" ou "a senhora" e o "tu", em termos de formalidade. Mas, para algumas pessoas, seu uso por portugueses ainda pode ser considerado rude ou uma forma de inferiorizar alguém. "Pode ser uma marca um bocadinho desrespeitosa por parte de um falante culto. Eu, por exemplo, nunca me dirigiria a um aluno com 'você'", diz Graça Rio-Torto, a professora da Universidade de Coimbra.

Extraído de: Julia Braun, BBC Brasil. Fonte: https://bit.ly/4dq0B73 (Acesso em: 06 jun. 2024. Adaptado.)

CORREIO ELEGANTE

Vamos trocar mensagens de paquera em português por pura brincadeira. O professor começa por escrever uma mensagem e vai passando a "conversa" de aluno para aluno. Cada um lê a última mensagem, responde e acrescenta mais algum comentário. Vale tudo! Continuar a paquera, dizer que é só amizade ou dar um fora. Só não vale ser deselegante.

▶ Para cada par de palavras, sublinhe a palavra que foi pronunciada e tente pronunciar cada uma.

1	2	3	4	5	6	7	8	9	10
Bicho	Corta	Coro	Suar	Fluvial	Corar	Aprender	Franco	Absolver	Fora
Picho	Corda	Couro	Soar	Pluvial	Colar	Apreender	Flanco	Absorver	Forra

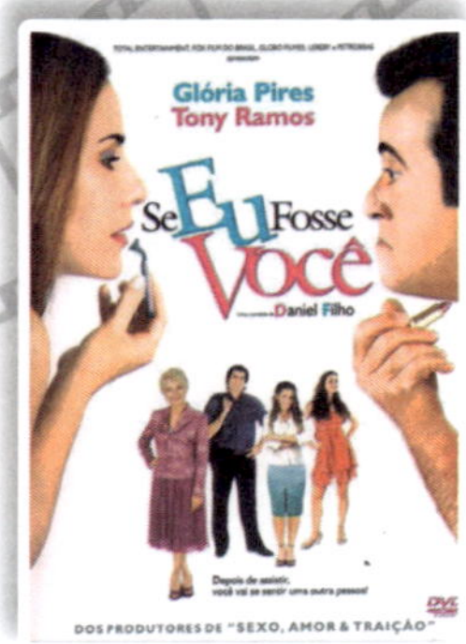

Extraído de: AdoroCinema. Fonte: https://bit.ly/4gz2H70 (Acesso em: 06 jun. 2024.)

▶ SE EU FOSSE VOCÊ

2006 . COMÉDIA . 1H34

Em *Se eu fosse você*, Cláudio (Tony Ramos) é um publicitário bem-sucedido, dono de sua própria agência, casado com Helena (Gloria Pires), uma professora de música que cuida de um coral infantil. Acostumados com a rotina do dia a dia e do casamento de tantos anos, eles, volta e meia, têm uma discussão. Um dia eles têm uma briga maior do que o normal, que faz com que algo inexplicável aconteça: eles trocam de corpos. Apavorados, Cláudio e Helena tentam aparentar normalidade até que consigam reverter a situação. Porém, para tanto, eles terão que assumir por completo a vida do outro.

DATA DE LANÇAMENTO: 06 de janeiro de 2006 (Brasil)
DIREÇÃO: Daniel Filho
ROTEIRO: Renê Belmonte, Iafa Britz
ELENCO: Tony Ramos, Gloria Pires

ME SEGUE!

REALITY SHOW

- Transformação
- Confinamento
- Competição
- Elenco (casting)
- Seguidores nas redes
- Prêmio
- Câmera e microfone
- Rival
- Fofoca
- Barraco e baixaria (brigas)
- Intrigas
- Acordos
- Romances
- Drama
- Conflitos
- Público x privado
- Exibição
- Exposição
- Risco
- Manipulação
- Mentiras
- Emissora de TV
- Audiência
- Anônimo
- Competidores

YOUTUBERS

- Um vlog = diário pessoal em formato de vídeo.
- Ativa o sininho = receba notificação de minhas postagens.
- Collab = um colaborador/parceiro.
- Vídeo de Q&A = vídeo de perguntas e respostas.
- Me segue = acompanhe minha rede social.
- Haters = pessoas que não gostam do conteúdo.
- Seja meu sponsor = seja meu patrocinador.
- Dar um like = gostar.
- Fazer um challenge = fazer um desafio.

EXPRESSAR CORAGEM

- Não tenho medo de...
- Não receio que... + subjuntivo
- Acho que sou capaz de... + infinitivo
- Acredito que... + presente do indicativo ou subjuntivo
- Estou confiante de... + infinitivo
- Não temo que... + subjuntivo

DAR EXPLICAÇÕES

- Por causa de...
- Isto se deve a...
- Graças a...
- Como...
- Devido a...
- Por falta de...
- Por excesso de...
- O motivo de...
- A origem do problema é...
- Isto se explica por...
- Isto é o resultado de...

PEDIR EXPLICAÇÕES

- Por que...?
- Por qual(is) razão(ões)...?
- Como isso se explica?
- A que se deve...?

EXPRESSAR MEDO

- Ter medo de...
- Ter receio de...
- Não ter coragem de...
- Temer + verbo no infinitivo
- Temer + substantivo determinado

EXPRESSAR SENTIMENTOS

- Não aguento/suporto/aceito que...
- Eu lamento/sinto muito que...
- Fico encantado(a)/superfeliz/surpreso(a)/horrorizado(a)/triste de...
- Eu morro de vontade/de medo/de curiosidade/de inveja/de ciúme de...
- Tenho raiva/inveja/ciúme/curiosidade/orgulho de...
- Fico chocado(a)/surpreso(a)/decepcionado(a) com...
- Sinto tristeza/alegria em...
- Não suporto/Fico chateado(a)/Fico chocado(a) quando...

PAQUERA: MOSTRAR INTERESSE

- Estou a fim dele/dela/de você.
- Eu curti ele/ela/você.
- A gente tem química.
- Rolou uma conexão entre nós.
- Sentimos uma faísca.
- Há uma energia entre nós.
- Nos damos muito bem.
- Tem algo especial entre a gente.
- Estou interessado(a) nele(a).
- Tenho uma queda por ele/ela.
- Estou encantado(a) por ele/ela.
- Ele/ela me atrai.
- Ele/ela mexe comigo.
- Estou na dele/dela.
- Ele/ela é meu tipo.

PAQUERA: MOSTRAR DESINTERESSE

- Não estou interessado(a) nele/nela/em você.
- Ele/ela/você não me atrai.
- Não me sinto atraído(a) por...
- Não tenho nenhum interesse por...
- Ele/ela não desperta meu interesse.
- Não sinto nada por...
- Ele/ela/você não é meu tipo.
- Não é o tipo de pessoa que me atrai.
- Não gosto do estilo dele/dela.
- Ele/ela/você não se encaixa no que eu procuro.
- Não temos nada a ver.
- Não batemos.
- Não temos sintonia.
- Nossos interesses não coincidem.
- Somos muito diferentes.
- Não simpatizei com ele/ela/você.
- Não vou com a cara dele/dela.

▶ Nesta seção vamos trabalhar uma atividade de produção oral do exame Celpe-Bras. Antes de praticar, seu professor vai apresentar brevemente como ocorre a avaliação da parte de produção oral do exame. Fique atento às regras! Vamos praticar em dupla a interação sobre o elemento provocador 11 da prova de 2023/1. A turma deve ser dividida em duplas para que um estudante seja o entrevistador e o outro seja o candidato, de forma que vão alternar os papéis ao longo da atividade. As perguntas serão distribuídas entre os estudantes: **estudante A** responderá às perguntas 1, 3, 5 e 7; **estudante B** responderá às perguntas 2, 4, 6 e 8.

Ao final da atividade, discuta com a turma aspectos importantes da produção oral sobre o tema e algumas estratégias de produção oral.

Edição **2023/1** | Celpe-Bras | **A explosão da solidão** | Elemento Provocador **11**

▶ ELEMENTO PROVOCADOR

▶ ETAPA 1

Diga ao examinando:

Por favor, observe a imagem e leia o texto silenciosamente.

(O examinando faz isso silenciosamente.)

▶ ETAPA 2

Após aproximadamente um minuto, diga ao examinando:

De que trata o material?

▶ ETAPA 3

Siga o Roteiro, fazendo as adequações necessárias em função das respostas do examinando.

1. Que relação você faz entre a imagem e o texto escrito?

2. Você vê mais aspectos positivos ou negativos em estar só?

3. A internet ajuda ou atrapalha nossa conexão com outras pessoas? Explique.

4. Você concorda que houve uma explosão de solidão nos últimos anos? Fale sobre isso.

5. Em sua opinião, a sensação de solidão depende de nossas ações/atitudes perante o mundo? Comente.
6. Você é uma pessoa que gosta de ficar sozinha ou sente necessidade de ter muitos amigos? Fale um pouco sobre isso.
7. Você acha que todas as pessoas têm a mesma necessidade de convívio social? Ou essas necessidades podem variar de pessoa para pessoa ou de cultura para cultura? Justifique.
8. Como você compara os brasileiros com as pessoas do seu país em termos de necessidades de convivência social? Explique.

Compreensão	Competência interacional	Fluência	Adequação lexical e gramatical	Pronúncia

▶ Anotações e dicas: ....

....

....

....

....

....

....

....

....

▶ Você vai falar sobre como as diferenças culturais podem afetar relacionamentos interpessoais. Descreva uma situação que você viveu (ou que imagine que alguém do seu país possa viver) que causou ou cause um ruído na comunicação devido a uma diferença na interpretação cultural. Isso pode estar associado a relacionamentos desde a esfera do trabalho até relacionamentos amorosos. Seja criativo em seu podcast de duração mínima de um minuto e meio e máxima de três minutos, incluindo vinheta e/ou apresentação. Seu episódio deve ser gravado e enviado para seu professor no formato de mídia acordado entre a turma. Sugerimos o seguinte roteiro para se inspirar:

1. Apresente-se (nome, nacionalidade).
2. Resuma seu conteúdo (diga o que você vai falar em poucas palavras).
3. Descreva a situação em que a interpretação cultural pode ser mal compreendida.
4. Diga como as pessoas podem desfazer o mal-entendido de forma adequada para sua visão cultural.
5. Agradeça à audiência e se despeça.

BOM TRABALHO!

EXERCÍCIOS UNIDADE 7

1 Associe as palavras ou expressões ao seu significado.

a. Fofoca	( ) Exaltar-se ou vangloriar-se de suas próprias conquistas ou qualidades.
b. Gabar-se	( ) Não perceber ou ignorar sinais sociais de que seu comportamento é inadequado.
c. Fazer barraco	
d. Ser competitivo	( ) Pessoas ou grupos que competem entre si, geralmente com hostilidade.
e. Não ter desconfiômetro	( ) Conversa sobre a vida alheia, geralmente com informações não confirmadas.
	( ) Sentir inveja ou ciúmes de alguém.
f. Fazer drama	( ) Causar uma confusão ou escândalo em público.
g. Rivais	( ) Conflito ou desentendimento causado por mal-entendidos ou manipulações.
h. Intriga	( ) Exagerar uma situação para chamar a atenção ou causar comoção.
i. Ter dor de cotovelo	( ) Ter uma forte vontade de competir e vencer em qualquer situação.

2 Associe o sentimento às expressões faciais abaixo.

a. Morrer de raiva **b.** Ficar chocado com **c.** Ter orgulho de **d.** Não suportar **e.** Ter ciúmes de **f.** Ter inveja de **g.** Desconfiar de **h.** Morrer de medo **i.** Ficar muito feliz por

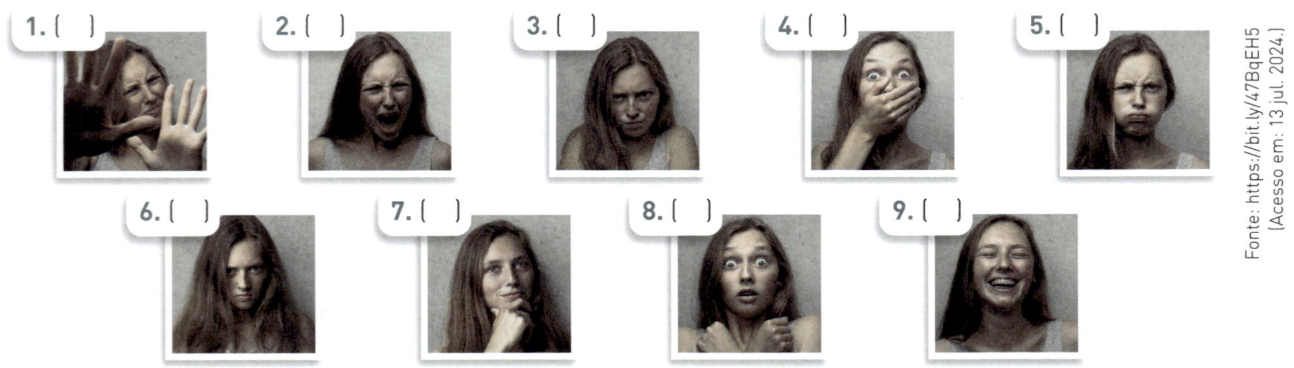

Fonte: https://bit.ly/47BqEH5 (Acesso em: 13 jul. 2024.)

3 Veja algumas expressões importantes para fala de relacionamento em português e associe o vocabulário ao seu significado.

a. Dar um gelo
b. Dar o perdido
c. Dar migué
d. Dar um tempo
e. Amor não correspondido
f. Alma gêmea
g. Paquerar
h. Amor à primeira vista
i. Terminar
j. Relação tóxica
k. Trair/cometer traição
l. Ter um caso
m. Viver junto
n. Ficar

( ) Quando duas pessoas se apaixonam instantaneamente após se verem pela primeira vez.
( ) Uma pessoa com quem se sente uma profunda afinidade e conexão, o(a) parceiro(a) ideal.
( ) Fazer uma pausa no relacionamento para refletir.
( ) Um relacionamento em que há comportamento negativo ou abusivo.
( ) Manter um relacionamento extraconjugal ou fora de um compromisso estabelecido.
( ) Ter encontros ou envolvimentos de curto prazo, geralmente sem compromisso sério.
( ) Quando uma pessoa ama alguém que não retribui o sentimento.
( ) Encerrar um relacionamento romântico.
( ) Romper a confiança em um relacionamento por infidelidade.
( ) Morar junto sem estar formalmente casado.
( ) Dar desculpas ou fingir algo para não enfrentar uma situação diretamente.
( ) Desaparecer, evitar qualquer tipo de contato com a pessoa.
( ) Ignorar ou afastar-se de alguém como forma de punição ou para demonstrar descontentamento.
( ) Demonstrar interesse amoroso por alguém.

4 Transcreva os textos usando o discurso indireto.

a. Presente do indicativo ➡ Pretérito imperfeito

Davi: "Eu uso redes sociais todos os dias. Acredito que elas são uma ótima maneira de manter contato com amigos e familiares. No entanto, às vezes sinto que passo tempo demais nelas. Minha irmã sempre me lembra de equilibrar meu tempo on-line com outras atividades. Ela fala: 'Você deveria sair mais e aproveitar o mundo real'. Eu concordo com ela, mas acho difícil resistir à tentação de checar as notificações constantemente".

....

....

....

....

....

b. Pretérito perfeito do indicativo ➡ Pretérito mais-que-perfeito composto do indicativo

Rakel: "Eu postei muitas fotos pessoais nas redes sociais. Recebi muitos comentários e curtidas, mas depois percebi que tinha compartilhado informações demais. Meu amigo João me alertou sobre os riscos de superexposição. Ele comentou: 'Você deveria ser mais cuidadosa com o que compartilha on-line'. Eu refleti sobre isso e decidi apagar algumas postagens".

....

....

....

....

....

c. Futuro do presente do indicativo/futuro com IR ➡ Futuro do pretérito do indicativo

Ana: "Eu vou participar de um reality show no próximo mês. Acho que será uma experiência incrível e uma oportunidade única de mostrar minha personalidade para o público. Minha mãe sempre me apoiou e disse: 'Você se sairá muito bem e fará muitos amigos'. Eu acredito que aprenderei e crescerei muito como pessoa durante o programa".

....

....

....

....

....

5 Transcreva as frases abaixo do discurso indireto para o discurso direto.

a. João disse que estudava todas as noites para os exames.

....

b. Maria comentou que trabalhava em um projeto importante na empresa.

....

c. Ana explicou que tinha lido todos os livros da série.

....

d. Carlos afirmou que tinha completado a maratona em menos de quatro horas.

....

e. Luísa contou que tinha feito um curso de culinária na Itália.

....

f. Marcos disse que abriria um restaurante no centro.

....

g. Clara comentou que adotaria um cachorro de grande porte.

....

6 Associe cada frase ao significado do diminutivo indicado entre as seguintes opções:

1. Carinho
2. Tamanho pequeno
3. Desprezo
4. Fragilidade
5. Informalidade/intimidade
6. Atenuar ordem ou pedido

a. ( ) Você poderia me dar uma ajudinha com esse trabalho?
b. ( ) Esse filminho de romance não me convenceu.
c. ( ) Você está com uma carinha de cansado, quer descansar um pouco?
d. ( ) Você acha que eu vou cair nesse papinho?
e. ( ) Você está com friozinho? Quer meu casaco?
f. ( ) Oi, amorzinho, como foi seu dia?
g. ( ) Pode me fazer um favorzinho e pegar meu celular ali?
h. ( ) Vamos tomar uma cervejinha juntos hoje?
i. ( ) Vamos tomar um cafezinho depois do trabalho?
j. ( ) Oi, florzinha, você está linda hoje!

7 Transforme as palavras abaixo em diminutivo utilizando os sufixos -zinho(a) ou -inho(a). Preste atenção nas mudanças ortográficas que podem ocorrer.

a. Gato ....
b. Cerveja ....
c. Flor ....
d. Amor ....
e. Menino ....
f. Pão ....
g. Bola ....
h. Janela ....
i. Sol ....
j. Carro ....
k. Amigo ....
l. Bem ....
m. Lindo ....
n. Doce ....
o. Coração ....
p. Leão ....
q. Boneca ....
r. Árvore ....
s. Tarde ....
t. Chuchu ....
u. Dengo ....

8 Você está familiarizado com a linguagem dos youtubers brasileiros? Associe as colunas aos significados correspondentes.

a. O que significa "dar um like"?
b. O que significa "challenge"?
c. O que significa "hater"?
d. Quando um youtuber menciona "sponsor" ou "patrocinador", ele está falando sobre:
e. Quando um youtuber diz "se inscreva no canal", ele está pedindo para que você:
f. O que é um "Q&A"?
g. O que significa "ativar o sininho"?
h. O termo "collab" usado por youtubers refere-se a:
i. Quando um youtuber fala "me segue no Insta", ele está se referindo a:
j. O que é um "vlog"?

( ) Siga o canal para receber atualizações de novos vídeos.
( ) Uma colaboração entre dois ou mais youtubers.
( ) Acompanhá-lo no Instagram.
( ) Uma pessoa que faz críticas negativas e ofensivas.
( ) Um desafio proposto para o youtuber e/ou seus seguidores cumprirem.
( ) Um vídeo de perguntas e respostas.
( ) Curtir o vídeo, demonstrando que gostou dele.
( ) Um vídeo que registra o cotidiano ou experiências pessoais do youtuber.
( ) Receber notificações sempre que o youtuber postar um novo vídeo.
( ) Uma empresa ou marca que apoia financeiramente o canal.

9 Complete os textos com o vocabulário adequado do quadro abaixo.

competidores (2x) - intrigas - brigas - fofocas - audiência - mentiras - confinamento - prêmio - ambiente

a. Nos reality shows, os $_1$ .... são colocados em um ambiente de $_2$ ...., onde precisam conviver 24 horas por dia. Esse $_3$ .... leva muitas pessoas a falarem $_4$ .... e $_5$ ...., que acabam gerando bastante conteúdo para a $_6$ .... Muitas vezes, os $_7$ .... causam $_8$ .... e $_9$ .... para se destacarem e garantir a simpatia do público, na esperança de ganharem o grande $_{10}$ ....

gabar-se - discrição - lidar - rolar - provocar - ostentação - privacidade - cutucar - exibir-se - desconfiômetro - calar-se

b. No mundo das relações interpessoais, saber 1 .... com diferentes personalidades é essencial. Sempre existe aquele amigo que adora 2 .... e 3 .... sobre suas conquistas, muitas vezes por pura 4 .... Já outros preferem 5 .... e 6 ...., sem os flashes e exibicionismo social. Nas redes sociais, pode 7 .... tudo e, às vezes, alguém pode 8 ....o ponto fraco de alguém e, por isso, 9 .... uma discussão desnecessária. É preciso ter 10 .... para entender quando é hora de falar ou de 11 .... para evitar conflitos.

10 A partir dos perfis apresentados, indique qual dos candidatos você acha que teria mais chance de ser eleito para o *BBB* e justifique sua escolha. Você deve redigir um comentário de pelo menos 50 palavras destacando as características do perfil, explicando como elas podem ajudar o candidato a ser um participante e futuro vencedor.

Nome: Camila Ferreira
Idade: 28 anos | **Cidade:** São Paulo, SP | **Profissão:** Empresária e influenciadora digital
Ela é uma empresária de sucesso e influenciadora digital com mais de 500 mil seguidores nas redes sociais. Aos 28 anos, ela já fundou sua própria marca de moda e adora compartilhar dicas de estilo e empoderamento feminino. Camila é conhecida por sua personalidade ousada e destemida, sempre pronta para enfrentar novos desafios e se destacar em qualquer situação. No *BBB*, ela promete ser uma jogadora estratégica e não tem medo de causar polêmica para alcançar seus objetivos. Recentemente, Camila se envolveu em uma controvérsia ao criticar abertamente outras influenciadoras, o que gerou um grande debate on-line. "Estou aqui para ganhar e mostrar que mulher pode tudo!", afirma Camila.

Nome: Rafael Costa
Idade: 30 anos | **Cidade:** Rio de Janeiro, RJ | **Profissão:** Designer gráfico
Ele é um designer gráfico de 30 anos, natural do Rio de Janeiro. Ele é um homem gay assumido e ativista LGBTQIA+, sempre engajado em causas sociais e na luta por direitos iguais. Rafael é extrovertido, criativo e adora festas, mas também sabe ser um amigo leal e conselheiro. No entanto, sua confiança às vezes é interpretada como arrogância, e ele não hesita em se colocar como superior em discussões. No *BBB*, ele quer representar a diversidade e mostrar que é possível ser autêntico e verdadeiro em qualquer situação. "Estou aqui para ser eu mesmo e inspirar outras pessoas a fazerem isso também", declara Rafael.

Nome: Lucas Almeida
Idade: 27 anos | **Cidade:** Belo Horizonte, MG | **Profissão:** Personal trainer
Ele é um personal trainer de 27 anos, conhecido por seu físico atlético e sua paixão por esportes. Natural de Belo Horizonte, ele é um homem hétero bastante orgulhoso de suas conquistas e não tem medo de mostrar isso. Lucas é competitivo, determinado e adora desafios, sempre buscando ser o melhor em tudo o que faz. Ele tem a tendência de ser um pouco crítico e pode ser desagradável quando se trata de opiniões diferentes das suas. No *BBB*, ele promete ser um jogador forte e estratégico, disposto a fazer o que for necessário para vencer. "Estou aqui para ganhar e mostrar que, com dedicação e esforço, tudo é possível", afirma Lucas.

....

....

....

....

....

....

....

UNIDADE 8

REZA

VAI NA FÉ!

NESTA UNIDADE VOCÊ VAI APRENDER:

- pronomes no discurso indireto
- o futuro composto do subjuntivo
- a voz passiva analítica II (verbos compostos)
- as principais religiões e práticas religiosas dos brasileiros
- o vocabulário das etapas da vida e suas celebrações

PARA:

- falar sobre felicidade e propósito de vida
- identificar as etapas da vida
- compreender as religiões do Brasil e a fé dos brasileiros
- conhecer tradições e festas de família no Brasil
- falar sobre suas crenças e sua fé
- descrever uma festa religiosa ou popular

DEDIQUE-SE A VIVER

Segundo as pesquisas, todo mês 45 milhões de pessoas buscam no Google "como ser feliz". Neste momento em que o estresse, a ansiedade e a depressão já se tornaram epidemias, por quais razões, com tantos avanços e tantos confortos da vida moderna, ser feliz ainda é um desafio? O que nos afasta da felicidade? Por quê? Qual é a nossa ideia de felicidade? Afinal, ela existe?

1. Assista ao vídeo "Happiness", de Steve Cutts, e responda às questões.

a. Cite 5 aspectos da vida moderna que provocam estresse, ansiedade e depressão apresentados no vídeo. ....

b. Qual ideia de felicidade é apresentada?

c. O que a armadilha ao final do vídeo representa?

d. Como você compreende a diferença entre "estar feliz" e "ser feliz"?

e. Segundo Epicuro (341-271 a.C.), filósofo grego do período helenístico, um dos princípios para alcançar a felicidade é evitar a dor. Quais meios para evitar a dor são apresentados no vídeo?

f. Quais meios, mais saudáveis, você indicaria para aliviar o estresse e a ansiedade?

g. Definir o que é felicidade é difícil porque varia de pessoa para pessoa, a depender das fases da vida, da cultura e da situação em que nos encontramos a cada momento. Além disso, nem sempre é fácil identificar o que realmente queremos. Muito mais fácil do que definir o que é ser feliz é identificar as condições que nos causam sofrimento e, portanto, nos afastam da felicidade. O que você mudaria em sua vida hoje para ser mais feliz?

( ) Relacionamentos ( ) Família ( ) Emprego ( ) Profissão ( ) Saúde
( ) Lugar onde mora ( ) Dinheiro ( ) Tempo ( ) Outro

Fonte: https://bit.ly/3BeXIII (Acesso em: 10 jun. 2024.)

2. Escreva 3 condições que você considera essenciais para se alcançar uma vida feliz. Compartilhe sua resposta com os colegas e identifiquem juntos os pontos comuns e divergentes na concepção de felicidade. Observem quais palavras são mais recorrentes no grupo.

I. ....

II. ....

III. ....

3. Escute o áudio "Se dedique a viver", com o historiador Leandro Karnal.

a. Enumere quatro princípios para se alcançar a plenitude na vida segundo o filósofo Epicuro.

I. ....

II. ....

III. ....

IV. ....

b. Dê um exemplo de ação para a prática de cada princípio citado.

I. ....

II. ....

III. ....

IV. ....

Fonte: https://bit.ly/4dfwcrY (Acesso em: 09 jun. 2024. Reproduzir até 2'13".)

4. No Brasil, há um ditado popular que diz "Falar é fácil, fazer é que é difícil". Comente.

5. Leia o texto, crie para cada parágrafo um título e compartilhe com os colegas. Juntos, votem qual o título mais original que melhor sintetiza a ideia de cada parágrafo.

O QUE REALMENTE SIGNIFICA SER FELIZ?

....

Muitos de nós pensamos na felicidade como uma constante alegria e contentamento, mas, na realidade, ela é mais complexa. A felicidade inclui se sentir bem no dia a dia e estar satisfeito com a vida como um todo. Portanto, ser feliz também envolve aceitar que momentos difíceis fazem parte da jornada.

....

A psicologia positiva nos ensina que a felicidade pode ser cultivada através de práticas que melhoram nosso bem-estar emocional e nossa satisfação com a vida. Por exemplo, momentos de alegria, uma carreira gratificante, relacionamentos significativos, objetivos pessoais e a sensação de contribuição para algo maior do que nós mesmos são todos ingredientes importantes para se sentir feliz.

....

É fácil cair na armadilha de acumular informações sem nunca as colocar em prática. Em um mundo onde cada clique nos oferece um novo artigo ou vídeo sobre como ser feliz, podemos nos sentir sobrecarregados e indecisos a respeito de qual conselho seguir. Esse excesso de opções muitas vezes nos leva à paralisia da análise, em que o pensar substitui o fazer. Começar pode ser intimidador, especialmente se não tivermos um plano claro ou se esperarmos resultados imediatos.

....

Os hábitos são nossas respostas automáticas às situações do dia a dia, e mudá-los requer muito mais do que simplesmente decidir fazer diferente. O cérebro gosta de eficiência, e voltar aos velhos padrões é sempre a via de menor resistência. Por exemplo, se você está acostumado(a) a se desestressar comendo doces, escolher uma alternativa saudável, como uma caminhada, pode parecer insatisfatório no início. A chave é a persistência e a repetição até que a nova ação se torne tão automática quanto a antiga.

....

Vivemos em uma cultura que frequentemente glorifica a felicidade como um estado contínuo de êxtase e satisfação. Mídias sociais, filmes e livros podem pintar um quadro irrealista, no qual todas as pessoas parecem felizes o tempo todo. Esse cenário cria expectativas que a realidade dificilmente pode atender. Quando as pessoas falham em alcançar essa felicidade constante, podem se sentir como fracassadas, sem perceber que a verdadeira felicidade também inclui enfrentar e aceitar momentos de tristeza ou mediocridade.

....

O que faz um amigo feliz – como correr maratonas ou cozinhar – pode não ser o mesmo que te faz feliz. Tentar se encaixar em moldes de felicidade que não correspondem às nossas verdadeiras paixões ou interesses pode nos levar a uma busca frustrante. É importante reconhecer e respeitar nossa unicidade, nossas preferências e nosso ritmo. Isso inclui também o reconhecimento de que as mudanças que desejamos implementar precisam respeitar quem somos.

....

Nem sempre podemos controlar o que acontece ao nosso redor, mas podemos controlar como reagimos. Problemas financeiros, desafios no trabalho, doenças ou problemas nos relacionamentos podem afetar profundamente nossa felicidade. No entanto, focar naquilo que podemos mudar, como nossa atitude e nossas respostas, pode ajudar a manter uma perspectiva positiva mesmo em tempos difíceis.

....

Desafios como depressão e ansiedade são mais do que apenas "estar de mau humor" – são condições sérias que afetam como pensamos, sentimos e lidamos com as situações diárias. Ignorar esses problemas esperando que desapareçam por conta própria pode impedir uma pessoa de alcançar a felicidade. Então, reconhecer quando é hora de buscar ajuda profissional é um passo crucial na jornada para uma vida mais feliz e saudável.

Extraído de: Vida Simples. Fonte: https://bit.ly/3zq3XJd (Acesso em: 10 jun. 2024. Adaptado.)

NOVOS RUMOS

6. Responda às questões.

a. Quando você escuta a expressão "conectar-se consigo mesmo", que palavras vêm à sua mente?

b. Se você já se sentiu desconectado de si, como você percebeu essa desconexão?

c. Para você, o que é estar bem consigo?

7. Leia o artigo e responda às questões, por escrito, em discurso indireto. Antes de responder, estude a seção *Vamos sistematizar* ao final da lição.

Carreira e Negócios •

Especialista em criatividade fala de caminhos para a verdade

O especialista em criatividade Murilo Gun fala sobre os caminhos que percorreu para se reconectar consigo e com as verdades da sua alma

POR JACQUELINE PEREIRA NA 268 • 6/6/2024 | 6 min de leitura

COMPARTILHE      

Já reparou como, algumas vezes, criamos diversos personagens dentro da nossa própria vida? Acontece. Ao longo do caminho, podemos usar nossa criatividade para inventar muitas versões de nós pelos mais variados motivos: para sermos aceitos, para nos encaixar em algum padrão, para pertencer a algum grupo, por exemplo. Ou pelo simples fato de não conseguirmos sustentar, sozinhos, a nossa própria verdade. Aquela que só o nosso coração conhece. E, no lugar de nos ajudar, esses personagens desapontam os caminhos e deixam a nossa vida cada vez mais confusa, complexa e perdida.

Colocamos máscaras, ativamos nossos mecanismos de defesa e deixamos de ser gente de verdade, nos distanciando da essência da nossa alma, que é responsável por deixar a nossa vida mais simples. Por isso, neste espaço, eu vou sempre te convidar a se olhar com verdade e a se reconectar com o que mais te importa, com o que mais toca o coração. E, para tal, estarei acompanhada de alguém que é "Gente de Verdade", para inspirar nosso caminho de reencontro e nos ajudar a refletir sobre o que é ter autenticidade em nosso viver.

Para estrear, falamos sobre criatividade e seus ensinamentos

Nesta primeira conversa da série "Gente de Verdade", quem vem comigo é o Murilo Gun, palestrante, professor de criatividade e atento quando o assunto é inovação, mudanças, reinvenção e autoconhecimento.

EM QUE MOMENTO VOCÊ SE DESCONECTOU DA SUA VERDADE?

"Quando criei uma empresa de cursos on-line de criatividade. Fazia parte da minha verdade dar aulas de criatividade e levar esses estudos para as pessoas. Mas, em certo momento, entrei num personagem do empreendedor. E foi nessa hora que eu saí da minha simples verdade de adorar dar aulas e entrei em um personagem do empresário de educação. Faz parte ser esse empresário. O problema foi quando ele começou a querer ocupar mais espaço do que o artista e professor."

COMO VOCÊ PERCEBEU DE FATO ESSA DESCONEXÃO?

"Quando veio um grito da alma que, no meu caso, se manifestou em ansiedade, reclamação, álcool, cigarro. Tudo em excesso. E a insatisfação também. Levando ao estopim de, um dia, chegar em casa do escritório vomitando e tremendo de frio. Minha filha pequena viu toda essa cena. Então, esse foi um momento em que eu olhei e entendi que realmente tinha me perdido."

ENTÃO, COMEÇOU A VIRADA?

"Busquei ajuda para que a empresa pudesse funcionar comigo apenas no papel de professor. Passamos por uma grande transformação, mas, mesmo assim, eu sentia que não era mais isso que minha alma pedia, eu sentia que ela precisava de um movimento de esvaziamento para poder nascer algo novo que eu nem sabia o que era. Aí eu decidi fechar a empresa, passei um ano nesse processo. Foi quando começou a brotar em mim a vontade de voltar aos palcos, e veio o chamado da música."

E COMO FOI ESSE PROCESSO?

"Eu comecei um espetáculo musical, só que aí veio a pandemia paralisando tudo. Mas, àquela altura, eu já tinha me centralizado, já tinha saído do barulho que eu mesmo havia criado para mim e já estava numa paz e num recomeço.

Fonte: https://bit.ly/3XE6ffE (Acesso em: 07 jun. 2024. Adaptado.)

Com o on-line crescendo, recebi um convite para retomar os cursos. Foi a primeira vez que eu tomei uma decisão pelo sentir, que foi voltar com a empresa, mas abrindo tudo de graça. Isso me trouxe uma sensação de libertação, de que agora, sim, eu tinha fechado o ciclo."

QUAL É A SUA VISÃO DAS MUDANÇAS E COMO LIDA COM ELAS?

"A mudança é a natureza da realidade. Tudo está em movimento, está tudo girando numa loucura, uma doidice. A realidade é movimento, e movimento é mudança. Tem aquele pensamento clássico de Heráclito, que diz: 'você não pode se banhar no mesmo rio duas vezes', porque a água flui e troca em segundos. Então a mudança é a natureza. Navegar nas mudanças é navegar pela vida, com um olhar também de inocência, de curiosidade para o que a vida tem para mim. A mudança é a realidade. Estranho é não saber mudar."

O QUE É SER GENTE DE VERDADE?

"Eu gosto muito de dizer que ser mais verdadeiro economiza energia. Quando não somos verdadeiros conosco mesmos e com os outros, nos desgastamos gerenciando as várias versões de nós que criamos. E aí falta disposição para ser quem realmente somos. Nesse sentido, dá muito mais retorno ser você mesmo. Mas, para ser quem a gente é, precisamos dar um salto de fé. Porque talvez você esteja há tanto tempo não sendo você que vai precisar descobrir quem é e se atirar para chegar em você outra vez. E, a partir daí, seguir mais alinhado. Essa alma que habita aqui, por exemplo, busca explorar o desconhecido."

a. Como Murilo começou o processo de virada? *Murilo disse que...*

b. Como foi o processo de mudança de Murilo? *Ele contou que...*

PRONOMES E DISCURSO INDIRETO

DD: Discurso direto · **DI:** Discurso indireto

a. Observe a adaptação dos pronomes nas frases:

*Eu tinha **me** desconectado de **mim** mesmo.* (DD) ➡ *Ele disse que tinha **se** desconectado de **si** mesmo.* (DI)

b. Quais pronomes foram usados em primeira pessoa? E em terceira pessoa?

c. Reescreva todo o parágrafo em que Murilo Gun conta como foi seu processo de mudança, em discurso indireto, adaptando os pronomes e os tempos verbais:

Ele tinha começado um espetáculo musical...

d. Tente reescrever a frase abaixo em discurso indireto colocando os pronomes na primeira pessoa do plural.

*Eu vou sempre **te** convidar a se olhar com verdade e a se reconectar com o que mais **te** importa.* (DD)

*Ela ia sempre **nos** convidar a...*

▶ No discurso indireto o que estava na primeira pessoa ou segunda pessoa (verbos, pronomes e determinantes) passa para a terceira pessoa.

Os pronomes **eu, me, mim, comigo** no discurso direto passam para **ele, ela, se, si, consigo, o, a, lhe** no discurso indireto.

Os pronomes **nós, nos, conosco** no discurso direto tornam-se **eles, elas, os, as, lhes** no discurso indireto.

Os pronomes **meu, meus, minha, minhas, nosso, nossos, nossa, nossas** no discurso direto mudam para **seu, seus, sua, suas, dele, dela, deles, delas** no discurso indireto.

PESSOA DO DISCURSO	PRONOMES RETOS	PRONOMES OBLÍQUOS
1ª pessoa singular	Eu	me, mim, comigo
2ª pessoa singular	Tu	te, ti, contigo
3ª pessoa singular	Ele/Ela/Você	se, o, a, lhe, si, consigo
1ª pessoa plural	Nós	nos, conosco
3ª pessoa plural	Eles/Elas/Vocês	se, os, as, lhes, si, consigo

Exemplo:

DD: ***Minha** vida não está boa e não **me** sinto bem **comigo** mesmo.*

DI: ***Ele** disse que a vida **dele** não estava boa e não **se** sentia bem **consigo** mesmo.*

8. Passe as frases para o discurso indireto.

a. Vocês gostam de sair comigo? ➡ *Ela perguntou se nós*

b. Eu vou ao cinema com você. ➡ *Ele disse que...*

c. Peguei seu carro emprestado para sair com minhas amigas. ➡ *Ela disse que...*

d. Contei aos meus pais que vou me casar. ➡ *Ela contou aos seus pais que...*

MUITAS FELICIDADES, MUITOS ANOS DE VIDA!

9. Observe a imagem, descreva-a e diga qual evento ela representa.

a. Que relação você imagina existir entre as pessoas da foto?

b. Você já participou de um evento como este no Brasil? Se sim, comente com a turma suas impressões; se não, explique como acontece esse tipo de celebração no seu país.

10. Vamos aprofundar um pouco mais no conhecimento sobre as celebrações das famílias brasileiras. Leia o texto para responder às questões.

FESTEJAR

Mesversário, batizado, aniversário, festa de formatura, despedida de solteiro, chá de panela, casamento, chá revelação, chá de fraldas, festas da família, bodas de casamento, festa de despedida, festa para celebrar a chegada e ainda festas culturais como o Carnaval, festas juninas, festas religiosas, Natal, Ano-Novo e outras; o que não falta é motivo de celebrar e os brasileiros são responsáveis por sustentar um mercado que, em 2019, movimentou quase 38 bilhões de dólares americanos, segundo a Associação Brasileira de Empresas de Eventos (ABEOC).

Um fato curioso sobre as festas de aniversário dos brasileiros é que não importa a idade, elas são quase sempre um motivo para reunir a família, amigos e aproveitar para sair da dieta. Mas muito mais importante do que a comilança e o dinheiro envolvido são o valor da memória e a construção de registros desses momentos.

O mercado formal e informal das festas abrange dos mais pobres aos mais ricos. As profissões de confeiteiro, cerimonial, fotógrafo, decorador de festas e ainda garçons e outros serviços têm crescido em número e demanda; estima-se em pelo menos 4% ao ano.

A família do cantor Gilberto Gil, em 2022, para celebrar o aniversário de 80 anos do artista, reuniu-se no sítio da família para organizar uma turnê histórica e registrou a preparação e a celebração da festa do aniversário. No documentário *Em casa com os Gil*, podemos ver momentos de comunhão, espontaneidade, muita comida, dança e, é claro, conflitos que toda família tem.

a. Quais das celebrações mencionadas no texto não são comuns em seu país?

b. Qual(is) motivo(s) é(são) apontado(s) como motivador(es) para os brasileiros realizarem tantas festas?

c. Em que aspectos essa cultura é diferente em seu país?

> Nas festas de aniversário dos brasileiros, quando um aniversariante ainda não é casado (mesmo sendo criança), as pessoas costumam cantar uma música para indicar "com quem será que a pessoa vai casar". Essa brincadeira virou tradição e é aceita mesmo quando a indicação dos "parceiros" é um amigo ou uma pessoa com a qual o aniversariante jamais casaria, apenas para brincar com quem está envelhecendo.

OS QUATRO CICLOS DA VIDA

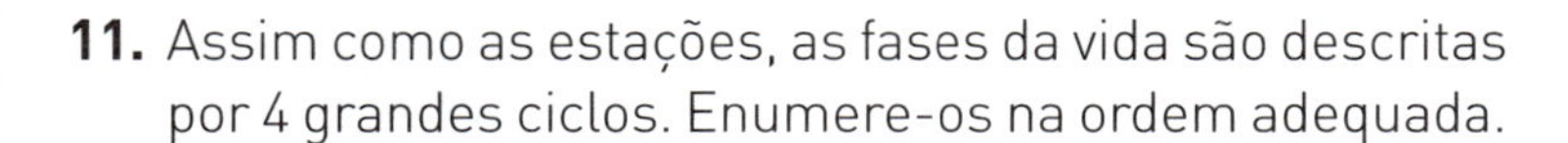

11. Assim como as estações, as fases da vida são descritas por 4 grandes ciclos. Enumere-os na ordem adequada.

A velhice – A adolescência – A fase adulta – A infância

1. .... **3.** ....

2. .... **4.** ....

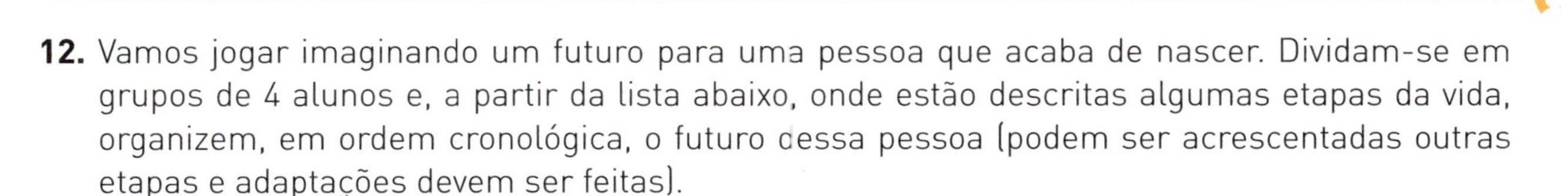

12. Vamos jogar imaginando um futuro para uma pessoa que acaba de nascer. Dividam-se em grupos de 4 alunos e, a partir da lista abaixo, onde estão descritas algumas etapas da vida, organizem, em ordem cronológica, o futuro dessa pessoa (podem ser acrescentadas outras etapas e adaptações devem ser feitas).

Atentem-se para definir: se é um homem ou uma mulher, as idades dos acontecimentos e também mostrar em qual fase cada etapa poderia acontecer (divida a apresentação nas 4 fases da vida para que cada componente do grupo fale de uma fase).

- A formatura do ensino médio
- Dar continuidade à formação acadêmica (mestrado/doutorado)
- Adotar uma criança
- Comprar uma casa no campo
- Estudar uma língua estrangeira
- A formatura primária
- A maioridade
- Viver a vida urbana cultural intensamente
- Tirar a licença para dirigir
- Abrir o próprio negócio
- Viajar para lazer
- O início da educação escolar infantil
- Sair da casa dos pais
- Engravidar
- Concluir a graduação
- Casar-se
- Alugar um imóvel
- Participar de um grupo de viajantes da 3ª idade
- Morar em outro país
- Ingressar na universidade
- Tornar-se avô/avó
- Trabalhar em uma grande empresa
- Estudar a segunda língua estrangeira
- Ter animal de estimação
- O nascimento
- A conclusão do ensino fundamental
- Ter filhos
- Aposentar-se
- Fazer intercâmbio internacional
- A festa do primeiro aniversário
- Comprar um imóvel

O FUTURO COMPOSTO DO SUBJUNTIVO

Quando temos planos para o futuro e podemos visualizar um evento que vai ocorrer antes de outro evento futuro, usamos o futuro composto do subjuntivo para indicar essa ordem. Veja o exemplo abaixo:

➡ Quando ele tiver terminado a universidade (A), vai fazer um intercâmbio (B).

➡ Assim que tiver casado (C), vai se organizar para ter filhos (D).

➡ Se até 17 horas todos os convidados não tiverem chegado (E), vamos cantar "Parabéns" (F).

▶ A partir das frases lidas, faça planos para o seu futuro.

Quando... ....

Assim que... ....

Depois que... ....

POVO DE FÉ

No país cujo símbolo é o Cristo Redentor, não apenas a família é um fator associado à felicidade, mas também a fé que move o povo brasileiro dá sentido à existência e traz equilíbrio emocional e conforto.

13. Responda às questões.

a. Você acredita que a fé pode contribuir para a felicidade? Comente.

b. No seu país, a fé e a religiosidade são importantes?

c. Você acha que a fé está associada, necessariamente, à religião? Comente.

14. Leia o artigo, destaque algum aspecto da religiosidade dos brasileiros que chamou a sua atenção e explique por quê.

BBC NEWS BRASIL

Notícias Brasil Internacional Economia Saúde Ciência Tecnologia Vídeos BBC Lê

Por que Brasil está no topo de ranking de países onde mais se acredita em Deus

9 em cada 10 brasileiros acreditam em Deus ou em um poder superior.

Letícia Mori da BBC News Brasil em São Paulo

Deus está sempre na boca do brasileiro, um povo que vive em um país de maioria cristã, onde cultura e fé estão intimamente ligadas – das altas esferas de poder ao cotidiano do cidadão comum – e no qual a vida religiosa muitas vezes preenche lacunas deixadas pelo Estado. Esses são alguns dos fatores que explicam por que o Brasil se destaca quando o assunto é espiritualidade.

Quase 9 em cada 10 brasileiros dizem, por exemplo, acreditar em Deus, segundo a pesquisa Global Religion 2023, produzida pelo Instituto Ipsos. O índice de 89% de crença em um poder superior coloca o Brasil no topo do ranking de 26 países elaborado pelo Ipsos, com base em uma plataforma on-line de monitoramento que coleta informações sobre o comportamento destas populações. Entre os países pesquisados, o Brasil ficou 28 pontos percentuais acima da média na crença em Deus, que foi de 61%. "No cotidiano brasileiro, as pessoas falam em Deus o tempo todo, é algo comum e normal, e é estranho se alguém reage de forma negativa a isso", diz Ricardo Mariano, sociólogo da religião e professor da Universidade de São Paulo. Mariano ressalta que o Brasil costuma se destacar em pesquisas internacionais sobre religiosidade e fé porque a crença em Deus e na espiritualidade estão profundamente intricadas na nossa cultura, mesmo entre quem não tem compromisso com nenhuma religião específica.

De acordo com a pesquisa do Ipsos, 70% dos brasileiros disseram que acreditam em Deus como descrito em escrituras religiosas, como a Bíblia, o Alcorão, a Torá, entre outras, e 19% acreditam em uma força superior, mas não em Deus como descrito em textos religiosos.

Cerca de 5% dos brasileiros disseram não acreditar em Deus ou em um poder maior, 4% afirmaram que não sabem e aproximadamente 2% preferiram não responder.

"São dados que estão de acordo com nosso histórico de um país onde a religião e a religiosidade têm uma predominância tanto na cultura e na vida cotidiana quanto nas esferas de poder", diz Helio Gastaldi, diretor de opinião pública da Ipsos no Brasil.

Mas acreditar em Deus não significa necessariamente ser religioso – e o caso brasileiro demonstra bem isso. Enquanto 89% dos entrevistados no país disseram crer em Deus ou em um poder superior, só 76% afirmaram seguir uma religião.

Helio Gastaldi explica que os dados da pesquisa de 2023 são consistentes com um fenômeno muito estudado. Entre os países laicos, nos quais a religião é separada do

Fonte: https://bit.ly/3ZBv3ry (Acesso em: 13 jun. 2024. Adaptado.)

Estado e não há uma religião oficial, a vida religiosa tende a ter maior importância para a população onde o PIB per capita (riqueza de um país em relação à quantidade de habitantes) é menor ou onde há grandes índices de desigualdade. "São locais onde a religião de certa forma supre a ausência do Estado. Ela traz perspectiva, consolo, às vezes até assistência material – mas também pode ser usada como forma de manipulação e ferramenta do poder", diz Gastaldi.

Na pesquisa do Ipsos, por exemplo, 90% responderam que acreditar em Deus ou em forças superiores ajuda a superar crises, como doenças, conflitos e desastres.

"A religião é uma força fundamental no Brasil desde a época da colonização dos portugueses. O catolicismo é a religião que nos foi imposta pelos portugueses e vai ter um papel central nas identidades nacionais", afirma a professora de sociologia da religião Nina Rosas, da Universidade Federal de Minas Gerais (UFMG).

A perseguição a religiões espíritas e de matriz africana também faz parte da história do Brasil. Isso gerou o surgimento de um sincretismo religioso que ultrapassa as barreiras das religiões individuais. "Apesar da opressão da colonização ter se estendido às manifestações religiosas no Brasil, de certa forma o povo soube separar Deus do missionário, e ficou com a figura de Deus", afirma Fernando Altemeyer, professor do Departamento de Ciência da Religião da Pontifícia Universidade Católica de São Paulo (PUC-SP).

COMPOSIÇÃO RELIGIOSA DA POPULAÇÃO BRASILEIRA

O Brasil é a segunda maior nação cristã do mundo, perdendo apenas para os Estados Unidos. O catolicismo ainda é a religião predominante, ainda que venha diminuindo nos últimos anos, enquanto o número de evangélicos tem crescido. Dos que se declararam evangélicos, 60% eram de origem pentecostal, 18,5% evangélicos de missão e 21,8% evangélicos não determinados. O Brasil também abriga a maior população mundial de espíritas kardecistas. Entre as religiões afro-brasileiras destacam-se a umbanda, o candomblé e o santo-daime, todas sincréticas. Ainda coexistem no Brasil religiões como budismo, judaísmo, islamismo, tradições esotéricas e tradições indígenas. O número de estabelecimentos religiosos no Brasil passou a ser um dado do censo do Instituto Brasileiro de Geografia e Estatística (IBGE) de 2022 e mostrou que este ultrapassa o número de estabelecimentos de ensino e estabelecimentos de saúde juntos, totalizando 579,7 mil. Esse dado evidencia a relevância da fé e da religiosidade na cultura brasileira. Ainda é importante destacar que muitos brasileiros frequentam cultos de religiões diferentes. Como se diz no Brasil: "Se faz bem, que mal tem?". Para muitas pessoas, os objetivos são mais importantes que a forma. A fé para os brasileiros conforta, consola, traz segurança e entendimento para os desafios, além de trazer propósito e ideal de vida.

Extraído de: Agência IBGE Notícias e CNN Brasil. Fontes dos dados: https://bit.ly/3YAGmOo e https://bit.ly/3UBiTeT (Acesso em: 24 set. 2024.)

15. Deus está na boca dos brasileiros! Inúmeras são as expressões brasileiras que incluem o substantivo "Deus". Tente associar para cada expressão seu significado correspondente.

1. Despedida **3.** Súplica **5.** Desconfiança **7.** Recompensa **9.** Alívio/agradecimento
2. Proteção **4.** Incerteza **6.** Desejo/vontade **8.** Abrangência **10.** Verdade

( ) Vai com Deus!
( ) Graças a Deus!
( ) Só Deus sabe!
( ) Sabe Deus quando!
( ) Deus me livre!
( ) Pelo amor de Deus!
( ) Juro por Deus!

( ) Fique com Deus!
( ) Credo!
( ) Deus queira!
( ) Minha Nossa (Senhora)!
( ) Creio em Deus Pai!
( ) Ao deus-dará!
( ) Jesus!

( ) Virgem Santa!
( ) Misericórdia!
( ) Haja Deus!
( ) Deus é quem sabe!
( ) Deus me livre e guarde!
( ) Contar algo para Deus e o mundo.

No Japão, país de origem dos emojis, o ícone composto por duas mãos espalmadas unidas refere-se ao ato de agradecer ou a um pedido de favor ou de desculpas. Em alguns países, também se usa como ato de "toque aqui" (*high five*). No Brasil, representa oração, prece ou fé.

Fonte: https://bit.ly/3MTowk6 (Acesso em: 14 jun. 2024. Adaptado.)

SIMPATIAS, REZAS E BENZIMENTOS

16. Responda às questões.

a. No seu país de origem é comum recorrer a rezas para a cura de doenças e resolução de problemas tanto financeiros quanto amorosos? Como esses problemas são resolvidos?

b. Na sua cultura, existem tratamentos para problemas físicos e emocionais além da medicina tradicional?

c. Você acha que práticas espirituais podem beneficiar as pessoas? Comente.

17. Leia o artigo e escreva um texto explicando o que é o benzimento, de onde vem essa tradição, quem a pratica e para o que ela serve.

A GAZETA TRESBARRENSE ONLINE — POLÍCIA POLÍTICA HISTÓRIA EDUCAÇÃO ESPORTES SAÚDE CIDADE VARIEDADES COLUNAS CLASSIFICADOS

O benzimento como patrimônio cultural

Évelyn Bueno. Mestranda em Desenvolvimento Regional.
João Carlos Vicente de Lima. Especialista em Direito Administrativo.

A vocação de benzedor é antiga e, embora seja tradicionalmente realizada por mulheres, os homens também realizam benzeduras. Os(as) benzedores(as) também podem ser chamados(as) de rezadores e rezadeiras, pois faz parte de todo processo de benzimento o acompanhamento de rezas. O domínio de tais saberes pode ser considerado como bem de natureza cultural imaterial que se transmite entre gerações.

Embora na atualidade a figura da benzedeira seja escassa, no passado a sua presença era urgente e necessária, especialmente em regiões afastadas das grandes capitais, onde não havia assistência médica disponível. Nesse contexto, a atuação de benzedeiras era indispensável na comunidade, já que auxiliavam no restabelecimento da saúde da população, substituindo, portanto, a falta de médicos.

Cabe destacar que o aprendizado e a transmissão do saber dos benzimentos ocorriam, frequentemente, pela necessidade, mas também com base na curiosidade e no dom. Em pesquisa realizada por Francimário Vito dos Santos (2009), constatou-se, por intermédio de entrevistas com mulheres que exerciam o ofício de benzedeiras, que o motivo que lhes guiaram para esse caminho foi "porque tinham filhos pequenos e precisavam aprender a rezar para curá-los de doenças". Desse modo, procuravam um(a) rezador(a) experiente para aprender o ofício e auxiliar seus filhos e a comunidade local.

A prática do benzimento é entendida como algo que pode trazer a cura desde que haja uma predisposição à fé, tanto por parte das rezadeiras como por parte do cliente que procura por esses serviços. De modo que, "se a pessoa que vai se curar não tiver fé nas rezas, não vai se curar" (Santos, 2009).

Para executar essa prática, elas acionam conhecimentos do catolicismo popular, mas também de tradições de origem africana e indígena, a depender do ritual que aprenderam. As rezas têm como objetivo restabelecer o equilíbrio material ou físico e espiritual das pessoas que buscam ajuda.

Para compor esse ritual de cura, as rezadeiras podem utilizar vários elementos acessórios, entre eles: ramos de ervas, gestos em cruz feitos com a mão, agulha, linha e pano, além do conjunto de rezas. Estas podem ser executadas na presença do paciente ou à distância.

Além disso, a atividade do benzimento também está relacionada com a gratuidade, pois está respaldada na caridade, e, portanto, não cobram por tais serviços.

Fonte: https://bit.ly/3XA3yfd (Acesso em: 18 jun. 2024. Adaptado.)

Embora a medicina tenha expandido seus horizontes, ainda é muito comum a ocorrência de pacientes que buscam tanto o médico como as rezadeiras. Nesse contexto, elas agem de modo complementar às práticas exercidas pelos profissionais da medicina no tratamento de enfermidades e aflições corporais e psicológicas (Santos, 2009).

Em determinadas localidades do Brasil, existem médicos que inclusive recomendam a visita à benzedeira (embora sejam poucos). Conforme o exemplo citado por Adriano Camargo, **"tempos atrás, um programa de televisão em rede nacional, mostrou um posto de saúde no estado da Bahia em que, após a consulta clínica, dependendo da necessidade, a criança ou o adulto era encaminhado para a rezadeira. Ela, segurando um ramo de ervas e fazendo sinais da cruz no paciente, limpava seu campo astral de todo acúmulo energético que dificultava a cura da doença. O benzimento é basicamente isto: usar o elemento natural e a reza como ferramentas de cura espiritual. Afinal, Deus está em todos os lugares quando evocado com fé, amor e bom senso"** (Camargo, 2021).

Desse modo, podemos concluir que a prática do benzimento está relacionada com uma noção de tradição e faz parte do patrimônio de natureza imaterial, pois, a partir dos usos de rezas, conhecimentos, técnicas e tradições, há a manifestação cultural de uma atividade natural e magística.

18. Assista ao vídeo "Benzedores e conhecedores de ervas medicinais – Dona Leontina", do projeto "Por onde passa a memória da cidade", da prefeitura do município de Santa Maria (RS), e veja como é feito o benzimento e responda às questões.

a. Você achou o português de Dona Leontina difícil? Por quê?

▶ Assista novamente ao vídeo e, em dupla, tente responder às questões.

b. Quantos anos tem Dona Leontina?

c. Com quem ela aprendeu essa prática?

d. Desde qual idade Dona Leontina benze?

e. Segundo Dona Leontina, o que é preciso para que os objetivos sejam alcançados?

f. Em casos de doença, o que Dona Leontina recomenda?

g. Qual é a religião de Dona Leontina?

h. O que Dona Leontina diz sobre as religiões?

Fonte: https://bit.ly/3zzcPMz (Acesso em: 18 jun. 2024.)

SIMPATIAS E SUPERSTIÇÕES

19. Leia o texto e conte aos colegas se no seu país existem superstições e simpatias semelhantes.

Superstição é um tipo de crendice popular que não possui explicação científica e parte do princípio de que forças sobrenaturais podem atrair sorte ou azar. O brasileiro acredita em muitas superstições, como: passar debaixo de escada, quebrar espelho ou abrir o guarda-chuva dentro de casa atraem o azar, varrer o pé de uma pessoa pode influenciá-la a não se casar, o noivo não pode ver o vestido da noiva antes do casamento porque traz má sorte, entre outras. As simpatias são rituais para atrair sorte em áreas da vida como amor, prosperidade e saúde. Muitos brasileiros adoram simpatias, principalmente nas festas de São João e na virada do Ano-Novo.

20. Escute o áudio "Caxienses revelam as superstições e simpatias para um ano novo melhor" e escreva 6 simpatias do povo brasileiro para atrair boa sorte para o ano novo. Utilize o presente do subjuntivo em expressões de conselho. Fonte: https://bit.ly/4dpaqlG (Acesso em: 18 jun. 2024.)

Exemplo: ***Para atrair prosperidade é preciso que...***

Santo Antônio, um dos santos celebrados nas festas juninas, é considerado o santo casamenteiro. Portanto, no mês de junho é comum muitas moças fazerem simpatias para Santo Antônio em busca de um casamento. Entre as simpatias, ainda existem os castigos ao santo caso elas não se casem, por exemplo, guardar o Santo Antônio dentro da geladeira, deixá-lo de cabeça para baixo ou virado para a parede.

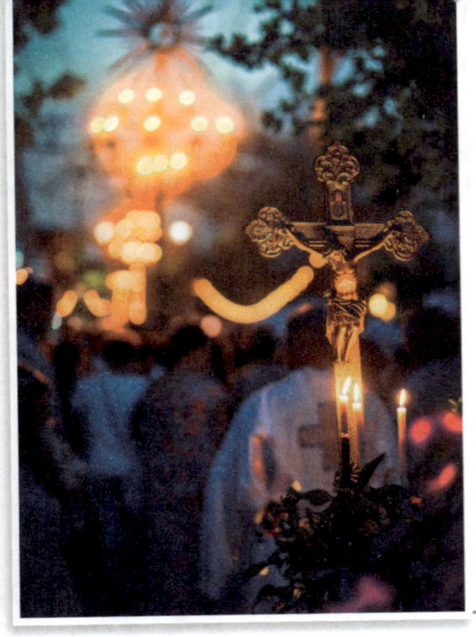

FÉ NA FESTA

21. Responda às questões.

a. Você já pensou na importância das festas religiosas para a cultura de um país? Por que elas são importantes para a identidade do povo e para a preservação do patrimônio cultural?

b. Para você, como as festas religiosas fortalecem os vínculos familiares?

c. Qual é a importância de respeitar todas as crenças durante as festividades religiosas?

22. Aprenda sobre algumas festas religiosas no Brasil e responda às questões na voz passiva.

O papel das festas religiosas na cultura brasileira

Se o Carnaval é uma festa pagã de grande importância no Brasil, as festas religiosas não ficam atrás. Elas são como estrelas no céu da cultura brasileira, iluminando os corações com fé e devoção, além de desempenharem um papel fundamental, promovendo a união entre diferentes religiões e tradições e preservando a identidade cultural do país. São oportunidades para celebrar, expressar fé e compartilhar momentos de alegria comunitária. É um momento de conexão com o divino e de celebração da identidade religiosa. Essas festas nos ensinam sobre a importância da tradição, da união comunitária e do respeito às diferentes crenças. É uma oportunidade de renovação espiritual, na qual podemos refletir sobre o significado mais profundo da vida e nos conectar com o sagrado em nosso país.

Entre as festas de maior relevância podemos destacar:

Festa de Nossa Senhora Aparecida

Reconhecida como a padroeira do Brasil, Nossa Senhora Aparecida é celebrada em 12 de outubro, atraindo anualmente milhares de fiéis à basílica situada na cidade de Aparecida, no Vale do Paraíba Paulista. A Basílica de Nossa Senhora Aparecida é a segunda maior do mundo. Nossa Senhora da Conceição recebeu o título de "Aparecida" porque foi encontrada em um rio por três pescadores. A fé em Nossa Senhora, cuja imagem é negra, foi cultuada espontaneamente pelo povo antes de seu culto ser reconhecido pela Igreja Católica. Uma curiosidade é a relação da santa com o futebol. Na Copa do Mundo de 1958, a seleção brasileira de futebol usou a cor azul, cor do manto de Nossa Senhora Aparecida, justificando a escolha da cor pela devoção à padroeira. Resultado: o Brasil ganhou o primeiro título mundial, vencendo a Suécia de 5 a 2.

Círio de Nazaré

Realizada em Belém do Pará, há mais de 230 anos, em devoção à Nossa Senhora de Nazaré, é considerada a maior festa religiosa do Brasil e uma das maiores do mundo. A festa acontece no segundo domingo do mês de outubro e reúne 2 milhões de romeiros fiéis que vêm de todo o país e de outros lugares do mundo. Os devotos, juntos, realizam uma caminhada de fé pelas ruas. É reconhecida como Patrimônio Imaterial pelo Iphan e Patrimônio Cultural da Humanidade pela UNESCO. Assim como Nossa Senhora Aparecida, a história do Círio começou com o achado de uma imagem de Nossa Senhora às margens de um rio perto de onde se localiza a Basílica Santuário de Nossa Senhora de Nazaré. Em 1793, aconteceu a primeira procissão e, atualmente, conta com 12 procissões e romarias. A festa, com duração de 15 dias, inclui missa, vigília de oração, o Arraial de Nazaré e o Círio Musical.

Lavagem do Bonfim

Um exemplo de sincretismo religioso é a Lavagem do Bonfim, realizada em Salvador (BA). É a segunda maior manifestação popular da Bahia, perdendo apenas para o Carnaval. Nessa festa, as baianas lideram um cortejo que percorre 8 quilômetros até a Igreja do Bonfim. A cor predominante nessa celebração é o branco, em homenagem a Oxalá, orixá da paz e da harmonia. As baianas realizam uma lavagem simbólica das escadarias da igreja, utilizando vassouras e água de cheiro trazidas por elas. Esse ato representa a purificação espiritual e a renovação das energias. Durante o percurso, os participantes dão três voltas ao redor da igreja, fazem três pedidos e amarram uma fitinha do Senhor do Bonfim no portão. Essa fitinha é considerada um amuleto de proteção e boa sorte, sendo usada por pessoas de diferentes religiões.

Extraído de: Cultura Nova Fase. Fonte: https://bit.ly/3XWJbug (Acesso em: 18 jun. 2024. Adaptado.)

a. Quando tem sido celebrada a festa do Círio de Nazaré? ***A festa do Círio de Nazaré...***
b. Por que as pessoas tinham cultuado as imagens de Nossa Senhora?" ***As imagens...***
c. Por que as pessoas de diferentes religiões têm usado a fitinha do Senhor do Bonfim? ***A fitinha...***
d. Por que na Lavagem do Bonfim as pessoas têm vestido roupas brancas? ***As roupas brancas...***
e. Por que a seleção brasileira de futebol tinha usado a cor azul na Copa de 1958? ***A cor azul...***
f. Para você, por que tantas pessoas estão frequentando essas festas? ***As festas...***

23. Assista ao vídeo "Círio de Nazaré: Tradição" e responda.

a. Segundo o vídeo, o que quer dizer a palavra "devoção"?
b. Qual é o grande diferencial do Círio de Nazaré?
c. Por que as pessoas do Pará sentem orgulho de serem paraenses?
d. Segundo o historiador, o que quer dizer "Feliz Círio"?
e. Para os paraenses, o Círio de Nazaré é mais importante do que o Natal. No seu país, qual festividade é a mais importante?

Fonte: https://bit.ly/3zjG1ar (Acesso: 20 jun. 2024.)

24. Associe as palavras ao seu significado.

1. A procissão/o cortejo	( ) Ação futura de dar, cumprir, fazer ou dizer algo.
2. A promessa	( ) Fusão de diferentes tradições religiosas.
3. A romaria/a peregrinação	( ) Os adoradores a uma entidade sagrada.
4. O amuleto	( ) Viagem feita por motivos religiosos a um local sagrado.
5. Os fiéis/os devotos	( ) Aquele(a) considerado(a) protetor(a).
6. O(A) padroeiro(a)	( ) Marcha religiosa onde os fiéis acompanham uma imagem.
7. A vigília	( ) Objeto ao qual se atribui poder de proteção espiritual.
8. O sincretismo religioso	( ) Ação voluntária de não dormir durante a noite.

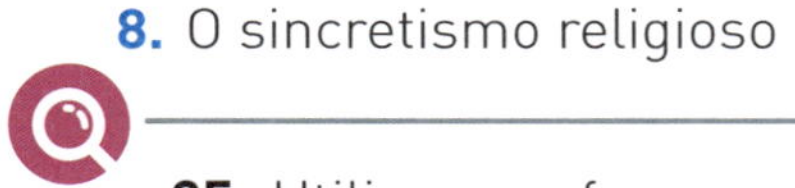

25. Utilize suas ferramentas digitais para descobrir os nomes dos doze apóstolos de Jesus Cristo em português.

a. Descubra também a associação entre os santos católicos listados abaixo e os orixás (divindades africanas).

Jesus Cristo – São Jorge – Santo Antônio – Santa Bárbara – São Sebastião – São Jerônimo – São Lázaro
Nossa Senhora da Conceição – Nossa Senhora de Sant'Ana – Nossa Senhora dos Navegantes

VOZ PASSIVA ANALÍTICA II (VERBOS COMPOSTOS DO INDICATIVO)

Observe as frases e compare as estruturas e as formas verbais da voz ativa e da voz passiva analítica com verbos compostos.

*Hoje em dia as pessoas devotas ainda **estão pagando** promessas nas festas religiosas.*
*As baianas e os visitantes **têm usado** roupas brancas na Lavagem do Bonfim.*
*Os jogadores da seleção de futebol **tinham usado** a cor azul na final da Copa de 1958.*
} **VOZ ATIVA**

*As promessas ainda **estão sendo pagas** pelos devotos nas festas religiosas hoje em dia.*
*Roupas brancas **têm sido usadas** pelas baianas e pelos visitantes na Lavagem do Bonfim.*
*A cor azul **tinha sido usada** pelos jogadores da seleção na final da Copa de 1958.*
} **VOZ PASSIVA**

Passe as frases abaixo da voz ativa para a voz passiva analítica.

a. Os fiéis têm acompanhado as imagens nas procissões. ➡
b. Os pescadores tinham encontrado a imagem de Nossa Senhora no rio. ➡
c. Muitos visitantes estão frequentando a Lavagem do Bonfim a cada ano. ➡

▶ **Atenção!** Na voz passiva, os verbos devem vir seguidos da preposição ***por*** **+ *agente da passiva***.

A TRADIÇÃO QUE FICOU ENRAIZADA NAS ILHAS

A tradição das festas religiosas de Santo Antônio, São Pedro e São João Batista, nascida em Portugal, chegou ao Brasil e às ilhas de Cabo Verde. É, sem dúvida, a festa popular mais concorrida das ilhas, todos os anos milhares de pessoas reúnem-se para festejar esses santos. Esses eventos culturais já estão profundamente enraizados nos costumes desses povos, sendo que em cada ilha a festa é celebrada de uma forma, mas não perdeu a sua essência.

As festas normalmente movimentam grande número de pessoas e, apesar da estrutura da cultura cristã católica, o santo também é caracterizado com uma outra dimensão, meio pagã e profana. Nessas festas ouvem-se os tambores de San Djon, ritmo que predomina na procissão do San Djon, como é chamado São João no crioulo cabo-verdiano. No caso do Santo Antônio, considerado o protetor das famílias, por ser muito adorado pelas pessoas, o dia em que é consagrado reúne sempre muitos fiéis. Santo Antônio é um santo casamenteiro; São Pedro, padroeiro dos pescadores; e São João está mais ligado aos atos mágicos; mas todas elas são festas religiosas com elementos africanos. Em Portugal, ainda é tradição a realização de vários casamentos nessa data, assim como nas grandes festas de Campina Grande (PR) e Caruaru (PE).

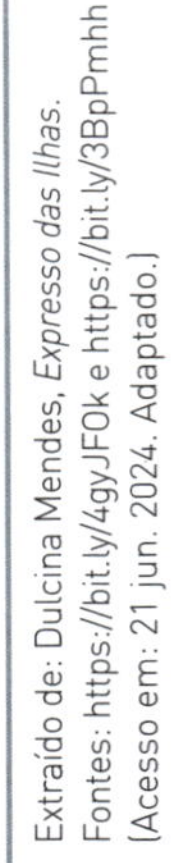

Extraído de: Dulcina Mendes, *Expresso das Ilhas*. Fontes: https://bit.ly/4gyJFOk e https://bit.ly/3BpPmhh (Acesso em: 21 jun. 2024. Adaptado.)

▶ Vamos brincar de fazer planos para quando terminarmos o curso de português utilizando as estruturas de frases com o futuro composto do subjuntivo. Um aluno começa a primeira frase e os outros continuam a sequência do projeto coletivo. Vale a criatividade em pensar projetos originais. Pense naquilo que você gostaria muito de fazer no Brasil e juntos construam um projeto.
Exemplo: Quando tivermos terminado o curso de português, viajaremos para Campina Grande para a festa junina. Quando tivermos chegado a Campina Grande, dançaremos forró. Quando tivermos dançado forró...

▶ Palavras homógrafas são aquelas que têm a mesma ortografia, mas que têm pronúncia e significado diferentes. Escute as frases, identifique a diferença na pronúncia e por que elas são pronunciadas de forma diferente. Em seguida, tente ler as frases com a pronúncia correta.

a. Eles ganharam o jogo de 4 a 1. / Eu jogo futebol aos sábados de manhã.
b. A fábrica contratou novos empregados. / Ele fabrica roupas sob medida.
c. O gosto deste prato é muito ácido. / Não gosto de comidas ácidas.
d. Eu sempre almoço ao meio-dia. / Domingo é dia de almoço de família.
e. Ela duvida que você mude de hábitos. / Você tem alguma dúvida?
f. O governo aumentou os impostos. / Eu governo bem todas as áreas da minha vida.
g. O molho da salada é muito bom. / Eu molho as plantas todos os dias.
h. A festa junina representava o tempo de colher o milho. / Todo mundo come mingau de colher de sobremesa.

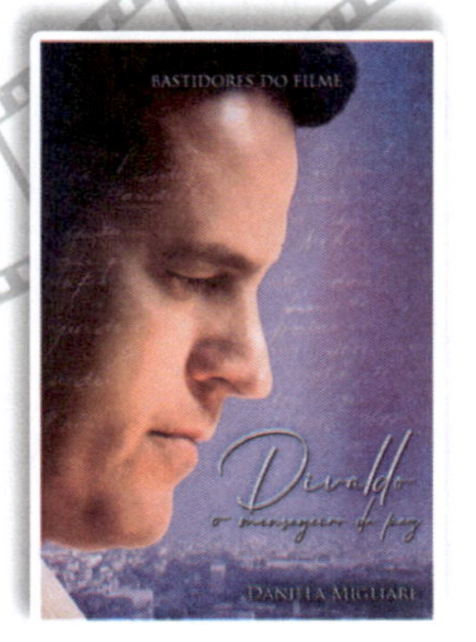

Extraído de: AdoroCinema.
Fonte: https://bit.ly/47EB2gX
(Acesso em: 21 jun. 2024.)

▶ DIVALDO: O MENSAGEIRO DA PAZ

2019 . BIOGRAFIA/DRAMA . 1H59

Convivendo com a mediunidade desde os quatro anos, Divaldo (Bruno Garcia) era rejeitado pelas outras crianças e reprimido pelo pai (Caco Monteiro). Ao completar dezessete anos, o jovem decide usar seu dom para ajudar as pessoas e se muda para Salvador, com o apoio da mãe (Laila Garin). Sob a orientação de sua guia espiritual, Joanna de Ângelis (Regiane Alves), ele se torna um dos médiuns mais importantes de todos os tempos.

DATA DE LANÇAMENTO: 12 de setembro de 2019 (Brasil)
DIREÇÃO: Clovis Mello
ROTEIRO: Clovis Mello
ELENCO: Bruno Garcia, Regiane Alves, Ghilherme Lobo, Marcos Veras, Laila Garin

VAI NA FÉ!

FELICIDADE

- Relacionamentos significativos
- Família
- Estar satisfeito com a vida
- Autoconhecimento
- Bons hábitos
- Qualidade de vida
- Emprego bom
- Projetos pessoais
- Carreira gratificante
- Bem-estar físico e emocional
- Segurança financeira
- Ter um propósito de vida
- Inteligência emocional
- Tempo
- Gratidão
- Realização
- Motivação
- Autenticidade
- Equilíbrio
- Plenitude
- Sentido de vida
- Satisfação
- Autoestima
- Resiliência
- Crescimento pessoal
- Intenção
- Alegria
- Tranquilidade
- Mindfulness
- Conexão
- Positividade

PRÁTICAS E PRATICANTES

- Rezar
- Orar
- As rezas
- As orações
- Benzer
- A benzedeira = a rezadeira
- O sinal da cruz
- O benzimento
- A superstição
- As simpatias
- O padre
- O(a) pastor(a)
- A freira
- O pai ou mãe de santo
- A fé
- O espírito
- A alma
- O culto
- A missa

FESTAS RELIGIOSAS

- A procissão
- A romaria
- O cortejo
- A peregrinação
- A promessa
- Os fiéis
- Os devotos
- O amuleto
- A vigília
- A(o) padroeira(o)

RELIGIÕES DO BRASIL

- Catolicismo
- Budismo
- Cristianismo evangélico
- Espiritismo
- Judaísmo
- Islamismo
- Candomblé
- Umbanda
- Santo-daime
- Outras

FESTAS DE FAMÍLIA

- Mesversário
- Batizado
- Aniversário
- Formatura
- Noivado
- Despedida de solteiro
- Chá de panela
- Casamento
- Chá revelação
- Chá de fraldas
- Encontro da família
- Bodas de casamento

ETAPAS DA VIDA

- O nascimento
- A infância
- A adolescência
- A juventude
- A maioridade
- A fase adulta
- A velhice

EXPRESSÕES COM "DEUS"

- Vai com Deus!
- Fique com Deus!
- Graças a Deus!
- Deus me livre!
- Deus queira!
- Sabe Deus quando!
- Juro por Deus!
- Credo!
- Deus é quem sabe!
- Haja Deus!
- Pelo amor de Deus!
- Misericórdia!
- Minha Nossa (Senhora)!
- Deus me livre e guarde!
- Deus e o mundo

▶ Você vai assistir duas vezes ao vídeo da tarefa 1 da prova do Celpe-Bras de 2011/2 podendo fazer anotações enquanto assiste para realizar a seguinte tarefa: como estudante de português, você foi convidado para escrever um texto sobre um aspecto da cultura brasileira no jornal da sua escola. Com base nas informações do vídeo, escreva um texto apresentando as festas juninas no Brasil, sua origem, suas características e as comidas típicas servidas nessas festas.

Fonte: https://bit.ly/3TCmWXP (Acesso em: 23 jun. 2024.)

Edição **2011/2** Celpe-Bras inep

Enunciador e interlocutor	Propósito	Informações	Coesão e coerência	Léxico e gramática

▶ **COMENTÁRIO DO PROFESSOR/CORRETOR:**

▶ **NOTA FINAL:**

▶ Você vai falar sobre um projeto de felicidade. Conte em um episódio de podcast como uma pessoa pode desenvolver um projeto para se envolver e ser mais feliz e positiva para o enfrentamento da rotina. Seja criativo em seu podcast de duração mínima de um minuto e meio e máxima de três minutos, incluindo vinheta e/ou apresentação. Seu episódio deve ser gravado e enviado para seu professor no formato de mídia acordado entre a turma. Sugerimos o seguinte roteiro para se inspirar:

1. Apresente-se (nome, nacionalidade).
2. Resuma seu conteúdo (diga o que você vai falar em poucas palavras).
3. Descreva o que uma pessoa deve fazer para desenvolver de maneira bem-sucedida seu projeto de felicidade. Apresente dicas, expresse um passo a passo e encoraje os ouvintes a praticarem medidas para alcançar a felicidade.
4. Agradeça à audiência e se despeça.

BOM TRABALHO!

EXERCÍCIOS UNIDADE 8

1 Complete as frases com o vocabulário adequado disponível no quadro abaixo.

crescimento pessoal – mindfulness – satisfação – resiliência – autoestima – equilíbrio – autoconhecimento – bem-estar – plenitude – autêntica

a. Para alcançar a verdadeira ...., é essencial praticar a gratidão diariamente.
b. O .... é a base para descobrir seu verdadeiro propósito.
c. Sentir alegria em pequenas coisas contribui significativamente para o nosso ....
d. Encarar desafios com .... nos ajuda a alcançar a realização pessoal.
e. .... nos permite viver o presente com mais tranquilidade e intenção.
f. Cultivar a .... é fundamental para manter a positividade em nossa vida.
g. A conexão com outras pessoas nos proporciona um profundo sentimento de ....
h. A busca pelo .... entre vida pessoal e profissional é crucial para nossa felicidade.
i. Viver de maneira .... nos permite ter experiências únicas e significativas.
j. O .... contínuo é um elemento chave para a motivação duradoura.

2 Passe as frases do discurso direto para o indireto. Tenha atenção para adaptar os pronomes oblíquos das frases.

a. Maria disse: "Eu te entregarei o relatório amanhã".

....

b. João perguntou: "Você pode me ajudar com a lição de casa?".

....

c. Ana afirmou: "Nós os encontraremos no parque às 15 horas".

....

d. Pedro comentou: "Ela nos convidou para a festa dela".

....

e. Carla disse: "Eu lhes enviarei o convite por e-mail".

....

f. Lucas disse: "Eu te enviarei uma mensagem mais tarde".

....

3 Passe as frases do discurso indireto para o direto. Tenha atenção para adaptar os pronomes oblíquos das frases.

a. Júlia perguntou se ela podia acompanhá-los até a estação.

....

b. Roberto disse que ele lhes daria uma resposta em breve.

....

c. Fernanda afirmou que eles os tinham informado sobre a mudança de horário.

....

d. Ricardo comentou que ela lhe ligaria assim que possível.

....

e. Sofia disse que ela os encontraria no restaurante às 19 horas.

....

f. Daniel perguntou se ele podia lhe emprestar seu livro.

....

4 Complete as frases abaixo usando o futuro composto do subjuntivo dos verbos entre parênteses. Lembre-se de que o futuro composto do subjuntivo é formado pelo futuro do subjuntivo do verbo "ter" ou "haver" + o particípio passado do verbo principal.

a. Quando eu .... (terminar) a faculdade, quero fazer uma viagem ao redor do mundo.
b. Se eu .... (conseguir) um bom emprego, comprarei uma casa.
c. Assim que nós .... (juntar) dinheiro suficiente, abriremos nosso próprio negócio.
d. Quando eu .... (aprender) um novo idioma, poderei trabalhar no exterior.
e. Se eu .... (mudar) de cidade, comprarei um novo apartamento.
f. Quando nós .... (comprar) um carro, faremos uma viagem longa.
g. Se eu .... (fazer) um curso de especialização, terei mais oportunidades na carreira.
h. Assim que eu .... (pagar) todas as dívidas, começarei a economizar para a aposentadoria.
i. Quando eu .... (construir) minha casa, farei uma grande festa de inauguração.
j. Quando eu .... (conhecer) novas culturas, serei uma pessoa mais aberta e compreensiva.

5 A partir das imagens abaixo, crie frases descrevendo o que você fará quando tiver finalizado a tarefa ou meta apresentada.

Exemplo: Quando tiver finalizado a leitura do livro, buscarei um novo livro na biblioteca.

Tomar café | Correr | Ficar rico | Viajar

a. ....
....

b. ....
....

Visitar | Curtir | Aprender | Assistir

c. ....
....

d. ....
....

6 Complete os textos abaixo com os verbos na forma adequada. Use o futuro do subjuntivo composto ou o futuro do presente.

a. Quando eu 1.. (alcançar) um nível profundo de autoconhecimento, 2.. (saber) exatamente quais são meus verdadeiros desejos e objetivos. 3.. (ser) essencial que eu tenha refletido sobre minhas experiências passadas para entender melhor minhas forças e fraquezas. Assim que eu 4.. (identificar) minhas paixões, 5.. (poder) traçar um plano de ação claro e objetivo para o futuro.

b. Se eu 1.. (concluir) meus estudos e obtiver a qualificação necessária, 2.. (buscar) uma carreira que me permita crescer tanto profissionalmente quanto pessoalmente. 3.. (ser) importante que eu tenha estabelecido metas realistas e alcançáveis, para que eu possa medir meu progresso ao longo do tempo.

c. Quando eu $_1$..(economizar) dinheiro suficiente, $_2$..(planejar) uma viagem ao redor do mundo, pois acredito que conhecer novas culturas e pessoas $_3$.. (enriquecer) minha visão de mundo e $_4$..(ajudar-me) a crescer como indivíduo. Se eu $_5$..(aprender) novos idiomas, $_6$..(facilitar) minha comunicação e me $_7$..(abrir) portas para oportunidades internacionais.

d. Assim que eu $_1$..(construir) uma base sólida para minha vida, $_2$.. (pretender) investir em projetos que beneficiem a comunidade ao meu redor. $_3$.. (ser) gratificante saber que, se eu $_4$..(contribuir) para o bem-estar de outras pessoas, $_5$..(fazer) a diferença no mundo.

7 Complete as frases abaixo com a expressão correta que inclui "Deus" ou "Nossa Senhora". As opções de expressões estão listadas no quadro abaixo.

> Minha Nossa (Senhora)! – Deus é quem sabe! – Deus me livre! – Pelo amor de Deus!
> Sabe Deus quando! – Fique com Deus! – Ao deus-dará! – Vai com Deus! – Deus e o mundo.

a. Quando alguém está prestes a viajar, é comum ouvir: "..!".
b. Quando não se sabe quando algo vai acontecer, dizemos: "..!".
c. Ao pedir algo com muita ênfase, dizemos: "..!".
d. Quando algo é muito assustador ou indesejável, exclamamos: "..!".
e. Ao expressar surpresa ou espanto, podemos dizer: "..!".
f. Quando alguém espalha um segredo para muitas pessoas, dizemos: "Contou o segredo para ....".
g. Quando algo está fora do nosso controle, dizemos: "..!".
h. Quando algo é deixado ao acaso ou sem cuidado, dizemos: "Está tudo ....".
i. Ao se despedir de alguém, muitas pessoas dizem: "..!".

8 Leia as descrições das simpatias de Ano-Novo abaixo e complete as frases com a palavra ou expressão correta. As opções de palavras ou expressões estão listadas abaixo.

> sorte e felicidade – progresso e sucesso – paz e prosperidade – prosperidade e dinheiro – desejo – dinheiro

a. Usar roupas brancas: no Brasil, é tradição usar roupas brancas na virada do ano. A cor branca simboliza .... e ....
b. Pular sete ondas: muitos brasileiros vão à praia e pulam sete ondas à meia-noite. Cada onda representa um .... para o ano novo.
c. Comer lentilhas: comer lentilhas na ceia de Ano-Novo é uma simpatia para atrair .... e ....
d. Guardar folhas de louro: guardar uma folha de louro na carteira é uma simpatia para garantir .... durante o ano.
e. Comer uvas: comer doze uvas à meia-noite, uma para cada mês do ano, é uma simpatia para atrair .... e ....
f. Subir um degrau: subir um degrau ou uma escada à meia-noite é uma simpatia para simbolizar .... e .... na vida.

9 Encontre a palavra ~~intrusa~~:

a. Católica / budista / israelense / evangélica / espírita
b. A procissão / o culto / a romaria / o cortejo / a peregrinação
c. Batizado / aniversário / formatura / casamento / funeral
d. A infância / a criancice / a adolescência / a juventude / a velhice
e. Motivação / elasticidade / autenticidade / equilíbrio / plenitude

10 Passe as frases abaixo da voz passiva analítica para a voz ativa. Lembre-se de que, na voz ativa, o sujeito da voz passiva se torna o objeto da voz ativa. Faça conforme o exemplo abaixo:

Muitos projetos importantes têm sido concluídos por eles. ➡ ***Eles têm concluído muitos projetos importantes.***

a. Várias cirurgias complexas tinham sido realizadas pelos médicos. ➡ ....

....

b. Todas as matérias tinham sido estudadas pelos alunos antes da prova. ➡ ....

....

c. Novas políticas públicas estão sendo implementadas pelo governo. ➡ ....

....

d. Um novo produto havia sido lançado pela empresa no mercado. ➡ ....

....

e. A cura para a doença tinha sido descoberta pelos cientistas. ➡ ....

....

f. Uma nova ponte estava sendo construída pelos engenheiros. ➡ ....

....

11 Passe as frases abaixo da voz ativa para a voz passiva analítica. Lembre-se de que, na voz passiva analítica, o sujeito da voz ativa se torna o agente da passiva (introduzido pela preposição "por"). Faça conforme o exemplo abaixo:

Eles têm concluído muitos projetos importantes ➡ ***Muitos projetos importantes têm sido concluídos por eles.***

a. Os cientistas têm descoberto novas espécies. ➡ ....

....

b. A empresa está desenvolvendo um novo produto. ➡ ....

....

c. Eles tinham concluído o projeto antes do prazo. ➡ ....

....

d. Os engenheiros têm projetado novos edifícios. ➡ ....

....

e. A equipe de marketing está promovendo a nova campanha. ➡ ....

....

f. Os pesquisadores tinham publicado os resultados do estudo. ➡ ....

....

g. Os médicos têm tratado muitos pacientes. ➡ ....

....

h. A empresa está construindo uma nova fábrica. ➡ ....

....

12 Complete com as palavras do quadro, use cada palavra apenas uma vez. Mais de uma resposta possível.

a fé	a família	o aniversário	equilíbrio	autoestima
a carreira	mudança	procissão	a mente	um propósito

a. Celebrar com ....

b. Participar da ....

c. Comemorar ....

d. Ter ....

e. Estar em ....

f. Renovar ....

g. Descobrir ....

h. Desacelerar ....

i. Buscar ....

j. Acreditar na ....

UNIDADE 9

SÍTIO DO PICA-PAU AMARELO

BRASIL ABERTO

NESTA UNIDADE VOCÊ VAI APRENDER:

- advérbios no discurso indireto
- discurso indireto com verbos no subjuntivo
- vocabulário de viagens
- o português rural
- a formação de plural de palavras compostas

PARA:

- falar sobre novas modalidades de turismo
- descobrir o turismo de experiência, de voluntariado e o turismo rural
- descrever festas e tradições de um lugar
- conhecer lendas, crenças e brincadeiras do folclore brasileiro

VIAJAR É PRECISO

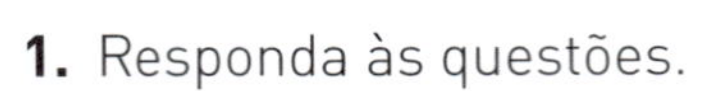

1. Responda às questões.

a. Por quais propósitos uma pessoa pode querer viajar?

b. Quais categorias de turismo você saberia enumerar?

c. Para você, qual é a diferença entre turista e viajante?

2. Leia o artigo e explique se você se considera mais turista ou mais viajante. Com qual tipo de turismo você se identifica entre as categorias citadas no texto? Descreva para qual tipo de lugar você gosta de viajar e por qual razão.

PRODUTOS ⌄ SOLUÇÕES ⌄ PREÇOS PARTNER HUB NEWS CONTATO COMEÇA AQUI LOGIN

NOVOS TURISMOS

Viajar faz uma pessoa feliz e é um dos momentos favoritos na vida. Pode-se viajar por diferentes razões, para buscar experiências diversas. É por isso que muitos tipos de turismo têm surgido ao longo dos anos. Antes de analisar suas características, vamos ver qual é a diferença entre turista e viajante: uma distinção útil que nos ajudará a analisar melhor as últimas formas de turismo.

O turista tende a seguir um programa organizado por outros ou encontrado na internet, no qual não há espaço para mudanças de horário, e vê o inesperado como um problema a ser resolvido. O turista gosta de viajar em grupos ou de participar de visitas guiadas. Ele fica em hotéis e anda com sua câmera sempre ao redor de seu pescoço. Além disso, come alimentos que conhece e não sai de sua zona de conforto.

O viajante, por outro lado, vai descobrir um lugar para se perder nele e experimentá-lo. Ele estuda seu destino e organiza um programa de viagem de acordo com seus interesses. Ao contrário do turista, o viajante segue seus instintos, acolhe o inesperado e o transforma em um momento de crescimento pessoal. Ele fala com os habitantes locais, come a comida local e prefere formas de viagem e hospedagem que lhe permitam conhecer mais profundamente seu lugar de destino, contenta-se com uma hospedagem cama e café.

Como vimos, a diferença entre turista e viajante é clara, mas somente se usarmos uma ideia muito radical das duas figuras. Na verdade, a diferença é muito mais matizada e o turista e o viajante podem ser mais parecidos do que se imagina. Como todas as indústrias, a indústria de viagens é influenciada pela moda, pelas tendências que surgem e mudam a maneira de pensar e agir. Vamos, portanto, ver quais são as últimas tendências em matéria de turismo.

- **Turismo doméstico:** A expressão "turismo doméstico" refere-se às viagens dos residentes de um país dentro de suas fronteiras. Durante a pandemia, esse tipo de turismo viu seu número aumentar exponencialmente em todos os países. O desejo de viajar, apesar da situação incerta, levou a uma preferência por destinos de fácil acesso e percebidos como mais seguros.
- **Turismo termal:** Considerado como um setor de elite até recentemente, o turismo termal se tornou um modo de viagem cada vez mais popular nos últimos anos. Esse tipo de turismo aproveita os aspectos benéficos das lamas terapêuticas, vapor e fontes naturais para oferecer tratamentos para melhorar a saúde física e mental. Tratar-se em busca de relaxamento em um spa é a melhor escolha para aqueles que procuram férias de bem-estar. Os benefícios e as funções curativas das fontes termais são conhecidos desde a época romana, tanto que ainda empregamos o termo "spa", que deriva do latim *salus per aquam*.
- **Turismo gastronômico:** Graças a esse tipo de turismo, você pode descobrir a cultura e a história de um lugar através da comida e do vinho. A viagem é vivenciada como uma experiência completa na qual paladar e olfato são os dois sentidos mais utilizados por aqueles que escolhem o turismo gastronômico e o enoturismo. Experimentar pratos locais, experimentar produtos típicos em fazendas e participar de aulas de culinária são experiências cada vez mais procuradas pelos viajantes.
- **Turismo sustentável:** Em oposição ao turismo de massa, que vê lugares como Roma, Paris e Veneza serem invadidos pelos turistas a cada ano, o turismo sustentável e lento se desenvolveu para combater as mudanças climáticas, e é a principal tendência da última década. O objetivo do turismo sustentável é entrar em contato com um lugar, respeitando plenamente as comunidades anfitriãs e a cultura local. Portanto, minimizar o impacto ambiental e preservar a autenticidade de um lugar e seus recursos naturais é crucial para aqueles que optam por viajar de forma sustentável.

Fonte: https://bit.ly/4eyLERr (Acesso em: 22 jun. 2024. Adaptado.)

3. Assista ao vídeo "O que é turismo sustentável?" e, em dupla, responda às questões.

a. Como você compreende as expressões "dar uma pitada de responsabilidade" e "fazer girar a economia"?

b. Explique cada pilar do turismo sustentável e dê exemplos de práticas.

c. Quais tipos de atrativos turísticos aparecem ou são citados?

d. Quais são os ingredientes do prato "chiclete de camarão"? Por que o prato recebe esse nome?

e. Qual é o "bichinho de madeira" que aparece no vídeo? Quem o produziu? Ele veio de qual região do Brasil?

f. Sugira um nome para o "bichinho" e compartilhe com a turma. Façam uma votação e escolham o melhor nome. Seja criativo. Atenção! Só vale nome brasileiro.

Fonte: https://bit.ly/3YOL3kc (Acesso em: 23 jun. 2024.)

4. Fica a dica. Responda a um(a) amigo(a) do seu país que deseja viajar ao Brasil pela primeira vez e lhe escreveu um e-mail pedindo informações e dicas. Quais informações você lhe daria? Pense em destinos, sazonalidade, atrativos, segurança e dificuldades que podem surgir na viagem. Compartilhe com os colegas.

Viajar pelo Brasil é uma ótima maneira de desenvolver estratégias de compreensão e comunicação em português porque, em muitas regiões do Brasil, é difícil encontrar pessoas que falem inglês ou espanhol, obrigando o uso do português como língua de comunicação. Além disso, dada a diversidade de variações linguísticas do país, a pronúncia e o vocabulário podem variar muito de uma região para outra.

5. Teste seu vocabulário de turismo em português e compreenda a diferença entre alguns tipos de hospedagem. Associe as expressões ao seu significado.

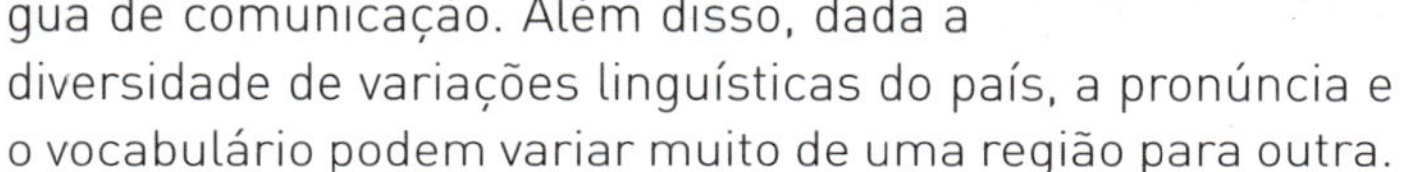

a. Pensão de hospedagem – b. Pernoite – c. Pousada – d. Guia turístico – e. Guia de turismo

( ) Profissional que exerce atividades de acompanhamento à cidade, apresentando seus atrativos e informações aos turistas.

( ) Ação de pernoitar, passar a noite em um local para dormir.

( ) Material impresso ou on-line com informações sobre um destino.

( ) Empreendimento de característica horizontal, com até 30 alojamentos temporários, podendo ter até três pavimentos ou contar com chalés e bangalôs.

( ) Hospedagem de caráter familiar com instalações e serviços básicos, com quartos individuais e coletivos a preços baixos.

MOTEL NO BRASIL

Um vídeo que viralizou compartilhou uma história bem inusitada: a de que os motéis brasileiros fundaram um modelo de negócios que hoje é copiado por outros países. O uso mais comum feito por aqui – para encontros sexuais – é uma invenção tipicamente brasileira. Os motéis brasileiros datam de cerca de 60 anos e são imitados em outros locais – em alguns países da Europa e nos Estados Unidos, existem os "motéis à brasileira". O termo motel surgiu nos Estados Unidos e é um neologismo que une duas palavras: "motor" e "hotel". Vale lembrar que, embora muita gente associe o uso de motéis ao sexo extraconjugal ou ao sexo pago, eles também podem representar romance e fuga da rotina para os casais.

Extraído de: Mega Curioso, NZN. Fonte: https://bit.ly/4errybD (Acesso em: 24 jun. 2024. Adaptado.)

VIVA EXPERIÊNCIAS BRASILEIRAS

6. Responda às questões.

a. Você já ouviu falar em "turismo de experiência"? Para você, o que essa modalidade de turismo tem de diferente do "turismo tradicional" ou "turismo de massa"?

b. Por quais razões você imagina que o interesse por essas categorias de turismo tem crescido?

c. Como você compreende a diferença entre pessoas que são "turistas da vida" e outras que são "viajantes da vida"?

7. Aprenda mais informações sobre o turismo de experiência e responda às questões.

15 NOV | Renata Ferreira

Turismo de experiência: o que é, sua importância e como praticar.

Turismo de experiência é proporcionar vivências que o viajante não teria no turismo tradicional. Isso quer dizer que, além de conhecer pontos turísticos tradicionais, ele ainda tem a oportunidade de vivenciar a realidade local. O viajante que está em busca dessa vivência quer, acima de tudo, que a sua viagem tenha um sentido maior do que simplesmente o descanso. Ele quer se sentir parte do destino, descobrir os segredos locais e levar para casa conhecimento, descobertas e transformação.

Veja alguns dos pontos necessários para a prática do turismo de experiência:

- **Despertar os sentidos:** Se seu destino for, por exemplo, o Rio de Janeiro, qual é o cheiro agradável e marcante desse local? A feijoada. Aí já temos também o gosto. Podemos completar com o tato de uma cerveja gelada. E o som? O funk, o samba. Para a visão pode ser o pôr do sol de Niterói.
- **Sentimento:** Essa é uma premissa básica e talvez a mais importante. O turismo de experiência precisa ativar as emoções do viajante. Por exemplo, no Rio de Janeiro, a ideia não é só pegar uma fila enorme para ir ao Cristo Redentor, mas conhecer a história do local, falar sobre as pessoas por trás da construção, mostrar a sua essência.
- **Pensamento:** Estimular a cognição com novas informações: contar histórias; oferecer oficinas de culinária, dança e arte; provocar o viajante a explorar novos mundos.
- **Ação:** Fazer o turista entrar em movimento e interagir. Pode ser por uma trilha, percurso histórico da região ou, quem sabe, participando de alguma atividade com a comunidade.
- **Identificação:** Essa é para marcar o coração do viajante, fazendo com que ele se sinta parte da história.

Unindo todos esses pontos podemos pensar que, em vez de comer apenas uma feijoada comum no Rio de Janeiro, pode haver uma experiência em que o viajante aprenderá a preparar o prato com algum local, usando ingredientes da comunidade, conhecendo a importância e a história desse prato. Sentidos, sentimentos, pensamento, ação e identificação, tudo no mesmo lugar. O turismo de experiência propõe repensar a forma que viajamos e vivemos no mundo, transformando a vida do viajante e da comunidade que o recebe. Viajar tem um poder enorme de proporcionar aprendizado, conscientização e transformação. Quando o viajante se permite conhecer com profundidade cada destino, consegue, sem dúvidas, ampliar muito a sua visão sobre o mundo.

Embora ainda pouco conhecido, o turismo de experiência é uma prática antiga; em especial, nos países europeus. No Brasil, ela começou com testes na região serrana do Rio Grande do Sul, especificamente, no Vale dos Vinhedos. Lá, turistas eram incentivados a vivenciar a rotina da colheita da uva, desde o vinhedo até a degustação de vinhos. A iniciativa fez tanto sucesso que, hoje, há roteiros exaltando as belezas e particularidades de regiões distribuídas por todo o território nacional.

Fonte: https://bit.ly/3TXKYwD (Acesso em: 24 jun. 2024. Adaptado.)

a. Quais são os sentidos despertados por meio do turismo de experiência?
b. Quais reflexões e aprendizados um viajante pode ganhar com o turismo de experiência?
c. O que o advérbio "lá" substitui na frase "Lá, turistas eram incentivados a vivenciar a rotina da colheita da uva"?

8. Assista ao vídeo "O que é e como fazer Turismo de Base Comunitária – TBC" e responda verdadeiro (V) ou falso (F) para as afirmações abaixo.

( ) No TBC todas as experiências são previamente preparadas e roteirizadas para receber o turista.
( ) A agência de turismo é responsável por elaborar e realizar as atividades durante a estadia.
( ) No TBC o viajante não é apenas expectador.
( ) No TBC você pode realizar visitas guiadas às comunidades locais.
( ) O TBC contribui para a preservação do meio ambiente e para o desenvolvimento sustentável das comunidades.
( ) Por meio das conversas com a comunidade local você pode conhecer as lendas, as crenças, a religiosidade, as questões sociais e os saberes ancestrais.
( ) No TBC, o trabalho voluntário é um dos propósitos da viagem.

a. Segundo as informações do vídeo e os depoimentos das pessoas, o que se ganha ao viver esse tipo de experiência?
b. Quais informações você pode obter ao acessar o link apresentado no final do vídeo?
c. Você gostaria de vivenciar uma experiência assim? Comente.

Fonte: https://bit.ly/4dHcUvM (Acesso em: 24. jun. 2024.)

ADVÉRBIOS NO DISCURSO INDIRETO

▶ Observe as adaptações destacadas nas frases na passagem do discurso direto para o indireto.

- ***Essa*** *é uma premissa básica e, talvez, a mais importante.* ➡ *O artigo afirma que* ***aquela*** *é uma premissa básica e, talvez, a mais importante.*
- *O viajante que está em busca* ***dessa*** *vivência quer, acima de tudo, que a sua viagem tenha um sentido maior do que simplesmente o descanso.* ➡ *O texto disse que o viajante que está em busca* ***daquela*** *vivência quer, acima de tudo, que a sua viagem tenha um sentido maior do que simplesmente o descanso.*
- ***Lá***, *turistas eram incentivados a vivenciar a rotina da colheita da uva.* ➡ *Segundo o texto,* ***naquele lugar***, *turistas eram incentivados a vivenciar a rotina da colheita da uva.*
- ***Nesta*** *experiência, o que mais me marcou foi o contato muito próximo que tive com a comunidade de* ***lá***. ➡ *No vídeo, a viajante contou que,* ***naquela*** *experiência, o que mais a marcou foi o contato muito próximo que teve com* ***aquela*** *comunidade.*
- ***Aqui***, *eu me senti como uma verdadeira moradora local.* ➡ *A viajante também afirmou que* ***lá*** *ela se sentiu como uma verdadeira moradora local.*
- ***Agora***, *sinto que abri minha visão de mundo.* ➡ *O viajante explicou que,* ***naquele momento***, *sentia que tinha aberto sua visão de mundo.*
- ***Amanhã***, *irei buscar uma agência de viagem especializada em turismo de experiência.* ➡ *Ele disse que,* ***no dia seguinte***, *iria buscar uma agência de viagem especializada em turismo de experiência.*
- ***Ontem***, *recebi a resposta da agência de viagens.* ➡ *Ele disse que* ***no dia anterior*** *tinha recebido a resposta da agência de viagem.*

DISCURSO DIRETO	DISCURSO INDIRETO	DISCURSO DIRETO	DISCURSO INDIRETO
este/esse	aquele	ontem	no dia anterior
aqui	ali/lá/naquele lugar	amanhã	no dia seguinte
hoje	nesse dia/naquele dia	agora	naquele momento

O BRASIL ORIGINAL

9. Assista ao vídeo "Experiências do Brasil original" e sugira formas originais de explorá-lo em contraste ao turismo convencional. Fonte: https://bit.ly/48h46f7 (Acesso em: 26 jun. 2024.)

10. Imagine que você deseja viver uma experiência de viagem de voluntariado no Brasil. Preencha o formulário abaixo, do site Exchange do Bem, e compartilhe com os colegas seu perfil de viajante voluntário. Justifique suas escolhas. Fonte: https://exchangedobem.com/busca-projetos/ (Acesso em: 17 jan. 2025.)

11. Responda às questões.

a. Qual perfil de viajante que você imagina estar preparado para viver esse tipo de experiência?

b. Quais perguntas você faria à agência de viagens antes de entrar em um projeto de volunturismo?

12. Leia o texto e responda às questões. Antes de responder, estude a seção *Vamos sistematizar*.

O que eu ganhei com o turismo de voluntariado ou volunturismo

Sou o Edu Mariano, fundador da Exchange do Bem, e neste texto vou contar como eu descobri meu propósito de vida e na carreira também. Para começarmos, você sabe o que é propósito de vida?

Em resumo, o propósito é saber aonde você quer chegar e usar isso como energia para te mover. É entender onde você está, como isso impacta a sua vida e a de todos ao seu redor. Ele varia de acordo com seus valores e principalmente com as experiências que você teve. Ele não é estático, muda de acordo com o conhecimento que vamos adquirindo ao longo da vida e com nossos objetivos. E está tudo bem em mudar.

Ter um propósito promove em nós o sentimento de pertencimento. Você sabe que é ali que deveria estar e sabe que você está fazendo algo que faz sentido com o que você pensa e com quem você é. Não se trata de não existirem dificuldades, mas sim da motivação e da energia que você vai ter para lidar com elas. O propósito de vida não necessariamente precisa estar ligado à sua carreira. Alguns exemplos de propósito de vida são:

- ser feliz;
- ajudar pessoas por meio da caridade;
- ajudar a causa animal;
- ajudar pessoas através da área da saúde;
- atuar na educação de crianças.

O que me fez encontrar o meu propósito foi uma viagem de intercâmbio voluntário que fiz em 2013 para o Nepal. Sempre falo que ela foi o divisor de águas da minha vida, mas não é necessário viajar para tão longe para encontrar o seu

Fonte: https://bit.ly/4gR7cu9 (Acesso em: 26 jun. 2024. Adaptado.)

propósito. Por lá, trabalhei em uma escola rural e morei em um orfanato com 34 crianças que mudaram a minha vida.

Esse texto ficaria gigante com tudo o que eu aprendi durante essa experiência, mas eu sempre ressalto duas coisas: embora tenha passado por alguns perrengues, aprendi a reclamar menos e a valorizar mais tudo o que tenho. Esse tempo no Nepal serviu muito de reflexão para mim também. Eu estava lá me doando ao máximo, de maneira sincera, não queria nada em troca. E aqui escrevo o velho clichê: mesmo não querendo nada em troca, eu ganhei muito mais com essa experiência. Surpreendentemente, essa viagem me transformou como pessoa. Ao voltar para o Brasil, certamente precisava de um emprego. Assim, voltei a trabalhar no setor financeiro, que era o que eu sabia fazer. Embora quisesse retomar minha vida, logo percebi que eu tinha mudado e que meu propósito de vida era trabalhar com pessoas para retribuir os privilégios que tive, como a cama quentinha, comida na mesa e acesso à informação. Antes de tudo, pensei em trabalhar na ONU. Tentei várias vagas. Embora eu tivesse tido experiências no exterior e boa formação acadêmica, só recebi e-mails automáticos informando que não havia sido selecionado. Na época, pensava sempre nas crianças que vi no Nepal. Queria ajudá-las e, se eu não conseguisse enviar mais pessoas para o Nepal, minha ajuda teria sido em vão. Era necessário que tivesse continuidade no envio de voluntários. Ao passo que não conseguia nenhuma vaga na área, decidi empreender. Então pensei: "Quando tiver minha própria empresa, trabalharei com meu propósito de vida". Fundei a Exchange do Bem, uma empresa social com o propósito de fomentar o voluntariado, conectando voluntários com diversos projetos sociais ao redor do mundo. Enfim, a pessoa perdida encontrou o seu propósito e hoje estou completamente realizado com meu trabalho. Percebo também como todas as vivências que eu tive foram fundamentais para eu chegar aonde estou hoje.

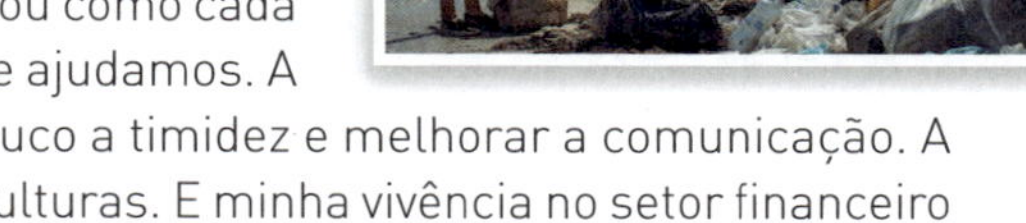

O judô que aprendi na infância me ensinou a cair e levantar. O vôlei me ensinou como cada jogador é importante. A história me ajudou a entender melhor os países que ajudamos. A matemática melhorou meu raciocínio lógico. O teatro me fez perder um pouco a timidez e melhorar a comunicação. A experiência que tive na França me ajudou a entender melhor as diferentes culturas. E minha vivência no setor financeiro me ensinou como tornar a empresa sustentável.

a. O que Edu Mariano conta sobre sua experiência no Nepal? *Ele contou que, embora...*
b. O que Edu Mariano relatou sobre sua volta ao Brasil? *Ele relatou que, embora...*
c. O que ele disse sobre suas tentativas de trabalhar na ONU? *Ele disse que, embora...*
d. O que ele pensou quando não foi selecionado para o trabalho na ONU? *Ele pensou que...*

DISCURSO INDIRETO (DI) COM VERBOS NO SUBJUNTIVO

▶ Observe a adaptação dos verbos nas frases na passagem do discurso direto para o indireto.

a. Embora eu **tenha** experiência e formação acadêmica, não consegui o emprego na ONU. (DD)
Ele relatou que, embora **tivesse** experiência e formação acadêmica, não conseguiu o emprego na ONU. (DI)

b. Embora **quisesse** retomar minha vida, logo percebi que eu tinha mudado. (DD)
Ele contou que, embora **quisesse** retomar sua vida, logo percebeu que ele tinha mudado. (DI)

c. Embora **tenha passado** por alguns perrengues, aprendi a reclamar menos. (DD)
Ele disse, que embora **tivesse passado** por alguns perrengues, aprendeu a reclamar menos. (DI)

d. Quando eu **tiver** minha própria empresa, trabalharei com meu propósito de vida. (DD)
Ele pensou que, quando **tivesse** sua própria empresa, trabalharia com seu propósito de vida. (DI)

- Passar por perrengue.
- Passar por dificuldades.
- Passar por problemas.
- Passar um tempo.
- Passar uma temporada.
- Passa férias em...

DISCURSO DIRETO	DISCURSO INDIRETO
presente do subjuntivo	pretérito imperfeito do subjuntivo
pretérito perfeito do subjuntivo	pretérito mais-que-perfeito do subjuntivo
pretérito imperfeito do subjuntivo	pretérito imperfeito do subjuntivo
pretérito mais-que-perfeito do subjuntivo	pretérito mais-que-perfeito do subjuntivo
futuro do subjuntivo	pretérito imperfeito do subjuntivo

PENSE FORA DA CAIXA

13. As praias brasileiras são muito conhecidas e, de fato, são maravilhosas. Mas, o que fazer no Brasil nos meses de inverno e de chuvas? E para aqueles que não gostam de praia? Você já pensou?

a. Além das praias, o que você poderia fazer no Brasil para turistar? Dê sugestões de destinos e atividades.

b. Certamente você já ouviu falar de turismo rural. Como você poderia defini-lo?

14. Conheça o turismo rural no Brasil e responda às questões.

Governo Federal   Órgãos do Governo   Acesso à Informação   Legislação   Acessibilidade

Assuntos > Notícias > **Pesquisa aponta que 74% dos turistas escolhem o turismo rural pela proximidade com a natureza**

DADOS

Pesquisa aponta que 74% dos turistas escolhem o turismo rural pela proximidade com a natureza

O turismo rural é uma tendência no setor de viagens e 74% dos turistas que buscam o segmento procuram o interior do país para contemplar a natureza. É o que revela o resultado da 2ª edição da pesquisa Demanda Turismo Rural, divulgado pelo Ministério do Turismo em parceria com a SPRINT Dados e com a Rede Turismo Rural Consciente (Rede TRC). A pesquisa mapeou as preferências dos turistas no segmento rural ao longo de quase 45 dias, entre 20 de abril e 31 de maio de 2023.

Além de estar mais perto da natureza, 70% dos viajantes que optaram pelo turismo rural também levam em conta o atributo "paz e tranquilidade" ao escolherem o destino. Outro ponto que atrai os turistas é a "autenticidade da comida caseira", item escolhido por 73% dos que responderam à pesquisa. Entre as mais de 40 atividades disponíveis no meio rural listadas pelo estudo, as trilhas ganharam destaque nas respostas, contando com 60% de preferência pelos turistas.

O levantamento indica ainda que 50% dos turistas buscam destinos que possam proporcionar algum aprendizado. Além disso, a tendência de sustentabilidade ganha destaque, sendo uma das ações que mais atraem os turistas, conquistando 47% de interesse do público. Entre os estados do Brasil mais procurados para visitação relacionada a turismo rural, Minas Gerais lidera a lista, sendo o destino preferido de 42% dos entrevistados.

Entre os tipos de turismo rural, podemos destacar o turismo verde, agroturismo, ecoturismo e turismo de aventura. Existem hoje hospedagens em fazendas de agricultura familiar, agrofloresta e centros de permacultura.

As famílias (público predominante de respondentes) representam 50,46% daqueles que apreciam viajar para zonas rurais em média 3 vezes ao ano. Os feriados prolongados auxiliam no crescimento de viagens no meio rural, principalmente os finais de semana, que contribuem para que os turistas visitem os destinos rurais mais próximos em viagens bate e volta. Outros públicos que têm crescido são os casais e trabalhadores de home office, estes últimos, especialmente após a pandemia.

Fonte: https://bit.ly/3U5WPJ7 (Acesso em: 27 jun. 2024.)

- a fazenda
- o sítio/a chácara
- o hotel-fazenda
- a roça
- o pesque-pague
- o pesque-solte
- a fazenda de caça
- a fazenda histórica
- as cavalgadas
- a feira agropecuária
- o rodeio
- o peão de boiadeiro
- a cultura caipira
- o caboclo
- a festa do milho

a. Segundo o texto, quais atrativos e experiências o turismo rural oferece?

b. Qual público busca esse tipo de turismo?

ATIVIDADES PRATICADAS PELOS TURISTAS RURAIS

15. Segundo o Ministério do Turismo, existem aproximadamente 40 atividades que os turistas podem realizar em áreas rurais. Em dupla, pesquise 12 atividades que o turismo rural oferece. Sugira um destino rural no Brasil e descreva seus atrativos. Compartilhe as informações com os colegas.

16. Assista ao desenho animado "Chico Bento em: Na roça é diferente" e responda às questões.

a. Como você poderia descrever a vida na roça, seus personagens e as diferenças para a cidade grande?

b. Você saberia dizer quais atividades foram representadas no desenho animado?

c. O que você observou sobre a pronúncia e as expressões do português?

Fonte: https://bit.ly/4eYsofF (Acesso em: 28 jun. 2024.)

17. As palavras e frases abaixo foram escritas tal como foram pronunciadas no vídeo. Leia-as, assista ao vídeo novamente e tente reescrevê-las em português padrão.

a. Craro!
b. Tá chegano!
c. Trabaião!
d. Que tar? Tá fartando os ovo.
e. Que bão!
f. Eu tô mermo percisano de ajuda.
g. Pá módi prepará o armoço.
h. Vai agorica mesmo.
i. Enquanto eu coio as laranja, ocê pega os ovo.
j. Óia!
k. Inté!
l. Assim ocê machuca a pobrezinha da Maiada.

FESTA DO PEÃO DE BOIADEIRO DE BARRETOS

Se você gosta da música e da cultura sertaneja, prepare as botas e o chapéu antes de embarcar para a mundialmente famosa Festa do Peão de Barretos. Realizada na cidade de Barretos, distante pouco mais de 400 km de São Paulo, essa é a maior manifestação do gênero sertanejo no Brasil e o maior rodeio do mundo, com 900 mil visitantes a cada ano. São 10 dias de festa nos quais os rodeios e os shows de artistas consagrados no cenário nacional são os principais atrativos. Mas não pense que é só isso que tem para ver na Festa do Peão de Boiadeiro. Concurso de berrante, festival de música sertaneja e comidas típicas, como o arroz de carreteiro, fazem parte da lista de atrações para os peões e peoas de todos os cantos. Nesse esporte, os maiores campeões mundiais, que mais fizeram história, são brasileiros.

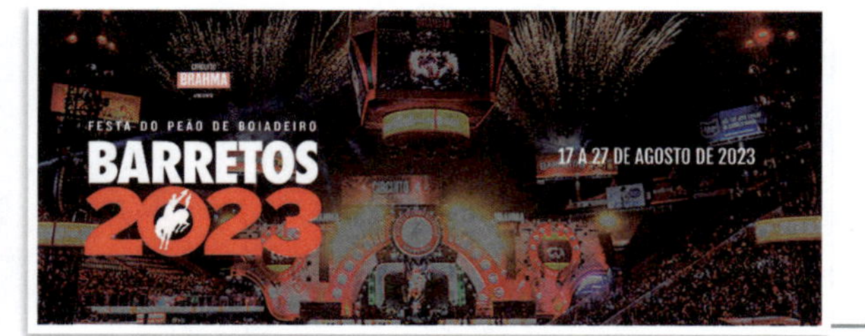

Extraído de: Blog Passagens Promo. Fonte: https://bit.ly/3A1grqX (Acesso em: 26 jun. 2024. Adaptado.)

CONHECENDO A VARIANTE DO PORTUGUÊS CAIPIRA OU PORTUGUÊS RURAL

Com uma fonética marcada pelo "r" retroflexo; por trocar o "lh" por "i"; e por não flexionar o verbo, sem obedecer à concordância numérica, o que faz com que ele fique sempre no singular; o caipira é falado no interior do estado de São Paulo, leste e sul do Mato Grosso do Sul, sul de Minas Gerais, sul de Goiás, norte do Paraná e zonas rurais do sul do Rio de Janeiro. A influência desse dialeto vem da língua indígena tupi. Também apresenta grande variação de vocabulário em relação ao português falado nos centros urbanos. Não se preocupe se sentir dificuldade em compreender, brasileiros dos centros urbanos também têm dificuldade. Não é errado falar assim informalmente.

Outra característica do português rural é o uso muito frequente dos diminutivos. Esse uso pode expressar coisas diferentes. Observe os exemplos:

Ele tem uma rocinha pertinho da cidade. (tamanho e ênfase) / A Rosinha é namorada do Chico Bento. (afetivo) / Na minha roça eu crio uns boizinho. (poucos/alguns) / Ele é um sujeitinho sem educação. (desprezo)

Extraído de: Babbel. Fonte: https://bit.ly/3Y3TMSY (Acesso em: 28 jun. 2024. Adaptado.)

▶ Pronúncia do português rural

- Nói/nóis = Nós
- Muié = Mulher
- A vaca maiada = A vaca malhada
- Ele é um coió. = Ele é um bobo.
- Nóis fomo. = Nós fomos.
- Eis tão chegano. = Eles estão chegando.
- Us carmânti = Os calmantes
- As carças = As calças
- Tá fartando. = Está faltando.
- Num mi alembro. = Não me lembro.
- Brusdifri = Blusa de frio
- Lidileiti = Litro de leite
- On cê vai? = Onde você vai?
- Eu coio as laranja e ocê pega os ovo. = Eu colho as laranjas e você pega os ovos.

FESTAS POPULARES

18. O Carnaval é a festa popular mais conhecida pelos estrangeiros e que atrai o maior número de turistas ao Brasil; no entanto, as festas populares vão muito além do Carnaval. Na nossa viagem linguística e cultural pelo Brasil ainda há muito a ser descoberto. Muitas festas folclóricas e regionais são pouco conhecidas pelos estrangeiros, mas atraem turistas nacionais e representam a diversidade do povo brasileiro. Antes de falar sobre algumas delas, responda:

a. Quais festas populares do Brasil você saberia citar?

b. Quais festas populares são mais importantes no seu país? O que você poderia dizer sobre elas?

19. Assista ao vídeo "Parintins: conheça o festival que move uma cidade inteira!" e extraia as informações abaixo.

a. Qual é o tema da festa? Como você poderia defini-la?
É uma festa... que celebra...

b. Em qual estado e região do Brasil ela acontece?

c. Qual cultura é exaltada?

d. Desde quando existe a festa e como ela começou?

e. Qual o nome do espaço construído para essa celebração?

f. Quantos turistas a festa atrai todos os anos?

g. O que acontece durante a festa?

Fonte: https://bit.ly/4eOb1i7 (Acesso em: 27 jun. 2024.)

20. Assista a outro vídeo e extraia mais informações sobre a festa.

a. Em qual data a festa é celebrada atualmente? E qual a sua duração?

b. Descreva as roupas, a dança e a música.

c. Com qual outra festa brasileira o festival se parece? Por quê?

Fonte: https://bit.ly/402MgtU (Acesso em: 27. jun. 2024.)

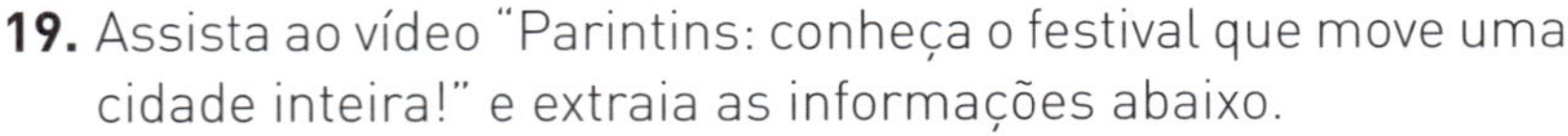

FESTAS E TRADIÇÕES

- A festa/a festividade/ a celebração/a procissão/ o festejo/o costume/ a tradição
- É uma festa religiosa/ pagã/folclórica/popular/ regional/nacional.

EXALTAR: elogiar, enaltecer, aplaudir, engrandecer, glorificar, celebrar.

21. Conheça outras festas populares do Brasil.

Passagens Promo | Passagens aéreas | Seguro Viagem | Blog | Ajuda | Conta

Passagens Promo > Blog > Brasil

Festas populares: tradição e alegria pelo Brasil!

Aproveitar bem as festas populares é uma coisa que nós, brasileiros, sabemos como fazer. E nada mais justo, afinal elas são a representação máxima da identidade do nosso país. Com muita alegria e originalidade, o Brasil celebra as suas diversas raízes e crenças com danças, expressões de fé, comidas tradicionais e bebida, que nunca falta. Se você já pensou em curtir as férias conhecendo festas tradicionais de vários estados, venha descobrir as principais manifestações populares do país para se jogar na folia.

As festas tradicionais são manifestações culturais, folclóricas ou religiosas que expressam costumes regionais ou do país como um todo. Sejam grandes eventos ou pequenas celebrações, elas acontecem de norte a sul, levando muita animação para as ruas. Mais importante ainda, servem para resgatar e preservar elementos históricos, tradições e crenças que estão diretamente ligadas à formação da identidade cultural brasileira. Por isso, as festas típicas são um grande exemplo das culturas diversas do Brasil: comemorações de matrizes africanas dividem calendário com festas de origem portuguesa e festas religiosas, da mesma forma que as celebrações indígenas também têm o seu espaço. Não precisa se preocupar com o calendário se você quiser se divertir nas principais festas populares do Brasil. Elas estão espalhadas ao longo do ano, ocupando meses específicos.

Fonte: https://bit.ly/3A1grqX (Acesso em: 26 jun. 2024. Adaptado.)

Ou seja, você sempre vai encontrar alguma comemoração tradicional acontecendo por aqui. O ano geralmente começa com a Lavagem do Bonfim, sempre em janeiro, na Bahia. Mas dá para dizer que o ano anterior termina no mesmo mês, já que a Folia de Reis é celebrada na última semana de dezembro e na primeira de janeiro. Nesse meio-tempo, há muita festa para ver e viver, basta ficar de olho na programação de cada lugar e descobrir como celebrar a nossa identidade. O calendário do Ministério do Turismo geralmente apresenta mais de 450 festas populares por ano. Para facilitar a escolha, vamos apresentar algumas muito importantes.

- Ficar de olho.
- Ficar atento.
- Ficar ligado.
- Ficar antenado.
- Prestar atenção em...

O Bumba meu Boi: Festa do Bumba meu Boi ou Boi-Bumbá, não importa o nome que você veja ou escute, é uma das mais tradicionais festas populares do Nordeste e Norte do Brasil. É considerada a maior festa folclórica a céu aberto do mundo. Cheia de cores, danças folclóricas e fantasias, ela teria surgido da lenda sobre a morte e ressurreição de um boi, considerado o mais bonito de uma fazenda. Em Pernambuco e no Maranhão elas são muito famosas, mas nenhuma se iguala ao Festival Folclórico de Parintins, no Amazonas. De tão grandiosa, a comemoração é considerada como o carnaval dos amazonenses. O Bumbódromo recebe os desfiles e a rivalidade dos bois Caprichoso (azul) e Garantido (vermelho), sempre no final do mês de junho.

A Folia de Reis: Trazida para o Brasil no século XVIII, a Folia de Reis é uma celebração de origem católica que acontece em todas as regiões do país. Comemorada no dia 6 de janeiro (Dia de Reis), a festa homenageia o encontro dos três reis magos com o Menino Jesus depois do seu nascimento. Vestidos a caráter, cantores e instrumentistas, cada um desempenhando um papel, saem pelas ruas tocando seus instrumentos e cantando enquanto representam o caminho percorrido pelos reis magos. Nas casas, o público costuma receber os participantes das Companhias de Reis com comidas típicas e prendas.

A Congada: Os tambores e os cânticos da Congada, ou Festa do Congado, preservam as tradições do evento, principalmente, em Minas Gerais e no Espírito Santo. Festa típica de origem africana, a Congada é um evento cultural e religioso que representa a coroação dos reis africanos do Congo. A devoção aos santos protetores dos escravizados, responsáveis por trazer a manifestação para o Brasil, também é caraterística da festa. Não há uma data fixa para a celebração da Congada. Em alguns lugares ela acontece em maio, em outros em outubro, ou até mesmo em dezembro. O ritmo é ditado pelos tambores, que embalam músicas e danças típicas. Deu para ver que no Brasil existem festas populares para não acabar mais? Tem folia para todos os gostos.

PARA DESCREVER COM DETALHES UMA FESTA OU UMA TRADIÇÃO

DATA	É celebrada / comemorada em... / A festa acontece em... / entre os dias... e... / Não há uma data fixa. / A data varia para cada região.
DURAÇÃO	A festa começa em... e termina em... / Dura de... a... / A festa vai de... a... / Em fevereiro tem Carnaval.
TIPO	A festa é religiosa / pagã / folclórica / popular / tradicional / regional / nacional / local / típica / Trata-se de...
ORIGENS	A festa é... / A festa tem origem católica / cristã / indígena / africana / europeia / portuguesa / alemã / italiana. / Foi trazida pelos escravizados / europeus / imigrantes... / A festa surgiu de... / A festa tem origem em... / Dizem que...
DESCRIÇÃO	É cheia de... / Há uma procissão / uma missa / um desfile / danças folclóricas / comidas típicas / prendas/músicas / os tambores / os cânticos / as cantigas / as apresentações / as competições / o concurso / as barraquinhas... / As pessoas vestem... / usam branco / se fantasiam / se vestem a caráter / usam roupas típicas.
OBJETIVOS	A festa homenageia / celebra / representa / expressa a...

22. A partir das expressões acima, escreva um texto de apresentação de uma festa ou uma tradição do seu país, descreva-a e compartilhe com a turma.

FOLCLORE
NO BRASIL
NÃO SE IMAGINA,
TUDO ACONTECE

23. Com tantas manifestações populares, festas e tradições, não poderiam faltar lendas, mitos e crenças na composição do folclore e do imaginário brasileiro.

a. Em todos os povos existe um patrimônio cultural folclórico. Dê algum exemplo de crença ou lenda do seu país e explique por meio de quais expressões artísticas e culturais esse folclore se manifesta.

b. Você acha que o folclore está desaparecendo? Comente.

24. Conheça um pouco do folclore brasileiro e comente em quais aspectos ele se assemelha às manifestações do seu país.

uol   Jogos   Eleições   Canal UOL   Colunas   SAC   EMAIL   ENTRE   ASSINE UOL

Folclore Brasileiro - Festas, comidas e lendas tradicionais do Brasil

O folclore é o conjunto das criações de uma comunidade cultural, baseado nas tradições de um grupo ou de indivíduos que expressam sua identidade cultural e social, além dos costumes e valores que transmitem oralmente, passando de geração em geração. A palavra "folclore" foi utilizada pela primeira vez num artigo do arqueólogo William John Thoms, publicado no jornal londrino *O Ateneu*, em 22 de agosto de 1846 (por isso 22 de agosto é o Dia do Folclore). Ela é formada pelos termos de origem saxônica: "folk", que significa "povo", e "lore", que significa "saber". Portanto, o "folklore" é o saber do povo ou a sabedoria popular. No Brasil, a palavra adaptada tornou-se "folclore".

O folclore se manifesta na arte, no artesanato, na literatura popular, nas danças regionais, no teatro, na música, na comida, nas festas populares (como o Carnaval), nos brinquedos e brincadeiras, nos provérbios, na medicina popular, nas crendices e superstições, mitos e lendas.

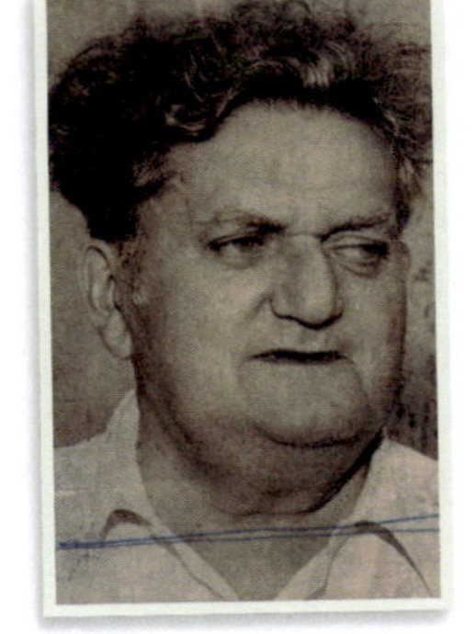

Câmara Cascudo: pesquisador do folclore

Um grande estudioso do folclore nacional foi Luís da Câmara Cascudo, nascido em Natal, no Rio Grande do Norte, em 1898, e autor de mais de 150 livros. Ainda hoje, a obra de Câmara Cascudo é uma referência imprescindível para tratar do folclore, até porque diversas expressões folclóricas brasileiras por ele documentadas já desapareceram e não podem mais ser observadas. Segundo Jorge Frederico, escritor de artigos da Agência Senado, "a qualidade literária e a originalidade da produção intelectual do potiguar Luís da Câmara Cascudo lhe asseguram um lugar de destaque entre os principais intérpretes do Brasil. Autor de clássicos do pensamento brasileiro, como *Cinco livros do povo*, *História da alimentação no Brasil*, *Vaqueiros e cantadores para jovens* e *Literatura oral no Brasil*, Câmara Cascudo é reconhecido como um dos "pilares da construção da identidade brasileira". Ainda vale destacar, em sua vasta obra literária, os livros *Superstição no Brasil e o Dicionário do folclore brasileiro*. Em especial a partir do século XX, o folclore, embora seja uma manifestação da arte popular, também serviu de base para a produção da arte culta brasileira. Os exemplos estão presentes em todas as artes. O pintor ítalo-brasileiro Alfredo Volpi fez das bandeiras das festas juninas um elemento frequente de seus quadros e gravuras. Tarsila do Amaral representou o folclore no quadro *A Cuca*, em 1924. Candido Portinari pintou o quadro *Bumba-meu-boi*, sem contar as belas pinturas em arte naïf retratando sereias, reisados, congadas e o boi-bumbá. Almeida Júnior, artista acadêmico do século XIX, pintou o quadro *Caipira picando fumo* entre outras cenas do cotidiano e da vida rural no Brasil. O compositor fluminense Villa-Lobos aproveitou-se de temas do folclore e reinventou o nacionalismo musical em obras como *Bachianas brasileiras*, que

Fontes: https://bit.ly/4dJWOkX e https://bit.ly/4f0Y1VX (Acesso em: 29 jun. 2024. Adaptado.)

incorpora a atmosfera musical de Bach aos ambientes nacionais. O cantor e compositor Jackson do Pandeiro cantou o folclore no forró.

O folclore na literatura

Na literatura, há no mínimo quatro autores de importância indiscutível que se utilizaram de elementos da cultura popular. O paulista Mário de Andrade, grande estudioso do folclore, escreveu sua obra-prima, *Macunaíma*, reunindo com olhar irônico e crítico inúmeras narrativas do folclore. O mineiro João Guimarães Rosa, autor de *Grande sertão: veredas* – um clássico da literatura nacional –, tematiza a vida do sertanejo e trabalha tanto elementos característicos de narrativas folclóricas quanto a própria forma sertaneja de uso da língua portuguesa. Da mesma maneira, o paraibano Ariano Suassuna compôs uma ampla obra teatral baseada na tradição folclórica nordestina. Outro importante escritor que incorporou em suas obras mitos e lendas foi Monteiro Lobato.

Lendas e brincadeiras

As lendas misturam fatos reais e históricos com a fantasia e procuram dar explicação aos fatos da vida social de uma determinada comunidade. No Brasil, o folclore foi resultado da miscigenação de três povos (indígena, português e africano) e da influência dos imigrantes de várias partes do mundo. Por isso, nosso país tem uma tradição folclórica variada, rica e muito peculiar. Além das lendas, como o Saci, a Cuca, a Iara, o Boitatá, o Lobisomem, a Mula Sem Cabeça e o Curupira, as parlendas, adivinhas e trava-línguas compõem o acervo folclórico do país, ainda enriquecido de brincadeiras como o pau de sebo, as rodas e as cirandas.

Extraído de: Portal do Rodoviário. Fonte: https://bit.ly/4eiTFbW (Acesso em: 15 out. 2024. Adaptado.)

LENDAS DO BRASIL

25. Em dupla, os estudantes vão buscar na internet uma lenda do folclore brasileiro. Como são pequenas narrativas, cada dupla deve narrar sua lenda para a turma. As versões podem variar a depender da fonte de informações; portanto, comparem as versões e apontem as que mais se parecem. Identifique se alguma das lendas brasileiras se assemelha a lendas do seu país e vejam quais são comuns a outros países.

PLURAL DE PALAVRAS COMPOSTAS

O plural dos substantivos compostos pode variar a depender de algumas situações.

Se o substantivo composto for escrito sem hífen, o plural é feito tal como os substantivos simples, muitas vezes acrescentando o "s" no final.

Exemplos: girassol ➡ girassóis / ferrovia ➡ ferrovias / contratempo ➡ contratempos.

Se o substantivo composto tem hífen, **se as palavras se unem por preposição**, **se é formado por palavras repetidas**, entre outros, as regras podem ser diferentes. Observe os casos abaixo:

- **Substantivo + substantivo** – os dois podem ir para o plural ou apenas o primeiro:
  couve-flor ➡ couves-flores ou couves-flor / peixe-boi ➡ peixes-bois ou peixes-boi
- **Substantivo + adjetivo** – os dois irão para o plural:
  guarda-civil ➡ guardas-civis / erva-doce ➡ ervas-doces / amor-perfeito ➡ amores-perfeitos
- **Verbo ou uma palavra que não varia (não fica no plural) + substantivo** – somente o substantivo vai para o plural:
  guarda-roupa ➡ guarda-roupas / trava-língua ➡ trava-línguas
- **Palavras ligadas por preposições, com ou sem hífen –** apenas a primeira irá para o plural:
  pimenta-do-reino ➡ pimentas-do-reino / pé de moleque ➡ pés de moleque
  mula sem cabeça ➡ mulas sem cabeça
- **Palavras repetidas – o segundo elemento ou os dois elementos que formam o substantivo passam para o plural:**
  Corre-corre ➡ corre-corres ou corres-corres / pisca-pisca ➡ pisca-piscas ou piscas-piscas
- Tente formar o plural das palavras compostas abaixo:

a. Estrela-do-mar
b. Palavra-cruzada
c. Segunda-feira
d. Café com leite
e. Bem-vindo
f. Azul-marinho

TURISMO DO SONO EM PORTUGAL

Há quem diga que sai mais cansado das férias do que quando entra nelas. Foi, precisamente, a pensar nessa condição que o turismo do sono se tornou uma tendência também no Brasil. A verdade é que existem hotéis em que o principal objetivo é manter o sono no centro da experiência do turista. Turismo do sono, já ouviu falar?

O que procuram os turistas de sono? "Descobrir os benefícios que uma boa noite de sono lhes pode proporcionar" e "a promessa de que acordam absolutamente revigorados e querem justamente ter a oportunidade de experienciar um sono ímpar", contou o Hästens Sleep Spa.

Enquanto há hotéis que usufruem da tecnologia e da inteligência artificial para "ajustar o suporte corporal e a temperatura ambiente para manter um sono profundo", o Hästens Sleep Spa, em Coimbra, aposta numa solução natural. Este é o único hotel do mundo em que todos os quartos têm camas Hästens, "a marca de camas mais prestigiada em todo o mundo por serem produzidas exclusivamente com materiais naturais" e integralmente feitas à mão, por artesãos. Os hóspedes querem "sentir a diferença que faz dormir numa cama na qual não sentem o peso do seu corpo e dormem como se estivessem numa nuvem, porque a cama garante que todo o corpo relaxe ergonomicamente apoiado e sem pontos de pressão", garantiu o Hästens Sleep Spa, em entrevista à SIC Notícias. O hotel dispõe ainda de vídeos exclusivos para que os hóspedes se aconselhem com uma especialista do sono sobre como dormir melhor.

O hotel The Magnolia, situado na Quinta do Lago, no Algarve, não se considera "um hotel de sono, mas antes um hotel que pensa em todos os detalhes da experiência do cliente", explicou em entrevista à SIC Notícias.

Este foi o primeiro hotel do mundo a instalar nos quartos a tecnologia SleepHub, que se destaca pelo uso da neurociência e da tecnologia de som, que reproduz uma emissão de ondas sonoras de baixa frequência para melhorar os padrões naturais do sono, para que seja mais profundo e reparador.

Extraído de: Mariana Guerreiro, SIC Notícias.
Fonte: https://bit.ly/3BMI2kS (Acesso em: 30 jun. 2024. Adaptado.)

VAMOS BRINCAR DE "O QUE É, O QUE É?"

Também presentes em outros países, as brincadeiras de "O que é, o que é?" fazem parte da tradição do folclore brasileiro. Como são brincadeiras bem desafiantes, a turma vai se dividir em duas equipes para tentar descobrir as charadas. Ganha a equipe que resolver o maior número de adivinhas. O que é, o que é?

a. Que cai em pé e corre deitada? / **b.** Que quanto mais se tira, maior fica? / **c.** Que se come de qualquer jeito, mas se corta chorando? / **d.** Que quanto maior, menos se vê? / **e.** Que está no meio do rio? / **f.** Que vai e vem, mas não muda de lugar? / **g.** Que sempre anda, mas nunca se cansa? / **h.** Que nunca passa e sempre está na frente? / **i.** Que muda de peso, mas nunca de tamanho? / **j.** Que dorme em pé e anda deitado?

TRAVA-LÍNGUAS

Tente pronunciar com clareza e rapidez as frases dos trava-línguas, uma brincadeira tradicional do folclore.

a. Três pratos de trigo para três tigres tristes. / **b.** Casa suja, chão sujo. / **c.** O pelo do peito do pé do Pedro é preto. / **d.** Em rápido rapto, um rápido rato raptou três ratos sem deixar rastros. / **e.** O sabiá não sabia que o sábio sabia que o sabiá não sabia assobiar.

Extraído de: Jovem Nerd.
Fonte: https://bit.ly/3UcuXTx
(Acesso em: 30 jun. 2024. Adaptado.)

▶ CIDADE INVISÍVEL

2021-2023 . DRAMA/FANTASIA . 12 EPISÓDIOS . 40 MIN

A série brasileira da Netflix, que mistura drama, fantasia e mistério, ambienta personagens do folclore nacional, como a Cuca, a Iara, a Mula Sem Cabeça, o Lobisomem, o Saci, entre outros, no Rio de Janeiro contemporâneo e na região da Amazônia. A série, que explora o folclore, é rica em efeitos especiais e discute em sua segunda temporada a questão da preservação da natureza.

DATA DE LANÇAMENTO: 5 de fevereiro de 2021 (Brasil)
CRIAÇÃO: Carlos Saldanha
ELENCO: Marco Pigossi, Alessandra Negrini

BRASIL ABERTO

TIPOS DE TURISMO

- Turismo de experiência
- Turismo de aventura
- Turismo termal
- Turismo rural
- Turismo gastronômico
- Turismo doméstico
- Turismo sustentável
- Volunturismo
- Turismo de base comunitária (TBC)
- Turismo ecológico
- Turismo de eventos
- Turismo de massa ou tradicional
- Turismo do sono

TIPOS DE HOSPEDAGEM

- Hotel
- Hostel
- Pousada
- Hospedagem cama e café
- Pensão de hospedagem
- Camping
- Albergue
- Pernoite
- Diária

TURISMO RURAL

- A fazenda
- O sítio
- A chácara
- O hotel-fazenda
- A roça
- O pesque-pague
- O pesque-solte
- A fazenda de caça
- A fazenda histórica
- As cavalgadas
- A feira agropecuária
- O rodeio
- O peão de boiadeiro
- A cultura caipira
- O caboclo
- A festa do milho

DESCREVER UMA FESTA OU TRADIÇÃO

- É cheia de...
- Há uma procissão/ uma missa/ um desfile/ danças folclóricas/ comidas típicas/ prendas/músicas/ os tambores/ os cânticos/ as cantigas/ apresentações/ competições/ concurso/ barraquinhas...
- As pessoas vestem/ usam branco/ se fantasiam/ se vestem a caráter.

TIPOS DE FESTAS E SUAS ORIGENS

- A festa é religiosa/pagã/ folclórica/popular/ tradicional/regional/ nacional/local/típica.
- A festa é/tem origem católica/cristã/ indígena/africana/ europeia/portuguesa/ alemã/italiana.
- Foi trazida pelos escravizados/europeus/ imigrantes.../A festa surgiu de.../A festa tem origem em.../Dizem que...

DATA, DURAÇÃO E OBJETIVOS DE UM FESTEJO

- É celebrada/comemorada em...
- A festa acontece em...
- Entre os dias... e...
- Não há uma data fixa.
- A data varia para cada região.
- A festa começa em... e termina em...
- Dura de... a...
- A festa vai de... a...
- Em fevereiro tem Carnaval.
- A festa homenageia/celebra/ representa/expressa a...

EXPRESSÕES COM O VERBO "PASSAR"

- Passar por perrengue.
- Passar por dificuldades.
- Passar por problemas.
- Passar uma temporada.
- Passar férias em...
- Passar um tempo em...

▶ Nesta seção vamos trabalhar uma atividade de produção oral do exame Celpe-Bras. Antes de praticar, seu professor vai apresentar brevemente como ocorre a avaliação da parte de produção oral do exame. Fique atento às regras! Vamos praticar em dupla a interação sobre o elemento provocador 9 da prova de 2023/2. A turma deve ser dividida em duplas para que um estudante seja o entrevistador e o outro seja o candidato, de forma que vão alternar os papéis ao longo da atividade. As perguntas serão distribuídas entre os estudantes: **estudante A** responderá às perguntas 1, 3, 5 e 7; **estudante B** responderá às perguntas 2, 4, 6 e 8.

Ao final da atividade, discuta com a turma aspectos importantes da produção oral sobre o tema e algumas estratégias de produção oral.

Fonte: https://bit.ly/3WE9y6X
(Acesso em: 27 jan. 2025.)

Edição **2023/2**  **Viagem dos sonhos** | Elemento Provocador **9** 

▶ ELEMENTO PROVOCADOR

Manual: como fazer a viagem dos sonhos (sem entrar no vermelho)?

Viajar é sinônimo de dívida? Nem pensar: tire as férias dos seus sonhos com essas dicas – e volte a tempo (e com dinheiro) de pagar os boletos.

1 - O lugar é o de menos

Inverta a lógica: em vez de pensar no destino, deixe a promoção decidir por você.

2 - Viaje no escuro

Voar de madrugada é mais barato e economiza uma diária de hotel, já que você dorme no avião. No Brasil, voos nesse horário costumam ser mais baratos.

3 - Estadia sem crise

Antes de reservar, pergunte se o hotel cobre as ofertas de agências na internet (normalmente, dá certo). Se for um lugar pequeno, fale com o proprietário. Ele pode dar um desconto fora do protocolo.

▶ OUTRAS INFORMAÇÕES

Ficar no vermelho = ficar com saldo financeiro negativo, ficar endividado e sem dinheiro para pagar.
Dica = informação ou indicação boa.

▶ ETAPA 1

Diga ao examinando: **Por favor, observe a imagem e leia o texto silenciosamente.**
(O examinando faz isso silenciosamente.)

▶ ETAPA 2

Após aproximadamente um minuto, diga ao examinando: **De que trata o material?**

▶ ETAPA 3

Siga o Roteiro, fazendo as adequações necessárias em função das respostas do examinando.

1. Você sabe o que significa a expressão "entrar no vermelho"?
2. Das dicas apresentadas no material, qual você considera mais importante? Por quê?
3. Além das dicas apresentadas, que outras você acrescentaria? Comente.
4. Qual foi a melhor dica de viagem que você já recebeu? Fale a respeito.
5. Como você planeja as suas viagens?
6. Quando você viaja, quais critérios você usa para decidir onde se hospedar? Por quê?
7. Em sua opinião, quais os destinos de viagem são os mais buscados pelas pessoas em seu país? Fale a respeito.
8. Fale sobre a viagem dos seus sonhos.

Compreensão	Competência interacional	Fluência	Adequação lexical e gramatical	Pronúncia

▶ Neste podcast você vai falar sobre como fazer a viagem dos sonhos. Você vai apresentar dicas para pessoas que sonham com uma viagem, mas não colocam em prática medidas para realizá-la. Diga como iniciar a organização, proponha maneiras de economizar dinheiro para a viagem e, por fim, apresente pelo menos duas dicas de como economizar com transporte e hospedagem. Seja criativo em seu podcast de duração mínima de um minuto e meio e máxima de três minutos, incluindo vinheta e/ou apresentação. Seu episódio deve ser gravado e enviado para seu professor no formato de mídia acordado entre a turma. Sugerimos o seguinte roteiro para se inspirar:

1. Apresente-se (nome, nacionalidade).
2. Resuma seu conteúdo (diga o que você vai falar em poucas palavras).
3. Diga como iniciar a organização, proponha maneiras de economizar dinheiro para a viagem, apresente pelo menos duas dicas de como economizar com transporte e hospedagem e deixe uma dica especial para o final da gravação.
4. Agradeça à audiência e se despeça.

BOM TRABALHO!

EXERCÍCIOS UNIDADE 9

1 Associe cada tipo de turismo ao seu significado correspondente.

( ) Turismo de base comunitária ( ) Turismo doméstico ( ) Turismo termal ( ) Turismo rural
( ) Turismo gastronômico ( ) Turismo sustentável ( ) Voluntурismo

a. Turismo que envolve a visita a fontes de águas naturalmente quentes e spas, buscando relaxamento e benefícios para a saúde.

b. Turismo que se concentra na exploração e apreciação da culinária local, incluindo visitas a restaurantes, mercados e eventos de culinária.

c. Ocorre em áreas não urbanas, permitindo aos turistas experimentarem a vida no campo. Inclui atividades como hospedagem em fazendas, participação em tarefas agrícolas, passeios a cavalo, trilhas e contato direto com a natureza, proporcionando uma experiência autêntica da vida fora da cidade.

d. Combina viagens com trabalho voluntário. Os turistas dedicam parte de seu tempo a ajudar em projetos comunitários, ambientais ou sociais, contribuindo para o desenvolvimento das comunidades visitadas enquanto vivenciam uma experiência cultural enriquecedora.

e. Turismo que se realiza dentro do próprio país, sem sair das fronteiras nacionais.

f. Turismo que busca minimizar os impactos negativos no meio ambiente e nas comunidades locais, promovendo práticas responsáveis.

g. Turismo que é desenvolvido e gerido pelas próprias comunidades locais, promovendo a valorização da cultura e dos recursos naturais da região, com benefícios diretos para os moradores.

2 Reescreva as frases passando do discurso direto (DD) para o discurso indireto (DI). Faça as adaptações necessárias quanto aos advérbios, pronomes pessoais e tempos verbais.

a. Agora entendi como resolver este problema! ➡ ....

b. Aqui é onde eu cresci e passei minha infância. ➡ ....

c. Amanhã visitarei aquele museu famoso. ➡ ....

d. Hoje é o dia mais quente que já experimentamos! ➡ ....

e. Este é o melhor restaurante da cidade. ➡ ....

f. Joana não está. Ela saiu agora. ➡ ....

3 Reescreva as frases abaixo passando do discurso indireto (DI) para o discurso direto (DD). Faça as adaptações necessárias quanto aos advérbios, pronomes pessoais e tempos verbais.

a. Ela disse que naquele momento estava muito feliz. ➡ ....

....

b. Ele mencionou que no dia anterior tinha encontrado um amigo de infância. ➡ ....

....

c. Eles afirmaram que na semana seguinte viajariam para o exterior. ➡ ....

....

d. Ela comentou que aquele era o livro mais interessante que já tinha lido. ➡ ....

....

e. Ele disse que ali era onde trabalhava havia cinco anos. ➡ ....

....

f. Eles mencionaram que no próximo mês começariam um novo projeto. ➡ ....

....

g. Eles afirmaram que iriam ao cinema no dia seguinte. ➡ ....

....

4 Passe as frases do discurso direto (DD) para o indireto (DI) conforme o exemplo abaixo:

João disse: "Embora ***nós tenhamos visitado*** *muitos países, ainda não* ***conhecemos*** *a Ásia".* ➡ ***Ele disse que embora eles tivessem visitado muitos países, ainda não conheciam a Ásia.***

a. Espero que eu possa explorar todas as atrações turísticas da cidade. *(um homem falando)* ➡ ....

b. Se nós tivéssemos mais tempo, visitaríamos mais lugares históricos. *(uma mulher falando)* ➡ ....

c. Se eu tivesse sabido sobre essa atração antes, teria incluído no roteiro. *(um homem falando)* ➡ ....

d. Quando nós visitarmos o museu, aprenderemos muito sobre a história local. *(uma mulher falando)* ➡ ....

e. Quero que todos aproveitem ao máximo a experiência cultural. *(uma mulher falando)* ➡ ....

f. Mesmo que tenhamos planejado tudo, imprevistos podem acontecer durante a viagem. *(um homem falando)* ➡ ....

g. Se eu fosse rica, viajaria pelo mundo inteiro. *(uma mulher falando)* ➡ ....

5 Passe as frases do discurso indireto (DI) para o direto (DD) conforme o exemplo abaixo:

Ele *disse que embora* ***eles tivessem visitado*** *muitos países, ainda não* ***conheciam*** *a Ásia* ➡ ***João disse: "Embora nós tenhamos visitado muitos países, ainda não conhecemos a Ásia".***

a. Ela mencionou que, se eles viajassem para a Europa, visitariam muitos museus. ➡ ....

b. Ele afirmou que era essencial que todos conhecessem as belezas naturais do Brasil. ➡ ....

c. Maria disse que esperava que eles aproveitassem cada momento da viagem. ➡ ....

d. João comentou que, embora eles tivessem planejado a viagem, ainda precisavam confirmar as reservas. ➡ ....

e. Ana afirmou que era importante que eles experimentassem a culinária local. ➡ ....

f. Carla mencionou que esperava que eles encontrassem boas ofertas de hospedagem. ➡ ....

g. Ele comentou que, embora eles tivessem visitado muitos pontos turísticos, ainda faltava conhecer alguns lugares. ➡ ....

6 Complete com as palavras do quadro.

férias – folclórica – procissão – perrengue – escravizados – tempo – típica – problemas

a. Passar por ....

b. Uma festa ....

c. O cortejo da ....

d. Passar .... na roça.

e. Comida ....

f. Passar um ....

g. Passar por ....

h. Povos ....

7 Reescreva os textos como se você fosse recontar o que leu para outra pessoa. Faça as adaptações necessárias para essa reescrita.

a. Ana disse: "Espero que todos possam participar da viagem de turismo de base comunitária. Seria maravilhoso se pudéssemos aprender mais sobre a cultura local e contribuir para o desenvolvimento da comunidade. Quero que todos respeitem as tradições e que se envolvam nas atividades propostas. Se alguém tiver dúvidas, pergunte aos guias locais".

b. Carlos comentou: "Gostaria que todos considerassem a possibilidade de fazer volunturismo nas próximas férias. É importante que ajudemos as comunidades carentes e que façamos a diferença. Se cada um puder dedicar um pouco do seu tempo, que se inscreva no programa de voluntariado. Espero que todos se sintam motivados a participar e que aproveitem a experiência".

c. O anúncio da agência diz: "Se você desejar uma experiência autêntica, sugerimos que explore o turismo rural. É essencial que todos conheçam as belezas do campo e valorizem as tradições locais. Esperamos que todos aproveitem a tranquilidade da natureza e se conectem com a cultura regional. Desejamos que todos possam descobrir novas paisagens e criar memórias inesquecíveis".

8 A partir das informações fornecidas, descreva a festa do Círio de Nazaré para um blog de eventos e festas populares, no formato de um texto de apresentação, utilizando as estruturas aprendidas para criar uma descrição em detalhes. Seu texto deve apresentar no mínimo 140 palavras.

DATA: Segundo domingo de outubro. **DURAÇÃO:** Aproximadamente 15 dias.
TIPO: Católica e cultural. **ORIGENS:** Portuguesa/trazida pelos colonizadores europeus.
DESCRIÇÃO: Uma das maiores procissões católicas do mundo. A imagem de Nossa Senhora de Nazaré é levada em procissão pelas ruas de Belém do Pará. Missas, novenas, romarias e arraiais. Comidas típicas, apresentações culturais e shows musicais. As ruas são decoradas, há feira de artesanato e venda de produtos regionais. A procissão é acompanhada por cânticos religiosos e manifestações de fé, como promessas e agradecimentos.
OBJETIVOS: Homenagear Nossa Senhora de Nazaré, expressar a fé e devoção e celebrar a cultura e as tradições da Região Amazônica.

9 Associe cada personagem folclórico às suas características correspondentes. Escreva a letra da característica correta ao lado do nome do personagem.

( ) Cuca

( ) Iara

( ) Curupira

( ) Saci-Pererê

( ) Mula Sem Cabeça

a. Uma mulher com cabelos longos, que vive nas águas e encanta os homens com seu canto.
b. Um menino travesso de uma perna só, que usa um gorro vermelho e anda em redemoinhos de vento.
c. Uma criatura com pés virados para trás, que protege a floresta e engana os caçadores.
d. Uma bruxa velha com aparência de jacaré, que sequestra crianças desobedientes.
e. Uma criatura que, nas noites de sexta-feira, transforma-se em um animal parecido com o cavalo, sem cabeça, soltando fogo pelo pescoço.

10 Passe as palavras compostas abaixo para o plural.

a. Guarda-chuva ➡ ....
b. Beija-flor ➡ ....
c. Pé de moleque ➡ ....
d. Couve-flor ➡ ....
e. Segunda-feira ➡ ....
f. Sexta-feira ➡ ....
g. Mal-entendido ➡ ....
h. Para-choque ➡ ....
i. Guarda-roupa ➡ ....
j. Vice-presidente ➡ ....
k. Salva-vidas ➡ ....
l. Quebra-cabeça ➡ ....
m. Arco-íris ➡ ....
n. Fim de semana ➡ ....
o. Estrela-do-mar ➡ ....
p. Café com leite ➡ ....

11 Reescreva as frases no plural.

a. O vice-presidente vai concorrer à eleição presidencial ano que vem.

....

b. O cavalo-marinho é um animal pequeno e geralmente monogâmico.

....

c. O brasileiro adora o fim de semana para aproveitar a praia.

....

d. O conto de fada infantil é o gênero favorito da minha filha.

....

e. Este rapaz teve um mal-entendido muito difícil de se explicar.

....

f. Preciso renovar meu guarda-roupa.

....

g. Meu sobrinho perdeu a caixa de lápis de cor.

....

h. O guarda salva-vidas treina intensamente nadar contra a maré.

....

12 Você vai apresentar uma tradição popular de sua cultura para a turma. Escreva o texto de apresentação usando as estruturas aprendidas no quadro "Para descrever com detalhes uma festa ou uma tradição" da unidade.

de CORDEL
...CUIDADO CANTOR PRA NÃO DIZER PALAVRA ERRADA...
ABDIAS CAMPOS
Sertão tem belezas que não dá
contar num folheto de cordel
DILA
ABDIAS CAMPOS
O homem de BARRO
VITALINO
sua trajetória
DILA
Recife - 3ª edição

UNIDADE 10

SEU PENSAMENTO

VERSOS LIVRES

NESTA UNIDADE VOCÊ VAI APRENDER:

- sobre os hábitos de leitura dos brasileiros
- os gêneros literários
- poesia e algumas figuras de linguagem
- o gênero crônica
- o pretérito mais-que-perfeito simples
- o gênero conto
- o gênero cordel
- dicas de leitura

PARA:

- entender a cultura de ler no Brasil
- descobrir possibilidades de leitura em português
- expressar seus hábitos de leitura e suas preferências literárias
- desenvolver a leitura de textos literários
- ver e discutir o processo de escrita literária
- aprender a redigir alguns gêneros literários
- descobrir autores da literatura brasileira

O DIREITO À LITERATURA

1. Responda às questões.

a. Como a literatura está representada na imagem ao lado? Quais personagens você identifica?

b. Quais gêneros literários você saberia citar?

c. Quando falamos em literatura, falamos de textos literários. Como você diferencia o texto literário do texto não literário?

d. Você acha que além de entreter, a literatura pode mudar o leitor? Explique.

e. Você tem o hábito de ler? Se sim, por que você lê?

( ) Gosto ( ) Crescimento pessoal ( ) Distração

( ) Cultura geral ( ) Exigência escolar ( ) Aprender algo novo

( ) Motivos religiosos ( ) Atualização profissional ( ) Outro

f. Caso você não leia, por que você não lê?

g. Já disseram que "Quem quer conhecer um país precisa conhecer a literatura dele". Você concorda essa afirmação? Comente.

2. Leia o artigo abaixo e conheça os hábitos de leitura dos brasileiros.

negócios SC

18/12/2023

Educação

Livros no Brasil: pesquisa revela hábito de leitura no País

Em um país com quase 203,1 milhões de habitantes, segundo o Censo 2022 do IBGE, apenas 16% das pessoas acima de 18 anos compraram livros nos últimos 12 meses. Esse foi o retrato do consumo de livros no Brasil, em 2023, apresentado pela Câmara Brasileira do Livro (CBL) em pesquisa realizada pela Nielsen BookData.

São 25 milhões de consumidores no mercado nacional de acordo com o "Panorama do Consumo de Livros". Desse total, 74% fizeram a compra de livros mais recente no último trimestre. Mas quem é esse público leitor no país? E por que não temos mais pessoas interessadas pela leitura?

Vamos analisar essas duas questões, apresentando o perfil de quem tem o hábito da leitura no Brasil e quais são os motivos dados por quem não lê. Como veremos, o problema é cultural, acima de tudo.

Quem tem o hábito de leitura no país?

Os compradores de livros no país estão distribuídos, proporcionalmente, nas diferentes faixas etárias. Portanto, a idade não é um fator determinante para sabermos quem lê ou deixa de ler. São o gênero, a classe sociodemográfica e o nível de escolaridade que definem o perfil de leitura no Brasil.

Começando pelo gênero, as mulheres são 51% da população brasileira, mas 57% do total de compradores nacionais. Ou seja, o público feminino compra mais livros.

Depois, temos a questão econômica. As classes A e B têm uma participação muito maior nas vendas do mercado livreiro que as demais. Enquanto 34% dos brasileiros da classe A e 25% da classe B compram livros, apenas 13% da classe C e 5% das classes D e E têm esse costume.

Mas o fator mais decisivo para definir quem compra livros no Brasil é a escolaridade. Nove em cada dez consumidores da categoria estão em níveis acima do ensino médio.

Fonte: https://bit.ly/40j1jjA (Acesso em: 04 ago. 2024. Adaptado.)

A pesquisa da CBL ainda nos permite dizer que a maioria desses compradores de livros são também leitores, que compreendem duas ações distintas. Isso porque 74,5% dos livros impressos comprados na última ocasião eram para o próprio comprador – em vez de ser um presente para outra pessoa, por exemplo. Quem tem esse hábito da leitura no Brasil, hoje, prefere comprar pela internet. Não à toa, as vendas de livros no meio digital superaram as de lojas físicas, conforme aponta o Ministério do Desenvolvimento, Indústria, Comércio e Serviços. Mas quais os principais motivos para não comprar livros no Brasil?

Quem não tem o hábito de leitura?

O "Panorama do Consumo de Livros" revela os três principais motivos para os brasileiros não comprarem esse produto: 35% dizem que livros são caros; 28% relatam a falta de livrarias por perto; 26% não têm tempo.

Entretanto, devemos analisar essas justificativas com cuidado para saber se elas procedem ou se fazem parte de uma cultura de não ler livros.

3. Responda às questões.

a. Analise as justificativas dos brasileiros para não ler e comente-as. Discuta sua opinião com os colegas.

b. Como você escolhe os livros que você lê?

( ) Título ( ) Dicas de outras pessoas ( ) Tema ou assunto ( ) Críticas ou resenhas ( ) Propagandas ( ) Editora ( ) Recomendação de algum influenciador digital, blogueiro ou redes sociais ( ) Outro

c. Você já tentou ler algum livro de literatura em português? Se tentou, como foi a sua experiência?

d. Se você fosse escolher algum livro em língua portuguesa para ler, como você o escolheria?

4. Escute o áudio e extraia dele as dicas para desenvolver o hábito da leitura. Quais outras sugestões você daria? Fonte: https://bit.ly/48m1BYP (Acesso em: 04 jul. 2024.)

CONHEÇA OS GÊNEROS DE LIVROS MAIS VENDIDOS NO BRASIL

Entre os gêneros de livros mais vendidos no Brasil, o que mais se destaca ainda são as obras de ficção. Sim, a literatura de ficção é bastante aclamada e conquista cada vez mais fãs brasileiros, principalmente por permear a imaginação e criatividade.

A Bíblia Sagrada continua sendo a obra mais lida, com 42% da preferência, sendo considerada uma categoria à parte, não incluída no gênero "religioso". Na sequência, aparecem os livros religiosos, contos e romances, cada qual com 22%. O que se percebe nesses últimos anos, mesmo sem os dados oficiais, é um forte crescimento de livros com temática religiosa, em função do aumento dos evangélicos no país. Confira a seguir algumas características dos gêneros de livros mais vendidos no Brasil.

- **Religiosos:** São obras literárias que tratam sobre a religião de modo geral, seja sobre uma religião específica ou sobre assuntos relacionados a ela em qualquer nível, inclusive aqueles que abordam a espiritualidade como um todo. Essas obras podem ser de ficção ou não e, geralmente, são escritas em prosa ou versos.
- **Contos:** São obras com uma narrativa curta e com um conflito único. Ou seja, sua estrutura tem um espaço narrativo menor que o de outros gêneros, e a narrativa é composta por poucos personagens que interagem acerca de um momento de tensão, literariamente conhecido como clímax. Esse tipo de obra geralmente é elaborado a partir de eventos e figuras imaginárias.

- **Romances:** São narrativas longas, com diversos conflitos e uma rede de personagens muito mais complexa. Nesse gênero, o texto é estruturado em forma de prosa, trazendo um enredo integral, com marcas temporais, cenários e personagens bem explorados, e geralmente é de caráter fantasioso. Aqui, também podem ser apresentados alguns subgêneros, por exemplo: realista, policial, modernista, infantojuvenil, terror e fantasia.

Extraído de: Marke Redação, Livro.vc. Fonte: https://bit.ly/40AJRXZ (Acesso em: 04 jul. 2024. Adaptado.)

- ficção
- biografia e autobiografia
- romance
- conto
- poesia
- prosa
- aventura
- policial
- fantasia
- terror
- infantojuvenil
- gibis ou história em quadrinhos
- autoajuda
- livro didático
- true crime
- livros infantis
- crônicas
- humor

A POESIA PARA MIM É ÁGUA

5. Leia a entrevista com a poeta e escritora Cristina Siqueira e identifique quais elementos, segundo a autora, a descrevem.

Cris, por favor, apresente-se.

Meu nome é Cristina Siqueira. Eu sou uma cidadã de cultura brasileira. Sou professora, escritora e poeta. Eu assino os livros de poesia *Papel*, *A carne da noz*, *Por trás dos muros* e *Prisma*, livro de uma coletânea de poemas e de entrevistas realizadas como matéria jornalística. Sou também autora de um livro infantojuvenil, que se chama *Eu comigo conversando com o umbigo*, e já dinamizei espetáculos e performances teatrais. Lancei nas cidades de Coimbra, Barcelona, Paris, Córdoba e Granada o CD *Se houvesse amor a vida seria carícia*.

Como você define seu trabalho?

Uma característica forte do meu trabalho é a história de criar movimentos para sensibilizar as pessoas à leitura e incentivá-las a criar uma visão ampla do mundo. Esse gosto literário eu tenho desde a infância, desde o momento em que fui apresentada à obra do acadêmico Paulo Setúbal, que é da minha terra também. Ele era jornalista, poeta, historiador e membro da Academia Brasileira de Letras. Eu senti que existia um escritor que estava muito próximo de mim e me identifiquei com a sua obra. Quando aparece alguém assim, que não é a celebridade da televisão, mas uma pessoa de estudo e pesquisa, ela traz um novo fôlego para o mundo. Ela imprime nas pessoas que a cercam, nos estudantes e professores, a possibilidade de se amar a língua portuguesa; sendo assim, eu também me lancei na jornada literária pelos caprichos da imaginação, da inteligência e da sensibilidade.

Você realizou um sonho de democratização da literatura no projeto "Livro de Rua"?

Um projeto que ficou notável na minha carreira foi o "Livro de Rua", que permitiu dar *start* a um sonho: transformar o espaço da cidade com poemas escritos nos muros. Era uma obra aberta, com páginas desencadernadas em vias de leitura. Ele vai além da democratização da literatura, foi um impulso muito forte que eu tive de querer transformar as ruas da cidade em poesia, de querer dar poemas de presente para o povo. Que leitores iriam entrar em uma livraria para comprar um livro de poesia há 40 anos? Hoje existe a história de toda a literatura estar na internet, mas a poesia na rua tem um embate corporal com o cidadão. Ele se sente homenageado quando vê ali uma alma escrita que se parece com a dele. Eu ofertei meus poemas em muros que são rígidos, que são fronteiras, eu fiz romper essa fronteira e voar pelo mundo. O direito à poesia deveria ser como uma obrigação para mitigar a fome, porque hoje o mundo padece de falta de sentido. A matéria engoliu tudo, a matéria desfez a alma. E a poesia resgata isso, ela faz vibrar. Quando o outro lê um poema, ele se vê semelhante na dor ou no amor. Alguém está falando por ele, existe uma voz por ele.

Afinal, o que é poesia?

A poesia é a maneira de dizer as coisas de outra maneira. A minha poética tem uma diversidade temática e se revela em imagens e ideias, signos e sinais que se entrelaçam, do espiritual ao mundano, do mítico ao cotidiano. Ela se apresenta assim. Eu transito por diferentes mundos e épocas e emprego uma linguagem que mesmo sendo complexa também é muito simples e fluida. Mas o que define muito a minha poesia é a beleza. Eu sou ligada à matéria quente que sai de dentro de mim, como se fosse um fio que tece e borda. Borda palavras, fios de palavras como se fossem contas. É assim que eu vejo a poesia, com delicadeza e sublimidade. A inspiração é como se fosse uma caixa que eu abro e saltam polichinelos coloridos e, aí, é um poema. Em mim, eu percebo várias caixas e, em cada uma, uma infinidade de personagens, de vozes de personagens, porque são incorpóreos e têm tudo a ver com o estado de espírito do momento. Escrever, para mim, é uma coisa sem a qual eu não poderia viver. A escrita é o ar que eu respiro. E o verbo é uma polifonia do ser humano que vem através da minha voz ao mundo dos vivos.

Eu tenho em mim o verbo ardente a compor versos. Acho que isso define bem o meu trabalho, o meu ofício de poeta. Observando outros poetas de outras grandes dimensões – consagrados – como Clarice Lispector e Fernando Pessoa, eu me vejo muito nesses mergulhos. A poesia para mim é água. É água que flui. E flui, às vezes, na superfície, no rasinho da beira-mar, e outras vezes é um oceano que engole em profundidades abissais. Assim é a minha poesia. Quando eu componho um livro, é um mosaico de vozes, são fragmentos. Eu vejo o tempo como um tempo fragmentado. E assim é minha poética. A poesia que sai de mim é feita de espanto e de encanto. Tem um ritmo de sobe e desce muito veloz. Minha escrita é natural. Dentro de mim moram palavras, moram sentimentos e moram observações. É uma poesia de caráter também muito espiritualista. E, dessa maneira, também é política. Eu sou pacifista. Toda maneira pela qual eu me reporto ao mundo é pela paz.

Quando eu fiz o projeto "Livro de Rua", a minha intenção maior era levar beleza à cidade. Em vez de criticar e botar um protesto no muro, eu resolvi premiar com beleza, com poesia, com a possibilidade de uma coisa mais bonita, sabe? É um trabalho de doação voluntária, eu gosto de fazer isso. Eu percebo que os poemas são um convite à exploração e à reflexão. A minha poesia nasceu de um movimento rock & roll. Eu tenho essa sanha rebelde e libertária e, ao mesmo tempo, eu sou pacifista, eu sou da era paz e amor até hoje. Também é importante falar do ritmo quando falo em poesia. Eu tenho muito ritmo. E tem o tom. Eu escrevo como se fosse música e é como música que ela se estabelece. Daí, eu componho versos livres, eles não têm freio, mas ao mesmo tempo são sincopados. Você percebe quando termina e quando começa. Não precisa ter pontuação. Não precisa de nada disso. Ele por si é poesia.

6. Leia o poema "O efeito luz", de Cristina Siqueira, e identifique versos que expressem comparação, exagero, sensação, paradoxo e ritmo. Compartilhe-os com os colegas e discuta com a turma qual parece ser o tema central desta poesia.

O efeito luz

Com menos passos
Vou mais longe

Meu veículo é a música
Décadas sem carro
– E para quê? Se voo.

A vida, esta improvisação
de jazz

Clássico
Fazer com alma
bem feito

Paixão que transborda
Falo
de uma sinfonia de Mozart
O canto de Piaf
O livro de Lispector
A tela luz de Van Gogh

A frase que não diz
o que quer dizer
O verso se apodera
É ritmo

E urge o verbo

E tudo tem um fim
inevitável
Um ponto.

Uma exclamação.
Por todos os espantos
Por toda perplexidade
Por todos os encantos
Por todas as flores
Por todos os brilhos
Por todas as estrelas

de suingue
o ritmo dos passos

de sangue
o fluido da vida

de asas
a proteção dos anjos

Água que escorre da fonte

Adianto
Atraso
É o suingue
da ordem desordenada

Coração que bate forte
Frito um ovo
Gema amarelo ouro

Há vida

Desenho
o choque interno
da arrebentação do mar

Pinto de amarelo
Um saco de dinheiro

E tudo se movimenta
Veloz
Veloz como o pensamento

Muitos há
que dormem
acordados

Aceleração
algo se rompe
O desenlace se precipita

Além do horizonte
Vive o eterno

Imersa no mundo
que o espaço impõe

Hora da verdade
um mundo que não é o meu
Estou sem estar

A rotina de todos os dias
me salva
Estendo os lençóis
Visto a fronha no travesseiro
A bolsa sobre a banqueta

Aqui me amparo

Nas linhas te dou a chave
em vogais, consoantes
letra muda

Silêncio

Modo avião no celular

Estico os braços
para colher a estrela Vênus

Estreito os olhos
para ver melhor

Haja luz
Há luz

O ESPELHO DO COTIDIANO

Talvez você já tenha passado pela situação de observar uma cena cotidiana comum que o fizesse pensar sobre algum aspecto social, cultural, político ou filosófico. Alguns escritores, os cronistas, têm a capacidade de extrair do banal algo extraordinário.

7. Leia a crônica "Os contrastes do metrô", de Antonio Penteado Mendonça, e observe algumas características do texto como: o tema geral, a linguagem e o tamanho. Como você poderia descrevê-lo?

a. Na sua opinião, para qual público leitor este texto seria interessante? Por quê?

b. Onde você acha que crônicas como esta poderiam ser publicadas? Por quê?

c. Para você esta crônica é: ( ) Narrativa ( ) Descritiva ( ) Argumentativa ( ) Reflexiva ( ) Jornalística ( ) Humorística ( ) Lírica

d. Qual seria a função dela?

e. Como você associa o texto ao título da crônica? Identifique quais partes do texto destacam contrastes.

f. Neste texto, o autor faz uma crítica social. Para você, qual seria essa crítica?

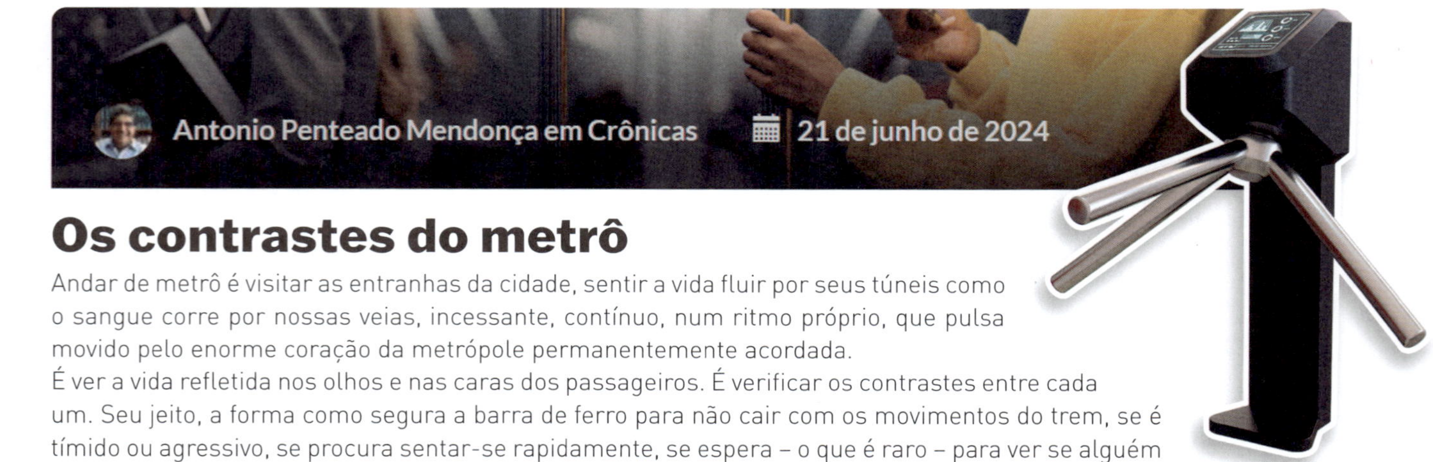

Antonio Penteado Mendonça em Crônicas
21 de junho de 2024

Os contrastes do metrô

Andar de metrô é visitar as entranhas da cidade, sentir a vida fluir por seus túneis como o sangue corre por nossas veias, incessante, contínuo, num ritmo próprio, que pulsa movido pelo enorme coração da metrópole permanentemente acordada.

É ver a vida refletida nos olhos e nas caras dos passageiros. É verificar os contrastes entre cada um. Seu jeito, a forma como segura a barra de ferro para não cair com os movimentos do trem, se é tímido ou agressivo, se procura sentar-se rapidamente, se espera – o que é raro – para ver se alguém mais necessitado quer se sentar no lugar visado.

O metrô mostra um retrato impressionante da vida urbana em suas diferentes formas, em suas diferentes horas. Uma realidade que se impõe clara, melhor ainda quando os trens circulam mais vazios e é possível olhar os passageiros sentados nos bancos, cada um com sua vida, com seus problemas, suas mágoas, suas alegrias.

Debaixo da terra, os trens criam painéis surpreendentes na sua eterna pressa de chegar sabe Deus aonde e por que, carregando gente vinda sabe Deus de onde e por quê?

É um mundo único, interagindo com os outros mundos que vêm a luz do dia e que trabalham sob os raios do sol.

Dentro das estações, iluminadas pelas lâmpadas frias, a vida também acontece normalmente fria, distante como a claridade quando o trem se afasta das plataformas.

Cada um é uma ilha isolada no enorme arquipélago formado pela malha urbana.

Ninguém olha nos olhos de ninguém. É melhor não olhar.

Ninguém procura ninguém, porque também é melhor não procurar.

Cada um cuida do que é seu, circulando pelas plataformas sempre limpas, pelos trens sempre limpos, carregando consigo suas alegrias e suas tristezas, e sua consciência, às vezes, mais suja do que os trens ou as plataformas.

Cada um entra e sai, sem deixar uma marca, exceto um número na catraca.

[Crônica de 30 de setembro de 1999]

Fonte: https://bit.ly/4hISLy6 (Acesso em: 10 set. 2024.)

O sistema de transporte urbano de passageiros sobre trilhos está em apenas 12 das 27 capitais no Brasil. Existem também outros 3 sistemas de VLT (Veículo Leve sobre Trilhos) em cidades do interior. Em São Paulo, está localizada a maior malha, com 377,2 quilômetros e 187 estações somando as linhas de metrô, trens urbanos e monotrilho. O Rio de Janeiro está em 2º lugar, com uma rede integrada de 287,5 quilômetros. No Nordeste, 7 das 9 regiões metropolitanas contam com metrô, mas, na região Sul, só Porto Alegre conta com o modal. No Centro-Oeste, das 4 capitais, apenas Brasília tem linhas para transporte de passageiros por trilhos. Na região Norte, nenhuma.

Extraído de: Roberta Marchesi, ANPTrilhos. Fonte: https://bit.ly/48Ir5Wc (Acesso em: 10 set. 2024. Adaptado.)

8. Realize as atividades e responda às questões.

a. Identifique no texto uma comparação entre o metrô e suas linhas.

b. O autor também usa de uma metáfora (comparação) para descrever os usuários do metrô. A que eles são comparados? Por quê?

c. O texto também expressa um paradoxo. Explique-o.

d. Você acha que o metrô da crônica é diferente de outros metrôs do mundo? Comente.

9. Vamos revisar alguns aspectos gramaticais já estudados. Em dupla, expliquem a diferença de usos das palavras "onde" e "aonde" e das palavras "por que" e "por quê" que aparecem na frase abaixo. O que a expressão "sabe Deus..." expressa?

Debaixo da terra, os trens criam painéis surpreendentes na sua eterna pressa de chegar sabe Deus aonde e por que, carregando gente vinda sabe Deus de onde e por quê?

10. Associe cada tipo de crônica às suas características.

a. Narrativa	( ) Tem como objetivo convencer o leitor de um ponto de vista específico.
b. Descritiva	( ) Expressa sentimento e emoções, além de apresentar linguagem poética.
c. Argumentativa	( ) Tem como objetivo principal provocar o riso.
d. Reflexiva	( ) Conta uma história baseada em fatos do cotidiano.
e. Jornalística	( ) É rica em detalhes para descrever um lugar, um personagem ou uma situação.
f. Humorística	( ) Faz o leitor pensar sobre um assunto ligado ao cotidiano.
g. Lírica	( ) Foca em fatos da realidade com uma visão crítica e analítica de um evento.

Fonte: https://editoraviseu.com/cronica-guia-completo-sobre-o-genero-textual/ (Acesso em: 10 set. 2024.)

11. Existem muitos tipos de crônicas; no entanto, todas partem de elementos comuns e apresentam uma estrutura básica. Leia o texto abaixo e, a partir das orientações, escreva uma crônica para compartilhar com os colegas.

Como estruturar uma crônica

Escrever crônicas começa com uma boa observação do mundo ao seu redor. Separamos aqui algumas dicas que vão facilitar muito o planejamento do seu texto:

1. Preste atenção nos detalhes, nas conversas cotidianas, nos acontecimentos que passam despercebidos. Esses momentos podem se transformar em uma crônica interessante. Quando tiver uma ideia ou uma observação, anote. Essas anotações podem ser o ponto de partida para sua crônica.

2. Escolha um tema que lhe interessa e que você acredita que irá interessar aos leitores. As crônicas, geralmente, se concentram em um único tema ou evento. Pode ser algo que aconteceu com você, uma situação que você observou ou uma reflexão que você gostaria de compartilhar.

3. Se sua crônica envolver personagens, tente desenvolvê-los de forma realista. Mesmo que eles sejam fictícios, eles devem agir e falar como pessoas reais. Pense em suas motivações, seus hábitos, suas características distintivas. Isso ajudará a dar vida aos seus personagens.

4. O cenário é onde a ação da sua crônica acontece. Pode ser um lugar específico, como uma cidade ou uma casa, ou pode ser um ambiente mais amplo, como a sociedade ou o mundo em geral. Descreva o cenário de forma vívida para que os leitores possam visualizá-lo em suas mentes.

5. Uma das características da crônica é a sua linguagem coloquial e acessível. Tente escrever como se estivesse conversando com os leitores. Evite termos técnicos ou acadêmicos, a menos que sejam necessários para o tema da sua crônica.

6. Corrija qualquer erro gramatical ou de digitação que você encontrar.

Extraído de: Editora Viseu. Fonte: https://editoraviseu.com/cronica-guia-completo-sobre-o-genero-textual/ (Acesso em: 10 set. 2024. Adaptado.)

ERA UMA VEZ...

Contar histórias faz parte do cotidiano de todos nós, mas algumas delas, por carregarem características muito marcantes, tornaram-se mais conhecidas e populares. Elas apresentavam um enredo tão fascinante e ao mesmo tempo enxuto que se perpetuaram: ficaram conhecidas como contos.

12. Você sabe como falar "era uma vez" na sua língua? Em qual tipo de texto geralmente você encontra essa expressão?

13. Existem mais de 20 tipos de contos, você sabe dizer qual é seu tipo predileto? Abaixo está representada a divisão clássica da tipologia de contos. Associe adequadamente cada tipo ao seu significado.

a. Conto popular **b.** Conto infantil **c.** Conto galante **d.** Conto-fábula **e.** Conto moral

( ) História moralizante com personagens geralmente representados por animais, ensinando lições universais.

( ) Escrito para crianças, com linguagem acessível e ensinando lições de moral. Às vezes contém elementos fantásticos.

( ) Tem como objetivo ensinar uma lição de caráter ético ou moral, refletindo sobre condutas humanas.

( ) História transmitida oralmente, reflete as tradições e cultura de um povo. Tem caráter folclórico, com elementos mágicos ou sobrenaturais.

( ) Focado em romances e relações amorosas, com tom leve e sentimental.

14. Além dos tipos descritos acima, cite o nome ou descreva outros tipos de contos que você conhece.

A LINGUAGEM NOS TEXTOS NARRATIVOS – PRETÉRITO MAIS-QUE-PERFEITO SIMPLES

Nos textos narrativos clássicos ou contemporâneos a linguagem pode assumir diferentes formas para se adequar ao estilo da escrita do autor ou mesmo se adaptar à linguagem de um período que está sendo narrado. Por isso, algumas expressões clássicas, como "Era uma vez", ou mesmo alguns tempos verbais são privilegiados nas narrativas. O pretérito mais-que-perfeito simples é um deles. A curiosidade sobre esse tempo verbal é que ele quase nunca é usado oralmente no português brasileiro, mas ainda é fortemente presente nos textos literários.

Formação: O pretérito mais-que-perfeito simples é formado a partir da terceira pessoa do plural do pretérito perfeito do indicativo, eliminando-se a terminação -am e adicionando o sufixo adequado: -a/-as/-a/-amos/-eis/-am.

FALAR	ESCREVER	CUMPRIR
Eu falara	Eu escrevera	Eu cumprira
Tu falaras	Tu escreveras	Tu cumpriras
Você/Ele falara	Você/Ele escrevera	Você/Ele cumprira
Nós fal**á**ramos	Nós escrev**ê**ramos	Nós cumpr**í**ramos
Vós fal**á**reis	Vós escrev**ê**reis	Vós cumpr**í**reis
Vocês/Eles falaram	Vocês/Eles escreveram	Vocês/Eles cumpriram

* *Atenção para os acentos que acompanham os verbos na primeira e segunda pessoa do plural, marcando a pronúncia adequada.*

▶ O pretérito mais-que-perfeito é usado para falar de ação pretérita concluída antes de outra ação do passado ter se iniciado.

Exemplo: Quando cheguei à sala, o professor ***já ensinara*** *a lição aos alunos.* = *O professor já* ***tinha ensinado*** *a lição aos alunos quando cheguei à sala.*

▶ Na língua portuguesa, as diferentes formas de pretérito permitem organizar a ordem dos eventos narrados. Identifique a ordem de acontecimento dos eventos nas seguintes frases:

1. Quando cheguei, o professor já ensinara a lição.
2. Quando cheguei, o professor ensinava a lição.
3. Quando cheguei, o professor ensinou a lição.

15. Leia uma parte do conto de Monteiro Lobato e, em dupla, escreva um desfecho para a narrativa. Compartilhem com os colegas.

Herdeiro de si mesmo

1. O povo da cidade de Dois Rios não cessava de comentar a inconcebível "sorte" do coronel Lupércio Moura, o grande milionário local. Um homem que saíra do nada. Que começara modesto menino de escritório dos que mal ganham para os sapatos, mas cuja vida, dura até os trinta e seis anos, fora daí por diante a mais espantosa subida pela escada do Dinheiro, a ponto de aos sessenta ver-se montado numa hipopotâmica fortuna de sessenta mil contos de réis.
2. Não houve o que Lupércio não conseguisse da Sorte – até o posto de coronel, apesar de já extinta a pitoresca instituição dos coronéis. A nossa velha Guarda Nacional era uma milícia meramente decorativa, com os galões de capitão, major e coronel reservados para coroamento das vidas felizes em negócios. Em todas as cidades havia sempre um coronel: o homem de mais posses. Quando Lupércio chegou aos vinte mil contos, a gente de Dois Rios sentiu-se acanhada de tratá-lo apenas de "senhor Lupércio". Era pouquíssimo. Era absurdo que um detentor de tanto dinheiro ainda se conservasse "soldado raso" – e por consenso unânime promoveram-no, com muita justiça, a coronel, o posto mais alto da extinta milícia.
3. Criaturas há que nascem com misteriosa aptidão para monopolizar dinheiro. Lembram ímãs humanos. Atraem a moeda com a mesma inexplicável força com que o ímã atrai a limalha. Lupércio tomara-se ímã. O dinheiro procurava-o de todos os lados, e uma vez aderido não o largava mais. Toda gente faz negócios em que ora ganha, ora perde. Ficam ricos os que ganham mais do que perdem e empobrecem os que perdem mais do que ganham. Mas caso de homens de mil negócios sem uma só falha, existia no mundo apenas um – o do coronel Lupércio.
4. Até aos trinta e seis anos ganhou dinheiro de modo normal, e conservou-o à força da mais acirrada economia. Juntou um pecúlio de quarenta e cinco contos e quinhentos mil-réis como o juntam todos os forretas. Foi por essas alturas que sua vida mudou. A Sorte "encostou-se" nele, dizia o povo. Houve aquela tacada inicial de Santos e a partir daí todos os seus negócios foram tacadas prodigiosas. Evidentemente, uma Força Misteriosa passara a protegê-lo.
5. Que tacada inicial fora essa? Vale a pena recordá-la.
6. Certo dia, inopinadamente, Lupércio apareceu com a ideia, absurda para o seu caráter, de uma estação de veraneio em Santos. Todo mundo se espantou. Pensar em veraneio, em flanar, botar dinheiro fora, aquela criatura que nem sequer fumava para economia dos níqueis que custam os maços de cigarros? E quando o interpelaram, deu uma resposta esquisita:
7. – Não sei. Uma coisa me empurra para lá...
8. Lupércio foi para Santos. Arrastado, sim, mas foi. E lá se hospedou no hotelzinho mais barato, sempre atento a uma só coisa: o saldo que lhe ficaria dos quinhentos mil-réis que destinara à "maluquice". Nem banhos de mar tomou, apesar da grande vontade, para economia dos vinte mil-réis da roupa de banho. Contentava-se com ver o mar.
9. Que enlevo de alma lhe vinha da imensidão líquida, eternamente a aflar em ondas e a refletir os tons do céu! Lupércio extasiava-se diante de tamanha beleza. "Quanto sal! Quantos milhões de milhões de toneladas de sal!", dizia lá consigo – e seus olhos em êxtase ficavam a ver pilhas imensas de sacas de sal amontoadas por toda a extensão das praias.
10. Também gostava de assistir à puxada das redes dos pescadores, enlevando-se no cálculo do valor da massa de peixes recolhida. Seu cérebro era a mais perfeita máquina de calcular que o mundo ainda produzira.
11. Num desses passeios afastou-se mais que de costume e foi ter à Praia Grande. Um enorme trambolho ferrugento semienterrado na areia chamou-lhe a atenção.
12. – Que é aquilo? – indagou dum passante.

13. Soube tratar-se dum cargueiro inglês que vinte anos antes dera à costa naquele ponto. Uma tempestade arremessara-o à praia onde encalhara e ficara a afundar-se lentissimamente. No começo o grande casco aparecia quase todo de fora – "mas ainda acaba engolido pela areia", concluiu o informante.

14. Certas criaturas nunca sabem o que fazem nem o que são, nem o que as leva a isto e não aquilo. Lupércio era assim. Ou andava assim agora, depois do "encostamento" da Força. Essa Força o puxava às vezes como o cabreiro puxa para a feira um cabrito – arrastando-o. Lupércio veio para Santos arrastado. Chegara até aquele casco arrastado – e era a contragosto que permanecia diante dele, porque o sol estava terrível e Lupércio detestava o calor. Travava-se dentro dele uma luta. A Força obrigava-o a atentar no casco, a calcular o volume daquela massa de ferro, o número de quilos, o valor do metal, o custo do desmantelamento – mas Lupércio resistia. Queria sombra, queria escapar ao calor terrível. Por fim venceu. Não calculou coisa nenhuma – e fez-se de volta para o hotelzinho com cara de quem brigou com a namorada – evidentemente amuado.

15. Nessa noite todos os seus sonhos giraram em torno do casco velho. A Força insistia para que ele calculasse a ferralha, mas mesmo em sonhos Lupércio resistia, alegava o calor reinante – e os pernilongos. Oh, como havia pernilongos em Santos! Como calcular qualquer coisa com o termômetro perto de quarenta graus e aquela infernal música anofélica? Lupércio amanheceu de mau humor, amuado. Amuado com a Força.

16. Foi quando ocorreu o caso mais inexplicável de sua vida: o casual encontro de um corretor de negócios que o seduziu de maneira estranha. Começaram a conversar bobagens e gostaram-se. Almoçaram juntos. Encontraram-se de novo à tarde para o jantar. Jantaram juntos e depois... a farrinha!

17. A princípio a ideia de farra tinha assustado Lupércio. Significava desperdício de dinheiro – um absurdo. Mas como o homem lhe pagara o almoço e o jantar, era bem possível que também custeasse a farrinha. Essa hipótese fez que Lupércio não repelisse de pronto o convite, e o corretor, como se lhe adivinhasse o pensamento, acudiu logo:

18. – Não pense em despesas. Estou cheio de "massa". Com o negocião que fiz ontem, posso torrar um conto sem que meu bolso dê por isso.

19. A farra acabou diante de uma garrafa de uísque, bebida cara que só naquele momento Lupércio veio a conhecer. Uma, duas, três doses. Qualquer coisa levitante começou a desabrochar dentro dele. Riu-se à larga. Contou casos cômicos. Referiu cem fatos de sua vida e depois, oh, oh, oh, falou em dinheiro e confessou quantos contos possuía no banco!

20. – Pois é! Quarenta e cinco contos – ali na batata!

21. O corretor passou o lenço pela testa suada. Uf! Até que enfim descobrira o peso metálico daquele homem. A confissão dos quarenta e cinco contos era algo absolutamente aberrante na psicologia de Lupércio. Artes do uísque, porque em estado "normal" ninguém nunca lhe arrancaria semelhante confissão. Um dos seus princípios instintivos era não deixar que ninguém lhe conhecesse "ao certo" o valor monetário. Habilmente despistava os curiosos, dando a uns a impressão de possuir mais, e a outros a de possuir menos, ao que realmente possuía. Mas "in whiskey veritas", diz o latim – e ele estava com quatro boas doses no sangue.

22. O que se passou dali até a madrugada Lupércio nunca o soube com clareza. Vagamente se lembrava de um estranhíssimo negócio em que entravam o velho casco do cargueiro inglês e uma companhia de seguros marítimos.

23. Ao despertar no dia seguinte, ao meio-dia, numa ressaca horrorosa, tentou reconstruir o embrulho da véspera. A princípio, nada; tudo confusão. De repente, empalideceu. Sua memória começava a abrir-se.

24. – Será possível?

25. Fora possível, sim. O corretor havia "roubado" os seus quarenta e cinco contos! Como? Vendendo-lhe o ferro-velho. Esse corretor era agente da companhia que pagara o seguro do cargueiro naufragado e ficara dona do casco. Havia muitos anos que recebera a incumbência de apurar qualquer coisa daquilo – mas nunca obtivera nada, nem cinco, nem três, nem dois contos – e agora o vendera àquele imbecil por quarenta e cinco!

26. A entrada triunfal do corretor no escritório da companhia, vibrando no ar o cheque! Os abraços, os parabéns dos companheiros tomados de inveja...

27. O diretor da sucursal fê-lo vir ao escritório.

28. – Quero que receba o meu abraço – disse-lhe. – A sua façanha vem pô-lo no primeiro lugar entre os nossos agentes. O senhor acaba de tornar-se a grande estrela da Companhia.

29. Enquanto isso, lá no hotelzinho, Lupércio amarfanhava o travesseiro desesperadamente. Pensou na polícia. Pensou em contratar o melhor advogado de Santos. Pensou em dar tiro – um tiro na barriga do infame ladrão; na barriga, sim, por causa da peritonite. Mas nada pôde fazer. A Força lá dentro o inibia. Impedia-o de agir neste ou naquele sentido. Forçava-o a esperar.

30. – Mas esperar que coisa?

(continua...)

Extraído de: Portal do Conto Brasileiro. Fonte: https://bit.ly/3YEt6cU (Acesso em: 27 set. 2024. Adaptado.)

16. Após a leitura e discussão dos desfechos escritos, elejam o desfecho mais criativo da turma.

17. Dê a sua opinião sobre o conto e explique-a para a turma.

18. Qual título você e sua dupla atribuiriam ao texto, considerando o desfecho escolhido por vocês?

19. Em grupo, leiam o final do conto de Monteiro Lobato, disponível na plataforma digital, descubram o desfecho escolhido pelo autor e expliquem o título do texto.

Para redigir um conto

O conto é um gênero literário caracterizado por sua narrativa curta e concisa, mas cheia de detalhes que prendem o leitor na expectativa de descobrir o final. Os principais elementos que compõem a estrutura de um conto são:

1. A introdução: É o início da história, em que são apresentados os personagens principais, o cenário e a situação inicial. A introdução deve captar a atenção do leitor rapidamente, já que o conto é uma narrativa breve.

2. O desenvolvimento: Nessa parte, a trama começa a se desenrolar. Os conflitos ou problemas enfrentados pelos personagens são introduzidos e desenvolvidos. O desenvolvimento é crucial para manter o interesse do leitor e construir a tensão narrativa.

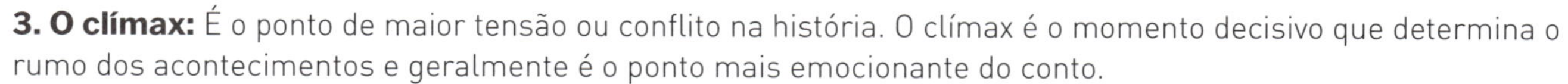

3. O clímax: É o ponto de maior tensão ou conflito na história. O clímax é o momento decisivo que determina o rumo dos acontecimentos e geralmente é o ponto mais emocionante do conto.

4. O desfecho: Também conhecido como conclusão, é a parte na qual os conflitos são resolvidos e a história é encerrada. O desfecho pode ser surpreendente, aberto ou fechado, dependendo do estilo do autor e do efeito desejado.

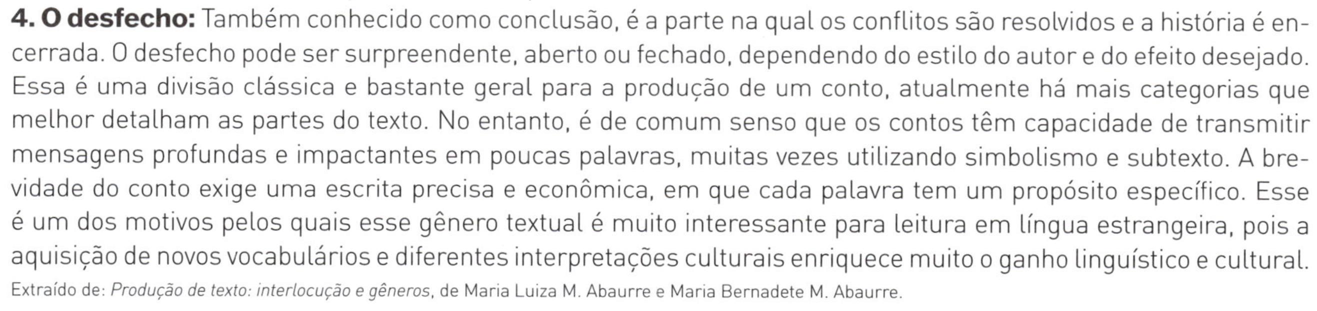

Essa é uma divisão clássica e bastante geral para a produção de um conto, atualmente há mais categorias que melhor detalham as partes do texto. No entanto, é de comum senso que os contos têm capacidade de transmitir mensagens profundas e impactantes em poucas palavras, muitas vezes utilizando simbolismo e subtexto. A brevidade do conto exige uma escrita precisa e econômica, em que cada palavra tem um propósito específico. Esse é um dos motivos pelos quais esse gênero textual é muito interessante para leitura em língua estrangeira, pois a aquisição de novos vocabulários e diferentes interpretações culturais enriquece muito o ganho linguístico e cultural.

Extraído de: *Produção de texto: interlocução e gêneros*, de Maria Luiza M. Abaurre e Maria Bernadete M. Abaurre.

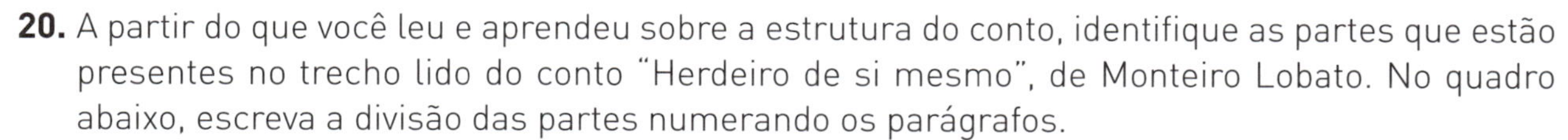

20. A partir do que você leu e aprendeu sobre a estrutura do conto, identifique as partes que estão presentes no trecho lido do conto "Herdeiro de si mesmo", de Monteiro Lobato. No quadro abaixo, escreva a divisão das partes numerando os parágrafos.

	PARÁGRAFOS
Introdução	
Desenvolvimento	
Clímax	
Desfecho	*93 a 95*

Monteiro Lobato, nascido em 18 de abril de 1882 em Taubaté, São Paulo, foi um dos mais influentes escritores brasileiros, conhecido por sua contribuição à literatura infantil. Formado em Direito, Lobato trabalhou como promotor, mas sua paixão pela escrita o levou a fundar a Editora Monteiro Lobato & Cia. Sua obra mais famosa, a série O Sítio do Picapau Amarelo, encantou gerações com personagens icônicos, como Emília e Visconde de Sabugosa. Além de escritor, foi um crítico social e defensor da industrialização no Brasil. Lobato faleceu em 4 de julho de 1948, deixando um legado literário duradouro.

Extraído de: Wikipédia. Fonte: https://bit.ly/4emAUo4 (Acesso em: 05 nov. 2024.)

DE RIMA EM RIMA

A repetição de sons semelhantes ao final de palavras ou sílabas chama-se rima. Trata-se de um recurso muito utilizado na poesia e, especialmente, na literatura de cordel. Esse recurso linguístico traz sonoridade, ritmo e musicalidade ao texto, além de facilitar a sua memorização.

21. Escute o cordel, tente identificar qual história é narrada e responda.

a. Quem são os personagens principais?

b. Qual a origem dessa história? Quem a registrou primeiramente?

c. Extraia do cordel cinco palavras que formam rima.

d. Assista agora ao vídeo do cordel e verifique suas respostas.

Extraído de: Mundo Cultura. Fonte: https://bit.ly/3YnF8pF (Acesso em: 19 set. 2024.)

22. Leia o texto abaixo e descubra um pouco mais do turismo e da cultura nordestina por meio da literatura de cordel.

gov.br | Governo Federal | Órgãos do Governo | Acesso à Informação | Legislação | Acessibilidade | Entrar com gov.br

Assuntos > Notícias > Turismo literário na rota do cordel

DATA COMEMORATIVA

Turismo literário na rota do cordel

O Ministério do Turismo homenageia, no dia 20 de outubro, os poetas de todo o país por meio de um roteiro voltado à literatura de cordel. Considerado Patrimônio Cultural Imaterial do Brasil, o cordel é uma manifestação artística que tem como principais características a oralidade, a rima e a presença de elementos da cultura brasileira. Ele informa, emociona e diverte os leitores em formato de "folhetos", que são pequenos livros com capas de xilogravura, vendidos pendurados em barbantes ou cordas (de onde vem a origem do seu nome). No Brasil, o cordel nasceu na região Nordeste, mas esse legado foi trazido pelos colonizadores de Portugal. O tempo passou, e o estilo centenário tomou conta do país, sendo hoje uma ferramenta para promover, inclusive, o turismo, pois o Brasil possui cidades que mantém a cultura do cordel e são visitadas pelos amantes dessa arte. Prepare as malas e embarque em uma viagem no mundo da literatura regional:

PERNAMBUCO – O estado, sem dúvida, deve estar no topo da lista de quem ama cordel. É em Pernambuco que está localizado o Sertão do Pajeú, uma região que conta com 17 municípios e é considerada a "terra da poesia". As cidades "respiram" a cultura do cordel, do repente e das cantorias de viola e trazem diversidade de formas e formatos para narrar o legado dessa arte regional.

Entre os principais atrativos está a Rota dos Poetas e Cantadores, que fica em Afogados da Ingazeira, centro de cantadores de viola e do estilo literário. A Feira de Caruaru é sede do Museu do Cordel, inaugurado em 1999 e composto por títulos originais, entre outras preciosidades, como tipografias e xilogravuras. Além disso, no trajeto até Caruaru, o turista pode fazer uma pausa em Bezerros, cidade com grande concentração de xilógrafos: artesãos responsáveis pela produção das figuras talhadas em madeira que ilustram os temas dos folhetos de cordel.

SERGIPE – A capital sergipana, Aracaju, é outro destino que precisa estar no roteiro dos amantes de cordel. Basta caminhar pela cidade e ir observando os espaços e mercados públicos que mergulham no mundo dessa poesia regional. O estilo literário é tão difundido na cidade que está estampado em universidades, feiras livres e praças. Além da capital, o município de São Cristóvão, Patrimônio Cultural da Humanidade reconhecido pela Unesco, também é outro centro de produção da arte de cordel que pode ser visitado pelos turistas.

RIO GRANDE DO NORTE – Em Mossoró, a Estação das Artes Elizeu Ventania tem em si o cordel estampado, onde o viajante vai encontrar obras e toda a história de vida do violeiro potiguar. Na

Fonte: https://bit.ly/40tDrcK (Acesso em: 17 set. 2024. Adaptado.)

XILOGRAVURA é uma técnica de arte que consiste em gravar imagens em madeira, utilizando-a como matriz para reproduzir a imagem em outros suportes, como o papel.

região, é possível reviver memórias intrínsecas ao cordel. A bravura dos mossoroenses é um dos temas recorrentes dos cordelistas, com destaque para os personagens de Lampião e Maria Bonita, Padre Cícero e Frei Damião.

ALÉM DO NORDESTE – Quem disse que o cordel só pode ser encontrado no Nordeste? É claro que o berço da tradição ficou para a região mais acima do mapa do Brasil, mas isso não quer dizer que o turista não vai encontrar a difusão desse gênero em outras localidades. O cordel é tão expressivo para o povo brasileiro que pode ser visto em várias partes do Brasil, como na Casa do Cantador, no Distrito Federal; na feira de São Cristóvão e na sede da Academia Brasileira de Literatura de Cordel, no Rio de Janeiro; e no Centro de Tradições Nordestinas, em São Paulo.

Esses espaços estão de braços abertos para receber os turistas em diferentes épocas do ano e contam com vários atrativos voltados à cultura do cordel e do Nordeste. Além disso, os locais concentram poetas, declamadores, editores, ilustradores (desenhistas, artistas plásticos, xilogravadores) e folheteiros (vendedores de cordel), que formam uma cadeia de economia colaborativa integrada ao turismo.

23. Responda oralmente às questões.

a. A partir da leitura do texto, como você imagina que seja um cordel? Descreva-o.

b. Existe algum tipo de literatura que seja representativa do seu país de origem?

24. Assista à reportagem "J. Borges – xilogravura e literatura de cordel" e responda às questões.

a. Segundo a reportagem, qual era a profissão de J. Borges?

b. Quais fatores favoreceram a difusão do cordel no Nordeste?

c. Por que essa literatura foi tão valorizada pelos nordestinos?

d. Segundo J. Borges, por que a ilustração é importante no cordel?

e. Além dos cordéis, a quais outros trabalhos J. Borges se dedicava?

Fonte: https://bit.ly/3TaS52N (Acesso em: 19 set. 2024.)

25. Com a ajuda de suas ferramentas digitais, descubra as informações abaixo.

a. Qual a diferença entre xilografia, xilógrafo e xilogravura?

b. Quais nomes a pessoa que se dedica a essa arte pode receber?

c. Descubra o que é "gibão de couro", "viola", "charque", "cuscuzeira", "sanfona" e "casa de taipa".

A língua portuguesa possui uma relevante variedade de dialetos, muitos deles com uma acentuada diferença de vocabulário em relação ao português padrão – o que acontece especialmente no Brasil entre os países que falam português. Tais diferenças, entretanto, geralmente não prejudicam a inteligibilidade entre os locutores de diferentes dialetos. No Brasil, o dialeto do Rio de Janeiro e o de São Paulo são dominantes nos meios de comunicação. Extraído de: The Fools. Fonte: https://bit.ly/4fheoOn (Acesso em: 19 set. 2024. Adaptado.)

26. No dia 8 de outubro é comemorado o dia do nordestino. Assista duas vezes ao vídeo de um causo de cordel intitulado "O sumiço do Nordeste" e tente compreender a história narrada em dialeto nordestino. Em seguida, compartilhe com a turma o que você conseguiu compreender sobre a narrativa. Fonte: https://bit.ly/4hiMO5a (Acesso em: 19 set. 2024.)

LEIO, LOGO ENTENDO

Marcel Proust disse que "A verdadeira viagem da descoberta não consiste em procurar novas paisagens, mas em ter novos olhos". Na leitura do próximo texto vamos exercitar olhos diversos para descobrir o que ganhamos quando direcionamos nossos olhares antes de ler.

27. Vamos fazer uma dinâmica de leitura. A turma deve ser dividida em grupos para ler o texto interpretando os diferentes papéis listados, destacando as informações mais importantes segundo seus objetivos:

a. Grupo A: vocês são estudantes e devem ler o texto com muita atenção.

b. Grupo B: vocês são ladrões e pretendem assaltar o local.

c. Grupo C: vocês são pessoas *fitness* e estão preocupados com a qualidade do que comem.

d. Grupo D: vocês estão desempregados e estão buscando um trabalho.

CENA: *Uma confeitaria de luxo, com mesas de mármore e decoração elegante. Marcos, funcionário da casa, está em sua pausa e recebe João, um amigo de longa data que veio tomar um café. Eles se sentam em uma mesa discreta, no canto.*

JOÃO: Cara, que lugar chique! Nem parece o tipo de confeitaria que a gente frequentava antigamente. Como você conseguiu parar aqui?

MARCOS: Pois é, a vida dá umas voltas. Consegui uma vaga aqui há uns meses. Precisava de algo rápido e surgiu uma vaga no caixa. Não é fácil, mas paga bem. E você, o que anda fazendo?

JOÃO (suspirando): Tô na correria, procurando algo. A situação não tá fácil. Na verdade, vim ver se você sabe de alguma oportunidade.

MARCOS (tomando café): Tem oportunidade, sim. A confeitaria é bem movimentada, mas trabalhar aqui não é moleza.

JOÃO: Sério? Achei que seria tranquilo com todo esse luxo.

MARCOS: Luxo tem, mas, no fim do dia, isso significa mais responsabilidade. Eles só trabalham com dinheiro vivo, não aceitam cartão. Os clientes já estão acostumados e trazem notas altas. O caixa sempre termina cheio de grana, e fechá-lo à mão demora. O gerente supervisiona tudo e todos o tempo todo, é muito cri-cri. O dinheiro fica no cofre dos fundos até o segurança vir buscar, mas às vezes ele atrasa, e o dinheiro fica aqui a noite toda. Nos fins de semana, o cofre lota. A gente vive com medo dos oportunistas descobrirem esse sistema. Achamos bem arriscado.

JOÃO (curioso): Nossa! Que situação, hein?! Mas e na parte da cozinha? Como é a procedência dos alimentos? Tudo orgânico? O pessoal tem "a manha"? *(Ele ri.)*

MARCOS: Os chefs são gente boa, gente que trabalha duro, mas de origem simples como a gente. Nem sempre os ingredientes são 100% top. A linha tradicional, por exemplo, é feita com ingredientes mais baratos, porque o açúcar acaba mascarando muita coisa. Já a linha *fitness* tem uma seleção mais rigorosa. Usam farinhas de sementes, açúcares naturais e produtos orgânicos. Alguns ingredientes vêm até de fora do país.

JOÃO: Nunca dá para ser 100%, não é? *(Ele ri, debochando.)* Mas pelo menos aqui é limpinho. Certo?

MARCOS: Sim, mas não dá pra esperar que tudo seja impecável. Na linha *fitness*, o controle é mais rígido, na tradicional mais ou menos, e bom... fazemos o possível para a limpeza, mas loja de comida no centro sempre tem acidentes com baratas. *(Ele balança a cabeça com certa vergonha e desaprovação.)*

JOÃO (com nojo): Egggrrr, que tenso. Odeio esses insetos! Mas me diz: como é a rotina aqui?

MARCOS: É intensa. A confeitaria abre cedo e o movimento é forte o dia todo. O pessoal do salão não para, e o caixa tem que ser rápido. O pessoal da cozinha corre o tempo inteiro para manter o estoque de doces e salgados.

Os turnos são de seis a oito horas, às vezes com horas extras, principalmente nos fins de semana. E, dependendo do cliente, tem que ter paciência. O trabalho é duro, mas o salário compensa e os clientes dão boas gorjetas.

JOÃO (sorrindo): Bom saber... Quem sabe eu não arrumo uma vaga aqui? Você pode me dar uma força?

MARCOS (pegando o currículo de João): Vou passar seu currículo pro RH. Vamos ver no que dá. A gente se fala. Minha pausa acabou.

JOÃO: Fechou, obrigado! Até mais.

(Os dois se despedem, e Marcos volta ao trabalho.)

28. Discuta com a turma como seu objetivo de leitura influenciou seu olhar para a leitura.

JULGANDO O LIVRO PELA CAPA

29. Veja os títulos abaixo, tente adivinhar a que gênero pertence cada um. Em seguida, escolha um livro para presentear um colega e justifique sua escolha.

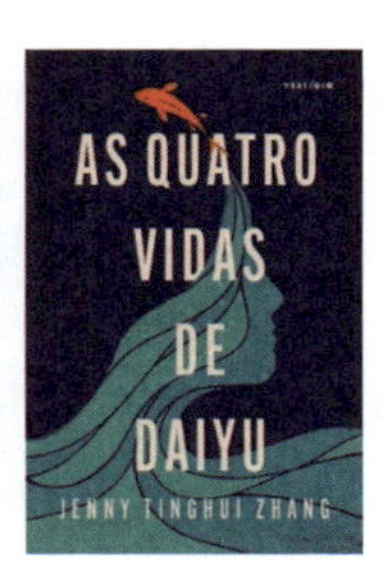

▶ Agora, pesquisem os livros para descobrir o gênero e o tema. Verifiquem quantos palpites a turma acertou e diga qual livro realmente escolheria para ler.

ESTRATÉGIAS PARA LER EM LÍNGUA ESTRANGEIRA

"Todo texto quer que alguém o ajude a funcionar." *Umberto Eco*

Ler é construir sentidos. Se os sentidos de um texto devem ser construídos é porque o autor não os entregou totalmente explícitos. Sendo assim, a construção desses sentidos depende da interação com o leitor, isto é, da interação com seu conhecimento de mundo, com sua cultura e de seus valores, além de seu conhecimento linguístico. Por meio das atividades 27 e 28, pudemos observar que os objetivos da leitura também direcionam nosso olhar sobre o que é significativo no texto. Ao longo deste livro descobrimos que ler é mais do que compreender cada palavra. Seguem abaixo algumas estratégias para ajudar você na continuação do desenvolvimento da leitura em língua estrangeira:

- Não se prenda apenas às palavras, mas sim ao contexto geral.
- Analise as informações não verbais, o título, o subtítulo, a fonte e a data da publicação.
- Procure em uma primeira leitura compreender qual é o assunto geral do texto.
- Pense sobre o assunto que será tratado e formule algumas hipóteses sobre seu conteúdo e seu vocabulário.
- Identifique as palavras repetidas, as palavras-chave e cognatas. O significado de muitas palavras pode ser inferido pelo contexto. Não tenha preguiça de pesquisar o significado das outras palavras que você não conhece. Esteja atento às pistas.
- Adapte o ritmo da leitura ao tipo de texto e aos seus objetivos (compreensão geral ou detalhada, por exemplo). Muitas informações que lhe interessam podem ser acessadas sem ler o texto todo em detalhes.
- Esteja atento à cronologia dos eventos citados no texto, principalmente no texto narrativo, o que significa estar atento aos tempos verbais e marcadores temporais. No texto dissertativo-argumentativo, esteja muito atento aos conectores (conjunções).
- Não tenha ansiedade nem pressa para compreender um texto. Não se apoie excessivamente em seu conhecimento do assunto e em suas hipóteses tentando dar rapidamente qualquer sentido ao texto, esteja atento ao que realmente está escrito. Não julgue o livro pela capa. Leia.

Extraído de: O processo de leitura em língua estrangeira, de Brigitte Hervot e Mariangela Braga Norte. In: *Nuances: estudos sobre Educação*, São Paulo, v. 3, p. 58-61, set. 1997.

FERNANDO PESSOA: O "EU" QUE ESCREVE É UM OUTRO

Fernando Pessoa (1888-1935) foi um dos mais importantes poetas da língua portuguesa e figura central do Modernismo português. Poeta lírico e nacionalista, cultivou uma poesia voltada aos temas tradicionais de Portugal e ao seu lirismo saudosista, que expressa reflexões sobre seu "eu profundo", suas inquietações, sua solidão e seu tédio.

Fernando Pessoa foi vários poetas ao mesmo tempo, criou heterônimos – poetas com personalidades próprias que escreveram sua poesia; e, com eles, procurou detectar, sob vários ângulos, os dramas do homem de seu tempo. Tendo sido "plural", como se definiu, criou personalidades próprias para os vários poetas que conviveram nele.

Cada um tem sua biografia e traços diferentes de personalidade. Os poetas não são pseudônimos, e sim *heterônimos*, isto é, indivíduos diferentes, cada qual com seu mundo próprio representando o que angustiava ou encantava seu autor. Entre seus principais heterônimos, destacam-se: Álvaro de Campos (o poeta da vida moderna), Alberto Caeiro (o poeta da natureza) e Ricardo Reis (o poeta erudito). O poema "Autopsicografia" foi assinado por Fernando Pessoa, ele mesmo.

Autopsicografia

O poeta é um fingidor.
Finge tão completamente
Que chega a fingir que é dor
A dor que deveras sente.

E os que leem o que escreve,
Na dor lida sentem bem,
Não as duas que ele teve,
Mas só a que eles não têm.

E assim nas calhas de roda
Gira, a entreter a razão,
Esse comboio de corda
Que se chama coração.

Extraído de: Dilva Frazão e Rebeca Fuks, eBiografia. Fontes: https://bit.ly/4fjSB80 e https://bit.ly/48r5kEv (Acesso em: 09 out. 2024. Adaptado.)

VAMOS ESCREVER UM CORDEL

A turma deve se organizar em duplas. Primeiramente, cada dupla deve escolher um título que direcione o tema de seu cordel. Em seguida, devem escrever oito estrofes de quatro versos rimados. O tempo para a atividade será determinado pelo professor. Todos os cordéis serão lidos. Ganha a dupla que escrever o melhor cordel nos quesitos: originalidade, rimas, desenvolvimento e finalização.

▶ Consoantes mudas são aquelas que não são seguidas por uma vogal. Tente ler as palavras abaixo e depois escute a pronúncia. Repita as palavras e verifique o que há em comum na forma como são pronunciadas. Em seguida, sabendo que consoantes sozinhas não formam sílabas, tente separar as sílabas de cada palavra.

a. Cacto
b. Psicólogo
c. Helicóptero
d. Naftalina
e. Dicção
f. Subtrair
g. Atmosfera
h. Pigmento
i. Técnico
j. Substantivo
k. Objetivo
l. Adquirir
m. Opção
n. Enigma
o. Gnomo
p. Pneumonia

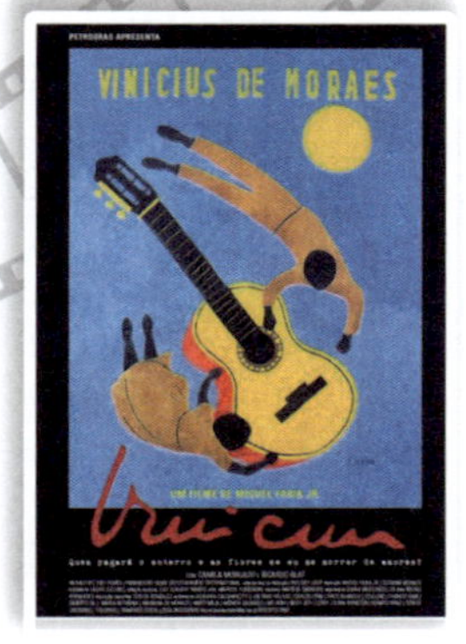

Extraído de: InterFilmes.
Fonte: https://bit.ly/4fc9rpW
(Acesso em: 10 out. 2024.)

▶ VINÍCIUS

2005 . DOCUMENTÁRIO/DRAMA/MUSICAL . 2H01

A montagem de um pocket show em homenagem a Vinicius de Moraes por dois atores (Camila Morgado e Ricardo Blat) é o ponto de partida para a reconstituição de sua trajetória. O documentário mostra a vida, a obra, a família, os amigos, os amores de Vinicius de Moraes, autor de centenas de poesias e letras de música. A essência criativa do artista e filósofo do cotidiano e as transformações do Rio de Janeiro através de raras imagens de arquivo, entrevistas e interpretações de muitos de seus clássicos.

DATA DE LANÇAMENTO: 11 de novembro de 2005 (Brasil)
DIREÇÃO: Miguel Faria Jr.
MÚSICA: Luiz Cláudio Ramos
ELENCO: Gilberto Gil, Ricardo Blat, Camila Morgado

VERSOS LIVRES

GÊNEROS LITERÁRIOS

- Ficção
- Biografia e autobiografia
- Romance
- Conto
- Poesia
- Prosa
- Aventura
- Policial
- Fantasia
- Terror
- Infantojuvenil
- Gibis ou história em quadrinhos
- Autoajuda
- Livro didático
- True crime
- Livros infantis
- Crônicas
- Humor

PERSONAGENS

- O(A) protagonista
- O(A) antagonista
- O vilão/a vilã
- O(A) mocinho(a)
- A donzela
- O herói/a heroína
- O anti-herói
- Os coadjuvantes
- Os confidentes
- O falso herói
- O(A) trapaceiro(a)
- O(A) malandro(a)

TIPOS DE CRÔNICA

- Narrativa
- Descritiva
- Argumentativa
- Lírica
- Jornalística
- Humorística, etc.

POESIA

- Verso
- Estrofe
- Rima
- Ritmo
- Metáfora
- Comparação
- Analogia
- Símbolo
- Reflexão
- Subjetividade

TIPOS DE CONTO

- Fantástico
- De fadas
- De terror
- Moral
- De aventura
- De ficção científica
- Galante
- Realista
- Infantil
- Fábula, etc.

CONTOS

- Introdução
- Desenvolvimento
- Clímax
- Desfecho
- Personagens
- Conflito
- Enredo

CRÔNICA

- O fato cotidiano
- A temática de reflexão
- Construção do cenário e personagens
- Adequação do estilo de escrita
- Adequação linguística
- Observação do cotidiano
- Temporalidade
- Ponto de reflexão
- Subjetividade do autor

CORDEL

- Versos: com métrica e rima.
- Tema: cultura popular, vilões e heróis.
- Estilo narrativo: oralidade, humor e ironia.
- Estrutura: folhetos ou versos.
- Ilustração: xilogravura.
- Preserva a tradição, tem papel educador e conscientizador, e é uma arte popular.

▶ Você vai ler o texto de Luis Fernando Verissimo para fazer a tarefa IV da prova de 2005/2 do exame Celpe-Bras: Imagine que você seja um dos personagens da crônica a seguir, publicada no caderno "Donna" do jornal *Zero Hora*. Escreva um outro **texto** para ser publicado no mesmo caderno, **narrando** a sua versão dos acontecimentos e **posicionando-se** a respeito deles.

Edição 2005/2 Celpe-Bras inep

Verissimo

Não era um casamento. Nada, na verdade, iria mudar. Assinariam um papel, só isso. Seria um contrato como qualquer outro.

Mais histórias de verão

Já estavam vivendo juntos há alguns anos e decidiram regularizar, de alguma maneira, a situação. Uma formalidade, apenas. Um amigo advogado, um tabelião, duas assinaturas e pronto. Se ela quisesse, poderiam ter algum tipo de cerimônia. Parentes, champanha, talvez uns canapés? Não, que bobagem. Não era um casamento. Nada, na verdade, iria mudar. Assinariam um papel, só isso. Seria um contrato como qualquer outro, como um contrato para dedetizar a casa. Para que sua união significasse um pouco mais do que apenas viverem juntos.

Mas, no caminho do escritório do advogado ela confessou que estava nervosa. Por que nervosa?

– Sei lá – disse ela.

E disse:

– Isto está ficando muito sério.

Ele parou o carro e disse:

– Se você não quer, a gente não faz. Esquece a ideia.

– Não, não. É que... – diz ela.

Ela não sabia o que era. Saiu do carro. Ele também saiu e a abraçou. Estavam na beira de um terreno vazio. Um areal. Ele disse:

– Seria apenas uma formalidade. Mas se você não quer...

Ela:

– Você acha que precisa?

– Claro que não precisa!

Ele olhou em volta. A poucos passos deles, um cano enferrujado com uma torneira em cima saía de dentro da terra. O chão em torno do cano estava seco.

– Vamos fazer o seguinte – disse ele.

– Vamos ver se sai água dessa torneira. Se sair...

Milagre. Saía água da torneira. Ele propôs que os dois molhassem as mãos na água, depois juntassem suas mãos molhadas e jurassem que se amariam para sempre. Pra que advogado, tabelião, contrato?

Sua união não precisaria de mais significado do que aquilo. Estaria abençoada por aquela água milagrosa vinda ninguém sabia de onde, por aquela solenidade secreta que os dois nunca esqueceriam.

– Venha – disse ele – molhe as suas mãos.

Mas ela estava de olhos arregalados, paralisada. Aquela água jorrando daquele cano esquisito, vinda ninguém sabia de onde. Aquele areal no meio da cidade. Por que tinham parado logo ali? E era impressão dela ou todo o ruído do trânsito em volta cessara, como se o mundo inteiro esperasse para ouvir seu juramento? Fosse qual fosse o significado de tudo aquilo, era significado demais.

– Eu, hein? – disse ela.

E depois:

– Agora é que ficou sério!

Não adiantou ele insistir. Ela pediu um tempo sozinha para pensar na relação e não tem atendido o telefone.

ZERO HORA, 9 de janeiro de 2005

Enunciador e interlocutor	Propósito	Informações	Coesão e coerência	Léxico e gramática

▶ **COMENTÁRIO DO PROFESSOR/CORRETOR:**

▶ **NOTA FINAL:**

▶ Você vai apresentar um podcast literário, fazendo a leitura de uma crônica autoral. Seja criativo em seu podcast de duração mínima de um minuto e meio e máxima de três minutos, incluindo vinheta e/ou apresentação. Seu episódio deve ser gravado e enviado para seu professor no formato de mídia acordado entre a turma. Sugerimos o seguinte roteiro para se inspirar:

1. Apresente-se (nome, nacionalidade).
2. Resuma seu conteúdo (fale que este é um podcast literário e que você vai ler uma crônica autoral: revele o título da crônica).
3. Leia seu texto com expressividade adequada ao tipo de crônica escrita (talvez possa acrescentar fundo musical).
4. Agradeça à audiência e se despeça.

BOM TRABALHO!

EXERCÍCIOS UNIDADE 10

1 Conjugue os verbos entre parênteses no pretérito mais-que-perfeito simples do indicativo.

a. Quando o escritor finalmente publicou seu livro, ele já (escrever) .... várias histórias que nunca foram lidas.

b. A personagem principal descobriu que seu amigo a (trair) .... quando leu as cartas escondidas.

c. Antes de o poeta ganhar reconhecimento, ele (fazer) .... inúmeros poemas em seu pequeno caderno.

d. O detetive resolveu o caso porque já (investigar) .... pistas semelhantes em outros crimes.

e. Quando o herói chegou ao castelo, o dragão já (destruir) .... metade da aldeia.

f. A autora revelou que, antes de criar seu famoso romance, ela (pesquisar) .... profundamente sobre a época histórica.

g. O protagonista percebeu que (perder) .... a confiança de seus aliados quando eles se recusaram a segui-lo.

h. Antes de o vilão ser capturado, ele já (planejar) .... sua fuga meticulosamente.

2 Reescreva os trechos abaixo substituindo os verbos no pretérito mais-que-perfeito simples pela forma composta.

a. Quando finalmente cheguei à casa de minha infância, percebi que tudo mudara. O jardim, que minha mãe cuidara com tanto zelo, estava agora abandonado. Lembrei-me das tardes em que ela e eu passeávamos por ali, e como ela me contara histórias sobre cada planta. O velho carvalho, que meu pai plantara no dia do meu nascimento, fora derrubado por uma tempestade anos antes. Tudo aquilo que um dia parecera eterno agora não passava de uma lembrança distante.

....

....

....

....

....

....

....

b. Clara refletia sobre os dias que passara ali durante sua infância. O salão principal, que antes abrigara festas e risos, estava agora coberto de poeira e sombras. Ela recordou-se de como sua avó sempre lhe contara histórias ao pé da lareira. O piano, que seu avô tocara com maestria, repousava em um canto, desafinado e esquecido. Tudo ao seu redor parecia sussurrar memórias de tempos que não voltariam mais.

....

....

....

....

....

....

3 Desafio. Pretérito perfeito, imperfeito e mais-que-perfeito. Complete.

Joaquim Alfredo (passar) ***passara*** a mocidade toda a correr atrás da fortuna, que sempre lhe (fugir) .... Filho de um bacharel paulista, fizera-se, também, bacharel, e (tentar) .... a advocacia. (Casar-se) .... aos trinta anos e (enviuvar) ...., sem prole. E (estar) .... já com quarenta e dois quando, num segundo casamento, (ver-se) ...., de repente, senhor de uma fazenda de café nas vizinhanças de Campinas, a qual (caber) .... à mulher, por morte do sogro. E foi com esse capital verde que (iniciar) .... uma existência mais folgada, até que, com a valorização da terra e do seu produto, (poder) .... mudar-se para o Rio de Janeiro, adquirindo no Leblon uma casa graciosa e elegante, onde (descansar) ...., agora, os seus cinquenta e seis anos fatigados. Olhando o mar que (rolar) .... e (rebentar) .... a pequena distância na praia nua, o antigo advogado (refletir) .... sobre a magnanimidade do céu, que lhe (permitir) ...., enfim, uma velhice tranquila e segura.

Fonte: https://bit.ly/4fbODzD (Acesso em: 16 out. 2024. Adaptado.)

ANEXOS

- a fonética do português brasileiro
- anexos gramaticais
- verbos e tabela de conjugação
- respostas dos exercícios
- mapa político
- a língua portuguesa no mundo

ANEXO 1 A FONÉTICA DO PORTUGUÊS BRASILEIRO

ALFABETO

A - B – C - D - E - F - G – H – I – J – K – L – M – N – O – P – Q – R – S – T – U – V – W – X – Y – Z

TABELA FONÉTICA DO PORTUGUÊS

VOGAIS ORAIS		
SÍMBOLO FONÉTICO	REPRESENTAÇÃO	USOS
[a]	A	Pato – Gato
[ə]	A	Amiga – Abraço
[e]	E Ê	Abelha – Bebo Você – Patê
[ɛ]	E É	Festa – Ferro Época – Café
[o]	O Ô	Amor – Ovo Vôlei – Avô
[ɔ]	O Ó	Obra – Cola Óculos – Avó
[i]	I -E (final)	Igreja – Bico Mate – Ponte
[ʊ]	U -O (final) -L (final)	Uva – Música Teto – Moto Anel – Sinal

VOGAIS NASAIS		
SÍMBOLO FONÉTICO	REPRESENTAÇÃO	USOS
[ã]	Ã AM AN	Alemã Bambu Antes
[ẽ]	EM EN	Lembrança Dente
[õ]	OM ON	Bombom Ontem
[ĩ]	IM IN	Limpo Incrível
[ũ]	UM UN	Um Fundo

DITONGOS ORAIS		
SÍMBOLO FONÉTICO	REPRESENTAÇÃO	USOS
[aɪ̯]	AI	Pai
[eɪ̯]	EI	Beijo – Peito
[ɛɪ̯]	EI	Colmeia – Ideia
[oɪ̯]	OI	Boi – Coisa
[ɔɪ̯]	OI	Rói
[uɪ̯]	UI UE	Fui Tênue
[au̯]	AU	Auxílio – Automóvel
[eu̯]	EU	Meu – Seu
[ɛu̯]	ÉU	Céu – Chapéu
[ou̯]	OU	Outono
[iu̯]	IU	Caiu – Partiu
[ɪ̯ə/ ɪ̯a]	IA	Itália – Ciência
[ɪ̯u/ ɪ̯o]	IO	Diário – Ódio
[u̯ə/ u̯a]	UA	Estátua – Tábua

DITONGOS NASAIS		
SÍMBOLO FONÉTICO	REPRESENTAÇÃO	USOS
[ãj]	ÃI ÃE	Cãibra Mãe
[ẽj]	EM EN	Trem Mente
[ãʊ]	ÃO AM	Mão Cantam
[õj]	ÕE	Compõe
[ũj]	UI UE	Muito

CONSOANTES		
SÍMBOLO FONÉTICO	REPRESENTAÇÃO	USOS
[p]	P	Papai
[b]	B	Boneca Cabo
[t]	T	Tatu
[tʃ]	T	Tinta Pente
[d]	D	Dado
[dʒ]	D	Dia Parede
[k]	Ca Co Cu QUi QUe	Casa Comida Curto Quibe Quente
[g]	Ga Go Gu GUi GUe	Gato Gota Gula Guitarra Guerra
[f]	F	Faca
[v]	V	Vaca
[z]	-S- Z- -Z- EX-	Casa Zebra Fazenda Exame
[ʃ]	CH X- -X-	Chuva Xícara Enxergar
[ʒ]	J Ge Gi	Janela Gelo Girafa
[m]	M	Mulher
[n]	N	Nadar
[ɲ]	NH	Farinha
[l]	L	Luz
[ʎ]	LH	Velho
[h]	R- -RR- -R -R-	Rato Carro Amor Honra/Carta
[ɾ]	-R-	Caro
[s]	S- -SS- Ce Ci	Pássaro Sal Céu Cidade

A - a	J - jota	S - esse
B - bê	K - cá	T - tê
C - cê	L - ele	U - u
D - dê	M - eme	V - vê
E - é ou ê	N - ene	W - dáblio
F - efe	O - ó ou ô	X - xis
G - gê	P - pê	Y - ípsilon
H - agá	Q - quê	Z - zê
I - i	R - erre	

Pontuação

. ponto final
, vírgula
; ponto e vírgula
: dois-pontos
– travessão
- hífen
? interrogação
! exclamação
() parênteses
' apóstrofo
" aspas
* asterisco

ACENTOS E SINAIS GRÁFICOS

▶ O **acento agudo (´)** marca a vogal tônica **a**, **i** e **u** e as vogais tônicas abertas **e** e **o**.

Exemplos: água, fantástico, gambá
índice, legível, açaí
último, açúcar, país.

▶ O **acento grave (`)** serve para indicar a crase: a contração da preposição **a** com o artigo **a(s)** ou pronome iniciado com a letra **a**.

Exemplos: Nós vamos à escola/àquela escola.
Eles chegaram ao cinema/àquele cinema em frente ao restaurante italiano.

▶ O **acento circunflexo (^)** marca a vogal tônica fechada. As letras que recebem o acento circunflexo são **a**, **e** e **o**.

Exemplos: ângulo, atlântico, português, ciência, gêmeo, patrimônio, vovô.

▶ O **til (~)** é uma marca de nasalização das vogais **a** e **o**.

Exemplos: maçã, mão, põe, campeões, pães, irmãos.

▶ A **cedilha** colocada debaixo da letra **c** faz com que esta tenha o som de **ss** antes de **a**, **o** e **u**.

Exemplo: lançar, almoço, açúcar.

ANEXO 2 ANEXOS GRAMATICAIS

I. ESTRUTURA BÁSICA DA FRASE

TIPO DE FRASE	ESTRUTURA	EXEMPLO
Afirmativa	Pronome pessoal + verbo + complemento da frase	Ele se chama João.
Negativa	Pronome pessoal + não + verbo + complemento da frase	Ele não se chama Carlos.
Interrogativa	Palavra interrogativa + pronome pessoal + verbo? Pronome (s) + verbo + complemento da frase?	Como ele se chama? Ele se chama Carlos?

II. ARTIGOS DEFINIDOS E INDEFINIDOS

O artigo é a palavra que vem antes do substantivo e que define gênero e número. Pode generalizar ou particularizar o substantivo que determina.

ARTIGOS	SINGULAR	PLURAL
Definidos	o (masculino)/a (feminino)	os (masculino)/as (feminino)
Indefinidos	um (masculino)/uma (feminino)	uns (masculino)/umas (feminino)

III. SUBSTANTIVOS

Substantivo é a palavra que nomeia tudo que existe ou pode existir.
Os substantivos apresentam flexão de gênero, número e grau.

GÊNERO				
Masculino	o menino	o tempo	o amor	o gato
Feminino	a menina	a temperatura	a paz	a gata

NÚMERO								
Singular	o menino	o sinal	o amor	o cartaz	o homem	o limão	a mão	o pão
Plural	os meninos	os sinais	os amores	os cartazes	os homens	os limões	as mãos	os pães

*as palavras oxítonas terminadas em **-l** fazem o plural em **-is** (o sinal/ os sinais)
*as palavras paroxítonas terminadas em **-l** fazem o plural em **-eis** (o túnel/ os túneis)
*as palavras oxítonas terminadas em **-s** formam o plural em **-ses** (o país/ os países)

GRAU	ANALÍTICO	SINTÉTICO
Aumentativo	Casa grande	Casarão
Diminutivo	Casa pequena	Casinha

O grau **analítico** é formado pelo uso de adjetivos.
O grau **sintético** é formado pelo uso de sufixos.

▶ FORMAÇÃO DE FEMININO

SUBSTANTIVO	MASCULINO	FEMININO	REGRA
Menino	o menino	a menina	-o final ➡ -a
Professor Espanhol Chinês	o professor o espanhol o chinês	a professora a espanhola a chinesa	Palavras terminadas em -r, -l, -s formam o feminino acrescentando-se a letra -a.
Chefe Estudante Canadense	o chefe o estudante o canadense	a chefe a estudante a canadense	Palavras terminadas em -e, -nte e -ense mudam apenas o artigo (determinante).
Cidadão	o cidadão	a cidadã	As palavras terminadas em -ão, geralmente, formam o feminino com -ã.
Ator	o ator	a atriz	irregular

IV. ADJETIVOS

O adjetivo é a palavra que modifica o substantivo por meio da atribuição de características materiais, psicológicas, de qualidade, defeito, tamanho, cor, textura e aparência. Como os substantivos, os adjetivos podem variar em gênero, número e grau.

ADJETIVOS	SIMPLES	COMPOSTOS	UNIFORMES (MASC./FEM.)	BIFORMES
	feliz/triste/ novo/velho	azul-claro/sociocultural	quente/alegre/sensual	bonito(a)/belo(a)

V. PRONOMES

O pronome é uma palavra que pode substituir outra palavra, expressão ou oração. Pode determinar ou indeterminar outra palavra, questionar e localizar no tempo e no espaço as pessoas e coisas às quais se refere.

▶ PRONOMES PESSOAIS

Os pronomes pessoais se referem às pessoas gramaticais ou pessoas do discurso. Podem ser retos (sujeito), oblíquos (complemento) ou de tratamento.

RETOS	OBLÍQUOS ÁTONOS	OBLÍQUOS TÔNICOS
SINGULAR: 1ª pessoa – EU 2ª pessoa – TU 3ª pessoa – ELE/ELA	me te se, lhe, o, a	mim, comigo ti, contigo si, consigo
PLURAL: 1ª pessoa – NÓS 2ª pessoa – VÓS 3ª pessoa – ELES/ELAS	nos vos se, lhes, os, as	conosco convosco si, consigo

▶ PRONOMES DE TRATAMENTO

Pronomes empregados no trato com as pessoas.

- Você/Vocês (informal)
- Seu/Dona
- O senhor (sr.)/
  A senhora (sra.) (formal)

O pronome de tratamento "você" é usado na maior parte das regiões brasileiras e, embora substitua o pronome "tu", conjuga os verbos na terceira pessoa do singular. A expressão "a gente", na linguagem coloquial, substitui o pronome pessoal do caso reto da 1ª pessoa do plural (nós).

▶ PRONOMES POSSESSIVOS

Os pronomes possessivos estabelecem ideia de posse.

POSSESSIVOS			
1ª pessoa singular	meu, minha, meus, minhas	1ª pessoa plural	nosso, nossa, nossos, nossas
2ª pessoa singular	teu, tua, teus, tuas*	2ª pessoa plural	vosso, vossa, vossos, vossas**
3ª pessoa singular	seu, sua, seus, suas, dele, dela***	3ª pessoa plural	seu, sua, seus, suas, deles, delas***

* são usados em algumas regiões do Brasil
** não são usados na linguagem oral/informal
*** são colocados depois do substantivo (*Exemplo: O carro dele é azul.*)

▶ PRONOMES DEMONSTRATIVOS

Os pronomes demonstrativos determinam a posição relativa de pessoas, coisas, orações e assuntos no espaço e no tempo.

	DEMONSTRATIVOS	ADVÉRBIOS DE LUGAR
1ª pessoa	este, esta, estes, estas; isto	Aqui
2ª pessoa	esse, essa, esses, essas; isso	Aí
3ª pessoa	aquele, aquela, aqueles, aquelas; aquilo	Lá, Ali

O pronome demonstrativo "isso" pode ser usado com o valor afirmativo de "sim", de concordância.

➡ Isso. Isso mesmo.

Advérbios de lugar

Aqui ➡ onde está o falante

Aí ➡ onde está a pessoa com quem se fala

Lá/ali ➡ lugar longe do falante e da pessoa com quem se fala

▶ PRONOMES INDEFINIDOS

Os pronomes indefinidos indeterminam e imprecisam os nomes que acompanham. Podem ser variáveis e invariáveis.

INDEFINIDOS VARIÁVEIS			
SINGULAR		PLURAL	
Masculino	Feminino	Masculino	Feminino
Algum	Alguma	Alguns	Algumas
Nenhum	Nenhuma		
Todo	Toda	Todos	Todas
Tanto	Tanta	Tantos	Tantas
Muito	Muita	Muitos	Muitas
Pouco	Pouca	Poucos	Poucas
Outro	Outra	Outros	Outras

INDEFINIDOS INVARIÁVEIS		
Pessoas	Alguém	Ninguém
Coisas	Tudo	Nada

Locuções pronominais indefinidas

cada um, cada qual, alguns poucos, qualquer um, tal e qual, todo aquele, uma ou outra, seja quem for, seja qual for, etc.

▶ FORMAS INTERROGATIVAS (PRONOMES E ADVÉRBIOS)

As formas interrogativas estabelecem uma pergunta e podem ser variáveis ou invariáveis.

FORMA	INDICAÇÃO
Qual/quais?	a escolha de algo
O quê?	sobre algo ou um fato
Quem?	a pessoa
Quando?*	o tempo
Quanto?	a quantidade/o preço
Onde/aonde?*	lugar
Como?*	a maneira/a forma
Por quê?	o motivo/a causa

*advérbios

Cadê?

O pronome "cadê" é muito usado oralmente. É derivado da expressão *o que é feito de?* Demanda localização.

➡ *Cadê* meu dicionário de português?

▶ PRONOMES RELATIVOS

Os pronomes relativos estabelecem uma relação sintática e semântica com o termo antecedente a que se referem, evitando a sua repetição. Podem ser variáveis ou invariáveis.

PRONOMES RELATIVOS VARIÁVEIS			PRONOMES RELATIVOS INVARIÁVEIS
(concordam com o antecedente)		(concordam com o subsequente; nunca são seguidos de artigo)	Que Quem Onde Quando Como
O qual/a qual Os quais/as quais	Quanto/quanta Quantos/quantas	Cujo/cuja Cujos/cujas	

VI. NUMERAL

▶ NÚMEROS CARDINAIS E ORDINAIS

Os números cardinais expressam números inteiros.
Os números ordinais são aqueles que expressam ordem ou posição em relação a outro numeral.

NÚMEROS CARDINAIS	NÚMEROS ORDINAIS	NÚMEROS CARDINAIS	NÚMEROS ORDINAIS
Zero	-		
Um/uma	Primeiro(a)	Treze	Décimo(a) terceiro(a)
Dois/duas	Segundo(a)	Quatorze	Décimo(a) quarto(a)
Três	Terceiro(a)	Quinze	Décimo(a) quinto(a)
Quatro	Quarto(a)	Vinte	Vigésimo(a)
Cinco	Quinto(a)	Trinta	Trigésimo(a)
Seis	Sexto(a)	Quarenta	Quadragésimo(a)
Sete	Sétimo(a)	Cinquenta	Quinquagésimo(a)
Oito	Oitavo(a)	Sessenta	Sexagésimo(a)
Nove	Nono(a)	Setenta	Septuagésimo(a)
Dez	Décimo(a)	Oitenta	Octogésimo(a)
Onze	Décimo(a) primeiro(a)	Noventa	Nonagésimo(a)
Doze	Décimo(a) segundo(a)	Cem	Centésimo(a)

NÚMEROS CARDINAIS: CENTENAS
100 – cem/cento
200 – duzentos/duzentas
300 – trezentos/trezentas
400 – quatrocentos/quatrocentas
500 – quinhentos/quinhentas
600 – seiscentos/seiscentas
700 – setecentos/setecentas
800 – oitocentos/oitocentas
900 – novecentos/novecentas

ATENÇÃO: Na leitura ou na escrita dos cardinais por extenso, separam-se as centenas das dezenas, as centenas das unidades e as dezenas das unidades pela conjunção ***e***. As centenas de duzentos a novecentos concordam em gênero com o substantivo. O número "**cem**" acrescido de qualquer unidade torna-se **cento**.

Exemplos:

- 123 – cento e vinte e três
- 247 – duzentos e quarenta e sete livros/
  duzentas e quarenta e sete revistas
- 400 – quatrocentos homens/quatrocentas mulheres
- 501 – quinhentos e um/quinhentas e uma

▶ NÚMEROS FRACIONÁRIOS

Fracionários indicam que um número representa fração de outro: meio/ metade, terço, quarto, quinto, sexto, sétimo, oitavo, nono, décimo, onze avos, doze avos, treze avos... vinte e um avos... trinta e dois avos...

VII. CONJUNÇÕES

Conjunção é a palavra invariável que une e relaciona dois termos ou orações.

SUBCLASSIFICAÇÃO E SENTIDO	CONJUNÇÃO	LOCUÇÕES CONJUNTIVAS E CORRELATIVAS
Aditivas (indicam adição)	e/também/nem	não só... mas também/não só... como também/tanto... como
Adversativas (indicam oposição)	mas/porém/contudo/ todavia/entretanto	no entanto/não obstante/de outra sorte/ao passo que
Alternativas (expressam alternância)	ou	ou... ou/ora... ora/quer...quer/seja...seja/nem... nem
Conclusivas (expressam conclusão ou consequência lógica)	logo/então/portanto/ pois	por consequência/por conseguinte/pelo que
Explicativas (justificam o conteúdo da oração que sucedem)	que/porquanto/ porque/pois	
Causais (expressam causa)	porque/pois/ porquanto/como/que	pois que/por isso/que/já que/uma vez que/visto que/ visto como
Condicionais (expressam condição)	se/caso	a menos que/a não ser que/contanto que/dado que/ exceto que/no caso de (que)/se não
Conformativas (expressam conformidade)	conforme/consoante/ segundo	
Concessivas (expressam concessão)	embora/conquanto/ que	ainda que/mesmo que/se bem que/por mais que/ por menos que/apesar de
Comparativas (expressam comparação)	como/que/qual	do que/ assim como/também/bem como/mais... do que/ menos... do que/tão/tanto... como/tanto... quanto/ como se/que nem

SUBCLASSIFICAÇÃO E SENTIDO	CONJUNÇÃO	LOCUÇÕES CONJUNTIVAS E CORRELATIVAS
Consecutivas (expressam consequência)	tal... que/tão... que/ tanto... que	de maneira que/de forma que/de modo que/ de sorte que
Temporais (expressam tempo)	quando/enquanto/ mal/que	antes que/depois que/ logo que/assim que/ desde que/até que
Finais (expressam finalidade)	que	para que/a fim de/ com o propósito de/ com a finalidade de
Proporcionais (expressam proporção)		à proporção que/ à medida que
Integrantes (integram complementos)	que/se	

VIII. PREPOSIÇÕES

Preposição é a palavra invariável que une e relaciona dois termos. Qualquer preposição pede complemento. Uma mesma preposição pode denotar diferentes sentidos.

Preposições essenciais: a, ante, após, até, com, contra, de, desde, em, entre, para, perante, por, sem, sob, sobre, trás.

Locuções prepositivas: abaixo de, acerca de, acima de, adiante de, a fim de, além de, antes de, ao lado de, ao redor de, apesar de, a respeito de, através de, de acordo com, debaixo de, em frente de/a, perto de, por cima de, por entre, em lugar de, junto a.

PREPOSIÇÃO EM + ARTIGO	
EM + A	Na
EM+ O	No
EM + AS	Nas
EM + OS	Nos

PREPOSIÇÃO POR + ARTIGO	
POR + A	Pela
POR + O	Pelo
POR + AS	Pelas
POR + OS	Pelos

PREPOSIÇÃO A + ARTIGO	
A + A	À
A + O	Ao
A + AS	Às
A + OS	Aos

PREPOSIÇÃO DE + ARTIGO	
DE + A	Da
DE + O	Do
DE + AS	Das
DE + OS	Dos

A preposição **para** não faz contração com artigos formalmente, e sofre contração com os artigos na língua oral = pro/ pros/ pra/ pras.

PREPOSIÇÃO EM + DEMONSTRATIVO	
EM + ESTE	Neste, nesta, nestes, nestas
EM + ESSE	Nesse, nessa, nesses, nessas
EM + AQUELE	Naquele, naquela, naqueles, naquelas

PREPOSIÇÃO DE + DEMONSTRATIVO	
DE + ESTE/ESTA/ ESTES/ESTAS	Deste/desta/destes/ destas
DE + ESSE/ESSA/ ESSES/ESSAS	Desse/dessa/ desses/dessas
DE + AQUELE/ AQUELA/AQUELES/ AQUELAS	Daquele/daquela/ daqueles/daquelas

PREPOSIÇÃO A + DEMONSTRATIVO	
A + AQUELE	Àquele
A + AQUELA	Àquela
A +AQUELES	Àqueles
A + AQUELAS	Àquelas

IX. ADVÉRBIOS

O advérbio é a palavra que geralmente expressa circunstância. Pode modificar um verbo, um adjetivo ou outro advérbio.

ADVÉRBIO	
Afirmação	sim, certamente, realmente, de fato, com certeza, deveras
Assunto	expressões iniciadas por "sobre" ou "de"
Causa	expressões iniciadas por "de", "com", "por"
Companhia	expressões iniciadas por "com"
Dúvida	acaso, talvez, possivelmente, provavelmente, porventura
Finalidade	expressões iniciadas por "a", "em" ou "para"
Instrumento	expressões iniciadas por "com" ou "a"
Intensidade	muito, bastante, pouco, demais, meio, assaz, demasiado
Lugar	aqui, ali, perto, longe, fora, dentro, acima, abaixo, atrás, em frente
Meio	expressões iniciadas por a ou de
Modo	assim, bem, mal, depressa, rapidamente, tranquilamente, violentamente
Negação	não, absolutamente, tampouco
Tempo	Agora, amanhã, antes, brevemente, cedo, depois, já, nunca, jamais, diariamente, sempre

▶ GRAU DO ADVÉRBIO

COMPARATIVOS		
IGUALDADE	SUPERIORIDADE	INFERIORIDADE
Açúcar é tão doce quanto mel. (tão + adjetivo+ quanto) (para associar à intensidade)	Dormir bem é mais importante (do) que meditar. (mais + adjetivo + que/do que)	Meditar é menos importante (do) que se exercitar. (menos + adjetivo + que/do que)
a. Ele gasta tanta energia quanto consome. b. Ele bebe tanto suco quanto água de coco. c. Ele bebe tanto suco quanto Jussara. d. Nós comemos tantas frutas quanto você. e. Lucas tem tantos livros quanto discos. (verbo + tanta/as – tanto/os + substantivo + quanto)	Eu como mais pão (do) que frutas. (mais + substantivo + que/do que)	Os brasileiros bebem menos chá (do) que os ingleses. (menos + substantivo + que/do que)
Açúcar adoça tanto quanto mel. (verbo + tanto quanto) (Para associar similaridade/ funcionalidade)	Nós falamos mais do que escrevemos. (verbo + mais que/do que)	Eu me exercito menos do que durmo. (verbo + menos que/ do que)

ATENÇÃO!	SUPERIORIDADE
Bom	melhor (do) que
Mal/ mau/ ruim	pior (do) que
Pequeno	menor (do) que
Grande	maior (do) que

SUPERLATIVO RELATIVO		
ADJETIVO	SUPERIORIDADE	INFERIORIDADE
Pesado	O mais pesado/ pesadíssimo	O menos pesado
Grande	O maior	O menor
Bom	O melhor	O pior
Mau	O pior	O menos pior

X. REGÊNCIA NOMINAL

REGÊNCIA NOMINAL		
acostumado a	doutor em	indigno de
anterior a	dúvida acerca de/sobre/em	indispensável para/a/em
afeiçoado(a)/por	essencial para	insensível a
atento(a)/em	estranho a	necessário a
amoroso com	fácil a/para/de	negligente em
bom para	falho em	nocivo a
bacharel em	favorável a	obediente a
capaz de	feliz com/de/em/por	orgulhoso com/de
certo de	fiel a	parecido a/com
comum a	furioso com/de	possível de
contente com/de/em/por	grato a	preferível a
contrário a	hábil em	próprio para/de
cuidadoso com	habituado a	responsável por/de
curioso de/com	idêntico a	sensível a
desejoso de	incompatível com	situado em
desfavorável a	indiferente a	suspeito de

XI. ABREVIAÇÕES USADAS NOS TEXTOS DIGITAIS

ABREVIAÇÕES USADAS NOS TEXTOS DIGITAIS					
ABREVIAÇÕES	SIGNIFICADO	ABREVIAÇÕES	SIGNIFICADO	ABREVIAÇÕES	SIGNIFICADO
abç (s)	abraço(s)	kd	cadê	rs	risos
bm	bem; bom	mto	muito	tb/ tbm	também
bj/ bjo(s)	beijo(s)	ngm	ninguém	td	tudo
blz	beleza	ñ/ nem	não	vc	você
c	com	pq	porque	vcs	vocês
d+	demais	q	que	vlw	valeu
fds	fim de semana	qq	qualquer	xau	tchau
hehe/ kkkkk	risada	qd	quando	cmg	comigo
hj	hoje	qt	quanto	ctz	certeza
gnt	gente	msg	mensagem	obg	obrigado(a)

ANEXO 3 VERBOS E TABELA DE CONJUGAÇÃO

VERBOS

O verbo expressa um fato, um acontecimento.

MODOS VERBAIS

- **Indicativo** (expressa certeza, realidade)
- **Subjuntivo** (expressa dúvida, incerteza, desejo, possibilidade)
- **Imperativo** (expressa ordem, pedido, súplica, proibição)

TEMPO VERBAL	MODO INDICATIVO
Presente	Indica o momento em que um fato é anunciado, isto é, o "agora". Indica hábito ou uma verdade geral.
Pretérito perfeito simples	Indica fato concluído em um momento preciso no passado, com uma duração limitada.
Pretérito perfeito composto	Indica ação ou reação que iniciou em um passado recente e continua no presente.
Pretérito imperfeito	Indica uma situação, uma descrição ou um hábito no passado.
Pretérito mais-que-perfeito simples e composto	Indica um fato concluído no passado antes de outro fato passado.
Futuro do presente	Indica um fato em um futuro próximo ou distante do momento presente.
Futuro do pretérito	Indica um desejo, um conselho ou uma forma polida de pedir algo. Indica um fato condicionado a outro.

TEMPO VERBAL	MODO SUBJUNTIVO
Presente	Indica uma possibilidade, um desejo, uma hipótese, algo incerto, no momento presente.
Pretérito imperfeito	Indica ação, estado ou fenômeno que é determinado por outros, expressando hipótese.
Futuro	Indica a possibilidade de que em breve algo irá acontecer.
Futuro composto	Indica uma ação futura que estará terminada antes de outra ação futura.
Pretérito perfeito composto	Indica fatos supostamente concluídos ou um fato futuro concluído com relação a outro fato futuro. Apresenta apenas a forma composta (verbo auxiliar ter + particípio do verbo principal).
Pretérito mais-que-perfeito composto	Indica uma ação hipotética anterior a outra, também hipotética. Apresenta apenas a forma composta.

AS FORMAS NOMINAIS DOS VERBOS

As formas nominais dos verbos são: infinitivo, gerúndio e particípio. Embora se pareçam com tempos verbais, podem assumir outras funções.

FORMA NOMINAL	CARACTERÍSTICA	EXEMPLO
Infinitivo	Pode apresentar flexão de pessoa e número na forma pessoal. Na forma impessoal não flexiona.	É importante trabalharmos com aquilo que amamos.
Gerúndio	Não apresenta flexão	Ela vive esquecendo o celular em casa.
Particípio	Apresenta flexão de gênero e número	As mulheres estão angustiadas.

▶ OS VERBOS AUXILIARES

Os verbos auxiliares antecedem o verbo principal (na forma nominal) e auxiliam na conjugação. Os verbos auxiliares mais comuns são: **ter**, **haver**, **ser** e **estar**.

INFINITIVO

Na língua portuguesa o infinitivo pode ser conjugado concordando com o sujeito. Ele é descrito em duas formas: pessoal e impessoal. A forma pessoal é usada quando o sujeito da oração principal é diferente do sujeito cujo verbo está na forma infinitiva. A forma impessoal não se refere a um sujeito, por isso não flexiona.

GERÚNDIO

O gerúndio desempenha a função de advérbio ou de adjetivo. Usamos o gerúndio para indicar modo e circunstância de tempo e para expressar ação simultânea ou contínua.

MODO	Ela lia, sorrindo, a carta do namorado. ➡ Ela lia, com um sorriso no rosto, a carta do namorado.
TEMPO	Saindo do cinema, fomos jantar em um bom restaurante. ➡ Quando saímos do cinema, fomos jantar em um bom restaurante.
SIMULTANEIDADE	Estudo ouvindo música. ➡ Estudo enquanto ouço música.
CONTINUIDADE	O homem está vendendo pipoca. (Frases no presente contínuo)

Formação do gerúndio:

Verbo no infinitivo sem o r + o final -NDO

Exemplos: falar ➡ falando
comer ➡ comendo
dormir ➡ dormindo
pôr ➡ pondo
ser ➡ sendo
ir ➡ indo

PARTICÍPIO

O particípio de um verbo é usado em formas verbais compostas, neste caso invariável, ou como adjetivo concordando em gênero e número com o sujeito. O particípio passado dos verbos de 1ª conjugação (-AR) termina em -ado e o particípio dos verbos de 2ª e 3ª conjugação (-ER e -IR) termina em -ido.

Amar ➡ am**ado** Beber ➡ beb**ido** Partir ➡ part**ido**

PARTICÍPIOS IRREGULARES					
INFINITIVO	**PARTICÍPIO**	**INFINITIVO**	**PARTICÍPIO**	**INFINITIVO**	**PARTICÍPIO**
fazer	**feito**	pôr	**posto**	trazer	**trago**
descobrir	**descoberto**	abrir	**aberto**	escrever	**escrito**
ver	**visto**	dizer	**dito**	vir	**vindo**

No caso de verbos que apresentam duas formas de particípio, a forma regular (-ado/-ido) é usada em tempos verbais compostos nos quais o verbo auxiliar é TER ou HAVER. A forma irregular é usada como adjetivo e pode acompanhar os verbos auxiliares SER e ESTAR.

INFINITIVO	PARTICÍPIO REGULAR	PARTICÍPIO IRREGULAR
aceitar	aceitado	aceito
acender	acendido	aceso
corrigir	corrigido	correto
eleger	elegido	eleito
entregar	entregado	entregue
enxugar	enxugado	enxuto
expressar/ exprimir	expressado	expresso
extinguir	extinguido	extinto
fixar	fixado	fixo
fritar	fritado	frito
ganhar	ganhado	ganho

INFINITIVO	PARTICÍPIO REGULAR	PARTICÍPIO IRREGULAR
gastar	gastado	gasto
imprimir	imprimido	impresso
limpar	limpado	limpo
matar	matado	morto
morrer	morrido	morto
pagar	pagado	pago
pegar	pegado	pego
prender	prendido	preso
salvar	salvado	salvo
segurar	segurado	seguro
sujar	sujado	sujo
suspender	suspendido	suspenso

MODO INDICATIVO E IMPERATIVO AFIRMATIVO – CONJUGAÇÃO

INFINITIVO	PRESENTE	PRETÉRITO PERFEITO	PRETÉRITO IMPERFEITO	PRETÉRITO-MAIS-QUE-PERFEITO	FUTURO	FUTURO DO PRETÉRITO	IMPERATIVO AFIRMATIVO
Amar **Regular - 1ª conjugação**	eu am**o** tu am**as** ele am**a** nós am**amos** vós am**ais** eles am**am**	eu am**ei** tu am**aste** ele am**ou** nós am**amos** vós am**astes** eles am**aram**	eu am**ava** tu am**avas** ele am**ava** nós am**ávamos** vós am**áveis** eles am**avam**	eu am**ara** tu am**aras** ele am**ara** nós am**áramos** vós am**áreis** eles am**aram**	eu am**arei** tu am**arás** ele am**ará** nós am**aremos** vós am**areis** eles am**arão**	eu am**aria** tu am**arias** ele am**aria** nós am**aríamos** vós am**aríeis** eles am**ariam**	- (tu) am**a** (ele) am**e** (nós) am**emos** (vós) am**ai** (eles) am**em**
Beber **Regular - 2ª conjugação**	eu beb**o** tu beb**es** ele beb**e** nós beb**emos** vós beb**eis** eles beb**em**	eu beb**i** tu beb**este** ele beb**eu** nós beb**emos** vós beb**estes** eles beb**eram**	eu beb**ia** tu beb**ias** ele beb**ia** nós beb**íamos** vós beb**íeis** eles beb**iam**	eu beb**era** tu beb**eras** ele beb**era** nós beb**êramos** vós beb**êreis** eles beb**eram**	eu beb**erei** tu beb**erás** ele beb**erá** nós beb**eremos** vós beb**ereis** eles beb**erão**	eu beb**eria** tu beb**erias** ele beb**eria** nós beb**eríamos** vós beb**eríeis** eles beb**eriam**	- (tu) beb**e** (ele) beb**a** (nós) beb**amos** (vós) beb**ei** (eles) beb**am**
Partir **Regular - 3ª conjugação**	eu part**o** tu part**es** ele part**e** nós part**imos** vós part**is** eles part**em**	eu part**i** tu part**iste** ele part**iu** nós part**imos** vós part**istes** eles part**iram**	eu part**ia** tu part**ias** ele part**ia** nós part**íamos** vós part**íeis** eles part**iam**	eu part**ira** tu part**iras** ele part**ira** nós part**íramos** vós part**íreis** eles part**iram**	eu part**irei** tu part**irás** ele part**irá** nós part**iremos** vós part**ireis** eles part**irão**	eu part**iria** tu part**irias** ele part**iria** nós part**iríamos** vós part**iríeis** eles part**iriam**	- (tu) part**e** (ele) part**a** (nós) part**amos** (vós) part**i** (eles) part**am**
Ser	eu **sou** tu **és** ele **é** nós **somos** vós **sois** eles **são**	eu **fui** tu **foste** ele **foi** nós **fomos** vós **fostes** eles **foram**	eu **era** tu **eras** ele **era** nós **éramos** vós **éreis** eles **eram**	eu fora tu for**as** ele fora nós fôr**amos** vós fôr**eis** eles for**am**	eu **serei** tu **serás** ele **será** nós **seremos** vós **sereis** eles **serão**	eu **seria** tu **serias** ele **seria** nós **seríamos** vós **seríeis** eles **seriam**	- (tu) **sê** (ele) **seja** (nós) **sejamos** (vós) **sede** (eles) **sejam**
Estar	eu est**ou** tu est**ás** ele est**á** nós est**amos** vós est**ais** eles est**ão**	eu est**ive** tu est**iveste** ele est**eve** nós est**ivemos** vós est**ivestes** eles est**iveram**	eu est**ava** tu est**avas** ele est**ava** nós est**ávamos** vós est**áveis** eles est**avam**	eu estiv**era** tu estiv**eras** ele estiv**era** nós estiv**éramos** vós estiv**éreis** eles estiv**eram**	eu est**arei** tu est**arás** ele est**ará** nós est**aremos** vós est**areis** eles est**arão**	eu est**aria** tu est**arias** ele est**aria** nós est**aríamos** vós est**aríeis** eles est**ariam**	- (tu) est**á** (ele) est**eja** (nós) est**ejamos** (vós) est**ai** (eles) est**ejam**
Ir	eu **vou** tu **vais** ele **vai** nós **vamos/ vimos** vós **vades/ vides** eles **vão**	eu **fui** tu **foste** ele **foi** nós **fomos** vós **fostes** eles **foram**	eu **ia** tu **ias** ele **ia** nós **íamos** vós **íeis** eles **iam**	eu fora tu for**as** ele fora nós fôr**amos** vós fôr**eis** eles for**am**	eu **irei** tu **irás** ele **irá** nós **iremos** vós **ireis** eles **irão**	eu **iria** tu **irias** ele **iria** nós **iríamos** vós **iríeis** eles **iriam**	- (tu) **vai** (ele) **vá** (nós) **vamos** (vós) **ide** (eles) **vão**

INFINITIVO	PRESENTE	PRETÉRITO PERFEITO	PRETÉRITO IMPERFEITO	PRETÉRITO-MAIS-QUE-PERFEITO	FUTURO	FUTURO DO PRETÉRITO	IMPERATIVO AFIRMATIVO
Vir	eu venho tu vens ele vem nós vimos vós vindes eles vêm	eu vim tu vieste ele veio nós viemos vós viestes eles vieram	eu vinha tu vinhas ele vinha nós vínhamos vós vínheis eles vinham	eu viera tu vieras ele viera nós viéramos vós viéreis eles vieram	eu virei tu virás ele virá nós viremos vós vireis eles virão	eu viria tu virias ele viria nós viríamos vós viríeis eles viriam	- (tu) vem (ele) venha (nós) venhamos (vós) vinde (eles) venham
Ter	eu tenho tu tens ele tem nós temos vós tendes eles têm	eu tive tu tiveste ele teve nós tivemos vós tivestes eles tiveram	eu tinha tu tinhas ele tinha nós tínhamos vós tínheis eles tinham	eu tivera tu tiveras ele tivera nós tivéramos vós tivéreis eles tiveram	eu terei tu terás ele terá nós teremos vós tereis eles terão	eu teria tu terias ele teria nós teríamos vós teríeis eles teriam	- (tu) tem (ele) tenha (nós) tenhamos (vós) tende (eles) tenham
Dar	eu dou tu dás ele dá nós damos vós dais eles dão	eu dei tu deste ele deu nós demos vós destes eles deram	eu dava tu davas ele dava nós dávamos vós dáveis eles davam	eu dera tu deras ele dera nós déramos vós déreis eles deram	eu darei tu darás ele dará nós daremos vós dareis eles darão	eu daria tu darias ele daria nós daríamos vós daríeis eles dariam	- (tu) dá (ele) dê (nós) demos (vós) dai (eles) deem
Fazer	eu faço tu fazes ele faz nós fazemos vós fazeis eles fazem	eu fiz tu fizeste ele fez nós fizemos vós fizestes eles fizeram	eu fazia tu fazias ele fazia nós fazíamos vós fazíeis eles faziam	eu fizera tu fizeras ele fizera nós fizéramos vós fizéreis eles fizeram	eu farei tu farás ele fará nós faremos vós fareis eles farão	eu faria tu farias ele faria nós faríamos vós faríeis eles fariam	- (tu) faz(e) (ele) faça (nós) façamos (vós) fazei (eles) façam
Preferir	eu prefiro tu preferes ele prefere nós preferimos vós preferis eles preferem	eu preferi tu preferiste ele preferiu nós preferimos vós preferistes eles preferiram	eu preferia tu preferias ele preferia nós preferíamos vós preferíeis eles preferiam	eu preferira tu preferiras ele preferira nós preferíramos vós preferíreis eles preferiram	eu preferirei tu preferirás ele preferirá nós preferiremos vós preferireis eles preferirão	eu preferiria tu preferirias ele preferiria nós preferiríamos vós preferiríeis eles prefeririam	- (tu) prefere (ele) prefira (nós) prefiramos (vós) preferi (eles) prefiram
Poder	eu posso tu podes ele pode nós podemos vós podeis eles podem	eu pude tu pudeste ele pôde nós pudemos vós pudestes eles puderam	eu podia tu podias ele podia nós podíamos vós podíeis eles podiam	eu pudera tu puderas ele pudera nós pudéramos vós pudéreis eles puderam	eu poderei tu poderás ele poderá nós poderemos vós podereis eles poderão	eu poderia tu poderias ele poderia nós poderíamos vós poderíeis eles poderiam	-
Querer	eu quero tu queres ele quer nós queremos vós quereis eles querem	eu quis tu quiseste ele quis nós quisemos vós quisestes eles quiseram	eu queria tu querias ele queria nós queríamos vós queríeis eles queriam	eu quisera tu quiseras ele quisera nós quiséramos vós quiséreis eles quiseram	eu quererei tu quererás ele quererá nós quereremos vós querereis eles quererão	eu quereria tu quererias ele quereria nós quereríamos vós quereríeis eles quereriam	- (tu) quer (ele) queira (nós) queiramos (vós) querei (eles) queiram
Ver	eu vejo tu vês ele vê nós vemos vós vedes eles veem	eu vi tu viste ele viu nós vimos vós vistes eles viram	eu via tu vias ele via nós víamos vós víeis eles viam	eu vira tu viras ele vira nós víramos vós víreis eles viram	eu verei tu verás ele verá nós veremos vós vereis eles verão	eu veria tu verias ele veria nós veríamos vós veríeis eles veriam	- (tu) vê (ele) veja (nós) vejamos (vós) vede (eles) vejam
Ler	eu leio tu lês ele lê nós lemos vós ledes eles leem	eu li tu leste ele leu nós lemos vós lestes eles leram	eu lia tu lias ele lia nós líamos vós líeis eles liam	eu lera tu leras ele lera nós lêramos vós lêreis eles leram	eu lerei tu lerás ele lerá nós leremos vós lereis eles lerão	eu leria tu lerias ele leria nós leríamos vós leríeis eles leriam	- (tu) lê (ele) leia (nós) leiamos (vós) lede (eles) leiam
Saber	eu sei tu sabes ele sabe nós sabemos vós sabeis eles sabem	eu soube tu soubeste ele soube nós soubemos vós soubestes eles souberam	eu sabia tu sabias ele sabia nós sabíamos vós sabíeis eles sabiam	eu soubera tu souberas ele soubera nós soubéramos vós soubéreis eles souberam	eu saberei tu saberás ele saberá nós saberemos vós sabereis eles saberão	eu saberia tu saberias ele saberia nós saberíamos vós saberíeis eles saberiam	- (tu) sabe (ele) saiba (nós) saibamos (vós) sabei (eles) saibam

INFINITIVO	PRESENTE	PRETÉRITO PERFEITO	PRETÉRITO IMPERFEITO	PRETÉRITO-MAIS-QUE-PERFEITO	FUTURO	FUTURO DO PRETÉRITO	IMPERATIVO AFIRMATIVO
Conhecer	eu conheço tu conheces ele conhece nós conhecemos vós conheceis eles conhecem	eu conheci tu conheceste ele conheceu nós conhecemos vós conhecestes eles conheceram	eu conhecia tu conhecias ele conhecia nós conhecíamos vós conhecíeis eles conheciam	eu conhecera tu conheceras ele conhecera nós conhecêramos vós conhecêreis eles conheceram	eu conhecerei tu conhecerás ele conhecerá nós conheceremos vós conhecereis eles conhecerão	eu conheceria tu conhecerias ele conheceria nós conheceríamos vós conheceríeis eles conheceriam	- (tu) conhece (ele) conheça (nós) conheçamos (vós conhecei (eles conheçam
Sair	eu saio tu sais ele sai nós saímos vós saís eles saem	eu saí tu saíste ele saiu nós saímos vós saístes eles saíram	eu saía tu saías ele saía nós saíamos vós saíeis eles saíam	eu saíra tu saíras ele saíra nós saíramos vós saíreis eles saíram	eu sairei tu sairás ele sairá nós sairemos vós saireis eles sairão	eu sairia tu sairias ele sairia nós sairíamos vós sairíeis eles sairiam	- (tu) sai (ele) saia (nós) saiamos (vós) saí (eles) saiam
Descer	eu desço tu desces ele desce nós descemos vós desceis eles descem	eu desci tu desceste ele desceu nós descemos vós descestes eles desceram	eu descia tu descias ele descia nós descíamos vós descíeis eles desciam	eu descera tu desceras ele descera nós descêramos vós descêreis eles desceram	eu descerei tu descerás ele descerá nós desceremos vós descereis eles descerão	eu desceria tu descerias ele desceria nós desceríamos vós desceríeis eles desceriam	- (tu) desce (ele) desça (nós) desçamos (vós) descei (eles) desçam
Dormir	eu durmo tu dormes ele dorme nós dormimos vós dormis eles dormem	eu dormi tu dormiste ele dormiu nós dormimos vós dormistes eles dormiram	eu dormia tu dormias ele dormia nós dormíamos vós dormíeis eles dormiam	eu dormira tu dormiras ele dormira nós dormíramos vós dormíreis eles dormiram	eu dormirei tu dormirás ele dormirá nós dormiremos vós dormireis eles dormirão	eu dormiria tu dormirias ele dormiria nós dormiríamos vós dormiríeis eles dormiriam	- (tu) dorme (ele) durma (nós) durmamos (vós) dormi (eles) durmam
Pedir	eu peço tu pedes ele pede nós pedimos vós pedis eles pedem	eu pedi tu pediste ele pediu nós pedimos vós pedistes eles pediram	eu pedia tu pedias ele pedia nós pedíamos vós pedíeis eles pediam	eu pedira tu pediras ele pedira nós pedíramos vós pedíreis eles pediram	eu pedirei tu pedirás ele pedirá nós pediremos vós pedireis eles pedirão	eu pediria tu pedirias ele pediria nós pediríamos vós pediríeis eles pediriam	- (tu) pede (ele) peça (nós) peçamos (vós) pedi (eles) peçam
Pôr	eu ponho tu pões ele põe nós pomos vós pondes eles põem	eu pus tu puseste ele pôs nós pusemos vós pusestes eles puseram	eu punha tu punhas ele punha nós púnhamos vós púnheis eles punham	eu pusera tu puseras ele pusera nós puséramos vós puséreis eles puseram	eu porei tu porás ele porá nós poremos vós poreis eles porão	eu poria tu porias ele poria nós poríamos vós poríeis eles poriam	- (tu) põe (ele) ponha (nós) ponhamos (vós) ponde (eles) ponham
Sentir	eu sinto tu sentes ele sente nós sentimos vós sentis eles sentem	eu senti tu sentiste ele sentiu nós sentimos vós sentistes eles sentiram	eu sentia tu sentias ele sentia nós sentíamos vós sentíeis eles sentiam	eu sentira tu sentiras ele sentira nós sentíramos vós sentíreis eles sentiram	eu sentirei tu sentirás ele sentirá nós sentiremos vós sentireis eles sentirão	eu sentiria tu sentirias ele sentiria nós sentiríamos vós sentiríeis eles sentiriam	- (tu) sente (ele) sinta (nós) sintamos (vós) senti (eles) sintam
Dirigir	eu dirijo tu diriges ele dirige nós dirigimos vós dirigis eles dirigem	eu dirigi tu dirigiste ele dirigiu nós dirigimos vós dirigistes eles dirigiram	eu dirigia tu dirigias ele dirigia nós dirigíamos vós dirigíeis eles dirigiam	eu dirigira tu dirigiras ele dirigira nós dirigíramos vós dirigíreis eles dirigiram	eu dirigirei tu dirigirás ele dirigirá nós dirigiremos vós dirigireis eles dirigirão	eu dirigiria tu dirigirias ele dirigiria nós dirigiríamos vós dirigiríeis eles dirigiriam	- (tu) dirige (ele) dirija (nós) dirijamos (vós) dirigi (eles) dirijam
Conseguir	eu consigo tu consegues ele consegue nós conseguimos vós conseguis eles conseguem	eu consegui tu conseguiste ele conseguiu nós conseguimos vós conseguistes eles conseguiram	eu conseguia tu conseguias ele conseguia nós conseguíamos vós conseguíeis eles conseguiam	eu conseguira tu conseguiras ele conseguira nós conseguíramos vós conseguíreis eles conseguiram	eu conseguirei tu conseguirás ele conseguirá nós conseguiremos vós conseguireis eles conseguirão	eu conseguiria tu conseguirias ele conseguiria nós conseguiríamos vós conseguiríeis eles conseguiriam	- (tu) consegue (ele) consiga (nós) consigamos (vós) consegui (eles) consigam
Dizer	eu digo tu dizes ele diz nós dizemos vós dizeis eles dizem	eu disse tu disseste ele disse nós dissemos vós dissestes eles disseram	eu dizia tu dizias ele dizia nós dizíamos vós dizíeis eles diziam	eu dissera tu disseras ele dissera nós disséramos vós disséreis eles disseram	eu direi tu dirás ele dirá nós diremos vós direis eles dirão	eu diria tu dirias ele diria nós diríamos vós diríeis eles diriam	- (tu) diz (e) (ele) diga (nós) digamos (vós) dizei (eles) digam

INFINITIVO	PRESENTE	PRETÉRITO PERFEITO	PRETÉRITO IMPERFEITO	PRETÉRITO-MAIS-QUE-PERFEITO	FUTURO	FUTURO DO PRETÉRITO	IMPERATIVO AFIRMATIVO
Trazer	eu tr**ago** tu tr**azes** ele tr**az** nós tr**azemos** vós tr**azeis** eles tr**azem**	eu tr**ouxe** tu tr**ouxeste** ele tr**ouxe** nós tr**ouxemos** vós tr**ouxestes** eles tr**ouxeram**	eu tr**azia** tu tr**azias** ele tr**azia** nós tr**azíamos** vós tr**azíeis** eles tr**aziam**	eu trouxer**a** tu trouxer**as** ele trouxer**a** nós trouxér**amos** vós trouxér**eis** eles trouxer**am**	eu tr**arei** tu tr**arás** ele tr**ará** nós tr**aremos** vós tr**areis** eles tr**arão**	eu tr**aria** tu tr**arias** ele tr**aria** nós tr**aríamos** vós tr**aríeis** eles tr**ariam**	- (tu) tr**az(e)** (ele) tr**aga** (nós) tr**agamos** (vós) tr**azei** (eles) tr**agam**
Ouvir	eu **ouço** tu ouv**es** ele ouv**e** nós ouv**imos** vós ouv**is** eles ouv**em**	eu ouv**i** tu ouv**iste** ele ouv**iu** nós ouv**imos** vós ouv**istes** eles ouv**iram**	eu **ouvia** tu ouv**ias** ele ouv**ia** nós ouv**íamos** vós ouv**íeis** eles ouv**iam**	eu ouvir**a** tu ouvir**as** ele ouvir**a** nós ouvír**amos** vós ouvír**eis** eles ouvir**am**	eu **ouvirei** tu ouvi**rás** ele ouvi**rá** nós ouvi**remos** vós ouvi**reis** eles ouvi**rão**	eu **ouviria** tu ouvi**rias** ele ouvi**ria** nós ouvi**ríamos** vós ouvi**ríeis** eles ouvi**riam**	- (tu) ouv**e** (ele) ou**ça** (nós) ou**çamos** (vós) ouv**i** (eles) ou**çam**
Haver	eu h**ei** tu hás ele há nós havemos vós haveis eles hão	eu **houve** tu houveste ele houve nós houvemos vós houvestes eles houveram	eu **havia** tu havias ele havia nós havíamos vós havíeis eles haviam	eu houver**a** tu houver**as** ele houver**a** nós houvér**amos** vós houvér**eis** eles houver**am**	eu **haverei** tu haverás ele haverá nós haveremos vós havereis eles haverão	eu **haveria** tu haverias ele haveria nós haveríamos vós haveríeis eles haveriam	- (tu) há (ele) haja (nós) hajamos (vós) havei (eles) hajam
Vestir-se*	Eu me vist**o** tu te vest**es** ele se vest**e** nós nos vest**imos** vós vos vest**is** eles se vest**em**	eu me vest**i** tu te vest**iste** ele se vest**iu** nós nos vest**imos** vós vos vest**istes** eles se vest**iram**	eu me vest**ia** tu te vest**ias** ele se vest**ia** nós nos vest**íamos** vós vos vest**íeis** eles se vest**iam**	eu me vestir**a** tu te vestir**as** ele se vestir**a** nós nos vestír**amos** vós vos vestír**eis** eles se vestir**am**	eu me vestir**ei** tu te vestir**ás** ele se vestir**á** nós nos vestir**emos** vós vos vestir**eis** eles se vestir**ão**	eu vestir-me-**ia** tu vestir-te-**ias** ele vestir-se-**ia** nós vestir-nos-**íamos** vós vestir-vos-**íeis** eles vestir-se-**iam**	- (tu) vest**e**-te (ele) vist**a**-se (nós) vist**amo**-nos (vós) vest**i**-vos (eles) vist**am**-se
Divertir-se*	eu me divirt**o** tu te divert**es** ele se divert**e** nós nos divert**imos** vós vos divert**is** eles se divert**em**	eu me divert**i** tu te divert**iste** ele se divert**iu** nós nos divert**imos** vós vos divert**istes** eles se divert**iram**	eu me divert**ia** tu te divert**ias** ele se divert**ia** nós nos divert**íamos** vós vos divert**íeis** eles se divert**iam**	eu me divertir**a** tu te divertir**as** ele se divertir**a** nós nos divertír**amos** vós vos divertír**eis** eles se divertir**am**	eu me divert**irei** tu te divert**irás** ele se divert**irá** nós nos divert**iremos** vós vos divert**ireis** eles se divert**irão**	eu divertir-me-**ia** tu divertir-te-**ias** ele divertir-se-**ia** nós divertir-nos-**íamos** vós divertir-vos-**íeis** eles divertir-se-**iam**	- (tu) divert**e**-te (ele) divirt**a**-se (nós) divirt**amo**-nos (vós) divert**i**-vos (eles) divirt**am**-se
Barbear-se*	eu me barbe**io** tu te barbe**ias** ele se barbe**ia** nós nos barbe**amos** vós vos barbe**ais** eles se barbe**iam**	eu me barbe**ei** tu te barbe**aste** ele se barbe**ou** nós nos barbe**amos** vós vos barbe**astes** eles se barbe**aram**	eu me barbe**ava** tu te barbe**avas** ele se barbe**ava** nós nos barbe**ávamos** vós vos barbe**áveis** eles se barbe**avam**	eu me barbear**a** tu te barbear**as** ele se barbear**a** nós nos barbeár**amos** vós vos barbeár**eis** eles se barbear**am**	eu me barbear**ei** tu te barbear**ás** ele se barbear**á** nós nos barbear**emos** vós vos barbear**eis** eles se barbear**ão**	eu barbear-me-**ia** tu barbear-te-**ias** ele barbear-se-**ia** nós barbear-nos-**íamos** vós barbear-vos-**íeis** eles barbear-se-**iam**	- (tu) barbe**ia**-te (ele) barbe**ie**-se (nós) barbe**emo**-nos (vós) barbe**ai**-vos (eles) barbe**iem**-se
Maquiar-se*	eu me maqui**o** tu te maqui**as** ele se maqui**a** nós nos ma-qui**amos** vós vos maqui**ais** eles se maqui**am**	eu me maqui**ei** tu te maqui**aste** ele se maqui**ou** nós nos maqui**amos** vós vos maqui**astes** eles se maqui**aram**	eu me maqui**ava** tu te maqui**avas** ele se maqui**ava** nós nos maqui**ávamos** vós vos maqui**áveis** eles se maqui**avam**	eu me maquiar**a** tu te maquiar**as** ele se maquiar**a** nós nos maquiár**amos** vós vos maquiár**eis** eles se maquiar**am**	eu me maquiar**ei** tu te maquiar**ás** ele se maquiar**á** nós nos maquiar**emos** vós vos maquiar**eis** eles se maquiar**ão**	eu maquiar-me-**ia** tu maquiar-te-**ias** ele maquiar-se-**ia** nós maquiar-nos-**íamos** vós maquiar-vos-**íeis** eles maquiar-se-**iam**	- (tu) maqui**a**-te (ele) maqui**e**-se (nós) maqui**emo**-nos (vós) maqui**ai**-vos (eles) maqui**em**-se

* *verbos pronominais*

** *Há três verbos que apresentam formas irregulares no futuro do presente: dizer ➡ eu direi; fazer ➡ eu farei; e trazer ➡ eu trarei.*

▶ TEMPOS COMPOSTOS DO MODO INDICATIVO – VERBOS REGULARES

Os tempos compostos são formados pela combinação de dois tempos verbais, sendo um **verbo auxiliar** e o **particípio de um verbo principal**. O verbo auxiliar mais comum é o "**ter**", mas também é possível usar o "**haver**".

A colocação do pronome reflexivo nos verbos compostos, por exemplo, no verbo "permitir-se", admite as formas "Eu **me** **tenho permitido**" e "Eu **tenho** **me** **permitido**". A segunda forma, com o pronome colocado antes do verbo principal, isto é, antes do verbo na forma de particípio, é mais comum no dia a dia dos brasileiros.

INFINITIVO	PRET. PERF. COMPOSTO	PRETÉRITO MAIS-QUE-PERFEITO COMPOSTO	FUTURO DO PRESENTE COMPOSTO	FUTURO DO PRETÉRITO COMPOSTO
Amar	eu **tenho amado** tu **tens amado** ele **tem amado** nós **temos amado** vós **tendes amado** eles **têm amado**	eu **tinha amado** tu **tinhas amado** ele **tinha amado** nós **tínhamos amado** vós **tínheis amado** eles **tinham amado**	eu **terei amado** tu **terás amado** ele **terá amado** nós **teremos amado** vós **tereis amado** eles **terão amado**	eu **teria amado** tu **terias amado** ele **teria amado** nós **teríamos amado** vós **teríeis amado** eles **teriam amado**
Beber	eu **tenho bebido** tu **tens bebido** ele **tem bebido** nós **temos bebido** vós **tendes bebido** eles **têm bebido**	eu **tinha bebido** tu **tinhas bebido** ele **tinha bebido** nós **tínhamos bebido** vós **tínheis bebido** eles **tinham bebido**	eu **terei bebido** tu **terás bebido** ele **terá bebido** nós **teremos bebido** vós **tereis bebido** eles **terão bebido**	eu **teria bebido** tu **terias bebido** ele **teria bebido** nós **teríamos bebido** vós **teríeis bebido** eles **teriam bebido**
Partir	eu **tenho partido** tu **tens partido** ele **tem partido** nós **temos partido** vós **tendes partido** eles **têm partido**	eu **tinha partido** tu **tinhas partido** ele **tinha partido** nós **tínhamos partido** vós **tínheis partido** eles **tinham partido**	eu **terei partido** tu **terás partido** ele **terá partido** nós **teremos partido** vós **tereis partido** eles **terão partido**	eu **teria partido** tu **terias partido** ele **teria partido** nós **teríamos partido** vós **teríeis partido** eles **teriam partido**

MODO SUBJUNTIVO

INFINITIVO	PRESENTE	PRETÉRITO IMPERFEITO	FUTURO
Amar	que eu am**e** que tu am**es** que ele am**e** que nós am**emos** que vós am**eis** que eles am**em**	se eu ama**sse** se tu ama**sses** se ele ama**sse** se nós amá**ssemos** se vós amá**sseis** se eles ama**ssem**	quando eu ama**r** quando tu ama**res** quando ele ama**r** quando nós ama**rmos** quando vós ama**rdes** quando eles ama**rem**
Beber	que eu beb**a** que tu beb**as** que ele beb**a** que nós beb**amos** que vós beb**ais** que eles beb**am**	se eu bebe**sse** se tu bebe**sses** se ele bebe**sse** se nós bebê**ssemos** se vós bebê**sseis** se eles bebe**ssem**	quando eu bebe**r** quando tu bebe**res** quando ele bebe**r** quando nós bebe**rmos** quando vós bebe**rdes** quando eles bebe**rem**
Partir	que eu part**a** que tu part**as** que ele part**a** que nós part**amos** que vós part**ais** que eles part**am**	se eu parti**sse** se tu parti**sses** se ele parti**sse** se nós partí**ssemos** se vós partí**sseis** se eles parti**ssem**	quando eu parti**r** quando tu parti**res** quando ele parti**r** quando nós parti**rmos** quando vós parti**rdes** quando eles parti**rem**
Ser	que eu **seja*** que tu **sejas*** que ele **seja*** que nós **sejamos*** que vós **sejais*** que eles **sejam***	se eu fo**sse** se tu fo**sses** se ele fo**sse** se nós fô**ssemos** se vós fô**sseis** se eles fo**ssem**	quando eu fo**r** quando tu fo**res** quando ele fo**r** quando nós fo**rmos** quando vós fo**rdes** quando eles fo**rem**
Estar	que eu **esteja*** que tu **estejas*** que ele **esteja*** que nós **estejamos*** que vós **estejais*** que eles **estejam***	se eu estive**sse** se tu estive**sses** se ele estive**sse** se nós estivé**ssemos** se vós estivé**sseis** se eles estive**ssem**	quando eu estive**r** quando tu estive**res** quando ele estive**r** quando nós estive**rmos** quando vós estive**rdes** quando eles estive**rem**
Ir	que eu **vá*** que tu **vás*** que ele **vá*** que nós **vamos*** que vós **vades*** que eles **vão***	se eu fo**sse** se tu fo**sses** se ele fo**sse** se nós fô**ssemos** se vós fô**sseis** se eles fo**ssem**	quando eu fo**r** quando tu fo**res** quando ele fo**r** quando nós fo**rmos** quando vós fo**rdes** quando eles fo**rem**
Vir	que eu venh**a** que tu venh**as** que ele venh**a** que nós venh**amos** que vós venh**ais** que eles venh**am**	se eu vie**sse** se tu vie**sses** se ele vie**sse** se nós vié**ssemos** se vós vié**sseis** se eles vie**ssem**	quando eu vie**r** quando tu vie**res** quando ele vie**r** quando nós vie**rmos** quando vós vie**rdes** quando eles vie**rem**
Ter	que eu tenh**a** que tu tenh**as** que ele tenh**a** que nós tenh**amos** que vós tenh**ais** que eles tenh**am**	se eu tive**sse** se tu tive**sses** se ele tive**sse** se nós tivé**ssemos** se vós tivé**sseis** se eles tive**ssem**	quando eu tive**r** quando tu tive**res** quando ele tive**r** quando nós tive**rmos** quando vós tive**rdes** quando eles tive**rem**

INFINITIVO	PRESENTE	PRETÉRITO IMPERFEITO	FUTURO
Dar	que eu **dê*** que tu **dês*** que ele **dê*** que nós **demos*** que vós **deis*** que eles **deem***	se eu de**sse** se tu de**sses** se ele de**sse** se nós dé**ssemos** se vós dé**sseis** se eles de**ssem**	quando eu de**r** quando tu de**res** quando ele de**r** quando nós de**rmos** quando vós de**rdes** quando eles de**rem**
Fazer	que eu faç**a** que tu faç**as** que ele faç**a** que nós faç**amos** que vós faç**ais** que eles faç**am**	se eu fize**sse** se tu fize**sses** se ele fize**sse** se nós fizé**ssemos** se vós fizé**sseis** se eles fize**ssem**	quando eu fize**r** quando tu fize**res** quando ele fize**r** quando nós fize**rmos** quando vós fize**rdes** quando eles fize**rem**
Preferir	que eu prefir**a** que tu prefir**as** que ele prefir**a** que nós prefir**amos** que vós prefir**ais** que eles prefir**am**	se eu preferi**sse** se tu preferi**sses** se ele preferi**sse** se nós preferí**ssemos** se vós preferí**sseis** se eles preferi**ssem**	quando eu preferi**r** quando tu preferi**res** quando ele preferi**r** quando nós preferi**rmos** quando vós preferi**rdes** quando eles preferi**rem**
Poder	que eu poss**a** que tu poss**as** que ele poss**a** que nós poss**amos** que vós poss**ais** que eles poss**am**	se eu pude**sse** se tu pude**sses** se ele pude**sse** se nós pudé**ssemos** se vós pudé**sseis** se eles pude**ssem**	quando eu pude**r** quando tu pude**res** quando ele pude**r** quando nós pude**rmos** quando vós pude**rdes** quando eles pude**rem**
Querer	que eu **queira*** que tu **queiras*** que ele **queira*** que nós **queiramos*** que vós **queirais*** que eles **queiram***	se eu quise**sse** se tu quise**sses** se ele quise**sse** se nós quisé**ssemos** se vós quisé**sseis** se eles quise**ssem**	quando eu quise**r** quando tu quise**res** quando ele quise**r** quando nós quise**rmos** quando vós quise**rdes** quando eles quise**rem**
Ver	que eu vej**a** que tu vej**as** que ele vej**a** que nós vej**amos** que vós vej**ais** que eles vej**am**	se eu vi**sse** se tu vi**sses** se ele vi**sse** se nós ví**ssemos** se vós ví**sseis** se eles vi**ssem**	quando eu vi**r** quando tu vi**res** quando ele vi**r** quando nós vi**rmos** quando vós vi**rdes** quando eles vi**rem**
Ler	que eu lei**a** que tu lei**as** que ele lei**a** que nós lei**amos** que vós lei**ais** que eles lei**am**	se eu le**sse** se tu le**sses** se ele le**sse** se nós lê**ssemos** se vós lê**sseis** se eles le**ssem**	quando eu le**r** quando tu le**res** quando ele le**r** quando nós le**rmos** quando vós le**rdes** quando eles le**rem**
Saber	que eu **saiba** que tu **saibas** que ele **saiba** que nós **saibamos** que vós **saibais** que eles **saibam**	se eu soube**sse** se tu soube**sses** se ele soube**sse** se nós soubé**ssemos** se vós soubé**sseis** se eles soube**ssem**	quando eu soube**r** quando tu soube**res** quando ele soube**r** quando nós soube**rmos** quando vós soube**rdes** quando eles soube**rem**

INFINITIVO	PRESENTE	PRETÉRITO IMPERFEITO	FUTURO
Conhecer	que eu conheç**a** que tu conheç**as** que ele conheç**a** que nós conheç**amos** que vós conheç**ais** que eles conheç**am**	se eu conhece**sse** se tu conhece**sses** se ele conhece**sse** se nós conhecê**ssemos** se vós conhecê**sseis** se eles conhece**ssem**	quando eu conhece**r** quando tu conhece**res** quando ele conhece**r** quando nós conhece**rmos** quando vós conhece**rdes** quando eles conhece**rem**
Sair	que eu sai**a** que tu sai**as** que ele sai**a** que nós sai**amos** que vós sai**ais** que eles sai**am**	se eu saí**sse** se tu saí**sses** se ele saí**sse** se nós saí**ssemos** se vós saí**sseis** se eles saí**ssem**	quando eu sai**r** quando tu saí**res** quando ele sai**r** quando nós sai**rmos** quando vós sai**rdes** quando eles saí**rem**
Descer	que eu desç**a** que tu desç**as** que ele desç**a** que nós desç**amos** que vós desç**ais** que eles desç**am**	se eu desce**sse** se tu desce**sses** se ele desce**sse** se nós descê**ssemos** se vós descê**sseis** se eles desce**ssem**	quando eu desce**r** quando tu desce**res** quando ele desce**r** quando nós desce**rmos** quando vós desce**rdes** quando eles desce**rem**
Dormir	que eu durm**a** que tu durm**as** que ele durm**a** que nós durm**amos** que vós durm**ais** que eles durm**am**	se eu dormi**sse** se tu dormi**sses** se ele dormi**sse** se nós dormí**ssemos** se vós dormí**sseis** se eles dormi**ssem**	quando eu dormi**r** quando tu dormi**res** quando ele dormi**r** quando nós dormi**rmos** quando vós dormi**rdes** quando eles dormi**rem**
Pedir	que eu peç**a** que tu peç**as** que ele peç**a** que nós peç**amos** que vós peç**ais** que eles peç**am**	se eu pedi**sse** se tu pedi**sses** se ele pedi**sse** se nós pedí**ssemos** se vós pedí**sseis** se eles pedi**ssem**	quando eu pedi**r** quando tu pedi**res** quando ele pedi**r** quando nós pedi**rmos** quando vós pedi**rdes** quando eles pedi**rem**
Pôr	que eu ponh**a** que tu ponh**as** que ele ponh**a** que nós ponh**amos** que vós ponh**ais** que eles ponh**am**	se eu puse**sse** se tu puse**sses** se ele puse**sse** se nós pusé**ssemos** se vós pusé**sseis** se eles puse**ssem**	quando eu puse**r** quando tu puse**res** quando ele puse**r** quando nós puse**rmos** quando vós puse**rdes** quando eles puse**rem**
Sentir	que eu sint**a** que tu sint**as** que ele sint**a** que nós sint**amos** que vós sint**ais** que eles sint**am**	se eu senti**sse** se tu senti**sses** se ele senti**sse** se nós sentí**ssemos** se vós sentí**sseis** se eles senti**ssem**	quando eu senti**r** quando tu senti**res** quando ele senti**r** quando nós senti**rmos** quando vós senti**rdes** quando eles senti**rem**
Dirigir	que eu dirij**a** que tu dirij**as** que ele dirij**a** que nós dirij**amos** que vós dirij**ais** que eles dirij**am**	se eu dirigi**sse** se tu dirigi**sses** se ele dirigi**sse** se nós dirigí**ssemos** se vós dirigí**sseis** se eles dirigi**ssem**	quando eu dirigi**r** quando tu dirigi**res** quando ele dirigi**r** quando nós dirigi**rmos** quando vós dirigi**rdes** quando eles dirigi**rem**

INFINITIVO	PRESENTE	PRETÉRITO IMPERFEITO	FUTURO
Conseguir	que eu consig**a** que tu consig**as** que ele consig**a** que nós consig**amos** que vós consig**ais** que eles consig**am**	se eu consegui**sse** se tu consegui**sses** se ele consegui**sse** se nós conseguí**ssemos** se vós conseguí**sseis** se eles consegui**ssem**	quando eu consegui**r** quando tu consegui**res** quando ele consegui**r** quando nós consegui**rmos** quando vós consegui**rdes** quando eles consegui**rem**
Dizer	que eu dig**a** que tu dig**as** que ele dig**a** que nós dig**amos** que vós dig**ais** que eles dig**am**	se eu disse**sse** se tu disse**sses** se ele disse**sse** se nós dissé**ssemos** se vós dissé**sseis** se eles disse**ssem**	quando eu disse**r** quando tu disse**res** quando ele disse**r** quando nós disse**rmos** quando vós disse**rdes** quando eles disse**rem**
Trazer	que eu trag**a** que tu trag**as** que ele trag**a** que nós trag**amos** que vós trag**ais** que eles trag**am**	se eu trouxe**sse** se tu trouxe**sses** se ele trouxe**sse** se nós trouxé**ssemos** se vós trouxé**sseis** se eles trouxe**ssem**	quando eu trouxe**r** quando tu trouxe**res** quando ele trouxe**r** quando nós trouxe**rmos** quando vós trouxe**rdes** quando eles trouxe**rem**
Ouvir	que eu ouç**a** que tu ouç**as** que ele ouç**a** que nós ouç**amos** que vós ouç**ais** que eles ouç**am**	se eu ouvi**sse** se tu ouvi**sses** se ele ouvi**sse** se nós ouví**ssemos** se vós ouví**sseis** se eles ouvi**ssem**	quando eu ouvi**r** quando tu ouvi**res** quando ele ouvi**r** quando nós ouvi**rmos** quando vós ouvi**rdes** quando eles ouvi**rem**
Haver	que eu haj**a** que tu haj**as** que ele haj**a** que nós haj**amos** que vós haj**ais** que eles haj**am**	se eu houve**sse** se tu houve**sses** se ele houve**sse** se nós houvé**ssemos** se vós houvé**sseis** se eles houve**ssem**	quando eu houve**r** quando tu houve**res** quando ele houve**r** quando nós houve**rmos** quando vós houve**rdes** quando eles houve**rem**
Vestir-se**	que eu me vist**a** que tu te vist**as** que ele se vist**a** que nós nos vist**amos** que vós vos vist**ais** que eles se vist**am**	se eu me vesti**sse** se tu te vesti**sses** se ele se vesti**sse** se nós nos vestí**ssemos** se vós vos vestí**sseis** se eles se vesti**ssem**	quando eu me vesti**r** quando tu te vesti**res** quando ele se vesti**r** quando nós nos vesti**rmos** quando vós vos vesti**rdes** quando eles se vesti**rem**
Divertir-se**	que eu me divirt**a** que tu te divirt**as** que ele se divirt**a** que nós nos divirt**amos** que vós vos divirt**ais** que eles se divirt**am**	se eu me diverti**sse** se tu te diverti**sses** se ele se diverti**sse** se nós nos divertí**ssemos** se vós vos divertí**sseis** se eles se diverti**ssem**	quando eu me diverti**r** quando tu te diverti**res** quando ele se diverti**r** quando nós nos diverti**rmos** quando vós vos diverti**rdes** quando eles se diverti**rem**
Barbear-se**	que eu me barbei**e** que tu te barbei**es** que ele se barbei**e** que nós nos **barbeemos** que vós vos **barbeeis** que eles se barbei**em**	se eu me barbea**sse** se tu te barbea**sses** se ele se barbea**sse** se nós nos barbeá**ssemos** se vós vos barbeá**sseis** se eles se barbea**ssem**	quando eu me barbea**r** quando tu te barbea**res** quando ele se barbea**r** quando nós nos barbea**rmos** quando vós vos barbea**rdes** quando eles se barbea**rem**

INFINITIVO	PRESENTE	PRETÉRITO IMPERFEITO	FUTURO
Maquiar-se**	que eu me maqui**e** que tu te maqui**es** que ele se maqui**e** que nós nos maqui**emos** que vós vos maqui**eis** que eles se maqui**em**	se eu me maquia**sse** se tu te maquia**sses** se ele se maquia**sse** se nós nos maquiá**ssemos** se vós vos maquiá**sseis** se eles se maquia**ssem**	quando eu me maquia**r** quando tu te maquia**res** quando ele se maquia**r** quando nós nos maquia**rmos** quando vós vos maquia**rdes** quando eles se maquia**rem**

** Os verbos irregulares no presente do subjuntivo são: ser, estar, ir, dar, querer e saber.*

*** Formas pronominais*

TEMPOS COMPOSTOS DO MODO SUBJUNTIVO – VERBOS REGULARES

INFINITIVO	PRET. PERF. COMPOSTO	PRET. MAIS-QUE-PERFEITO COMPOSTO	FUTURO COMPOSTO
Amar	que eu **tenha amado** que tu **tenhas amado** que ele **tenha amado** que nós **tenhamos amado** que vós **tenhais amado** que eles **tenham amado**	se eu **tivesse amado** se tu **tivesses amado** se ele **tivesse amado** se nós **tivéssemos amado** se vós **tivésseis amado** se eles **tivessem amado**	quando eu **tiver amado** quando tu **tiveres amado** quando ele **tiver amado** quando nós **tivermos amado** quando vós **tiverdes amado** quando eles **tiverem amado**
Beber	que **tenha bebido** que tu **tenhas bebido** que ele **tenha bebido** que nós **tenhamos bebido** que vós **tenhais bebido** que eles **tenham bebido**	se eu **tivesse bebido** se tu **tivesses bebido** se ele **tivesse bebido** se nós **tivéssemos bebido** se vós **tivésseis bebido** se eles **tivessem bebido**	quando eu **tiver bebido** quando tu **tiveres bebido** quando ele **tiver bebido** quando nós **tivermos bebido** quando vós **tiverdes bebido** quando eles **tiverem bebido**
Partir	que eu **tenha partido** que tu **tenhas partido** que ele **tenha partido** que nós **tenhamos partido** que vós **tenhais partido** que eles **tenham partido**	se eu **tivesse partido** se tu **tivesses partido** se ele **tivesse partido** se nós **tivéssemos partido** se vós **tivésseis partido** se eles **tivessem partido**	quando eu **tiver partido** quando tu **tiveres partido** quando ele **tiver partido** quando nós **tivermos partido** quando vós **tiverdes partido** quando eles **tiverem partido**

▶ INFINITIVO PESSOAL – VERBOS REGULARES

Na língua portuguesa o infinitivo pessoal é conjugado concordando com o sujeito. Ele é descrito em duas formas: simples e composta. É usado quando o sujeito da oração principal é diferente do sujeito cujo verbo está na forma infinitiva.

INFINITIVO	INFINITIVO PESSOAL SIMPLES	INFINITIVO PESSOAL COMPOSTO
Amar	por eu amar por tu amares por ele amar por nós amarmos por vós amardes por eles amarem	por eu ter amado por tu teres amado por ele ter amado por nós termos amado por vós terdes amado por eles terem amado
Beber	por eu beber por tu beberes por ele beber por nós bebermos por vós beberdes por eles beberem	por eu ter bebido por tu teres bebido por ele ter bebido por nós termos bebido por vós terdes bebido por eles terem bebido
Partir	por eu partir por tu partires por ele partir por nós partirmos por vós partirdes por eles partirem	por eu ter partido por tu teres partido por ele ter partido por nós termos partido por vós terdes partido por eles terem partido

▶ OS VERBOS E SEUS COMPLEMENTOS

VERBO TRANSITIVO DIRETO: TD	Transita diretamente para seu complemento sem necessidade de preposição. O complemento desse tipo de verbo chama-se objeto direto.	Nós compramos um pacote de viagem. Comi frutas no café da manhã. Vendo legumes na feira.
VERBO TRANSITIVO INDIRETO: TI	Transita indiretamente para seu complemento por meio de uma preposição. O complemento desse tipo de verbo chama-se objeto indireto.	Eu gosto de MPB. Nós acreditamos em Deus. Concordo com vocês.
VERBO TRANSITIVO DIRETO E INDIRETO: TD(I)	Transita direta e indiretamente para seu complemento.	Enviei um e-mail à diretora da escola. Respondi a pergunta ao professor.
VERBO INTRANSITIVO: INT	Tem sentido completo, não necessita de complemento.	Olívia dormiu. Os estudantes viajaram.

REGÊNCIA VERBAL

Regência verbal é a forma como o verbo relaciona-se com seus complementos, a essa relação damos o nome de regência. Há verbos que admitem mais de uma regência e podem apresentar significados diferentes a depender de seus complementos.

Exemplos: ***Esqueci*** *meu livro na escola.*
Eu me ***esqueci de*** *fazer os exercícios.*

Na tabela indicamos alguns verbos com suas preposições mais usuais.

REGÊNCIA VERBAL		
ir a/para	vir de/a/para/até	se inscrever em
chegar a	sonhar com	passar por
gostar de	falar de/com/a	continuar a
pensar em	estar em	impedir de
preocupar com	ser de	evitar de
competir com/em	morar em	se habituar a
sair de	concordar com	propor de
entrar em	concorrer a/em	sugerir de
esforçar-se em	obrigar-se a	consentir em
aprender a	ameaçar de	ensinar a
prestar atenção em	forçar a	exitar em
insistir em	renunciar a	visar a
começar a	pedir para	cuidar de
incitar a	proibir de	esquecer de
acabar de	terminar de	discutir com/sobre

CORRELAÇÃO ENTRE TEMPOS VERBAIS

PRESENTE DO INDICATIVO + PRESENTE DO SUBJUNTIVO	O planeta espera que sejamos inteligentes e responsáveis.
FUTURO DO SUBJUNTIVO + FUTURO DO PRESENTE DO INDICATIVO	Quando as ODS forem praticadas por todos, poderemos salvar o planeta. Se você fizer mais, terá mais resultados.
PRETÉRITO IMPERFEITO DO SUBJUNTIVO + FUTURO DO PRETÉRITO DO INDICATIVO	Se consumíssemos menos, o planeta estaria bem melhor.
PRETÉRITO PERFEITO DO INDICATIVO + PRETÉRITO IMPERFEITO DO SUBJUNTIVO	A ONU elaborou as ODS para que os problemas fossem solucionados.

VOZ PASSIVA

Na voz passiva, o sujeito da frase não realiza a ação do verbo, mas a recebe de outro agente, o agente da passiva. Este último pode ser identificado ou não na frase e vem introduzido pela preposição **por**.

Exemplo: Mais de 40 milhões de discos de vinil foram vendidos pela indústria fonográfica em 2022.

Formação: A voz passiva analítica também é uma forma composta com o verbo SER + particípio do verbo principal. O tempo verbal do verbo SER pode variar a depender do tempo que a frase expressa (presente, passado ou futuro).

ANEXO 4
RESPOSTAS DOS EXERCÍCIOS

UNIDADE 1

1. a. *1/3 ➡ Um terço 1/4 ➡ Um quarto*
b. *35% ➡ Trinta e cinco por cento*
c. *79% ➡ Setenta e nove por cento*
d. *1° ➡ Primeiro 2° ➡ Segundo 3° ➡ Terceiro*
e. *X Capítulo ➡ Décimo capítulo*
Capítulo VIII ➡ Capítulo oito
f. *2004 ➡ Dois mil e quatro*
g. *1992 ➡ Mil novecentos e noventa e dois*
h. *1500 ➡ Mil e quinhentos*
i. *1879 ➡ Mil oitocentos e setenta e nove*

2.

a. *Fui*	h. *Fez*	o. *Fizemos*
b. *Tive*	i. *Estivemos*	p. *Foi*
c. *Esteve*	j. *Fizeram*	q. *Teve*
d. *Foi*	k. *Tiveram*	r. *Fomos*
e. *Fiz*	l. *Fomos*	s. *Foram*
f. *Estive*	m. *Estiveram*	t. *Foram*
g. *Fui*	n. *Tivemos*	

3.

ESCREVA O QUE ACONTECEU
Chiquinha Gonzaga... *nasceu no dia 17 de outubro de 1847.*
Em 1863... *ela se casou com Jacinto Ribeiro do Amaral.*
Em 1869 ela abandonou o marido.
Em 1906 ela viajou pela terceira vez à Europa e se instalou em Lisboa.
Em 1912 estreou Forrobodó, seu maior sucesso teatral.
Em 1925 ela recebeu homenagem consagradora da SBAT e manifestações de reconhecimento do país inteiro.
Morreu em 28 de fevereiro de 1935, uma quinta-feira. No sábado de Carnaval, 02 de março, realizou-se o primeiro concurso oficial das escolas de samba.

4. *Na sexta-feira, dia 13 de dezembro de 1912, nasceu, no município de Exu, extremo-noroeste do estado de Pernambuco, Luiz Gonzaga do Nascimento.*
Ele cantou, acompanhado de sua sanfona, a música do sertanejo. Levou para todo o país a cultura musical do Nordeste, tocou o baião, o xaxado, o xote e o forró pé de serra. Suas composições também descreveram a pobreza, as tristezas e as injustiças de sua árida terra, o Sertão Nordestino. Foi torcedor declarado do Santa Cruz Futebol Clube.
Luiz Gonzaga ganhou notoriedade com as antológicas canções "Asa branca" (1947), "Juazeiro" (1948) e "Baião de dois" (1950).
Ele foi pai adotivo do músico Gonzaguinha e influenciou outros artistas da MPB, como Raul Seixas, Gilberto Gil e Caetano Veloso.

5.

a. *Dei*	i. *Pudemos*	q. *Saíram*
b. *Vim*	j. *Disseram*	r. *Viemos*
c. *Viu*	k. *Deram*	s. *Quiseram*
d. *Soube*	l. *Dissemos*	t. *Trouxeram*
e. *Pude*	m. *Viram*	u. *Saí*
f. *Soube*	n. *Disse*	v. *Trouxemos*
g. *Quis*	o. *Saímos*	w. *Caiu*
h. *Deu*	p. *Trouxe*	x. *Souberam*

6. *(d) com meu pai. As pessoas dizem que sou a cara dele.*
(e) de andar a cavalo.
(b) pela literatura contemporânea.
(c) de/do Júlio ontem e ele disse que fiz fofoca.
(a) em morar no Brasil no futuro.

(e) da Austrália para o Brasil há 6 anos.
(c) para o primeiro dia de trabalho, fiquei envergonhado diante do chefe.
(a) em Belo Horizonte desde que nascemos.
(b) em conhecer o Japão um dia. Espero que realize esse sonho.
(d) em Deus e acho que ele é brasileiro.

(e) de mais vitaminas para ter boa saúde.
(d) do período de férias para visitar minha família na Inglaterra.
(b) com as crianças para ter um diálogo familiar saudável.
(a) na polícia militar por 30 anos.
(c) com todas as culturas.

7.

DE	EM	COM	POR	PARA
Aproveitar *Precisar* *Trabalhar* *Vir* *Falar* *Morar* *Ser* *Ligar*	*Conversar* *Trabalhar* *Acreditar* *Sonhar* *Vir* *Falar* *Pensar* *Morar* *Escrever* *Ligar*	*Conversar* *Trabalhar* *Simpatizar* *Sonhar* *Vir* *Falar* *Morar* *Parecer-se* *Escrever* *Ligar*	*Conversar* *Trabalhar* *Falar* *Interessar-se* *Pensar* *Escrever*	*Aproveitar* *Trabalhar* *Vir* *Falar* *Escrever* *Ligar*

**Todas as frases do exercício são respostas pessoais.*

8.

PALAVRA-BASE	-ICE	-ISMO	-ISTA	PALAVRA(S) FORMADA(S)
Ex.: Jornal		*x*	*x*	*Jornalismo/jornalista*
Dente			*x*	*Dentista*
Menino	*x*			*Meninice*
Capital		*x*	*x*	*Capitalismo/capitalista*
Velho	*x*			*Velhice*
Real		*x*	*x*	*Realismo/realista*
Meigo	*x*			*Meiguice*
Raça		*x*	*x*	*Racismo/racista*
Tolo	*x*			*Tolice*
Positivo		*x*	*x*	*Positivismo/positivista*
Maluco	*x*			*Maluquice*

9. **a.** *Considerando que pratico carioquices, sou carioca.*
b. *Emocionando-se, ele escondeu as lágrimas.*
c. *Dormindo pouco, sinto dor de cabeça.*
d. *Compreendeu todo o contrato, lendo o texto.*
e. *Bebendo, você não deve dirigir.*
f. *Ouvindo música, fico mais relaxado.*
g. *Bebendo todas as bebidas, tiveram que comprar dos ambulantes.*
h. *Chutando forte, ele fez um gol.*

10. *(f) Não acredito!*
(d) É grátis.
(e) Conte comigo.
(a) Me ajudar.
(b) Atenção.
(c) Gente boa!

11. Sugestão de respostas:
a. *Quando durmo por 8 horas, sinto-me descansado. / Porque dormi 8 horas, sinto-me descansado. / Se dormir 8 horas, sinto-me descansado.*
b. *Se estudar, você pode aprender português rapidamente.*
c. *Quando misturamos bem os ingredientes, o bolo fica mais macio. / Se misturar bem os ingredientes, o bolo fica mais macio.*
d. *Porque reclamei, não precisei pagar pelo mau serviço. / Quando reclamei, não precisei pagar pelo mau serviço.*
e. *Quando vejo o mar, sinto-me muito bem. / Porque vejo o mar, sinto-me muito bem. / Se vejo o mar, sinto-me muito bem.*
f. *Se não festejarem, os brasileiros se sentem tristes. / Quando não festejam, os brasileiros se sentem tristes.*
g. *Porque adiantei a compra das passagens, paguei mais barato. / Quando adiantei a compra das passagens, paguei mais barato.*
h. *Quando viram a polícia, os ladrões abandonaram a cena do crime. / Porque viram a polícia, os ladrões abandonaram a cena do crime.*

12. *Resposta pessoal.*

UNIDADE 2

1. a. *me* c. *a* e. *nos* g. *as*
   b. *te* d. *o* f. *os* h. *os*

2. a. *Vejo-os porque são inspiradores.*
   b. *Nós os fazemos para aprender a matéria.*
   c. *Encontrei-o após anos e finalmente matamos a saudade.*
   d. *Ele o atravessou em um barco a remo. / Atravessou-o em um barco a remo.*
   e. *Ajude-me a escrevê-los.*
   f. *As pessoas voltaram a enviá-los.*
   g. *Puseram-nas sobre a mesa.*
   h. *Guardaram-nas em uma caixa de sapato.*
   i. *Deixei-a na escola.*
   j. *Você pode levá-las para casa?*

3. a. *a* f. *a*
   b. *-no* g. *nos*
   c. *me* h. *a*
   d. *-o* i. *-na*
   e. *o* j. *-no*

4. a. *Tinha* g. *Ouvíamos*
   b. *Fazia* h. *Pediam*
   c. *Estávamos* i. *Pensava*
   d. *Ia* j. *Levantava-me*
   e. *Vinha* k. *Tinham*
   f. *Era* l. *Eram*

5. a. *era / praticava*
   b. *gostavam*
   c. *tinha*
   d. *tinha / vinham*
   e. *curtia*
   f. *era*
   g. *escutávamos*

6. *Resposta pessoal.*

7. a. *Ele comprou o apartamento quando/enquanto os juros estavam baixos.*
   b. *Amyr Klink atravessou o Atlântico quando tinha 24 anos.*
   c. *As câmeras digitais foram um sucesso quando/ enquanto só existia tecnologia analógica.*
   d. *Os CDs revolucionaram o armazenamento digital quando/enquanto não havia a nuvem de dados.*
   e. *Choveu quando nós saímos de casa.*

8. *Eu e minha família estávamos de férias. Era inverno e o tempo estava muito frio. O sol estava brilhando, não tinha nuvem no céu, mas a temperatura estava abaixo de zero. O dia estava calmo, mas ao meio-dia o noticiário reportou uma grande nevasca: as nuvens surgiram, o céu ficou escuro, sentimos a umidade que condensou em neve. Meus pais se prepararam para nos levar para a estação de esqui. Finalmente íamos ter a chance de usar os novos sapatos de esquiar. Era um dia cinza-escuro, mas muito feliz para turistas de um país tropical. Eu corri para a fila do teleférico, enquanto descia a montanha sentia o vento gelado no rosto. Que maravilha foram essas férias!*

9. a. *tenho visto / começou*
   b. *comecei / tenho tido*
   c. *caiu / tenho recebido*
   d. *compramos / temos feito*
   e. *tenho enviado / baixei*
   f. *têm ido / popularizou-se*
   g. *voltou / têm comprado*

10. Sugestão de respostas:
    a. *Ela tem tido insônia.*
    b. *Ele tem se exercitado.*
    c. *Ela tem viajado muito.*
    d. *Ela tem cozinhado muito.*

11. a. *Os estudantes têm trabalhado muito nos cursos de verão.*
    b. *Neste inverno tem feito muito frio.*
    c. *Ultimamente nós temos assistido a muita televisão.*
    d. *Este mês tem sido muito corrido.*
    e. *As crianças têm faltado a muitas aulas.*
    f. *Desde que moramos em um país de cultura diferente nós temos aprendido muito.*

12. a. *Quarenta milhões de discos foram vendidos pelas lojas.*
    b. *Os exercícios são feitos pelos estudantes.*
    c. *O cartão-postal foi criado por Emmanuel Hermann em 1869.*
    d. *O primeiro cartão-postal foi escrito por europeus no Império Austro-Húngaro.*

13. a. *Será que eles foram roubados?*
    b. *Será que eles foram presos?*
    c. *Será que ela foi multada?*
    d. *Será que ela foi inventada?*

14. a. *II. no entanto*
    b. *III. Ou seja/mas*
    c. *I. mas também*

15.

	OPERADOR ARGUMENTATIVO	FUNÇÃO
1	*Pois*	*Explicação*
2	*Já que*	*Explicação*
3	*Por exemplo*	*Exemplificação*
4	*Nesse sentido*	*Conclusão*
5	*Não apenas... mas também...*	*Adição*
6	*Ou seja*	*Redefinição*
7	*Assim*	*Conclusão*
8	*Além de*	*Adição*

16. a. *O ônibus sairá às 19 horas. / O ônibus sai às 19 horas. / O ônibus vai sair às 19 horas.*
b. *Ana passará na sua casa mais tarde. / Ana passa na sua casa mais tarde. / Ana vai passar na sua casa mais tarde.*
c. *Rafael trará presentes ao voltar de viagem. / Rafael traz presentes ao voltar de viagem. / Rafael vai trazer presentes ao voltar de viagem.*

UNIDADE 3

1. a. *Fale*
b. *Possa*
c. *Peça*
d. *Entenda*
e. *Consulte*
f. *Discuta*
g. *Compre*
h. *Pratique*
i. *Estude*
j. *Fale*
k. *Façamos*
l. *Compremos*
m. *Busquemos*
n. *Invistamos*
o. *Venhamos*

2. a. *estude*
b. *cheguem*
c. *entendam*
d. *seja*
e. *façamos*
f. *leia*
g. *apoiem*
h. *pratiquem*
i. *sejamos*
j. *abram*
k. *envie*
l. *apresente*
m. *tenha*
n. *saiba*
o. *mudemos*
p. *fale*
q. *estude*

3. a. *É provável que mudemos para o Brasil.*
b. *É possível que eu trabalhe no fim de semana.*
c. *É melhor que eu estude português antes de morar no Brasil.*
d. *É preciso que você estabeleça uma visão a longo prazo de onde quer chegar.*
e. *Basta que você peça e ele agendará uma reunião.*
f. *É possível que os jovens escolham as profissões mais ligadas à tecnologia.*

4. *F – V – F – V – V*

5. *Resposta pessoal.*

6. a. *empregos verdes*
b. *posto de trabalho / currículo*
c. *emergente*
d. *rotatividade*
e. *cargo*
f. *requalificação*
g. *RH (recursos humanos)*
h. *curso de capacitação*
i. *aprimoramento*
j. *vagas de emprego*
k. *entrevista de emprego*

7. a. *Já tinha estudado.*
b. *Já tinha lido.*
c. *Já tinha feito.*
d. *já tinha mandado.*
e. *Nunca tinham estudado.*
f. *Já tinha sido preenchida.*
g. *Tinha esquecido.*

8. a. *Quando cheguei ao Brasil, eu já tinha trabalhado em duas empresas internacionais.*
b. *Nós já tínhamos feito um treinamento, por isso alcançamos os melhores resultados.*
c. *Quando ela mudou para o Brasil, já tinha estudado português e feito/fez o exame Celpe-Bras.*
d. *Ele já tinha tido experiência naquela função, por isso conseguiu o trabalho.*
e. *Ele já tinha feito a revalidação do diploma antes de atuar como médico no Brasil.*
f. *Nós contratamos os estrangeiros que já tinham trabalhado na função e comprovaram a experiência profissional.*

9. Sugestão de respostas:
a. porque já tinha comprado tudo o que precisava na semana passada.
b. porque a vaga tinha solicitado Excel avançado.
c. porque já tinham estudado em muitas escolas.
d. porque já tinha se vacinado meses antes.
e. porque já tinha comprovado proficiência em inglês.
f. porque ele já tinha ficado desatualizado desde a última vez que o redigi.
g. porque já tinha lido a biografia dele.
h. porque elas tinham ficado pequenas.

10. a. 1. planejamos / 2. moram / 3. viajemos / 4. é / 5. podemos / 6. fiquemos / 7. visitemos / 8. durmamos
b. 1. vai / 2. tenha / 3. está / 4. divida / 5. viva / 6. seja

11. Sugestão de respostas (as frases precisam ser completadas com informações coerentes):
 a. *Apesar de morar longe do trabalho...*
 b. *Conquanto tenha pouca experiência comprovada no Brasil...*
 c. *Ainda que eu esteja cursando a universidade...*
 d. *Embora meu nível de português seja intermediário...*
 e. *Se bem que minha cultura seja diferente da cultura brasileira...*
 f. *Independentemente de meu conhecimento de informática ser básico...*

12. a. *Joaquim deu-lhe os materiais.*
 b. *Maurício enviou-lhes as encomendas.*
 c. *Deram-me os ingressos do filme.*
 d. *Contaram-lhes as boas notícias assim que chegaram.*
 e. *Entregaram-lhe a encomenda antes do meio-dia.*
 f. *Os inquilinos nos pagaram o aluguel em atraso.*

13. a. *para os alunos* ➡ *O professor explicou-lhes a gramática.*
 b. *ao seu filho* ➡ *Michele contou-lhe uma história.*
 c. *para minha tia* ➡ *Enviei-lhe uma carta.*
 d. *ao amigo* ➡ *Erika entregou-lhe o presente.*
 e. *aos familiares* ➡ *Roberto ofereceu-lhes condolências.*
 f. *ao colega* ➡ *Ela agradeceu-lhe pelo trabalho de equipe.*

14. a. 1. *o* / 2. *lhe* / 3. *o* / 4. *o* / 5. *adotá-lo* / 6. *lhes*
 b. 1. *me* / 2. *lhe* / 3. *me* / 4. *lhe* / 5. *me* / 6. *me* / 7. *os* / 8. *-lhe* / 9. *me*

3. a. *Falasse*
 b. *Pudesse*
 c. *Pedisse*
 d. *Entendesse*
 e. *Consultasse*
 f. *Discutisse*
 g. *Comprasse*
 h. *Praticasse*
 i. *Estudasse*
 j. *Falasse*
 j. *Fizéssemos*
 k. *Comprássemos*
 l. *Buscássemos*
 m. *Investíssemos*
 n. *Viéssemos*

4. a. *decidisse*
 b. *aprendesse*
 c. *tivéssemos*
 d. *viessem*
 e. *soubesse*
 f. *encontrassem*
 g. *pensasse*
 h. *pudéssemos*
 i. *buscasse*

5. a. *Se eles conhecessem melhor a cultura brasileira, se adaptariam mais rapidamente.*
 b. *Se ele estudasse português antes de se mudar, se comunicaria com mais facilidade.*
 c. *Se ela entendesse as leis de imigração, não teria problemas legais.*
 d. *Se os estrangeiros participassem de atividades locais, fariam mais amigos brasileiros.*

6. a. *Eles apreciam tanto a música brasileira, é como se fossem daqui.*
 b. *Ela fala português tão bem, é como se fosse sua língua materna.*
 c. *Eles se integram nas festividades locais tão facilmente, é como se fossem brasileiros.*
 d. *Ela tem tanto carinho pelo Brasil, é como se aqui fosse seu verdadeiro lar.*

7. a. *Quem me dera que ela pudesse visitar o Brasil este ano!*
 b. *Quisera eu que eles entendessem a língua portuguesa tão bem quanto nós!*
 c. *Quem me dera que ela vivesse no Rio de Janeiro!*
 d. *Quisera eu que nós tivéssemos mais tempo para explorar o Brasil!*

8. a. *De mais a mais*
 b. *Cada vez mais*
 c. *cada vez menos*
 d. *De pouco a pouco*
 e. *cada vez mais*
 f. *De mais a mais*

9. a. *teria tido*
 b. *teria conseguido*
 c. *teriam alcançado*
 d. *teríamos podido*
 e. *teriam assistido*
 f. *teria se divertido*
 g. *teria compreendido*

10. a. *Quero conhecer um museu que tenha obras interativas.*
 b. *Prefiro visitar espaços ao ar livre que permitam mais contato com a natureza.*
 c. *Assista a um espetáculo de dança brasileiro que apresente ritmos e performances energizantes.*

▶ UNIDADE 4

1. *(d) Revelar*
 (e) Parar a insistência
 (b) Não continuar/Não dar importância
 (a) Abandonar
 (c) Permitir que aconteça
 (i) E não é só isso
 (f) Sem considerar
 (g) Considerar
 (j) Deixar/Abandonar
 (h) Saber antes

2. 1 *deixar para trás*
 2 *deixar de lado*
 3 *deixar correr*
 4 *deixar de falar*
 5 *deixar de estudar*
 6 *deixar de fugir*
 7 *deixar de mentir*
 8 *deixar de esconder*
 9 *deixar de implicar*
 10 *deixar de insistir*

d. *Desejo participar de um carnaval de rua que mostre as verdadeiras tradições carnavalescas.*
e. *Participe de um evento local que apresente um repertório culturalmente interessante.*
f. *Prefiro observar uma arte concreta que mostre um significado mais tangível.*

11. a. *Desejo visitar cidades que tenham cultura gastronômica diversificada.*
b. *Ela precisa praticar português com falantes que sejam nativos.*
c. *Queremos estudar lições que tenham dicas úteis para falar português.*
d. *Eles buscam um restaurante tradicional que tenha preço acessível.*
e. *Nesta viagem queremos passeios que sejam emocionantes.*
f. *Meus chefes desejam contratar um funcionário que seja criativo.*

12. a. *Queremos fazer uma viagem que seja marcante.*
b. *Acho que a viagem que marca é aquela que um dia já foi um sonho.*
c. *Mudar radicalmente a vida que é muito estável pode causar um choque.*
d. *Ele quer uma mudança de vida que seja radical.*
e. *Compramos ingressos que são difíceis de conseguir de última hora.*
f. *Precisamos de ingressos que sejam baratos, pois já estouramos o orçamento.*
g. *Eu acredito que posso conquistar todos os meus objetivos.*

13. a. *coreógrafo*
b. *coreografia*
c. *diretor artístico*
d. *diretor técnico*
e. *cenário*
f. *figurino*
g. *iluminação / palco*
h. *movimentos / dança*
i. *sincronia*
j. *acústica / música*
k. *espetáculo*

14. Resposta a depender do ano de consulta, mas alguns nomes principais são:
a. *Tarsila do Amaral / Principal obra:* Abaporu *(1928)*
b. *Candido Portinari / Principal obra:* Guerra e paz *(1952-1956)*
c. *Vicente do Rego Monteiro / Principal obra:* A Batalha dos Guararapes *(1954)*
d. *Anita Malfatti / Principal Obra:* A boba *(1915-1916)*
e. *Hélio Oiticica / Série:* Parangolés *(1964-1979)*

15. ▶ A visita, *Eliseu Visconti (1928)*
A pintura retrata o portão da casa do pintor em Copacabana, o qual em outras pinturas de Eliseu Visconti é parte da paisagem; agora é elemento de destaque, logo em primeiro plano. Entreaberto, deixa ver a visita que chega com uma menina pequena, ambas segurando com uma mão nas grades de ferro. Yvonne foi modelo para mais essa pintura, mas parece que o objetivo não era fazer-lhe o retrato, e sim recriar uma cena corriqueira, ocorrida com tantas outras personagens. Por sobre os ombros da moça, descortina-se a paisagem que Visconti tinha da entrada de sua casa, também registrada em outras pinturas. As bananeiras surgem imponentes do lado direito, fazendo contraponto com um alto poste de eletricidade à esquerda, elemento que se repete várias vezes, representado bastante tênue, descendo a ladeira, símbolo do avanço do progresso. O azul do céu e do mar no horizonte alto dialoga com o tom mais forte do mesmo azul, no vestido da visitante. No verso, apresenta restos de etiqueta da coleção Raul Paletto, colada na trave superior do chassi, em que se pode ler o título registrado: "Retrato de mulher e filia". No catálogo da Sala Especial "Arte Brasileira do século XIX – O perfil de uma coleção", foi reproduzida com o título A família.

Fonte: https://bit.ly/4hsFu6u (Acesso em: 11 set. 2024. Adaptado.)

▶ Ciclo do ouro, *Rodolfo Amoedo (1920)*
A obra foi produzida com tinta a óleo sobre tela. Suas medidas são: 222 centímetros de altura e 132 centímetros de largura. Faz parte de Museu do Ipiranga. O quadro retrata um homem de pele clara com cabelos e denso bigode escuros, usando um chapéu de palha com laterais curvadas para cima, trajando calça marrom folgada por cima de uma camisa branca e botas. O homem encontra-se em pé, com um chicote grande marrom sobre o braço direito, enquanto põe a mão esquerda em uma peneira, segurada pelas duas mãos de um homem negro, que veste somente um calção bege e está ligeiramente curvado em direção ao homem de bigode, em pose de submissão. Ao fundo, há dois indígenas que trabalham e conversam no segundo plano, observando os homens no primeiro plano. O cenário é de uma colina esverdeada, com o pico do Itacolomi.

Fonte: https://bit.ly/4hogKfx (Acesso em: 11 set. 2024. Adaptado.)

▶ UNIDADE 5

1. (*g*) (*b*) (*e*) (*f*)
(*a*) (*h*) (*d*) (*c*)

2. a. *economia*
b. *especializadas para o público negro*
c. *carreira e negócios*
d. *política*
e. *em quadrinhos*
f. *cultura e sociedade*

3. a. *tivesse falado*
b. *tivesse encontrado*
c. *tivesse pedido*
d. *tivessem entendido*
e. *tivesse implementado*
f. *tivessem praticado*
g. *tivessem estudado*
h. *tivesse dito*
i. *tivéssemos buscado*
j. *tivéssemos investido*
k. *tivéssemos vindo*
l. *tivesse tido*

4. a. *tivesse participado*
b. *tivéssemos organizado*
c. *tivesse falado*
d. *tivéssemos planejado*
e. *tivesse convidado*

5. a. *Eu teria participado de grupos de discussão sobre igualdade racial se tivesse procurado por esses grupos ativamente.*
b. *Eu teria me educado sobre microagressões raciais se tivesse assistido a workshops e palestras.*
c. *Eu teria lido sobre a história do racismo se tivesse dedicado mais tempo à leitura.*
d. *Eu teria promovido a diversidade e a inclusão na minha empresa se tivesse implementado programas de diversidade.*
e. *Eu teria apoiado financeiramente organizações que lutam contra o racismo se tivesse sabido como contribuir.*

6. a. *tivesse adotado / teriam sido*
b. *tivessem denunciado / teria mudado*
c. *tivesse incluído / teriam crescido*
d. *tivessem priorizado / teriam sido*
e. *tivessem representado / teria sido*
f. *tivessem tratado / teriam sido*
g. *tivesse recebido / teriam sido*
h. *tivessem sido / teria diminuído*

7. Sugestão de respostas:
a. *Professores exigem melhores salários.*
b. *Governos discutem novas medidas de segurança.*
c. *Médicos alertam sobre os perigos do tabagismo.*
d. *Empresas investem em tecnologia sustentável.*
e. *Cientistas descobrem cura para doença rara.*
f. *Líderes mundiais assinam acordo de paz.*
g. *Agricultores pedem subsídios ao governo.*
h. *Voluntários ajudam vítimas de desastres naturais.*

8. a. *Defesa dos direitos humanos.*
b. *Protesto contra a violência urbana.*
c. *Pedido por políticas ambientais mais rigorosas.*
d. *Reivindicação de acesso à educação gratuita.*
e. *Luta por aumento salarial.*
f. *Promoção de campanha de conscientização sobre racismo.*
g. *Apoio à reforma política.*
h. *Organização de manifestação contra o desmatamento.*
i. *Denúncia de discriminação de minorias.*
j. *Busca às vítimas do acidente.*

9. a. *campanha eleitoral*
b. *Tribunal Superior Eleitoral (TSE)*
c. *título de eleitor*
d. *urnas*
e. *voto eletrônico*
f. *voto em branco*
g. *voto nulo*
h. *votos válidos*
i. *candidato / segundo turno*
j. *partido político*
k. *candidato*
l. *eleição*

10. (*b*) (*d*) (*a*) (*c*)

11. *incerto*
ilegal
irrelevante
irresponsável
desorganizado
desempacotar
insensível
incapaz
impossível
indigna

a. *O conselho foi irrelevante, porque o adolescente fez exatamente o contrário do que foi aconselhado.*
b. *Eles precisaram desempacotar os móveis para a nova casa.*
c. *O diagnóstico era incerto, por isso buscaram outra opinião.*
d. *Aquela atitude foi considerada indigna e inaceitável pela sociedade.*
e. *Ele era irresponsável e traiu a confiança de todos.*
f. *O assistente parecia incapaz no começo, mas ele conseguiu finalizar o projeto.*
g. *O escritório estava completamente desorganizado, com papéis espalhados por toda parte.*
h. *O protesto foi considerado ilegal e resultou em penalidades.*
i. *Ele foi insensível com os sentimentos dos colegas, o que causou desconforto.*
j. *Eles perceberam que era impossível terminar o projeto até o fim do mês.*

12. *amoral*
intercontinental
transformação
transatlântico
interdisciplinar
internacional
atípico
interativa

a. *A equipe de cientistas conduziu uma pesquisa interativa para entender melhor o fenômeno.*
b. *A empresa está planejando uma transformação que vai mudar completamente seu modelo de negócios.*
c. *A LGBTfobia é uma postura amoral e injusta.*
d. *A colaboração interdisciplinar entre os departamentos é essencial para o sucesso do projeto.*
e. *O voo intercontinental foi longo, mas valeu a pena pela experiência de conhecer outro continente.*

f. *O cruzeiro transatlântico oferece uma experiência única.*
g. *Eles participaram de uma conferência internacional para discutir questões globais.*
h. *O comportamento das tropas inimigas foi atípico.*

13. *Ordem adequada: c, a, e, d, f, b*
Título: Resposta pessoal.
Olho: Resposta pessoal.

UNIDADE 6

1. a. *efeito estufa*
b. *tempestades*
c. *seca*
d. *desmatamento*
e. *aquecimento global*
f. *safra*
g. *enchentes*
h. *sindemia global*
i. *mudanças climáticas*

2. a. *preservarmos*
b. *reduzirem*
c. *reciclarmos*
d. *adotarem*
e. *contribuirmos*
f. *plantarmos*
g. *participarem*
h. *não desperdiçarem*
i. *investir*
j. *combater*
k. *doarmos*
l. *educarmos*
m. *participarem*
n. *prepararmos*
o. *mobilizarem*

3. a. *Recicle*
b. *economizar*
c. *adotemos*
d. *Desligue*
e. *reduzam*
f. *não joguem*
g. *plantar*
h. *contribuamos*
i. *Evitemos*
j. *promover*

4. a. *I. reduzir*
b. *II. Recicle*
c. *II. preservemos*
d. *II. Desligue*
e. *III. adotem*
f. *II. Economize*
g. *I. reduzir*
h. *II. faça*

5. a. *Fizer*
b. *Puder*
c. *Pedir*
d. *Entendermos*
e. *Consultarmos*
f. *Discutirem*
g. *Comprarem*
h. *Praticar*
i. *Estudarem*
j. *Falar*
k. *Fizermos*
l. *Comprar*
m. *Buscarmos*
n. *Investirem*
o. *Viermos*

6. a. *chegarem*
b. *ocorrer*
c. *entrar*
d. *continuarem*
e. *atingir*
f. *evitarmos*
g. *plantarem*
h. *seguirmos*
i. *espalhar-se/ se espalhar*
j. *intensificar-se/ se intensificar*

7. *(e) (d) (b) (c) (f) (a)*

8. Sugestão de perguntas:
a. *O que será que podemos fazer para reduzir a poluição do ar nas grandes cidades?*
b. *Quem é que está liderando a campanha de reciclagem na sua comunidade?*
c. *Onde é que você aprendeu sobre compostagem doméstica?*
d. *Quanto é que custa instalar painéis solares em uma residência?*
e. *Onde é que podemos encontrar pontos de coleta seletiva na cidade?*

9. a. *por que*
b. *Por quê?*
c. *Por que / Porque*
d. *porque*
e. *porquê*
f. *porque*
g. *Por que*
h. *porque*
i. *Por que*
j. *porque*

10. a. I. *tivesse / aprenderia*
II. *morássemos / visitaríamos*
III. *soubesse / iria*
IV. *trabalhasse / receberia*
V. *pudéssemos / conheceríamos*

b. I. *reciclar / reduziremos*
II. *adotarem / ficará*
III. *usarmos / diminuiremos*
IV. *economizarem / preservaremos*
V. *ensinarem / crescerão*

c. I. *implementou / fosse*
II. *organizaram / se engajasse*
III. *adotou / fossem*
IV. *desenvolveram / fosse*
V. *incluíram / aprendessem*

UNIDADE 7

1. *(b) (e) (g) (a) (i) (c) (h) (f) (d)*

2. 1. *(d)* 2. *(a)* 3. *(f)* 4. *(b)* 5. *(g)* 6. *(e)* 7. *(c)* 8. *(h)* 9. *(i)*

3. *(h)*
(f)
(d)
(j)
(l)
(n)
(e)
(i)
(k)
(m)
(c)
(b)
(a)
(g)

4. a. *Davi dizia que usava redes sociais todos os dias. Ele acreditava que elas eram uma ótima maneira de manter contato com amigos e familiares.*

No entanto, às vezes sentia que passava tempo demais nelas. Sua irmã sempre o lembrava de equilibrar seu tempo on-line com outras atividades. Ela falava que ele deveria sair mais e aproveitar o mundo real. Ele concordava com ela, mas achava difícil resistir à tentação de checar as notificações constantemente.

b. *Rakel disse que tinha postado muitas fotos pessoais nas redes sociais. Ela tinha recebido muitos comentários e curtidas, mas depois tinha percebido que tinha compartilhado informações demais. Seu amigo João a tinha alertado sobre os riscos de superexposição. Ele tinha comentado que ela deveria ser mais cuidadosa com o que compartilhava on-line. Ela tinha refletido sobre isso e tinha decidido apagar algumas postagens.*

c. *Ana disse que participaria de um reality show no mês seguinte. Ela achava que seria uma experiência incrível e uma oportunidade única de mostrar sua personalidade para o público. Sua mãe sempre a tinha apoiado e tinha dito que ela se sairia muito bem e faria muitos amigos. Ela acreditava que aprenderia muito e cresceria como pessoa durante o programa.*

5. a. *João disse: "Eu estudo todas as noites para os exames".*
b. *Maria comentou: "Eu trabalho em um projeto importante na empresa".*
c. *Ana explicou: "Eu li todos os livros da série".*
d. *Carlos afirmou: "Eu completei a maratona em menos de quatro horas".*
e. *Luísa contou: "Eu fiz um curso de culinária na Itália".*
f. *Marcos disse: "Eu abrirei um restaurante no centro".*
g. *Clara comentou: "Eu adotarei um cachorro de grande porte".*

6. a. *(6)* b. *(3)* c. *(4)* d. *(3)* e. *(4)* f. *(1)* g. *(6)* h. *(5)* i. *(2)* j. *(1)*

7. a. *Gatinho*
b. *Cervejinha*
c. *Florzinha*
d. *Amorzinho*
e. *Menininho*
f. *Pãozinho*
g. *Bolinha*
h. *Janelinha*
i. *Solzinho*
j. *Carrinho*
k. *Amiguinho*
l. *Benzinho*
m. *Lindinho*
n. *Docinho*
o. *Coraçãozinho*
p. *Leãozinho*
q. *Bonequinha*
r. *Arvorezinha*
s. *Tardezinha*
t. *Chuchuzinho*
u. *Denguinho*

8. *(e)* *(c)* *(a)* *(d)*
(h) *(b)* *(j)*
(i) *(f)* *(g)*

9. a. 1 *competidores*
2 *confinamento*
3 *ambiente*
4 *mentiras*
5 *fofocas*
6 *audiência*
7 *competidores*
8 *brigas*
9 *intrigas*
10 *prêmio*
11 *calar-se*

b. 1 *lidar*
2 *exibir-se*
3 *gabar-se*
4 *ostentação*
5 *privacidade*
6 *discrição*
7 *rolar*
8 *cutucar*
9 *provocar*
10 *desconfiômetro*

10. *Resposta pessoal.* (O aluno deve apontar os pontos fracos e fortes destacando como isso pode auxiliar o candidato a ter o favor do público em uma situação de reality show de confinamento.)

UNIDADE 8

1. a. *plenitude*
b. *autoconhecimento*
c. *bem-estar*
d. *resiliência*
e. *Mindfulness*
f. *autoestima*
g. *satisfação*
h. *equilíbrio*
i. *autêntica*
j. *crescimento pessoal*

2. a. *Maria disse que ela lhe entregaria o relatório no dia seguinte.*
b. *João perguntou se eu podia ajudá-lo com a lição de casa.*
c. *Ana afirmou que nós os encontraríamos no parque às 15 horas.*
d. *Pedro comentou que ela nos havia/tinha convidado para a festa dela.*
e. *Carla disse que ela lhes enviaria o convite por e-mail.*
f. *Lucas disse que ele me enviaria uma mensagem mais tarde.*

3. a. *Júlia perguntou: "Eu posso acompanhá-los até a estação?".*

b. *Roberto disse: "Eu lhes darei uma resposta em breve".*
c. *Fernanda afirmou: "Eles nos informaram sobre a mudança de horário".*
d. *Ricardo comentou: "Ela me ligará assim que possível".*
e. *Sofia disse: "Eu os encontrarei no restaurante às 19 horas".*
f. *Daniel perguntou: "Você pode me emprestar seu livro?".*

4. a. *tiver terminado*
b. *tiver conseguido*
c. *tivermos juntado*
d. *tiver aprendido*
e. *tiver mudado*
f. *tivermos comprado*
g. *tiver feito*
h. *tiver pagado*
i. *tiver construído*
j. *tiver conhecido*

5. Sugestão de respostas:
a. *Depois que tiver tomado café, correrei no parque.*
b. *Quando tiver ficado rico, viajarei pelo mundo.*
c. *Quando tiver visitado o Rio de Janeiro, curtirei o Carnaval intensamente.*
d. *Depois que tiver aprendido português, assistirei a filmes sem legendas.*

6. a. $_{1}$*tiver alcançado* / $_{2}$*saberei* / $_{3}$*Será* / $_{4}$*tiver identificado* / $_{5}$*poderei*
b. $_{1}$*tiver concluído* / $_{2}$*buscarei* / $_{3}$*Será*
c. $_{1}$*tiver economizado* / $_{2}$*planejarei* / $_{3}$*enriquecerá* / $_{4}$*me ajudará* / $_{5}$*tiver aprendido* / $_{6}$*facilitará* / $_{7}$*abrirá*
d. $_{1}$*tiver construído* / $_{2}$*pretenderei* / $_{3}$*Será* / $_{4}$*tiver contribuído* / $_{5}$*farei*

7. a. *Vai com Deus!*
b. *Sabe Deus quando!*
c. *Pelo amor de Deus!*
d. *Deus me livre!*
e. *Minha Nossa (Senhora)!*
f. *Deus e o mundo.*
g. *Deus é quem sabe!*
h. *ao deus-dará.*
i. *Fique com Deus!*

8. a. *paz e prosperidade*
b. *desejo*
c. *prosperidade e dinheiro*
d. *dinheiro*
e. *sorte e felicidade*
f. *progresso e sucesso*

9. a. *israelense*
b. *o culto*
c. *funeral*
d. *a criancice*
e. *elasticidade*

10. a. *Os médicos tinham realizado várias cirurgias complexas.*
b. *Os alunos tinham estudado todas as matérias antes da prova.*
c. *O governo está implementando novas políticas públicas.*
d. *A empresa havia lançado um novo produto no mercado.*
e. *Os cientistas tinham descoberto a cura para a doença.*
f. *Os engenheiros estavam construindo uma nova ponte.*

11. a. *Novas espécies têm sido descobertas pelos cientistas.*
b. *Um novo produto está sendo desenvolvido pela empresa.*
c. *O projeto tinha sido concluído por eles antes do prazo.*
d. *Novos edifícios têm sido projetados pelos engenheiros.*
e. *A nova campanha está sendo promovida pela equipe de marketing.*
f. *Os resultados do estudo tinham sido publicados pelos pesquisadores.*
g. *Muitos pacientes têm sido tratados pelos médicos.*
h. *Uma nova fábrica está sendo construída pela empresa.*

12. Sugestão de respostas:
a. *a família*
b. *procissão*
c. *o aniversário*
d. *autoestima*
e. *equilíbrio*
f. *a mente*
g. *a fé*
h. *a carreira*
i. *um propósito*
j. *mudança*

▶ UNIDADE 9

1. *(g) Turismo de base comunitária*
(e) Turismo doméstico
(a) Turismo termal
(b) Turismo gastronômico
(f) Turismo sustentável
(d) Volunturismo
(c) Turismo rural

2. Os **verbos** que introduzem o discurso indireto podem variar.
a. *Ele(a)* ***exclamou*** *que* ***naquele*** *momento* ***tinha entendido*** *como resolver* ***aquele*** *problema.*
b. *Ele(a)* ***disse*** *que* ***lá era*** *onde ele* ***tinha crescido*** *e* ***passado*** *sua infância.*

c. *Ele(a)* ***afirmou*** *que* ***no dia seguinte visitaria*** *aquele museu famoso.*

d. *Eles(as)* ***exclamaram*** *que* ***aquele*** *dia* ***era*** *o mais quente que* ***já tinham experimentado.***

e. *Eles(as)* ***afirmaram*** *que* ***aquele era*** *o melhor restaurante da cidade.*

f. *Ele(a)* ***disse*** *que Joana não* ***estava.*** *Ela* ***tinha saído naquele momento.***

3. a. *Agora estou muito feliz!*

b. *Ontem encontrei um amigo de infância.*

c. *Na próxima semana viajaremos para o exterior.*

d. *Este é o livro mais interessante que já li!*

e. *Aqui é onde trabalho há cinco anos.*

f. *No próximo mês começaremos um novo projeto.*

g. *Vamos ao cinema amanhã.*

4. Os **verbos** que introduzem o discurso indireto podem variar.

a. *Ele* ***disse*** *que esperava que pudesse explorar todas as atrações turísticas da cidade.*

b. *Ela* ***mencionou*** *que, se eles tivessem mais tempo, visitariam mais lugares históricos.*

c. *Ele* ***afirmou*** *que, se soubesse sobre essa atração antes, teria a incluído no roteiro.*

d. *Ela* ***disse*** *que, quando eles visitassem o museu, aprenderiam muito sobre a história local.*

e. *Ela* ***disse*** *que queria que todos aproveitassem ao máximo a experiência cultural.*

f. *Ele* ***falou*** *que mesmo que tivessem planejado tudo, imprevistos poderiam acontecer durante a viagem.*

g. *Ela* ***afirmou*** *que, se fosse rica, viajaria pelo mundo inteiro.*

5. a. *Ela mencionou: "Se nós viajarmos para a Europa, visitaremos muitos museus".*

b. *Ele afirmou: "É essencial que todos conheçam as belezas naturais do Brasil".*

c. *Maria disse: "Espero que vocês aproveitem cada momento da viagem".*

d. *João comentou: "Embora nós tenhamos planejado a viagem, ainda precisamos confirmar as reservas".*

e. *Ana afirmou: "É importante que nós experimentemos a culinária local".*

f. *Carla mencionou: "Espero que nós encontremos boas ofertas de hospedagem".*

g. *Ele comentou: "Embora nós tenhamos visitado muitos pontos turísticos, ainda falta conhecer alguns lugares".*

6. a. *Passar por problemas.*

b. *Uma festa folclórica.*

c. *O cortejo da procissão.*

d. *Passar férias na roça.*

e. *Comida típica.*

f. *Passar um tempo.*

g. *Passar por perrengue.*

h. *Povos escravizados.*

7. Os **verbos** que introduzem o discurso indireto podem variar. Sugestão de respostas:

a. ***Ana disse*** *que* ***esperava*** *que todos* ***pudessem*** *participar da viagem de turismo de base comunitária.* ***Ela mencionou que seria*** *maravilhoso se pudéssemos aprender mais sobre a cultura local e contribuir para o desenvolvimento da comunidade.* ***Ana queria que*** *todos* ***respeitassem*** *as tradições e que* ***se envolvessem*** *nas atividades propostas.* ***Ela pediu que****, se alguém* ***tivesse*** *dúvidas,* ***perguntasse*** *aos guias locais.*

b. ***Carlos comentou que*** *gostaria que todos considerassem a possibilidade de fazer voluntarismo nas férias seguintes.* ***Ele disse que era*** *importante que* ***ajudássemos*** *as comunidades carentes e* ***que fizéssemos*** *a diferença.* ***Carlos pediu que****, se cada um* ***pudesse*** *dedicar um pouco do seu tempo,* ***se inscrevesse*** *no programa de voluntariado.* ***Ele esperava*** *que todos* ***se sentissem*** *motivados a participar e que* ***aproveitassem*** *a experiência.*

c. *O anúncio da agência* ***dizia*** *que, se alguém* ***desejasse*** *uma experiência autêntica, eles* ***sugeriam*** *que* ***explorasse*** *o turismo rural. Ele* ***dizia*** *que* ***era*** *essencial que todos* ***conhecessem*** *as belezas do campo e* ***valorizassem*** *as tradições locais.* ***Eles esperavam*** *que* ***todos aproveitassem*** *a tranquilidade da natureza e* ***se conectassem*** *com a cultura regional.* ***Eles desejavam*** *que* ***todos pudessem*** *descobrir novas paisagens e criar memórias inesquecíveis.*

8. Modelo de texto para resposta mínima.

A Festa do Círio de Nazaré ***é realizada*** *no segundo domingo de outubro,* ***é uma celebração*** *católica e cultural que dura aproximadamente 15 dias.* ***Tem origem em*** *tradições portuguesas trazidas pelos colonizadores europeus e* ***é uma das maiores procissões*** *católicas do mundo, atraindo milhões de fiéis a Belém do Pará, estado na região Norte do Brasil.* ***Durante a festa****, a imagem de Nossa Senhora de Nazaré é levada em procissão pelas ruas,* ***acompanhada por*** *cânticos religiosos e manifestações de fé,* ***como*** *promessas e agradecimentos.* ***O evento inclui*** *missas, novenas, romarias, festas locais com comidas típicas, apresentações culturais e shows musicais.* ***As ruas são decoradas*** *com flores e bandeirinhas, e* ***há*** *uma grande feira de artesanato e produtos regionais.* ***O objetivo principal é homenagear*** *Nossa Senhora de Nazaré, expressar a fé e a devoção dos fiéis,* ***além de celebrar*** *a cultura e as tradições da Região Amazônica.*

9. *(d) Cuca*

(a) Iara

(c) Curupira

(b) Saci-Pererê

(e) Mula Sem Cabeça

10. a. *guarda-chuvas*
b. *beija-flores*
c. *pés de moleque*
d. *couves-flores*
e. *segundas-feiras*
f. *sextas-feiras*
g. *mal-entendidos*
h. *para-choques*
i. *guarda-roupas*
j. *vice-presidentes*
k. *salva-vidas* (invariável)
l. *quebra-cabeças*
m. *arco-íris* (invariável)
n. *fins de semana*
o. *estrelas-do-mar*
p. *cafés com leite*

11. a. *Os vice-presidentes vão concorrer às eleições presidenciais ano que vem.*
b. *Os cavalos-marinhos são animais pequenos e geralmente monogâmicos.*
c. *Os brasileiros adoram os fins de semana para aproveitar as praias.*
d. *Os contos de fadas infantis são o gênero favorito das minhas filhas.*
e. *Estes rapazes tiveram mal-entendidos muito difíceis de se explicar.*
f. *Precisamos renovar nossos guarda-roupas.*
g. *Meus sobrinhos perderam as caixas de lápis de cor.*
h. *Os guardas salva-vidas treinam intensamente nadar contra a maré.*

12. *Resposta pessoal.*

UNIDADE 10

1. a. *escrevera*
b. *traíra*
c. *fizera*
d. *investigara*
e. *destruíra*
f. *pesquisara*
g. *perdera*
h. *planejara*

2. a. *Quando finalmente cheguei à casa de minha infância, percebi que tudo* ***tinha mudado****. O jardim, que minha mãe* ***tinha cuidado*** *com tanto zelo, estava agora abandonado. Lembrei-me das tardes em que ela e eu passeávamos por ali, e como ela* ***tinha me contado*** *histórias sobre cada planta. O velho carvalho, que meu pai* ***tinha plantado*** *no dia do meu nascimento,* ***tinha sido*** *derrubado por uma tempestade anos antes. Tudo aquilo que um dia* ***tinha parecido*** *eterno, agora não passava de uma lembrança distante.*
b. *Clara refletia sobre os dias que* ***tinha passado*** *ali durante sua infância. O salão principal, que antes* ***tinha abrigado*** *festas e risos, estava agora coberto de poeira e sombras. Ela recordou-se de como sua avó sempre* ***tinha lhe contado*** *histórias ao pé da lareira. O piano, que seu avô* ***tinha tocado*** *com maestria, repousava em um canto, desafinado e esquecido. Tudo ao seu redor parecia sussurrar memórias de tempos que não voltariam mais.*

3. *Joaquim Alfredo* ***passara*** *a mocidade toda a correr atrás da fortuna, que sempre lhe* ***fugira****. Filho de um bacharel paulista, fizera-se, também, bacharel, e* ***tentara*** *a advocacia.* ***Casara-se*** *aos trinta anos e* ***enviuvara****, sem prole. E* ***estava*** *já com quarenta e dois quando, num segundo casamento,* ***se viu****, de repente, senhor de uma fazenda de café nas vizinhanças de Campinas, a qual* ***coubera*** *à mulher, por morte do sogro. E foi com esse capital verde que* ***iniciou*** *uma existência mais folgada, até que, com a valorização da terra e do seu produto,* ***pôde*** *mudar-se para o Rio de Janeiro, adquirindo no Leblon uma casa graciosa e elegante, onde* ***descansava****, agora, os seus cinquenta e seis anos fatigados. Olhando o mar que* ***rolava*** *e* ***rebentava*** *a pequena distância na praia nua, o antigo advogado* ***refletia*** *sobre a magnanimidade do céu, que lhe* ***permitira****, enfim, uma velhice tranquila e segura.*

(Extraído de: *Um Natal do nosso tempo*, de Humberto de Campos. [S.l.]: Tênebra, [s.d.]. p. 2, 16º parágrafo. Fonte: https://bit.ly/4fbODzD. Acesso em: 21 jan. 2025. Adaptado.)

ANEXO 5 MAPA POLÍTICO

Nome oficial	República Federativa do Brasil
Área	8.515.767,049 km²
População	208.494.900 habitantes
Regiões	Norte, Nordeste, Sudeste, Centro-Oeste, Sul
Clima	Equatorial, semiárido, subtropical, temperado e tropical
Línguas faladas	Aproximadamente 180
Língua Oficial	Português
Número de estados	26
Capital	Brasília
Cidade mais populosa	São Paulo
Website do Governo	www.brasil.gov.br

ANEXO 6 A LÍNGUA PORTUGUESA NO MUNDO

CRÉDITO DAS IMAGENS

▶ UNIDADE 1

P. 16 De cima para baixo: ©wayhomestudio/Adobe Stock, ©Ruslan Batiuk/Freepik.com, ©wirestock/Freepik.com.
P. 18 ©Divulgação/Audiency.
P. 20 De cima para baixo: ©rook76/Adobe Stock, ©Freepik.com.
P. 21 ©Edinha Diniz/Wikimedia Commons.
P. 22 ©Divulgação/Wikimedia, ©StockdoLT/Adobe Stock.
P. 23 ©Rubenilson23/Wikimedia Commons.
P. 24 De cima para baixo: ©bisonlux/Wikimedia Commons, ©Robson Theobald/Shutterstock.
P. 25 Da esquerda para a direita: ©prostooleh/Freepik.com, ©stockking/Freepik.com, ©Divulgação/Instagram, ©yanalya/Freepik.com, ©barkstudio/Adobe Stock, ©Lyndon Stratford/peopleimages.com/Adobe Stock.
P. 26 ©Divulgação/Waldomiro Gonsalves Christino.
P. 27 ©wirestock/Freepik.com.
P. 28 De cima para baixo: ©abdulahadgd/Freepik.com, ©gstudioimagen/Freepik.com.
P. 29 ©marchello74/Adobe Stock.
P. 30 ©blinalin/Shutterstock, © Divulgação/Star+.
P. 32 ©Acervo CELPE BRAS/UFGRS.
P. 33 ©master1305/Freepik.com.
P. 37 Da esquerda para a direita: ©RuthiesArtCreations/Pixabay, ©Deni Williams/Wikimedia Commons, ©Allard Schmidt/Wikimedia Commons.

▶ UNIDADE 2

P. 38 De cima para baixo: ©wayhomestudio/Freepik.com, ©Freepik.com, ©ra2studio/Adobe Stock.
P. 40 Da esquerda para a direita: ©user20119892/Freepik.com, ©Divulgação/Companhia das Letras.
P. 41 De cima para baixo: ©Amyr Klink/Facebook, ©Freepik.com.
P. 42 De cima para baixo: ©Divulgação/Correios, ©myriammira/Freepik.com, ©alvaro_cabrera/Freepik.com, ©Divulgação/Postcrossing, ©Divulgação/Correios.
P. 43 De cima para baixo: ©Katerina Borodina/Adobe Stock, ©Divulgação/Mundo Mobile.
P. 44 De cima para baixo, da esquerda para a direita: ©Freepik.com, ©pedrolieb/Adobe Stock, ©Freepik.com, ©Divulgação/EMI-Odeon, ©Arquivo Nacional/Wikimedia Commons.
P. 45 ©Freepik.com.
P. 47 ©Divulgação/Arquivo da EEPG Orozimbo Maia, Campinas.
P. 48 ©Freepik.com.
P. 49 ©Mulher de 30 – Cibele Santos.
P. 50 De cima para baixo: ©Gorodenkoff/Adobe Stock, ©spismail66/Freepik.com.
P. 52 ©Divulgação/Studio Recall, ©Divulgação/Warner Bros.
P. 55 ©Freepik.com.
P. 57 ©Lukas Gojda/Adobe Stock.
P. 58 Da esquerda para a direita: ©Freepik.com, ©photoroyalty/Freepik.com, ©cookie_studio/Freepik.com, ©rosshelenphoto/Freepik.com, ©senivpetro/Freepik.com.

▶ UNIDADE 3

P. 60 De cima para baixo: ©graphixchon/Freepik.com, ©alphaspirit.it/Adobe Stock, ©Tum/Adobe Stock.
P. 63 De cima para baixo: ©Pixelart/Freepik.com, ©Freepik.com, ©Freepik.com.
P. 64 De cima para baixo, da esquerda para a direita: ©Freepik.com, ©diana.grytsku/Freepik.com, ©Divulgação/Ministério Brasileiro dos Transportes.
P. 66 De cima para baixo: ©gpointstudio/Freepik.com, ©pressfoto/Freepik.com.
P. 67 ©Gray StudioPro/Freepik.com.
P. 68 Da esquerda para a direita: ©.shock/Adobe Stock, © Divulgação/OBDI-RN, ©Divulgação/Toti Diversidade.
P.70 ©Lifestylememory/Freepik.com.
P. 72 ©aaabc/Adobe Stock.
P. 73 ©wayhomestudio/Freepik.com.
P. 74 De cima para baixo: ©Divulgação/CPLP, ©Divulgação/Globo Filmes.
P. 76 ©Acervo CELPE BRAS/UFGRS.
P. 77 ©Freepik.com.

▶ UNIDADE 4

P. 82 De cima para baixo: ©user23299994/Freepik.com, ©rawpixel.com/Freepik.com, ©user3655421/Freepik.com.
P. 84 Da esquerda para a direita: ©arthonmeekodong/Freepik.com, ©wirestock/Freepik.com.
P. 85 ©user16679917/Freepik.com.
P. 86 De cima para baixo: ©luis_molinero/Freepik.com, ©Divulgação/Celpe-Bras.
P. 87 Da esquerda para a direita, de cima para baixo: ©Freepik.com, ©rawpixel.com/Freepik.com, ©DC Studio/Freepik.com, ©Freepik.com.
P. 88 ©Freepik.com.
P. 89 ©Freepik.com.
P. 90 @lobopopart.
P. 91 ©Divulgação/São Paulo Turismo.
P. 92 Da esquerda para a direita, de cima para baixo: ©Pinacoteca do Estado de São Paulo/Wikimedia Commons, ©Nicolas-Antoine Taunay/Artvee, ©Jean Baptiste Debret/Artvee, ©Jean Baptiste Debret/Artvee, ©Domínio Público, ©Divulgação.
P. 93 ©Pinacoteca do Estado de São Paulo/Wikimedia Commons.
P. 94 De cima para baixo: ©José Luiz Pederneiras/Grupo Corpo, José Luiz Pederneiras/Grupo Corpo.
P. 95 De cima para baixo: ©José Luiz Pederneiras/Grupo Corpo, ©Freepik.com.
P. 96 De cima para baixo: ©beststudio/Freepik.com, ©Divulgação/Totenart blog, ©Leandro Karnal/Youtube.
P. 99 ©Freepik.com.
P. 103 Da esquerda para a direita, de cima para baixo: ©marvenic/Pixabay, ©VictorianLady/Pixabay, ©rafaelmm/Pixabay, ©Projeto Eliseu Visconti/Wikimedia Commons, ©Museu Paulista da USP/Wikimedia Commons.

▶ UNIDADE 5

P. 104 De cima para baixo: ©FransA/Pexels, ©tilialucida/Adobe Stock, ©Freepik.com.
P. 106 De cima para baixo, da esquerda para a direita: ©Freepik.com, ©Divulgação/Exame, ©Divulgação/Editora Abril, ©Divulgação/Vida Simples, ©Divulgação/Editora Caras, ©Divulgação/Editora Globo, ©Divulgação/Revista Brasileiros, ©Divulgação/Editora Abril, ©Divulgação/Revista Runners, ©Divulgação/Editora Caras, ©Divulgação/Editora Abril, ©Divulgação/Editora Três, ©Divulgação/Editora Abril, ©Divulgação/Revista Raça, ©Divulgação/Editora Globo, ©Divulgação/Maurício de Sousa Editora, ©Divulgação/Editora Abril.
P. 107 De cima para baixo: ©Reprodução/Revista Raça, ©Divulgação/IBGE - Agência Brasil.
P. 108 De cima para baixo: ©mecgrapics/Freepik.com, ©Divulgação/Prefeitura de Paracuru-CE.
P. 109 ©Freepik.com.
P. 110 ©marketlan/Adobe Stock.
P. 112 ©blacksalmon/Adobe Stock.
P. 113 ©Divulgação/TSE.
P. 114 ©Folha de S.Paulo/Folhapress.
P. 115 ©Freepik.com.
P. 116 De cima para baixo: ©Nelson Antoine/Adobe Stock, ©Alexander Grey/Pexels, ©brazilianlettering/Freepik.com.
P. 117 De cima para baixo:©Saim Art/Freepik.com, ©Freepik.com.
P. 118 De cima para baixo: ©Divulgação/CPLP, ©Freepik.com, ©Divulgação/Kromaki.
P. 120 ©Divulgação/Secretaria de Estado de Educação e Desporto-AM.
P. 121 ©Freepik.com.

▶ UNIDADE 6

P. 126 De cima para baixo: ©anthonypaz/Freepik.com, ©jcomp/Freepik.com, ©Freepik.com.
P. 128 ©Freepik.com.
P. 129 ©Divulgação/ONU-WFP.
P. 131 De cima para baixo, da esquerda para a direita: ©Divulgação/Blog BRK Ambiental, ©Reprodução, ©technicolor/Freepik.com.
P. 132 De cima para baixo: ©Reprodução, ©Divulgação/CNA.
P. 133 ©Divulgação/Agrofloresta.net.
P. 134 Da esquerda para a direita, de cima para baixo: ©EyeEm/Freepik.com, ©Girly Goatee/Adobe Stock, ©Zeynep/Adobe Stock, ©suyu/Adobe Stock, ©Soloviova Liudmyla/Adobe Stock, ©Divulgação/OQVc_Faria.
P. 135 De cima para baixo: ©Produção Cultural no Brasil/Flickr, ©Divulgação/Companhia das Letras.
P. 136 ©Pxhere.
P. 137 ©Overleap Studio.
P. 138 De cima para baixo: ©Reprodução/Compostchêira, ©Reprodução/Rulez.io.
P. 139 ©Divulgação/ONU-Brasil.
P. 140 De cima para baixo: ©Reprodução/ONU-CPLP, ©Divulgação/Elo Studios.
P. 143 ©wirestock/Freepik.com.

▶ UNIDADE 7

P. 148 De cima para baixo: ©Freepik.com, ©davidengy/Freepik.com, ©Freepik.com.
P. 150 De cima para baixo: ©Kaspars Grinvalds/Adobe Stock, ©Enderemol Shine Brasil/Banijay/Reprodução.
P. 151 De cima para baixo: ©Enderemol Shine Brasil/Banijay/Reprodução, ©Enderemol Shine Brasil/Banijay/Reprodução.
P. 152 ©BayView/Freepik.com.
P. 153 ©Andrei Armiagov/Adobe Stock.
P. 154 Da esquerda para a direita: ©Freepik.com, ©usamashakeel18/Freepik.com,©Freepik.com.
P. 155 ©Amed Yousif/Pexels.
P. 156 De cima para baixo, da esquerda para a direita: ©Freepik.com, ©ClickerHappy/Pexels, ©gurgaonk15/Freepik.com, ©Anastasiya Badun/Unsplash.
P. 157 ©rabbimitpark/Freepik.com.
P. 158 ©geralt/Pixabay.
P. 159 ©linear_design/Freepik.com.
P. 160 De cima para baixo, da esquerda para a direita: ©juan mendez/Pexels, ©Freepik.com, ©Freepik.com.
P. 161 ©Freepik.com.
P. 162 De cima para baixo: ©pikisuperstar/Freepik.com, ©Bruna Saraiva/Adobe Stock, ©Divulgação/Globo Filmes.
P. 164 ©Acervo CELPE BRAS/UFGRS.
P. 165 ©Freepik.com.
P. 166 ©Andrea Piacquadio/Pexels.
P. 169 De cima para baixo: ©Fernando Gomez Cortes/Pexels, ©Clem Onojeghuo/Pexels, ©u_4o3g5tqwhf/Pixabay.

▶ UNIDADE 8

P. 170 De cima para baixo: ©anamejia18/Adobe Stock, ©Robert Stokoe/Pexels, ©Freepik.com.
P. 172 De cima para baixo: ©João Jesus/Pexels, ©tiko33/Freepik.com.
P. 174 ©Rachel Claire/Pexels.
P. 176 De cima para baixo: acervo pessoal das autoras, ©Jrfotosgrand Fotografia/Pexels, acervo pessoal das autoras.
P. 177 ©Alex_Po/Adobe Stock.
P. 178 De cima para baixo: ©AzurAgency/Freepik.com, ©Israel Torres/Pexels.
P. 179 De cima para baixo: ©Brastock/Shutterstock, ©Reprodução/Emojipedia.
P. 180 ©Cavan/Adobe Stock.
P. 181 Reprodução.
P. 182 De cima para baixo: ©cfff999/Freepik.com, ©Thiago Leon/Santuário Nacional, ©Ricardo Stuckert /Wikimedia Commons, ©ThalesAntonio/Shutterstock.
P. 184 De cima para baixo: ©Pixabay, ©Graeak/Freepik.com, ©Divulgação/Intelítera.
P. 187 ©peoplecreations/Freepik.
P. 189 Da esquerda para a direita, de cima para baixo: ©senivpetro/Freepik, ©Freepik.com, ©un-perfekt/Pixabay,©Azrin90/Pixabay, ©pauloduarte/Pixabay, ©Freepik.com, ©Rimsha Abbasi/Freepik.com, ©EyeEm/Freepik.com.

▶ UNIDADE 9

P. 192 De cima para baixo: ©Freepik.com, ©Agência Brasília/Flickr, ©Rafael Alves Carrieri/Shutterstock.
P. 194 ©Letoanhoa/Freepik.com.
P. 195 De cima para baixo: ©Natisoriel Santos/Pexels, ©jemastock/Freepik.com, ©Edvard Nalbantjan/Shutterstock.
P. 196 ©masyastadnikova/Adobe Stock.
P. 198 De cima para baixo: ©Frolopiaton Palm/Freepik.com, ©mockupdaddy-com/Freepik.com.
P. 199 De cima para baixo: ©rawpixel.com/Freepik, ©Djaya/Freepik.com.
P. 200 ©wavebreakmedia_micro/Freepik.com.
P. 201 De cima para baixo: ©ahmadzada/Freepik.com, ©Divulgação/Barretos.
P. 202 De cima para baixo: ©Freepik.com, ©Ministério da Cultura/Wikimedia Commons.
P. 203 De cima para baixo: ©ericatarina/Adobe Stock, ©Edson Michalick/Shutterstock.
P. 204 De cima para baixo: ©imagetico/Shutterstock, ©Arquivo Nacional/Wikimedia Commons.
P. 205 ©elpabloramon/Freepik.com.
P. 206 De cima para baixo: ©Freepik.com, ©Divulgação/Netflix.
P. 208 ©Acervo CELPE BRAS/UFGRS.
P. 209 ©Freepik.com.
P. 213 Imagens de 1 a 5: ©Bruna Saraiva/Adobe Stock.

▶ UNIDADE 10

P. 214 De cima para baixo: ©José Cruz/ABr, ©Kaboompics.com/Pexels, ©Freepik.com.
P. 216 De cima para baixo: ©Reprodução/Gustave Doré, ©Quang Nguyen Vinh/Pexels.
P. 217 De cima para baixo: ©lamnee/Adobe Stock, ©alexandrumusuc/Freepik.
P. 218 ©Elianne Dipp/Pexels.
P. 219 ©Engin Akyurt/Pexels.
P. 220 De cima para baixo: ©user4266146/Freepik.com, ©AGPhotography/Adobe Stock.
P. 221 ©David Gallie/Pexels.
P. 222 ©marcellosokal/Pixabay.
P. 225 De cima para baixo: ©Tima Miroshnichenko/Pexels, ©Divulgação.
P. 226 ©Wagner/Adobe Stock.
P. 227 De cima para baixo: ©garaschuka/Freepik.com, ©elpabloramon/Freepipk.com, ©The Fools.
P. 228 ©nugrahithaaditya/Freepik.com.
P. 229 Da esquerda para a direita: ©Divulgação/Vestígio, ©Divulgação/Autêntica Contemporânea, ©Divulgação/Autêntica, ©Divulgação/Nemo, ©Divulgação/Vestígio.
P. 230 De cima para baixo: ©laufer/Adobe Stock, ©José Cruz/ABr, ©Reprodução/Globo Filmes.
P. 232 ©Acervo CELPE BRAS/UFGRS.
P. 233 ©stockking/Freepik.com.
P. 235 ©Reprodução/Tênebra.

▶ ANEXOS

P. 274 Da esquerda para a direita: ©Freepik, ©IBGE.
P. 275 Reprodução/Autêntica Editora.

Este livro foi composto com tipografia DIN Pro e impresso
em papel Offset 90g/m² na Formato Artes Gráficas.